Festsetzung von Mindestarbeitsentgelten nach dem MiArbG im Spannungsfeld von Tarifautonomie und der Gewährleistung angemessener Arbeitsentgelte

Europäische Hochschulschriften

Publications Universitaires Européennes
European University Studies

Reihe II
Rechtswissenschaft

Série II Series II
Droit
Law

Bd./Vol. 5281

PETER LANG
Frankfurt am Main · Berlin · Bern · Bruxelles · New York · Oxford · Wien

Stefan Kabelitz

Festsetzung von Mindestarbeitsentgelten nach dem MiArbG im Spannungsfeld von Tarifautonomie und der Gewährleistung angemessener Arbeitsentgelte

PETER LANG
Internationaler Verlag der Wissenschaften

Bibliografische Information der Deutschen Nationalbibliothek
Die Deutsche Nationalbibliothek verzeichnet diese Publikation in der Deutschen Nationalbibliografie; detaillierte bibliografische Daten sind im Internet über http://dnb.d-nb.de abrufbar.

Zugl.: Kiel, Univ., Diss., 2011

Gedruckt auf alterungsbeständigem,
säurefreiem Papier.

D 8
ISSN 0531-7312
ISBN 978-3-631-62121-9

www.peterlang.de

Vorwort

Diese Arbeit wurde im Wintersemester 2010/2011 von der Rechtswissenschaftlichen Fakultät der Christian-Albrechts-Universität zu Kiel als Dissertation angenommen. Änderungen in Gesetzgebung, Rechtsprechung und Literatur wurden bis Oktober 2011 berücksichtigt.

Meinem Doktorvater, Herrn Prof. Dr. Hartmut Oetker, danke ich herzlich für die Hilfestellung bei der Themenfindung, sowie für die Unterstützung bei der Durchführung meines Dissertationsvorhabens.

Herrn Prof. Dr. Peter Kreutz möchte ich für die zügige Erstellung des Zweitgutachtens danken.

Besonders großen Dank schulde ich meiner Familie für die Unterstützung während meiner gesamten Ausbildung, meinem Vater und meiner Schwester für unermüdliches Korrekturlesen und schließlich Johanna, die mir bei der Anfertigung dieser Arbeit stets mit Rückhalt und Geduld zur Seite stand.

Kiel, im Oktober 2011 Stefan Kabelitz

Inhaltsverzeichnis

Erster Teil: Grundlagen

§ 1 Einleitung und Problemabriss

A. Einführung in den Untersuchungsgegenstand

„Tarifvertragliche Bestimmungen gehen den Mindestarbeitsbedingungen vor."

Mit diesem Wortlaut beschrieb § 8 Abs. 2 des im Jahr 1952 in Kraft getretenen Gesetzes über die Festsetzung von Mindestarbeitsbedingungen[1] das Verhältnis staatlicher zu tarifvertraglicher Gestaltung der Arbeitsbedingungen. Mit diesem Gesetz wurde bereits in den Anfangsjahren der Bundesrepublik ein Instrument geschaffen, das die Vorgabe staatlich bestimmter Mindestarbeitsbedingungen erlaubte. Hintergrund des MiArbG 1952 war die wirtschaftliche und soziale Situation der Nachkriegszeit: Nach dem Ende des Zweiten Weltkriegs war die deutsche Wirtschaft stark beschädigt. Politische und gesellschaftliche Strukturen mussten neu aufgebaut und gefestigt werden. Ständiges Leitbild dieser Prozesse war ein stabiler, marktwirtschaftlich ausgerichteter und demokratischer Staat und eine völlige Abkehr vom Totalitarismus des Dritten Reichs. Als Teil dieser Entwicklung wurde auch die freie tarifvertragliche Gestaltung der Arbeitsbedingungen wieder zugelassen, nachdem das Tarifvertragssystem in den Jahren zuvor nahezu durch staatliche Lohnpolitik ersetzt worden war. Bei der Bewältigung des Wiederaufbaus wurde den Koalitionen als Interessenvertretungen der Arbeitnehmer und Arbeitgeber eine bedeutende Rolle sowohl im gesellschaftlichen, als auch im wirtschaftlichen Gefüge zugestanden.[2] Wenngleich die Machtstellung der Gewerkschaften nicht dazu reichte, ihnen weitergehende Regelungskompetenzen einzuräumen, so konnten sie zumindest ihren Status als Interessenvertretung der Arbeitnehmer sichern.[3] Ihre Rolle als sozialer Gegenspieler der Arbeitgeberseite wurde genauso anerkannt, wie die Gestaltung der Arbeits- und Wirtschaftsbedingungen durch Tarifverträge. Nach der Idealvorstellung des Staates sollte der gesamte Wirtschaftsraum durch von den Koalitionen geschlossene Vereinbarungen abgedeckt werden.

Um dieses Ziel zu fördern und Anreize zur Ausdehnung der von den Koalitionen erfassten Bereiche zu bieten, wurde schließlich das MiArbG 1952 ge-

---

1 Im Folgenden: MiArbG 1952.

2 Hirsch, Die öffentlichen Funktionen der Gewerkschaften, S. 111.

3 Hirsch, Die öffentlichen Funktionen der Gewerkschaften, S. 113.

schaffen. Mit diesem Gesetz räumte sich der Staat die Möglichkeit ein, dort Mindestarbeitsbedingungen per Rechtsverordnung festzusetzen, wo dies nicht bereits ausreichend durch die Sozialpartner geschah. Die gesetzgeberische Absicht hinter diesem Gesetz war es jedoch nicht, in Konkurrenz zu den Tarifvertragsparteien zu treten. Vielmehr sollte das MiArbG 1952 als Appell an die Koalitionen dienen: Die bloße Existenz dieses Gesetzes sollte vermitteln, dass im Falle einer unzureichenden Wahrnehmung der den Koalitionen durch Art. 9 Abs. 3 GG zugewiesenen Aufgaben der Staat diese Lücke notfalls durch eigene Regelungen ausfüllen würde.[4] Gleichzeitig brachte der Gesetzgeber mit dem eingangs vorgestellten § 8 Abs. 2 MiArbG 1952 jedoch klar zum Ausdruck, dass er nicht sich, sondern die Koalitionen für die besseren Lohngestalter hielt. Mit dem darin geregelten Tarifvorrang wurde sichergestellt, dass ein staatliches Mindestentgelt in keinem Fall abweichende Tarifvertragsregelungen verdrängen konnte. In Rechtsprechung und Schrifttum wurde gerade dies als vom Gesetzgeber ausdrücklich formuliertes Bekenntnis zur (staats)freien koalitionären Gestaltung der Arbeitsbedingungen bewertet.[5]

Als fast vier Jahrzehnte nach Inkrafttreten des MiArbG 1952 mit dem Ende der ehemaligen DDR die Vereinigung von Ost und West zu bewerkstelligen war und es galt, eine Entscheidung zwischen den unterschiedlichen Wirtschaftssystemen beider Länder zu treffen, erhielt der Gesetzgeber erneut Gelegenheit, zum Verhältnis staatlicher und tarifautonomer Gestaltung der Arbeitsbedingungen Stellung zu nehmen. In Artikel 3 Nr. 3 des Gemeinsamen Protokolls über Leitsätze zum Vertrag über die Schaffung einer Währungs-, Wirtschafts- und Sozialunion zwischen der Bundesrepublik Deutschland und der Deutschen Demokratischen Republik (Staatsvertrag) vom 18. Mai 1990 brachte der Gesetzgeber zum Ausdruck, welche Leitvorstellung künftig gelten sollte. Darin heißt es:

> „Löhne und sonstige Arbeitsbedingungen werden nicht vom Staat, sondern durch freie Vereinbarungen von Gewerkschaften, Arbeitgeberverbänden und Arbeitgebern festgelegt."

Damit wurde deutlich, dass sich auch in den Jahren nach Inkrafttreten des MiArbG 1952 aus staatlicher Sicht kein Bedürfnis für die Abkehr vom Vorrang

---

4 Andelewski, Staatliche Mindestarbeitsbedingungen, S. 122, 132; Fitting, RdA 1952, 5, 9; Herschel, BArbBl. 1952, 36.

5 Dabei wurde neben § 8 Abs. 2 MiArbG 1952 regelmäßig auch auf § 1 Abs. 1 dieses Gesetzes abgestellt, wonach die Regelung von Entgelten und sonstigen Arbeitsbedingungen grundsätzlich in freier Vereinbarung zwischen den Tarifvertragsparteien erfolgte. Vgl. nur BAG NZA 2004, 971, 973, das in §§ 1, 8 MiArbG 1952 die unmittelbare Umsetzung des Grundrechts aus Art. 9 Abs. 3 GG sah; mit Bezug auf § 1 MiArbG 1952 auch Wiedemann/Wiedemann, TVG, Einleitung, Rn. 129.

tarifvertraglicher Regulierung der Arbeitsbedingungen ergeben hatte.[6] Die Maxime lautete weiterhin: Die Festsetzung von Arbeitsbedingungen, insbesondere der Entgelte, ist Sache der Koalitionen und nicht die des Staates.[7]

Dieses klare Grundverständnis staatsfreier Entgeltgestaltung ist in den letzten zwei Jahrzehnten allerdings zunehmend unter Beschuss geraten. Galt in der Zeit der Wiedervereinigung der staatsfreie Raum noch als Errungenschaft gegenüber der sozialistischen Staatslenkung, wurde in den letzten Jahren trotz der Anerkennung der freien Entgeltgestaltung durch die Koalitionen der Ruf nach staatlich bestimmten Mindestlöhnen immer lauter. Begründet wurde und wird diese Forderung vor allem mit einer unzureichenden Versorgung ganzer Arbeitnehmergruppen mit angemessenen Löhnen. Vielfach wird die mangelnde Wahrnehmung der aus Art. 9 Abs. 3 GG folgenden Aufgabe der Koalitionen zur Wahrung und Förderung der Arbeits- und Wirtschaftsbedingungen gerügt. Insbesondere im Niedriglohnsektor, und dort vor allem im ostdeutschen Raum, wird eine zunehmende Schwächung des Tarifvertrages als Mittel für die Gewährung angemessener Arbeitsbedingungen als Argument für die Einführung staatlicher Mindestarbeitsentgelte benannt. Die Schwächung der Koalitionen wird wiederum auf eine wachsende Individualisierung der Arbeitnehmer zurückgeführt.[8] Zudem nehmen die traditionell stark organisierten Wirtschaftsbereiche der Industrie und des Handwerks stetig ab, während sich der Niedriglohnsektor ausdehnt.[9] Vor allem in letzterem leiden die Gewerkschaften unter der mangelnden Bereitschaft der Arbeitnehmer zu solidarischer Kollektivierung ihrer Interessen.[10] Zugleich bewirkt die zunehmende Globalisierung und Europäisierung,

---

6 Zwar wird zu Recht im Schrifttum darauf hingewiesen, dass der Staatsvertrag mit der Wiedervereinigung auch seinen Regelungsgehalt verloren habe, vgl. Löwisch/Rieble, TVG, § 2, Rn. 7; Wiedemann/Oetker, TVG, § 2, Rn. 7. Dennoch lassen sich die Regelungen des Staatsvertrages, sowie des Gemeinsamen Protokolls als Programmsätze verstehen und behalten so Relevanz bei der Frage nach der Rollenverteilung von Staat und Koalitionen.

7 Insbesondere im Zusammenhang mit der im sozialistischen Raum praktizierten staatsgelenkten Entgeltgestaltung sind die Ausführungen Söllners, Arbeitsrecht in der Verfassungsordnung, S. 182, beachtenswert, der die staatliche Festlegung von Arbeitsbedingungen als „Charakteristikum totalitärer Staaten“ bezeichnet und die staatliche Lohnfestsetzung daher als „Schritt in Richtung staatlicher Wirtschaftslenkung und Wirtschaftsplanung“ bewertet.

8 Vgl. zur Individualisierung der Arbeitsbeziehungen vor dem Hintergrund der Globalisierung und Europäisierung der Arbeitsmärkte: Junker NZA 1997, 1305, 1315ff., sowie Konzen, NZA 1995, 913, 916ff.

9 Vgl. zu den Auswirkungen dieser Entwicklung auf den Organisationsgrad die Studie des Institut der deutschen Wirtschaft Köln, iw-trends, Heft 2/2004, S. 6ff.

10 Waltermann, NJW 2010, 801.

insbesondere die Öffnung der Arbeitsmärkte Richtung Osten, einen wachsenden Lohndruck durch „Billigkonkurrenz“ aus dem Ausland.[11] Hohen Lohnforderungen der Gewerkschaften steht das Drohpotenzial einer möglichen Ersetzung durch billigere Arbeitskräfte gegenüber.[12] Auf der anderen Seite sorgt das abnehmende Interesse an kollektiver Interessenvertretung dafür, dass die Gewerkschaften in einzelnen Bereichen nur noch über eine schwache Mitgliederbasis und damit über wenig Durchsetzungskraft gegenüber dem sozialen Gegenspieler verfügen.[13] Zudem zeigt auch die Arbeitgeberseite oftmals wenig Bereitschaft zu tarifvertraglichen Kompromissen.

Konsequenz dieser Entwicklung ist eine zunehmende Unterversorgung der Beschäftigten in diesen Randbereichen des Arbeits- und Wirtschaftsraums mit angemessenen Arbeitsbedingungen, insbesondere mit angemessenen Arbeitsentgelten. Angesichts dieser Entwicklung herrscht mittlerweile ein breiter gesellschaftlicher und politischer Konsens darüber, dass der Staat in irgendeiner Form Einfluss auf die grundsätzlich freie Gestaltung der Entgelte nehmen muss. Diskutiert wurden und werden verschiedenste Lösungsansätze. Dazu zählen die Konkretisierung und Normierung einer Sittenwidrigkeitsgrenze, die Einführung branchenbezogener Mindestlöhne, sowie die staatliche Vorgabe eines flächendeckenden Mindestlohns. Der Gesetzgeber entschied sich letztlich dazu, den Mittelweg zu gehen und die Möglichkeit zu schaffen, für einzelne Wirtschaftsbereiche die Festsetzung von Mindestarbeitsentgelten zu ermöglichen. Zu diesem Zweck trat im April 2009 neben dem umfassend novellierten Arbeitnehmerentsendegesetz (AEntG) das ebenfalls reformierte Gesetz über die Festsetzung von Mindestarbeitsbedingungen in Kraft (MiArbG).

An der Neufassung des MiArbG wird die Veränderung des oben dargestellten staatlichen Selbstverständnisses besonders deutlich. Enthielt § 8 Abs. 2 MiArbG 1952 noch die eingangs beschriebene Privilegierung tarifvertraglicher Entgeltregelungen, wurde dieser Tarifvorrang nunmehr aufgehoben und durch einen Vorrang staatlicher Mindestentgelte ersetzt. Erstmals schaffte der Staat damit ein Instrument, mit dem ohne Bezugnahme auf bestehende Tarifverträge originäre staatlich bestimmte Mindestentgelte vorgegeben werden können. Neben den übrigen Anpassungen des Gesetzes in Hinsicht auf das Festsetzungsverfahren und dessen Voraussetzungen, ist es gerade diese Änderung, die das MiArbG zum Gegenstand politischer und juristischer Diskussion werden ließ. Der Vorrang verbindlicher, staatlich festgesetzter Mindestentgelte ohne Bezugnahme

11 Vgl. Eylert/Gotthart, RdA 2007, 91, 92ff; Hromadka, NJW 2003, 1237; Junker, NZA 1997, 1305, 1312; Konzen, NZA 1995, 913, 916ff.

12 Hromadka, NJW 2003, 1237; Rüthers, NZA 2010, 6, 8ff.

13 Vgl. Waltermann, NJW 2010, 801.

auf von den Koalitionen ausgehandelte Tarifverträge stellt ein absolutes Novum in der Gesetzgebungsgeschichte der Bundesrepublik dar. Vor dem Hintergrund des seit langem umstrittenen Verhältnisses von Tarifautonomie und der Gesetzgebungskompetenz aus Art. 74 Abs. 1 Nr. 12 GG ergeben sich damit zahlreiche verfassungsrechtliche und praktische Fragestellungen, denen im Rahmen dieser Arbeit nachgegangen werden soll. Dabei wird es schwerpunktmäßig um die grundsätzliche Problematik des Verhältnisses staatlicher zu tarifvertraglicher Regulierung der Arbeitsbedingungen gehen. Im besonderen Fokus der Analyse wird deshalb die grundgesetzlich garantierte Tarifautonomie stehen. Darüber hinaus werden im Rahmen einer umfassenden Untersuchung auch die übrigen Vorgaben des Grundgesetzes und des Europarechts einbezogen und zudem praktische Lösungen zu Fragen des Rechtsschutzes vorgestellt.

B. Gang der Untersuchung

Entscheidende Bedeutung erhält im Rahmen dieser Arbeit die Vereinbarkeit der Festsetzung von Mindestarbeitsentgelten nach dem MiArbG mit den Gewährleistungen und Vorgaben des Grundgesetzes. In § 2 werden daher zunächst kurz die Grundlagen der autonomen Gestaltung der Arbeitsentgelte dargestellt. Dabei werden in einer knappen Zusammenfassung die grundgesetzlichen Verankerungen sowohl der individual-, als auch der tarifvertraglichen Festsetzung der Arbeitsbedingungen beleuchtet. Vor diesem Hintergrund wird sodann das grundsätzliche Spannungsverhältnis staatlicher und autonomer Entgeltfestsetzung dargestellt.

Im Anschluss daran folgt in einem zweiten Abschnitt eine Zusammenstellung der existierenden einfachgesetzlichen Grenzen autonomer Entgeltfestsetzung. Dabei wird zwischen mittelbaren und unmittelbaren Lohnuntergrenzen unterschieden und schließlich das MiArbG in dieses System eingeordnet.

In § 3 werden die Funktionsweise des MiArbG und die in diesem Gesetz enthaltenen Voraussetzungen für die Festsetzung von Mindestarbeitsentgelten vorgestellt. Der Aufbau folgt dabei der Unterteilung der Festsetzungsverfahrens in unterschiedliche Verfahrensstufen, um die Aufgaben der beteiligten Gremien zu verdeutlichen und die verschiedenen Prüfungsschritte herauszustellen. Insbesondere wird in diesem Kapitel aufgezeigt, welche Voraussetzungen für die Anwendbarkeit dieses Gesetz erfüllt sein müssen und wie sich diese von den Voraussetzungen für den Erlass einer Mindestentgeltverordnung unterscheiden. Zudem werden auch die im MiArbG vorgesehenen Rechtsfolgen der Festsetzung von Mindestarbeitsentgelten näher erläutert.

§ 4 setzt sich eingehend mit der Frage auseinander, ob und in welcher Form die Festsetzung von Mindestentgelten nach dem MiArbG in den Gewährleistungsgehalt der Tarifautonomie eingreift. Dabei werden grundsätzliche Fragen, wie die Abgrenzung von Grundrechtsausgestaltung und Eingriff, die Eingriffsqualität einseitig zwingender Gesetze, sowie die umstrittene Annahme eines Schutzes der Tarifautonomie in Form einer Institutsgarantie näher untersucht und im Anschluss das MiArbG an den gefundenen Ergebnissen gemessen.

Die in § 4 festgestellten Friktionen mit der Tarifautonomie werden sodann in § 5 darauf untersucht, ob sie durch die Verfolgung hinreichender legislativer Ziele gerechtfertigt sind. Entscheidendes Gewicht kommt dabei der Frage zu, ob das MiArbG lediglich die Festsetzung existenzsichernder Mindestentgelte ermöglichen soll, oder ob darüber hinaus auch ein Mindestmaß an angemessenen Löhnen vorgegeben werden können soll. Hierfür bedarf es einer ausführlichen Auseinandersetzung mit den im MiArbG verwendeten unbestimmten Rechtsbegriffen. Zudem wird geprüft, ob sich der Staat auch für die Festsetzung angemessener Mindestentgelte auf verfassungsrechtliche Interessen stützen kann. Schließlich wird im Rahmen einer umfassenden Abwägung aller zu berücksichtigenden Interessen geklärt, ob die Entgeltfestsetzung nach dem MiArbG einen verhältnismäßigen Ausgleich der betroffenen Positionen gewährleistet.

Auch abseits der Tarifautonomie ist das MiArbG dem Vorwurf ausgesetzt, gegen Verfassungsrecht zu verstoßen. In § 6 wird das Gesetz daher auf seine Vereinbarkeit mit dem koalitionsrechtlichen Diskriminierungsverbot, dem Grundsatz des Vorbehalts des Gesetzes, der Berufsfreiheit und dem Gleichheitssatz überprüft.

Aufgrund der europarechtlichen Relevanz nationaler Mindestlohnregelungen wird sodann in § 7 die Frage beantwortet, ob die Festsetzung von Mindestarbeitsentgelten mit den Vorgaben des Europarechts, insbesondere mit der Dienstleistungsfreiheit, in Einklang steht.

In den §§ 2 – 7 wird sich zeigen, dass das MiArbG zahlreiche Berührungspunkte mit verfassungs- und europarechtlichen Gewährleistungen aufweist. Hieraus ergibt sich ein erhebliches Potenzial für Rechtsverstöße durch die Festsetzung konkreter Mindestentgelte. § 8 setzt sich daher ausführlich mit dem Rechtsschutz der betroffenen Arbeitnehmer, Arbeitgeber und Koalitionen auseinander. Zu diesem Zweck werden Wege aufgezeigt, die es ermöglichen, Ansprüche auf Erlass bzw. auf Aufhebung von Mindestentgeltverordnungen gerichtlich durchzusetzen.

Den Abschluss dieser Arbeit bildet § 9, worin die wesentlichen Ergebnisse der Untersuchung noch einmal thesenartig zusammengefasst werden.

§ 2 Grundlagen und Grenzen autonomer Entgeltfestsetzung

Maßgeblicher Untersuchungsgegenstand dieser Arbeit ist das Verhältnis zwischen der staatlichen Festsetzung von Mindestarbeitsentgelten nach dem MiArbG und der staatsfreien, autonomen Entgeltfindung - insbesondere der tarifvertraglichen Gestaltung der Arbeitsentgelte. Dabei handelt es sich um zwei Regelungskonzepte, die in ihrer Zielsetzung grundlegende Parallelen aufweisen, in ihrer dogmatischen Begründung und ihrer Reichweite jedoch zwei gänzlich unterschiedliche Wege beschreiten. Bevor in den späteren Kapiteln der Frage nachgegangen werden kann, wo die verfassungsrechtliche Trennlinie zwischen diesen zwei Systemen verläuft, soll in einem ersten Schritt beleuchtet werden, worin die Grundlagen der autonomen Entgeltfestsetzung liegen und wo dieser durch einfachgesetzliche Normierungen Grenzen gezogen werden.

A. Grundlagen

I. Autonome Entgeltfestsetzung als Bestandteil grundrechtlich geschützter Freiheiten

Im Hinblick auf die autonome Entgeltgestaltung muss zwischen der individualvertraglichen und der kollektivvertraglichen Ebene unterschieden werden: Auf ersterer stehen sich Arbeitnehmer und Arbeitgeber im Rahmen von privatrechtlichen Vertragsverhandlungen gegenüber. Ergebnis dieser Verhandlungen ist der synallagmatische Arbeitsvertrag als spezielle Form des Dienstvertrages. Auf kollektivvertraglicher Ebene verhandeln die Interessenvertretungen der Arbeitnehmer und Arbeitgeber – die Koalitionen – über die Gestaltung der Arbeitsbedingungen. Ausfluss dieser Kompromissfindung ist der Tarifvertrag.[1] Der Schutz beider Ebenen nichtstaatlicher Entgeltfindung ist zwar nicht ausdrücklich im Grundgesetz normiert. Er kann aber jeweils aus dem Bestand der Grundrechte abgeleitet werden.

1. Entgeltfestsetzung als Bestandteil der Privatautonomie

Das Grundgesetz schützt über Art. 2 Abs. 1 GG ganz allgemein die Freiheit, „Verträge im Rahmen der zivilrechtlichen Ordnung frei zu schließen und aufzu-

---

1 Daneben besteht grundsätzlich auch die Möglichkeit, Entgelte durch Betriebsvereinbarungen zwischen dem Betriebsrat und dem Arbeitgeber festzulegen. Die praktische Relevanz dessen ist jedoch angesichts des Tarifvorrangs aus § 77 Abs. 3 BetrVG gering, vgl. Zöllner, NZA-Beil. 2000, 1, 2; hierzu auch Franzen, NZA-Beil. 2006, 107, 114ff.; Krause, MHbArbR I, § 54, Rn. 51.

lösen."[2] Seinem Charakter nach gilt Art. 2 Abs. 1 GG allerdings lediglich als lex generalis und wird durch jede speziellere grundrechtliche Freiheit verdrängt.[3] Ein Rückgriff auf Art. 2 Abs. 1 GG ist dann nicht erforderlich.[4] Dies gilt insbesondere auch für die Freiheit, Arbeitsverträge frei abzuschließen. Ganz überwiegend wird diese als Bestandteil der Berufsfreiheit gesehen und deshalb dem Art. 12 Abs. 1 GG als lex specialis zugeordnet. [5] Als wesentlicher Bestandteil des Arbeitsvertrags ist damit auch die Festsetzung des Arbeitsentgelts von diesem Schutz umfasst. Der Arbeitsvertrag ist als spezielle Form des Dienstvertrages nach § 611 BGB ein vertragliches Austauschverhältnis. Die Leistungspflichten von Arbeitnehmer und Arbeitgeber stehen sich in einem Synallagma gegenüber. Der Pflicht des Arbeitnehmers zum Einsatz seiner Arbeitskraft zur Erbringung der vertraglich geschuldeten Dienste steht die Vergütungspflicht des Arbeitgebers gegenüber.[6] Unter dem Begriff des Arbeitsentgelts ist dabei in einfacher Definition „jeder als Gegenwert für die geschuldeten Dienste bestimmte geldwerte Vorteil" zu verstehen.[7] Ausgangspunkt für die Frage der Entlohnung ist regelmäßig der zugrundeliegende Arbeitsvertrag.

Der Stellenwert der Entgeltfestsetzung per Individualarbeitsvertrag ist allerdings nur dort hoch, wo nicht durch Tarifvertrag die Arbeitsbedingungen geregelt werden, wo also das Arbeitsverhältnis nicht dem betrieblichen, fachlichen oder örtlichen Geltungsbereich eines Tarifvertrages unterfällt.[8] Soweit tarifliche Regelungen bestehen, hat der Arbeitsvertrag regelmäßig (mindestens) das zum Inhalt, was bereits durch Tarifvertrag vorgegeben ist.[9] Sind sowohl Arbeitnehmer als auch Arbeitgeber an einen Tarifvertrag gebunden, bestimmt § 4 Abs. 3 Tarifvertragsgesetz (TVG) eine Untergrenze der Lohnfindung. Die Vertragsparteien dürfen danach die im jeweils geltenden Tarifvertrag festgesetzten Lohngrenzen nicht unterschreiten. Es lässt sich insofern bereits von der Bestimmung einer Lohnuntergrenze durch Mindestarbeitsbedingungen sprechen. Abweichun-

---

2 Maunz/Dürig/Di Fabio, GG, Art. 2, Rn. 101; BVerfGE 12, 341, 347; BVerfGE 74, 129.

3 Vgl. hierzu Maunz/Dürig/Di Fabio, GG, Art. 2, Rn. 80.

4 Vgl. insoweit die grundlegende Entscheidung des Bundesverfassungsgerichts („Elfes"): BVerfGE 6, 32, 37.

5 BVerfGE 77, 84, 114; BVerfGE 77, 308, 322; BVerfGE 81, 242, 255; BVerfGE 116, 202, 221; vgl. auch Buchner, MHbArbR I, § 30, Rn. 6; Scholz, ZfA 1981, 265, 275ff.; Stütze, Kontrolle der Entgelthöhe, S. 89ff.

6 ErfK/Preis, § 611 BGB, Rn. 389.

7 Vgl. Krause, MHbArbR I, § 54, Rn. 1.

8 Vgl. Zöllner, NZA-Beil. 2000, 1, 2.

9 Zöllner, NZA Beil. 2000, 1, 4.

gen nach oben sind hier gemäß dem Günstigkeitsprinzip immer möglich.[10] Selbst wenn eine beiderseitige Tarifgebundenheit nicht gegeben ist, spielen Tarifverträge dennoch eine zentrale Rolle, da Arbeitsverträge in der Praxis häufig Bezugnahmeklauseln enthalten.[11] Eine solche Klausel hat zur Folge, dass der jeweilige Tarifvertrag als Referenzgröße für die Lohngestaltung innerhalb des Arbeitsverhältnisses wirkt.[12] Schließlich können tarifliche Entgeltregelungen auch unmittelbar Geltung für ein Arbeitsverhältnis erlangen, indem sie nach § 5 TVG oder nach dem Arbeitnehmerentsendegesetz (AEntG) für allgemeinverbindlich erklärt werden.[13] In der Zusammenschau ist es deshalb nur folgerichtig, wenn die Lohngestaltung als „Domäne der Tarifvertragsparteien“ bezeichnet wird.[14]

2. Entgeltfestsetzung als Bestandteil der Tarifautonomie

Aus dem Vorgesagten wird bereits die herausragende Stellung des Tarifvertrages für die nichtstaatliche Lohngestaltung deutlich.[15] Der Tarifvertrag ist das wesentliche Mittel zur autonomen Entgeltfestsetzung. Dieser untrennbare Zusammenhang wird nicht zuletzt auch dadurch unterstrichen, dass bereits der Begriff des *Tarif*vertrages herausstellt, dass Hauptregelungsgegenstand das Arbeitsentgelt ist.[16] Rechtsdogmatisch liegt die Begründung der besonderen Bedeutung des Tarifvertrages für die Lohngestaltung in Art. 9 Abs. 3 GG. Dies ergibt sich zwar nicht unmittelbar aus dessen Wortlaut, wohl aber, wie *Kunze* treffend feststellt, ist „nahezu das gesamte Recht der Tarifautonomie in den beiden

---

10 Ausführlich zum Günstigkeitsprinzip: ErfK/Franzen, § 4 TVG, Rn. 31 ff.; zur damit verbundenen Problematik der Unmöglichkeit untertariflicher Beschäftigung zum Zweck der Beschäftigungssicherung bei fehlenden Öffnungsklauseln: Zöllner, NZA-Beil. 2000, 1, 4.

11 v.Hoyningen-Huene/Wagner, NZA 1995, 969.

12 Dies kann auch in Form partieller oder dynamischer Bezugnahmeklauseln geschehen, vgl. v.Hoyningen-Huene/Wagner, NZA 1995, 969.

13 Hierzu ausführlicher unten.

14 Hanau/Adomeit, Arbeitsrecht, Rn. 743.

15 Insoweit könnte auch von einer „Verdrängung“ der individualvertraglichen Gestaltung der Arbeitsentgelte durch das kollektive Arbeitsrecht gesprochen werden, vgl. Junker, NZA 1997, 1305.

16 Das Wort Tarif stammt ursprünglich aus dem arabischen Sprachraum und wird dort etwa mit dem Begriff „Preisliste“ übersetzt. Wiedemann/Oetker, TVG, Geschichte, Rn. 5 leitet das Wort Tarif aus dem Begriff „Zolltarif“ unter Rückführung auf die Handelsstadt Tarifa ab. Der Tarifvertrag regelt also nach dem ursprünglichen Wortsinn vor allem das Arbeitsentgelt. Allerdings sind im Lauf der Zeit weitaus mehr Regelungsgegenstände dazugekommen, sodass die ursprüngliche Bezeichnung als Tarifvertrag für die heutige Ausdehnung der Regelungsmaterien zu eng ist, vgl. Oetker, a.a.O.

Sätzen des Artikels 9 Abs. 3 GG enthalten".[17] Nach dessen Wortlaut umfasst dieses Grundrecht die Gewährleistung des Rechts, zur Wahrung und Förderung der Arbeits- und Wirtschaftsbedingungen, Vereinigungen zu bilden. Diese Formulierung umschreibt für sich genommen zunächst nur die Koalitionsfreiheit als Freiheitsgrundrecht des Einzelnen, also die individuelle Koalitionsfreiheit. Nach dem Wortsinn dieses Freiheitsbegriffs, ist demnach die Freiheit geschützt, eine Koalition - also Gewerkschaften und Arbeitgeberverbände – zu bilden.[18] Neben dieser Gründungsfreiheit, umfasst die individuelle Koalitionsfreiheit ebenso das Recht, einer Koalition beizutreten und in ihr zu verbleiben.[19] Zur Vervollständigung dieser, als positive Koalitionsfreiheit zusammengefassten, Rechte[20], geht der weit überwiegende Teil der Rechtsprechung und Lehre davon aus, dass die individuelle Koalitionsfreiheit ebenfalls die Freiheit umfasst, sich koalitionsspezifisch zu betätigen, sog. Betätigungsfreiheit.[21]

Neben der individualen Ausprägung schützt Art. 9 Abs. 3 GG auch die kollektive Koalitionsfreiheit und damit auch die Koalition als solche.[22] Dieser Schutz wiederum untergliedert sich in drei wesentliche Teilgarantien: Die Be-

---

17 Duvernell/Kunze, Koalitionsfreiheit und Tarifautonomie, S.105.

18 Vgl. zur Definition des Begriffs der „Koalition": ErfK/Dieterich, Art. 9 GG, Rn. 21; v.Mangoldt/Klein/Starck/Kemper, BK I, Art. 9 Abs. 3 GG, Rn. 85ff.

19 BVerfGE 4, 96, 106; BVerfGE 17, 319, 333; BVerfGE 19, 303, 312; BVerfGE 28, 295, 304; BVerfGE 38, 281, 303; BVerfGE 38, 386, 393; BVerfGE 44, 322, 352; BVerfGE 50, 290, 367; BVerfGE 55, 7, 21; BVerfGE 57, 220, 245; BVerfGE 64, 208, 213; BVerfGE 73, 261, 278; BVerfGE 92, 365, 393.

20 Näher zur Differenzierung zwischen positiver und negativer Koalitionsfreiheit: Maunz/Dürig/Scholz, GG, Art. 9, Rn. 169.

21 Maunz/Dürig/Scholz, GG, Art. 9, Rn. 169; ErfK/Dieterich, Art. 9 GG, Rn. 30; krit. zum Schutz der Betätigungsfreiheit: Burkiczak, Grundgesetz und Deregulierung des Tarifvertragsrechts, S. 294ff.; Sels, Gesetzliche Eingriffe, S. 105ff.

22 Andelewski, Staatliche Mindestarbeitsbedingungen, S. 49; Dreier/Bauer, GG I, Art. 9, Rn. 69; Biedenkopf, Grenzen der Tarifautonomie, S. 102ff.; Däubler/Däubler, TVG, Einl., Rn. 68; Dieterich, in ErfK, Art. 9 GG, Rn. 39; Friese, Kollektive Koalitionsfreiheit, S. 37ff.; Gamillscheg, Kollektives Arbeitsrecht I, S. 181ff.; Jarass/Pieroth/Jarass, Art. 9 GG, Rn. 44; v.Münch/Kunig/Löwer, GK II, Art. 9 GG, Rn. 68; Kempen/Zachert/Kempen, TVG, Grundl. Rn. 74ff.; Oetker, ZG 1998, 155, 157; Richardi, Kollektivgewalt und Individualwille, S. 77ff.; Säcker, Grundprobleme, S. 37; Säcker/Oetker, Grundlagen und Grenzen der Tarifautonomie, S.31ff.; Schaub/Koch, Arbeitsrechtshandbuch, § 188, Rn. 13; Schubert, RdA 2001, 199, 203; a.A.: Schutz nur über Art. 19 Abs. 3 GG: Sachs/Höfling, GK, Art. 9, Rn. 67; Höfling/Burkiczak, NJW 2005, 469, 472; v.Mangoldt/Klein/Starck/Kemper, BK I, Art. 9 Abs. 3 GG, Rn. 138ff.; Maunz/Dürig/Scholz, GG, Art. 9, Rn. 239ff.

stands-[23], die Selbstverwaltungs-[24] und die Betätigungsfreiheit. Dabei ist anerkannt, dass die Gründungsfreiheit wenig Wert hätte, wenn nicht auch der Bestand[25] der Koalition und deren Betätigung vom Schutz des Art. 9 Abs. 3 GG mit umfasst wäre.[26] Aus der Betätigungsfreiheit folgt als Teilgarantie die Tarifautonomie, d.h. die Freiheit zum Abschluss von Tarifverträgen.[27] Diese beruht im Wesentlichen auf der ausdrücklichen Aufgabenzuweisung des Art. 9 Abs. 3 GG.[28] Die Wahrung und Förderung der Arbeits- und Wirtschaftsbedingungen

---

23 BVerfGE 4, 96, 1; BVerfGE 28, 295, 304; 38, 281, 303; Säcker, Grundprobleme, S. 37; Maunz/Dürig/Scholz, GG, Art. 9, Rn. 243; Gamillscheg, Kollektives Arbeitsrecht I, S. 128. Das Bundesverfassungsgericht führte hierzu aus: „Entscheidend für die hier gefundene Auslegung des Art. 9 Abs. 3 S. 1 GG ist das ausdrückliche Bekenntnis des Grundgesetzes zum sozialen Rechtsstaat (Art. 20 Abs. 1, 28 Abs. 1 Satz 1 GG). Diese Entscheidung des Verfassungsgebers schließt es aus, ein Grundrecht, dessen Ausdehnung auf soziale Gemeinschaften sich bereits in der Weimarer Zeit angebahnt hatte, nunmehr ohne zwingenden Grund in seiner Wirksamkeit auf Einzelpersonen zu beschränken.“, BVerfGE 4, 69, 110; seit dieser Entscheidung ist die kollektive Koalitionsfreiheit in ständiger Rechtsprechung des BVerfG fortgeführt worden. Auch in der Literatur ist diese Ausprägung des verfassungsrechtlichen Schutzes nahezu anerkannt, vgl. statt aller: Säcker/Oetker, Grundlagen und Grenzen der Tarifautonomie, S.31.

24 Diese Garantie umfasst sowohl die Freiheit, selbst eine Rechtsform zu wählen, als auch die Satzung der Koalition selbst zu bestimmen, vgl. BVerfGE 50, 290, 354ff.; Maunz/Dürig/Scholz, GG, Art. 9, Rn. 244, 246; Kemper, Koalitionsfreiheit, S. 135.

25 Siehe Fn. 22.

26 BVerfGE 17, 333: Die durch Art. 9 Abs. 3 gewährleistete Koalitionsfreiheit ist nur dann sinnvoll, wenn die Rechtsordnung den Koalitionen die Möglichkeit gibt, durch spezifisch koalitionsgemäße Betätigung die in Art. 9 Abs. 3 GG genannten Zwecke zu verfolgen, nämlich die Arbeits- und Wirtschaftsbedingungen ihrer Mitglieder zu wahren und zu fördern“; vgl. auch Säcker, Grundprobleme, S. 37.

27 St. Rspr. seit BVerfGE 4, 96; vgl. auch: Badura, RdA 1974, 129, 230; Bleckmann, Staatsrecht II, S. 836; ErfK/Dieterich, Art. 9 GG, Rn. 56; Hanau, RdA 1993, 1, 4; Höfling, Vertragsfreiheit, D. 18; Kemper, Koalitionsfreiheit, S. 137; v.Münch/Kunig/Löwer, GK II, Art. 9, Rn. 80; Müller, Die Tarifautonomie, S. 333; Oetker, ZfA 2001, 287, 293; ders., ZG 1998, 155, 157ff.; Plander, ArbuR, 1986, 65; Säcker/Oetker, Grundlagen und Grenzen der Tarifautonomie, S. 33, 36; Stein, ArbuR, 1992, 1, 3; Wiedemann/Wiedemann, TVG, Einl., Rn. 82 ff.

28 Vgl. BVerfGE 4, 96, 106; BVerfGE 19, 303, 312; BVerfGE 28, 295, 302; BVerfGE 38, 281, 306; BVerfGE 18, 18, 26; BVerfGE 20, 312, 317; BVerfGE 38, 386, 393; BVerfGE 44, 322, 340; BVerfGE 50, 290, 367; BVerfGE 57, 220, 245; BVerfGE 73, 261, 270; BVerfGE 77, 1, 63; BVerfGE 92, 365, 393; BVerfGE 19, 217, 222; BVerfGE 30, 120, 126; BVerfGE 31, 318, 324; BVerfGE 41, 1 ,3; BVerfGE 53, 89, 93; BVerfGE 36, 131, 137; BVerfGE 46, 322, 345; BVerfGE 48, 160, 169; BVerfGE 58, 138, 146; BVerfGE 62, 171, 183; BVerfGE 56, 155, 169; BVerfGE 67, 330, 340; BVerfGE 17, 319, 333; vgl. auch Bock, Tarifdispositives Arbeitnehmerschutzrecht, S.

erfolgt traditionell durch kollektivrechtliche Vereinbarung zwischen den sozialen Gegenspielern der Arbeitnehmer- und Arbeitgebervereinigungen in Form von Tarifverträgen.[29]

Der Grund und die Legitimation des Tarifvertrages liegen darin,

> „die strukturelle Unterlegenheit der einzelnen Arbeitnehmer beim Abschluß von Arbeitsverträgen durch kollektives Handeln auszugleichen und damit ein annähernd gleichgewichtiges Aushandeln der Löhne und Arbeitsbedingungen zu ermöglichen."[30]

Der Tarifvertrag dient dazu, den Einzelarbeitsvertrag soweit zu komplementieren, wie dieser ein nur „unzureichendes Instrument zur Begründung eines sozial angemessenen Arbeitsverhältnisses darstellt".[31] Es soll ein „marktförmiges Kräftespiel auf Verbandsebene", bzw. die „Bildung gegengewichtiger Marktmacht" zum Schutz der strukturell unterlegenen Arbeitnehmer erreicht werden.[32] Insoweit gilt heute überwiegend die Auffassung, bei der Tarifvertragsfreiheit handele es sich im Grunde um kollektiv ausgeübte Privatautonomie.[33]

284; ErfK/Dieterich, Art. 9 GG, Rn. 51ff.; Säcker, Grundprobleme, S. 40; Säcker/Oetker, Grundlagen und Grenzen der Tarifautonomie, S. 35.

29 BVerfGE 4, 106: „Das Grundrecht der Koalitionsfreiheit betrifft nicht nur den Zusammenschluß als solchen, sondern den Zusammenschluß zu einem bestimmten Gesamtzweck, nämlich zu einer aktiven Wahrnehmung der Arbeitgeber- (Arbeitnehmer-) Interessen. Dies bedeutet zugleich, daß frei gebildete Organisationen auf die Gestaltung der Löhne und Arbeitsbedingungen Einfluß nehmen, insbesondere zu diesem Zweck Gesamtvereinbarungen treffen können. Die historische Entwicklung hat dazu geführt, daß solche Vereinbarungen in Gestalt geschützter Tarifverträge mit Normativcharakter und Unabdingbarkeit abgeschlossen werden."; Dieterich, Flexibilisiertes Arbeitsrecht und Grundgesetz, RdA 2002, 1, 8: Der Abschluss von Tarifverträgen ist die „wichtigste koalitionsmäßige Betätigung".

30 BVerfGE 84, 212, 229; Däubler, NZA 1988, 857, 859 bezeichnet die Koalition als „Gegenmacht", die den Verlust der Privatautonomie des einzelnen Arbeitnehmers kompensiert. Nikisch, Arbeitsrecht II, S. 196 erkannte die „organisierte Einheit" der Arbeitnehmer als notwendige Bedingung für Verhandlungen zwischen Arbeitnehmern und Arbeitgeber auf gleicher Augenhöhe. Vgl. zum Ganzen auch: Bispinck/Schulten/Dieterich, Zukunft der Tarifautonomie, S. 180; Ricken, Autonomie und tarifliche Rechtsetzung, S. 147ff.; Säcker, Grundprobleme, S. 43; Söllner, NZA-Beil. 2003, 33, 34ff.

31 BVerfGE 34, 307, 316; allgemein zur strukturellen Unterlegenheit des Arbeitnehmers vgl. Benda, RdA 1979, 1, 4; Fechner, RdA 1955, 161, 164; Konzen, ZfA 1991, 379, 392ff.

32 Söllner, NZA-Beil. 2003, 33, 34.

33 Bayreuther, NJW 2009, 2006, 2009; Heinze, NZA 1991, 329, 311; Kempen/Zachert/Kempen, TVG, Grundlagen, Rn. 158f.; Löwisch/Rieble/Löwisch, § 1 TVG, Rn. 247;

Zu den Arbeits- und Wirtschaftsbedingungen gehören unbestritten das Entgelt und die damit verbundene Lohnfestsetzung als zentrales Gut der Koalitionsfreiheit.[34] In Tarifverträgen wird dieses, zusammen mit anderen Arbeitsbedingungen, mit unmittelbarer und zwingender Wirkung geregelt. Zwar ist im Einzelnen umstritten, worin die dogmatische Begründung für die Rechtsetzungsbefugnis liegt. Vertreten wird hierzu ein breites Meinungsspektrum, beginnend bei der Anerkennung der Normsetzungsmacht kraft Naturrechts[35], über deren Herleitung unmittelbar aus Art. 9 Abs. 3 GG[36], ferner die Delegationstheorie, die davon ausgeht, der Staat habe mit § 1 Abs. 1 TVG einen Teil seiner Rechtsetzungsmacht auf die Koalitionen übertragen, um diesen zu ermöglichen, die aus Art. 9 Abs. 3 GG folgenden Aufgaben wahrzunehmen,[37] bis hin zur Legitimationstheorie, wonach die Rechtssetzungskompetenz auf die hinter den Tarifpartnern stehenden Arbeitnehmer und Arbeitgeber zurückzuführen sei.[38] Anders als

---

Meisen, Koalitionsfreiheit, S. 34ff.; Maunz/Dürig/Scholz, GG, Art. 9, Rn. 259; Stütze, Kontrolle der Entgelthöhe, S. 357; Dieterich, RdA 2002, 1, 9, m.w.N.

34 Vgl. nur Bayreuther, NZA 2006, 341, 342: „Vorbehaltsgut der Koalitionen schlechthin“; Dieterich, Tarifautonomie und Gesetzgebung, S. 22; Neumann, RdA 2007, 71; Oetker, ZG 1998, 155: „tarifpolitisches Urgestein“; Sodan, JZ 1998, 421, 424; Stütze, Kontrolle der Entgelthöhe, S. 366; Wiedemann/Thüsing, § 1 TVG, Rn. 474; Däubler/Winter, § 1 TVG, Rn. 356ff.

35 Herschel, ZfA 1973, 183, 187 ff.; ders. ArbuR 1976, 117

36 Zur sog. Integrationstheorie vgl. Säcker/Oetker, Grundlagen und Grenzen der Tarifautonomie, S. 103; sowie Gamillscheg, Kollektives Arbeitsrecht, I, S. 558, m.w.N., der die Normsetzungsbefugnis als unerlässlichen Bestandteil der Koalitionsfreiheit sieht und daher § 1 TVG als zwingende Ausgestaltung durch den Gesetzgeber; ebenso im Ergebnis: Biedenkopf, Grenzen der Tarifautonomie, S. 104ff.; Säcker, RdA 1969, 291, 298; ders. Grundprobleme, S. 46; Maunz/Dürig/Scholz, GG, Art. 9, Rn. 301ff.

37 Vgl. näher zur sog. Delegationstheorie v.Münch/Kunig/Löwer, GK II, Art. 9 GG, Rn. 60; Wiedemann/Wiedemann, § 1TVG, Rn. 43, sowie aus dem neueren Schrifttum auch Bayreuther, Tarifautonomie als kollektiv ausgeübte Privatautonomie, S. 137.

38 Biedenkopf, Grenzen der Tarifautonomie, S. 47 ff.; Zöllner, RdA 1962, 453 ff. und im Anschluss an diese: Adomeit, Rechtsquellenfragen im Arbeitsrecht, S. 134; Dieterich, in: FS Schaub, 117; Richardi, Kollektivgewalt und Individualwille, S. 143; A. Wiedemann, Die Bindung der Tarifnormen, S. 76f.; in diese Richtung wohl auch Höfling/Burkiczak, NJW 2005, 469, 472ff. Im Schrifttum findet sich auch die Bezeichnung „Mandatarische Theorie“, vgl. Hirschmann, Die Begrenzung tarifvertraglicher Normsetzungsbefugnisse, S. 35; Gamillscheg, Kollektives Arbeitsrecht I, S. 558; vgl. näher hierzu, sowie zu den Gegenargumenten: Wiedemann/Wiedemann, § 1 TVG, Rn. 42; vgl. zudem die Zusammenstellungen bei Bartlog, Das Verhältnis von Gesetz und Tarifvertrag, S. 137ff. und Ricken, Autonomie und tarifliche Rechtsetzung, S. 105ff.; Stütze, Kontrolle der Entgelthöhe, S. 344ff.

im früheren Schrifttum[39] besteht heute allerdings – insbesondere vor dem Hintergrund der §§ 1 Abs. 1, 4 Abs. 1 S. 1 TVG - Einigkeit über die normative Wirkung tarifvertraglicher (Entgelt-) Regelungen.

II. Spannungsverhältnis tarifvertraglicher und staatlicher Entgeltfestsetzung

Ausgehend von der Kompetenz der Koalitionen, Arbeitsbedingungen normativ zu regeln, erschließt sich die besondere Brisanz dieser Befugnis, wenn man dem die Gesetzgebungskompetenzen des Staates gegenüberstellt. Aus Art. 74 Abs. 1 Nr. 12 GG ergibt sich die Befugnis des Gesetzgebers, das Arbeitsrecht zu regeln. Gemeint sind damit alle Belange des Individual- und des Kollektivarbeitsrechts.[40] Als wesentlicher Bestandteil des Arbeitsrechts sind wiederum alle Fragen zu nennen, die das Arbeitsentgelt als Gegenwert zur Arbeitsleistung betreffen. Damit umfasst die Regelungskompetenz des Gesetzgebers grundsätzlich auch die Materie des Arbeitslohns.[41] Gleichzeitig liegt darin auch die zentrale Problematik der staatlichen Lohnfestsetzung begründet: Wenn sowohl der Staat, als auch die Koalitionen nach dem Grundgesetz eine Kompetenz zur normativen Gestaltung der Arbeitsentgelte für sich in Anspruch nehmen können, führt dies unweigerlich zu der – bereits seit *Sinzheimer* umstrittenen[42] - Frage, in welchem Verhältnis diese Zuweisungen zueinander stehen.

---

39 Zum vor allem im früheren Schrifttum vertretenen schuldvertraglichen Ansatz: Bötticher, Gestaltungsrecht, S. 19: Vertragsschließende Koalitionen seien Dritte im Sinne des § 317 BGB; Jacobi, Grundlehren, S. 273 ff.: Abgabe der Vertragsfreiheit der organisierten Arbeitnehmer in die Hände der Gewerkschaften; Lotmar, Arbeitsvertrag I, S. 797 ff.: generelle Bindung der zivilrechtlichen Stellvertretung; Ramm, JZ 1962 78, 82: „sozialrechtliche Vertretungsmacht“. Kritisch zu diesen Ansätzen, Hirschmann, Die Begrenzung tarifvertraglicher Normsetzungsbefugnisse, S. 30 ff.; Wiedemann/Wiedemann, § 1 TVG, Rn. 41.

40 BVerfGE 7, 342, 351; BVerfGE 38, 281, 299; BVerfGE 106, 62, 132; Maunz/Dürig/Maunz, GG, Art. 74, Rn. 165. Daneben bestehen zudem die Kompetenzen des Art. 74 Abs. 1 Nr. 11 GG, sowie in einem größeren Kontext auch die des Art. 109 Abs. 4 GG, vgl. dazu auch Maunz/Dürig/Scholz, GG, Art. 9, Rn. 259 m.w.N.

41 BVerfGE 11, 105, 115; BVerfGE 65, 104, 119; BayVerfGH NJOZ 2010, 688, 689; Sachs/Degenhart, GK, Art. 74 GG, Rn. 53.

42 Vgl. Sinzheimer, in: Kahn-Freund/Ramm, Arbeitsrecht und Rechtssoziologie II, S. 164ff.

B. Einfachgesetzliche Grenzen autonomer Entgeltfestsetzung

Eine erste Antwort auf die Frage nach dem Verhältnis autonomer zu staatlicher Lohnfestsetzung ergibt sich aus den einfachgesetzlichen Grenzen der tariflichen und einzelvertraglichen Lohnfestsetzung.[43] Wie in jedem Bereich kann auch hier die Privatautonomie nicht unbegrenzt bestehen. Gerade für den Bereich der Lohngestaltung hat der Gesetzgeber verschiedene Möglichkeiten ersonnen, durch welche die Lohngestaltung begrenzt wird. Es handelt sich bei diesen Normen vorrangig um Beschränkungen der Entgelte „nach unten" – also um Lohnuntergrenzen. Die folgende Übersicht über den in diesem Zusammenhang relevanten Normenbestand zeigt, in welchem einfachgesetzlichen Rahmen sich die autonome Entgeltfestsetzung bewegt und wo in diesem System die Regelungen des MiArbG einzuordnen sind.

I. Mittelbare Entgeltuntergrenzen

Als mittelbare Lohnuntergrenzen lassen sich solche Normen bezeichnen, die dem Staat nicht die Möglichkeit einräumen, konkrete Beträge als minimales Entgelt festzulegen. Normen, die als mittelbare Lohnuntergrenzen fungieren, verlangen vielmehr in jedem Einzelfall die Überprüfung des autonom festgesetzten Entgelts anhand der durch die jeweilige Norm vorgeschriebenen Referenzmaßstäbe. Es ist dabei vor allem Aufgabe der Gerichte, im Streitfall die Entgeltbestimmung am Tatbestand der Norm zu messen und die Vereinbarkeit des Entgelts mit dieser zu beurteilen. Jede vertragliche Bestimmung – sei sie individual- oder kollektivvertraglich bestimmt – muss sich an diesen Grenzen messen lassen. Als mittelbare Lohnuntergrenzen lassen sich dabei nicht nur solche Normen fassen, die die Unwirksamkeit einer entgegenstehenden Vereinbarung zur Folge haben. Es sind vielmehr auch jene Normen darunter zu fassen, die die durch diese Nichtigkeit entstehende Lücke auffüllen, ohne dem Staat die Möglichkeit einzuräumen, selbst konkrete Lohnhöhen zu bestimmen.

1. Sittenwidriges Arbeitsentgelt, § 138 BGB

Als mittelbare Lohnuntergrenze lässt sich zunächst der Wuchertatbestand des § 138 BGB einordnen. Dieser wahrt die äußerste Grenze der Lohngestaltung zwi-

43 Dabei soll es im Rahmen dieser Arbeit ausschließlich um die einfachgesetzlichen Grenzen der autonomen Lohnfindung gehen. Vgl. für eine darüberhinausgehende Erörterung der allgemeinen Grenzen der tarifvertraglichen Regelungsbefugnisse: Löwisch/Rieble, TVG, § 1, Rn. 169ff.; Säcker/Oetker, Grundlagen und Grenzen der Tarifautonomie, S. 30ff.; Söllner, NZA 1996, 897ff.; ders., NZA-Beil. 2000, 33ff.;

schen Arbeitnehmer und Arbeitgeber und ist daher eine der gesetzlichen „Waffen gegen zu niedrige Löhne“[44] und wird teilweise auch als „richterrechtlicher Ersatz“ für den gesetzlichen Mindestlohn gesehen.[45] Verstößt eine Lohnvereinbarung gegen § 138 BGB, ist sie nichtig. Zu trennen ist dabei zwar grundsätzlich zwischen dem wucherähnlichen Rechtsgeschäft nach Abs. 1 und dem Lohnwucher nach Abs. 2. Beide Tatbestände stimmen jedoch im Erfordernis eines auffälligen Missverhältnisses zwischen Leistung und Gegenleistung überein.[46] Für die Bestimmung dieses Verhältnisses gibt das Gesetz keine weiteren Anhaltspunkte vor. Das Bundesarbeitsgericht überprüft dies anhand des sich aus der Zusammenfassung von Inhalt, Beweggrund und Zweck ergebenden Gesamtcharakters des Rechtsgeschäfts.[47] Dabei kommt es maßgeblich auf den objektiven Wert der Arbeitsleistung an.[48] Entscheidendes Kriterium für die Frage nach der Sittenwidrigkeit von Lohnvereinbarungen ist das im jeweiligen Wirtschaftsgebiet herrschende Lohnniveau. [49] Das Bundesarbeitsgericht zieht daher die im jeweiligen Wirtschaftszweig geltenden Tarifverträge als Maßstab heran. [50] Darüber hinaus sind bei der Beurteilung der Sittenwidrigkeit die Wertungen des Grundgesetzes und einfachgesetzlicher Regelungen zu berücksichtigen.[51]

Trotz einer umfangreichen Kasuistik[52] zu § 138 BGB kann der Rechtsprechung des BAG jedoch bisher keine konkrete Schwelle entnommen werden, unterhalb derer in jedem Fall von einer sittenwidrigen Entgeltgestaltung auszugehen ist.[53] Als Richtwert hat sich allerdings das Unterschreiten des jeweils ein-

---

44 So wörtlich Gamillscheg, Kollektives Arbeitsrecht, I, S. 296.

45 Vgl. Hanau, EWiR 2002, 419.

46 BAG EzA § 138 BGB Nr. 29; Lakies, NZA-RR 2002, 337, 340; Peter, ArbuR 1999, 289, 290.

47 BAG EzA § 612 BGB 2002 Nr. 7 im Anschluss an BGH NJW 1989, 731ff.; BGH NJW 1999, 2266ff.

48 Vgl. Henssler/Sittard, RdA 2007, 159, 161.

49 BAG EzA BGB § 138 Nr. 29; BAG AP BGB § 138 Nr. 59; ErfK/Preis, § 612 BGB, Rn. 3.

50 So befand das BAG etwa eine Vergütung von 2/3 des im jeweiligen Wirtschaftszweig geltenden Tarifvertrages für mit § 138 BGB unvereinbar, vgl. BAG 24. 3. 2004 AP BGB § 138 Nr. 59; eine Vergütung in Höhe von 70 % des Tariflohns sei jedoch nicht sittenwidrig, vgl. BAG 23.5.2001EzA BGB § 138 Nr. 29. Preis geht davon aus, zumindest bei einer Unterschreitung des Tariflohns um 50 % sei Sittenwidrigkeit anzunehmen, vgl. ErfK/Preis, § 612 BGB, Rn. 3.

51 Henssler/Sittard, RdA 2007, 159, 161ff.; ErfK/Preis, § 612 BGB, Rn. 3.

52 Vgl. die Zusammenstellungen bei Lakies, NZA-RR 2002, 337, 340; Stütze, Kontrolle der Entgelthöhe, S. 258ff.

53 Insbesondere können die Vorgaben der staatlichen Fürsorgeleistungen und der Pfändungsschutzgrenzen nicht als Bezugspunkte herangezogen werden, vgl. BAG EzA §

schlägigen Tariflohns um 2/3 etabliert.[54] Fehlt es an tariflichen Entgelten als Bezugsgröße, ist auf das allgemeine Lohnniveau abzustellen.[55]

Insbesondere nach neuerer Rechtsprechung des BAG sind auch Tarifverträge in engen Grenzen an § 138 BGB zu messen. Eine Tarifregelung ist danach sittenwidrig, wenn sie „elementare Gerechtigkeitsanforderungen" verletzt.[56] Die Tarifmacht findet insoweit ihre Schranke in Art. 2 Abs. 1, 20 Abs. 1 GG.[57] Allerdings sei nicht bereits dann von sittenwidrigen Tarifvereinbarungen auszugehen, wenn Entgelte unterhalb des Sozialhilfesatzes bestimmt werden.[58] Entscheidend sei vielmehr, ob es sich „unter Berücksichtigung aller Umstände des räumlichen, fachlichen und persönlichen Geltungsbereichs des Tarifvertrags sowie der im Geltungsbereich des Tarifvertrags zu verrichtenden Tätigkeiten" um einen sog. „Hungerlohn" handelt.[59]

Im Zusammenhang mit der Diskussion um gesetzliche Mindestlöhne wurde von Teilen des Schrifttums die gesetzliche Normierung einer konkreten Sittenwidrigkeitsgrenze als Alternative zu staatlich bestimmten Mindestentgelten vorgeschlagen.[60] Dies hat sich indes bisher nicht durchgesetzt.

---

138 BGB Nr. 29. Auch kann nicht stets bereits das Unterschreiten des üblichen Lohns um einen bestimmten Prozentsatz die Annahme eines sittenwidrigen Entgelts begründen, vgl. Henssler/Sittard, RdA 2007, 159, 161. Vgl. ausführlich zur Problematik des geeigneten Vergleichsmaßstabs: Stütze, Kontrolle der Entgelthöhe, S. 258ff.

54 BAG NZA 2009, 837; Bayreuther, NZA 2010, 1157, 1158; Peter, ArbuR 1999, 289, 293; ErfK/Preis, § 612 BGB, Rn. 3; dagegen ließ das BAG ein Abweichen von 72,7 Prozent noch nicht ausreichen, um die Sittenwidrigkeit zu bejahen, vgl. BAG AP Nr. 30 zu § 138 BGB. Henssler/Sittard, RdA 2007, 159, 160 sehen daher die „75%-Grenze" als nicht verallgemeinerungsfähig an. Es müssten stattdessen stets die Umstände des konkreten Falls berücksichtigt werden.

55 Vgl. BAG NZA 2000, 1050; BAG NZA 2004, 971.

56 BAG NZA 2004, 971, 973. Bis zu dieser Entscheidung war umstritten, ob Tarifverträge überhaupt sittenwidrig i.S.d. § 138 BGB sein konnten, dafür: Däubler, Tarifvertragsrecht, Rn. 368; Löwisch/Rieble, TVG, § 1, Rn. 219; Kempen/Zachert/Kempen, TVG, Grundl., Rn. 269; Mayer-Maly, Anm. zu BAG AP BAT 1975, §§ 22, 23 Nr. 42; Wiedemann/Wiedemann TVG, Einl., Rn. 363; dagegen: BAG AP BAT 1975, §§ 22, 23 Nr. 42; BGH NJW 1957, 627.

57 BAG NZA 2004, 971, 973. Dies gilt im Übrigen über § 138 BGB unabhängig von der umstrittenen Frage der Gemeinwohlbindung der tariflichen Normsetzung.

58 BAG NZA 2004, 971, 972; krit. dazu: ErfK/Preis, § 612 BGB, Rn. 3a.

59 BAG NZA 2004, 971, 973.

60 Henssler/Preis, NZA-Beil. 2006, 6ff.; vgl. hierzu Henssler/Sittard, RdA 2007, 159, 163ff., sowie krit. zur Normierung einer Sittenwidrigkeitsgrenze: Bayreuther, NJW 2007, 2022, 2023ff.; Bauer/Klebe/Schunder, NZA 2009, 1190.

2. Übliche Vergütung nach § 612 Abs. 2 BGB

Ist die in einem Arbeitsvertrag enthaltene Vergütungsvereinbarung nichtig – etwa weil sie gegen § 138 BGB verstößt -, oder ist die Höhe der Vergütung von vornherein nicht ausdrücklich im Vertrag geregelt, findet § 612 Abs. 2 BGB Anwendung. Dieser schließt die Lücken, die sich in Arbeitsverträgen mangels Regelung der Vergütungshöhe auftun.[61] In einem solchen Fall wird ein Anspruch des Arbeitnehmers auf die „übliche Vergütung" fingiert. Geschuldet ist nach § 612 Abs. 2 BGB das, was auch sonst im vergleichbaren Wirtschaftskreis zu zahlen ist.[62] Es geht dabei darum, solche Arbeitsverträge zu retten, die sonst möglicherweise aufgrund eines durch divergierende Vorstellungen der Parteien ausgelösten Dissenses unwirksam und damit nichtig wären.[63] Bestehen Tarifverträge, richtet sich die übliche Vergütung nach diesen. Gleichzeitig bedeutet dies auch, dass § 612 Abs. 2 BGB weder die Arbeitsvertrags- noch die Tarifvertragsparteien daran hindert, Entgelte unterhalb dessen zu vereinbaren, was im jeweiligen Wirtschaftsbereich ansonsten als üblich zu sehen ist, solange sie damit nicht gegen § 138 BGB verstoßen.

3. Ortsübliche Vergütung für Handlungsgehilfen gemäß § 59 HGB

Ähnlich wie § 612 Abs. 2 BGB gibt § 59 HGB vor, dass Handlungsgehilfen im Sinne dieses Gesetzes Anspruch auf „die dem Ortsgebrauch entsprechende Vergütung" für ortsübliche Leistungen haben. Im Wesentlichen kann der Begriff der ortsüblichen Vergütung mit dem der üblichen Vergütung nach § 612 Abs. 2 BGB gleichgesetzt werden.[64] Auch insoweit ist zu beachten, dass es sich hierbei lediglich um eine Lückenfüllung für die Fälle handelt, in denen Entgeltvereinbarungen nicht getroffen wurden. Entsprechend steht es den Parteien frei, auch Entgelte unterhalb des Ortsüblichen zu bestimmen.

4. Wuchertatbestand des § 291 StGB

Aufgrund der Unerfahrenheit oder strukturellen Unterlegenheit des Arbeitnehmers gegenüber dem Arbeitgeber kann es dazu kommen, dass trotz des in § 138 BGB normierten Verbots ein Arbeitsentgelt vereinbart wird, welches für den Arbeitnehmer eine sittenwidrige Belastung bedeutet. Als Maßstab wird auch hier das Verhältnis des gezahlten Lohns zum Tariflohn herangezogen.[65] Unab-

---

61 MüKo-BGB/Müller-Glöge, § 612, Rn. 26 f.

62 BAG AP § 138 Nr. 63 mit Anm. Zachert = NZA 2006, 1354.

63 MüKo-BGB/Müller-Glöge, § 612, Rn. 1.

64 ErfK/Oetker, § 59 HGB, Rn. 1.

65 Peter, ArbuR 1999, 289, 293.

hängig davon, ob der Arbeitnehmer seine übliche Vergütung nach § 612 Abs. 2 BGB einfordert, muss der Arbeitgeber damit rechnen, strafrechtlich zur Verantwortung gezogen zu werden. Einschlägige Vorschrift ist hier § 291 StGB. Danach wird bestraft, wer die Zwangslage, die Unerfahrenheit, den Mangel an Urteilsvermögen oder die erhebliche Willensschwäche eines anderen ausbeutet. Anknüpfungspunkt ist dabei in erster Linie der Wert der Arbeit aus Sicht des Arbeitgebers.[66] Geschützt wird der Arbeitnehmer, dessen Verhandlungsposition regelmäßig schwächer ist, als die des Arbeitgebers.

5. „Equal-Pay-Gebot" der Arbeitnehmerüberlassung

Eine weitere mittelbare Lohnuntergrenze findet sich in den Bestimmungen des Arbeitnehmerüberlassungsgesetzes (AÜG). Durch dieses Gesetz werden Arbeitgeber als „Verleiher" verpflichtet, den von ihnen verliehenen bzw. überlassenen Arbeitnehmern die gleichen Arbeitsbedingungen zu gewähren, wie sie im Betrieb ihres Entleihers gelten, vgl. § 3 Abs. 1 Nr. 3 S. 1, 1. HS AÜG. Hierzu gehört insbesondere auch das Arbeitsentgelt, weshalb diese Regelung auch als „equal-pay-Gebot" bezeichnet wird.[67] Im Gegensatz zum MiArbG handelt es sich bei dieser Regelung allerdings nicht um eine „echte" Vorgabe von Mindestarbeitsbedingungen. Es werden nicht vom Staat verbindlich bestimmte Entgelte per Rechtsverordnung oder Allgemeinverbindlicherklärung vorgegeben, sondern vielmehr das Entgeltniveau des jeweiligen Entleihers als Referenzgröße statuiert. Abweichungen durch tarifliche Regelungen bleiben hingegen möglich, da das AÜG tarifdispositiv ausgestaltet ist.[68] Zumindest in Hinsicht auf einzelvertragliche Entgeltabsprachen wirkt das AÜG allerdings als echte Lohnuntergrenze, da in dieser Hinsicht Unterschreitungen nicht zulässig sind, vgl. § 9 Nr. 2 S. 1, 1. HS AÜG.

Trotz vielfach vorgetragener Bedenken[69], insbesondere zur Vereinbarkeit dieses Gesetzes mit der Tarifautonomie[70], entschied das Bundesverfassungsge-

---

66 Peter, ArbuR 1999, 289, 293.

67 Vgl. Boemke/Lembke, AÜG, § 9, Rn. 5; Thüsing/Mengel, AÜG, § 9, Rn. 22; Schüren, RdA 2006, 303, 304.

68 Thüsing/Mengel, AÜG, § 9, Rn. 41; Schüren, RdA 2006, 303, 303; ErfK/Wank, § 3 AÜG, Rn. 22 bezeichnet dies als „unausgesprochen ungewöhnlich", da in anderen Bereichen der Staat typischerweise nach oben offene Mindestbedingungen schaffe, während mit dem AÜG aber bereits das „Optimum" vorgegeben werde und so vor allem Raum für nach unten abweichende Tarifverträge verbleibe.

69 Böhm, NZA 2003, 828, 832; Bauer/Krets, NJW 2003, 537, 538; Hümmerich/Holthausen/Weislau, NZA 2003, 7ff.; Lembke, BB 2003, 98, 99; Rieble/Klebeck, NZA 2003, 23, 29; Thüsing, DB 2003, 446, 450.

richt letztlich, dass ein Verstoß gegen das Grundgesetz im Ergebnis nicht gegeben sei.[71] Ob überhaupt ein Eingriff in die Tarifautonomie vorlag, ließ das Gericht ausdrücklich offen.[72] Zumindest aber sei dieser gerechtfertigt, da das Gesetz einerseits der Bekämpfung der Massenarbeitslosigkeit diene[73] und andererseits dem durch Art. 12 Abs. 1 GG geschützten Interesse der Leiharbeitnehmer an „zumutbaren Arbeitsbedingungen".[74] Dieser Gedanke des Bundesverfassungsgerichts wird im weiteren Verlauf dieser Arbeit noch einmal aufzugreifen sein.

6. Faktische mittelbare Entgeltuntergrenzen durch staatliche Sozialleistungen

Im Schrifttum wird teilweise vertreten, neben den genannten Vorschriften würden auch bereits die staatlichen Fürsorgeleistungen des SGB II und XII wie ein „faktischer Mindestlohn" wirken.[75] Durch die Gewährung staatlicher Fürsorgeleistungen seien bereits ohne gesetzlichen Mindestlohn menschenwürdige Arbeitsentgelte unmöglich.[76] Auf diese Weise würden Anreize vermindert, auch solche Beschäftigungen aufzunehmen, deren Entlohnung gleichauf mit den oder unterhalb der staatlichen Fürsorgeleistungen liegen.[77] Dieser Gedanke wird auch im wirtschaftswissenschaftlichen Bereich geäußert.[78] Um solchen negativen Effekten gegenzusteuern, wurden Regelungen implementiert, die Aufstockungsbe-

---

70 Bauer/Krets, NJW 2003, 537, 539; Hümmerich/Holthausen/Weislau, NZA 2003, 7, 10; Rieble/Klebeck, NZA 2003, 23, 28; Thüsing, DB 2003, 446, 450

71 BVerfG NZA 2005, 153ff.; vgl. näher zu dieser Entscheidung auch: Schüren, NZA 2006, 303, 305ff.

72 BVerfG NZA 2005, 154.

73 Aufgrund der starren Vorgaben des AÜG in diesem Bereich ist es fraglich, ob es tatsächlich zu einer vermehrten Einstellung von Arbeitslosen als Leiharbeitnehmern kommen wird, vgl. auch Stütze, Kontrolle der Entgelthöhe, S. 240.

74 BVerfG NZA 2005, 153, 154; kritisch hierzu Lembke, BB 2005, 499, der einen solchen Verfassungsrang für zu weitgehend hält; vgl. dazu auch: Schüren, RdA 2006, 303, 305ff.; Bayreuther, NZA 2005, 341, 342ff.; grundsätzlich zustimmend Thüsing, ZfA 2008, 590, 604; Thüsing/Thüsing, AEntG-Komm., Einl., Rn. 38.

75 Fischer, ZRP 2007, 20, 22

76 Fischer, ZRP 2007, 20, 22; a.A. Bietmann, Mindestlohn, S. 81ff., die darauf hinweist, dass die arbeits- bzw. tarifvertragliche Entgeltvereinbarung grds. unabhängig vom politisch wünschenswerten, existenzsichernden Entgelt ist. Dem ist insoweit zuzustimmen, als in der Praxis tatsächlich Arbeitsentgelte vereinbart werden, die in der Höhe unterhalb der Regelsätze staatlicher Sozialleistungen liegen, ohne dass dabei das politische Idealbild als verbindlich angesehen würde.

77 Vgl. Schubert, NJW 2010, 2613, 2618.

78 Vgl. hierzu Lautenschläger, ZRP 2003, 461, m.w.N.

träge für derart gering entlohnte Beschäftigungen vorsehen.[79] Auf diese Weise soll die Motivation zur Aufnahme einer Beschäftigung verstärkt werden.[80][81] In welchem Maß die staatlichen Fürsorgeleistungen dennoch die Entgeltfestsetzung der Parteien von Arbeits- und Tarifvertrag beeinflussen, soll an dieser Stelle nicht weiter erörtert werden.[82]

II. Unmittelbare Entgeltuntergrenzen

Neben den mittelbaren Lohnuntergrenzen räumt der Gesetzgeber dem Staat in verschiedenen Normen die Möglichkeit ein, in unterschiedlicher Handlungsform konkrete Beträge als Lohnuntergrenzen vorzuschreiben. Ein Unterschreiten dieser festen Grenzen durch Arbeits- oder Tarifvertrag ist dabei nicht möglich, ein Abweichen nach oben hingegen regelmäßig schon. Soweit der Staat sich durch diese Normen die Befugnis einräumt, selbst konkrete Lohnhöhen als Untergrenze zu bestimmen, lässt sich von unmittelbar staatlicher Lohnfestsetzung und damit von unmittelbaren Lohnuntergrenzen sprechen.[83] Instrumente zur Bestimmung solcher unmittelbaren Lohnuntergrenzen finden sich in § 19 HAG, § 92a HGB, § 7 AEntG, sowie in § 5 TVG und schließlich auch im MiArbG.

1. Bindende Festsetzung nach § 19 HAG

Eine im Aufbau dem MiArbG ähnliche Regelung findet sich in § 19 HAG. Danach können eigens dafür eingesetzte Heimarbeitsausschüsse ein Mindestentgelt vorgeben, soweit im jeweiligen Zuständigkeitsbereich nur eine Minderheit der Beschäftigten oder Auftraggeber einer entsprechenden Organisation angehört. Dabei handelt es sich allerdings nicht um einen sozialen „Schutzwall", sondern vielmehr um einen Ersatz für fehlende tarifvertragliche (Entgelt-) Regelungen.[84] Voraussetzung für die Festsetzung ist, dass zuvor lediglich „unzulängliche" Arbeitsentgelte gezahlt worden sind. Als unzulänglich gelten dabei nach § 19 Abs.

---

79 Siehe §§ 11, 30 SGB II i.V.m. der Verordnung zur Berechnung von Einkommen sowie zur Nichtberücksichtigung von Einkommen und Vermögen beim Arbeitslosengeld II/Sozialgeld; vgl. eingehend dazu auch Waltermann, NZA-Beil. 2009, 110, 113ff.

80 Vgl. zu entsprechenden Modifikationen des SGB XII: Lautenschläger, ZRP 2003, 461.

81 Allerdings werden hier teilweise Bedenken hinsichtlich der Europarechtskonformität erhoben, da es sich insoweit um eine unzulässige Lohnsubventionierung handeln könne, vgl. Ludwig/Rein, NZA 2010, 865, 867.

82 Vgl. allgemein zu den Wirkungen der staatlichen Transferleistungen auf den Arbeitsmarkt: Waltermann, NJW 2010, 801, 803ff.

83 Ähnlich Buchner, NZA 1996, 1177, 1178: „direkte Löhne", wobei er davon ausgeht, dass diese lediglich von den Koalitionen selbst festgelegt würden, während der Staat allein die Lohnnebenkosten regeln könne.

84 Vgl. Andelewski, Staatliche Mindestarbeitsbedingungen, S. 99.

1 S. 2 HAG solche Entgelte, die unter Berücksichtigung der sozialen und wirtschaftlichen Eigenart der Heimarbeit unter den tarifvertraglichen Löhnen für gleiche oder gleichwertige Betriebsarbeit liegen. Zum Rangverhältnis derart festgesetzter Entgelte zu tariflichen Vereinbarungen bestimmt § 19 Abs. 1 S. 3 HAG zunächst, dass grundsätzlich kein günstigeres Mindestentgelt bestimmt werden soll, soweit tarifliche Entgeltregelungen bestehen.[85] Unabhängig von dieser bloßen „Soll"-Vorschrift normiert § 19 Abs. 3 S. 2 HAG allerdings einen ausdrücklichen Vorrang des durch den Ausschuss festgelegten Mindestentgelts vor ungünstigeren tariflichen Entgeltbestimmungen.

Die Festsetzung von Mindestentgelten nach dieser Norm ist bereits Gegenstand der Rechtsprechung des Bundesverfassungsgerichts gewesen.[86] Im Ergebnis nahm das Gericht die Verfassungsmäßigkeit der bindenden Festsetzung nach dem HAG an, insbesondere aufgrund der maßgeblichen Einbindung von Arbeitnehmer- und Arbeitgebervertretern bei der Entscheidungsfindung, sowie der Ähnlichkeit des Instruments der Festsetzung mit dem der Allgemeinverbindlicherklärung von Tarifverträgen.[87] Auch diese Rechtsprechung wird an anderer Stelle noch näher zu beleuchten sein.

2. Mindestarbeitsbedingungen nach § 92a HGB

Nach § 92a Abs. 1 HGB können durch Rechtsverordnung Mindestarbeitsbedingungen – und damit auch Mindestentgelte - für Handels- und Versicherungsvertreter festgesetzt werden, um die Erfüllung der notwendigen sozialen und wirtschaftlichen Bedürfnisse sicherzustellen. Vorgegeben wird lediglich eine „untere Grenze". Das festzusetzende Mindestentgelt muss dabei eine Höhe erreichen, die nach Abzug aller Aufwendungen „den Lebensunterhalt auf bescheidener Grundlage ermöglicht".[88] Praktische Bedeutung hat diese Vorschrift allerdings bisher nicht durch die Festsetzung von Mindestarbeitsbedingungen erlangt, son-

---

85 Hierbei handelt es sich um eine grundsätzlich nicht gerichtlich überprüfbare Entscheidung. Den Gerichten bleibt allein die Prüfung der Vereinbarkeit der Festsetzung mit höherrangigem Verfassungs- und Gesetzesrecht, den guten Sitten und den tragenden Grundsätze des Arbeitsrechts, vgl. BAG NZA 1993, 315, 316.

86 BVerfGE 34, 307ff.

87 Das Bundesverfassungsgericht hat insoweit den Charakter der Festsetzungen als „Rechtsregeln der gleichen Art wie die Normativbestimmungen eines Tarifvertrages" anerkannt, vgl. BVerfGE 34, 307, 320; krit. dazu Andelewski, Staatliche Mindestarbeitsbedingungen, S. 260ff.

88 Vgl. MüKo-HGB/v.Hoyningen-Huene, § 92a, Rn. 22.

dern ausschließlich im Zusammenhang mit der Bestimmung des Rechtswegs für arbeitsrechtliche Streitigkeiten zwischen Handelsvertreter und Unternehmer.[89]

3. Allgemeinverbindlicherklärung von Tarifverträgen nach § 5 TVG

Die Allgemeinverbindlicherklärung von Tarifverträgen hat in Deutschland bereits eine lange Tradition.[90] In der Weimarer Republik unterfielen zeitweise mehr als 50 Prozent der Arbeitsverhältnisse dem Geltungsbereich eines für allgemeinverbindlich erklärten Tarifvertrages.[91] Dagegen ist die Bedeutung mit Blick auf die Regulierung von Arbeitsentgelten aus heutiger Sicht als eher „gering" zu bezeichnen.[92]

§ 5 Abs. 1 TVG gestattet es dem Bundesministerium für Arbeit und Soziales (BMAS), Tarifverträge für allgemeinverbindlich zu erklären. Voraussetzung hierfür ist das Überschreiten der in § 5 Abs. 1 S. 1 Nr. 1 TVG normierten Tarifbindungsschwelle von 50 Prozent, sowie das Vorliegen eines öffentlichen Interesses nach Nr. 2 dieser Vorschrift. Abgesehen davon kommt die Allgemeinverbindlicherklärung dann in Betracht, wenn sie der Behebung sozialer Notstände dient, vgl. § 5 Abs. 1 S. 2 TVG.[93] Die Entscheidung über die Allgemeinverbindlicherklärung trifft das BMAS im Einvernehmen mit dem eigens dafür eingesetzten Tarifausschuss. Sinn und Zweck des § 5 TVG ist zum einen der soziale Schutz der Arbeitnehmer, sowie zum anderen die Unterstützung der Ordnungsfunktion des Tarifvertrages.[94] Insoweit wurde die Allgemeinverbindlicherklärung als unerlässlich bezeichnet, „um gerechte und angemessene Mindestarbeitsbedingungen" zu gewährleisten.[95]

---

89 § 5 Abs. 3 ArbGG eröffnet die Zuständigkeit der Arbeitsgerichte für Streitigkeiten solcher Handelsvertreter, für die nach § 92a HGB Mindestbedingungen festgesetzt werden können, während für alle anderen die ordentlichen Gerichte zuständig sind, vgl. MüKo-HGB/v.Hoyningen-Huene, § 92a, Rn. 4; ErfK/Oetker, § 92a HGB, Rn. 1.

90 Darüber hinaus findet sie auch im europäischen Ausland vielfach Anwendung, vgl. die Darstellung bei Wonneberger, Die Funktionen der Allgemeinverbindlicherklärung, S. 12ff.

91 Zachert, NZA 2003, 132.

92 Zachert, NZA 2003, 132, 133.

93 Hierauf wurde bisher noch nicht zurückgegriffen, vgl. Gamillscheg, Kollektives Arbeitsrecht, I, S. 897.

94 Vgl. ErfK/Franzen, § 5 TVG, Rn. 1. Ob darüber hinaus auch wettbewerbliche Ziele verfolgt werden, ist umstritten. Zum Meinungsstand vgl. ebenfalls Franzen, a.a.O., Rn. 2, m.w.N.

95 Dieterich/Hanau/Henssler/Oetker/Wank/Wiedemann, RdA 2004, 65, 74.

In Bezug auf ihre Rechtsnatur nimmt die Allgemeinverbindlicherklärung eine Sonderstellung ein: Es handelt sich nach der Rechtsprechung des Bundesverfassungsgerichts um einen Rechtssetzungsakt sui generis.[96] Wird ein Tarifvertrag für allgemeinverbindlich erklärt, hat dies nach § 5 Abs. 4 TVG dessen Erstreckung mit unmittelbarer und zwingender Wirkung auf bisher ungebundene Arbeitnehmer und Arbeitgeber zur Folge. Bestehen im Geltungsbereich weitere Tarifverträge, finden die allgemeinen Regeln über die Tarifkonkurrenz Anwendung.[97] Im Ergebnis stellt sich daher die Allgemeinverbindlicherklärung als absolute Untergrenze für die individualvertragliche Entgeltfestsetzung dar, sowie als im Wege der Tarifkonkurrenz handhabbare Grenze für die tarifliche Lohngestaltung.

4. Regelungen des AEntG

In einem inneren Zusammenhang mit der vorstehend beschriebenen Möglichkeit der Allgemeinverbindlicherklärung nach § 5 TVG steht die Regelung des § 7 Abs. 1 AEntG, wonach das BMAS auf gemeinsamen Antrag der Tarifparteien den Inhalt eines Tarifvertrages per Rechtsverordnung für allgemeinverbindlich erklären kann. Ursprünglich hatte das AEntG lediglich den Zweck, den deutschen Arbeitsmarkt vor Lohndumping durch aus dem Ausland entsandte Arbeitnehmer zu schützen.[98] Hintergrund dieses Gesetzes war und ist die europäische Entsenderichtlinie.[99] Insbesondere soll mit diesem Gesetz die Gewährleistung angemessener Arbeitsbedingungen sichergestellt werden.[100]

Eine Ermächtigung zum Erlass einer Mindestentgeltverordnung mit rein inländischem Bezugspunkt sah das Gesetz in seiner Urfassung nicht vor. Es sollte stattdessen vor allem dem Problem Abhilfe verschaffen, dass durch die Blockadepolitik der Koalitionen im Tarifausschuss vielfach Allgemeinverbindlicherklärungen nach dem TVG scheiterten.[101] Insbesondere sollte auf diese Weise die Regulierung von Mindestentgelten im Bausektor ermöglicht werden, um ausländische

96 BVerfGE 44, 322, 339; BVerfGE 55, 7, 20; näher dazu: Sittard, Tarifnormerstreckung, S. 8ff.

97 ErfK/Franzen, § 5 TVG, Rn. 5; Giesen, ZfA 2008, 355, 361; Sittard, Tarifnormerstreckung, S. 95ff.

98 BT-Drucks. 13/2414 S. 7; vgl. dazu auch Andelewski, DStR 2008, 2114, 2115; ders., Staatliche Mindestarbeitsbedingungen, S. 132ff.; Bietmann, Mindestlohn, S. 84ff.; Büdenbender, RdA 2000, 193; Schwab, NZA-RR 2010, 225; Sittard, Tarifnormerstreckung, S. 16ff.; Stütze, Kontrolle der Entgelthöhe, S. 246ff.; Zachert, NZA 2003, 132, 133.

99 Richtlinie 96/71/EG, ABlEG Nr. L 18 v. 21. 01. 1997.

100 Vgl. Sittard, NZA 2009, 346, 347.

101 Vgl. dazu Stütze, Kontrolle der Entgelthöhe, S. 243; Zachert, NZA 2003, 132, 138.

Billigkonkurrenz einzudämmen.[102] Im weiteren Verlauf wurde das Gesetz jedoch um § 1 Abs. 3a AEntG erweitert, der erstmals dem BMAS die Möglichkeit einräumte, Tarifnormen auch ohne ausländischen Konkurrenzdruck zu erstrecken.[103] Im Zuge der weiteren Novellierung im Jahr 2009 wurde diese Ermächtigung nunmehr wiederum eingeschränkt. Dies gilt einerseits für die nun zwingende Beteiligung des Tarifausschusses bei erstmaliger Antragstellung (§ 7 Abs. 5 AEntG)[104], sowie andererseits für das über § 7 Abs. 1 S. 2 AEntG geltende Erfordernis des öffentlichen Interesses aus § 5 Abs. 1 S. 1 Nr. 2 TVG.[105]

Erlässt das BMAS eine Rechtsverordnung nach diesem Gesetz, hat dies die Geltungserstreckung und damit die Erweiterung des Geltungsbereichs des Tarifvertrages auf bisher gar nicht oder anderweitig tarifgebundene Arbeitnehmer und Arbeitgeber zur Folge.[106] In der Konsequenz wird zugleich für künftige Vereinbarungen die Möglichkeit ausgeschlossen, unter den verordneten Mindeststandard abzuweichen.[107] Aufgrund der so geschaffenen Konkurrenz zwischen staatlicher Mindestentgeltfestsetzung nach dem AEntG und der tariflichen Entgeltgestaltung nach Art. 9 Abs. 3 GG wird vielfach die Verfassungsmäßigkeit dieses Gesetzes angezweifelt.[108]

---

102 Stütze, Kontrolle der Entgelthöhe, S. 247; Zachert, NZA 2003, 132, 138.

103 Näher dazu Büdenbender, RdA 2000, 193, 196ff.; Hunnekuhl/zu Dohna-Jaeger, NZA 2007, 954, 956ff.; Preis/Greiner, ZfA 2009, 529, 846ff.; ErfK/Schlachter, § 1 AEntG, Rn. 1; Schwab, NZA-RR 2010, 225.

104 Die Bundesvereinigung der deutschen Arbeitgeberverbände (BDA) spricht insoweit von einem reinen „Feigenblatt", da für jeden nachfolgenden Tarifvertrag eine erneute Beteiligung des Tarifausschusses gerade nicht vorgesehen ist, vgl. Ausschussdrucks. 16(11)1117, S. 9.

105 Näher zu den Voraussetzungen auch Schwab, NZA-RR 2010, 225, 229; Sittard, NZA 2009, 346, 347.

106 ErfK/Schlachter, § 7 AEntG, Rn. 3.

107 Dies gilt naturgemäß allerdings nur für diejenigen Arbeitsbedingungen, die tatsächlich auch in dem erstreckten Tarifvertrag enthalten sind. Zudem bleiben Abweichungen nach oben stets möglich, sodass nicht von einer „Verdrängung" tariflicher Regelungen im Sinne eines Ausschlusses jeglicher Regelungsbefugnisse gesprochen werden kann, vgl. Maier NVwZ 2008, 746, 748; ErfK/Schlachter, § 7 AEntG, Rn. 3. Allerdings ist insoweit zu beachten, dass sehr wohl zumindest die Geltungskraft unterschreitender Tarifverträge beschränkt bzw. aufgehoben wird und zumindest insoweit von einem „Verdrängen" ausgegangen werden muss.

108 Vgl. Sodan/Zimmermann, ZfA 2008, 526ff.; dies, NJW 2009, 2001, 2003ff.; Thüsing, ZfA 2008, 590ff.; Willemsen/Sagan, NZA 2008, 1216ff.; Dagegen nimmt Sittard, NZA 2009, 346, 349ff. die Verfassungsmäßigkeit zumindest bei restriktiver Handhabung der gesetzlichen Voraussetzungen an.

Besondere Bedeutung erhält das AEntG für die vorliegende Untersuchung aufgrund des engen Regelungszusammenhangs mit dem MiArbG. Beide Gesetze wurden zuletzt im Zuge der Novellierung im Jahr 2009 an die veränderten Arbeits- und Wirtschaftsbedingungen angepasst. Vor allem vor diesem Hintergrund der parallelen Regelungsziele kann deshalb von komplementären Regelungssystemen gesprochen werden, die eine weitgehend flächendeckende Mindestentgeltfestsetzung gestatten.[109]

5. Rechtsverordnungen nach dem MiArbG

Gemessen an der vorstehenden Unterteilung in mittelbare und unmittelbare Entgeltuntergrenzen ist die Mindestentgeltfestsetzung nach dem MiArbG letzteren zuzuordnen. Nach diesem Gesetz ist es dem Verordnungsgeber gestattet, per Rechtsverordnung ein Mindestarbeitsentgelt vorzugeben, von dem weder durch Individualarbeits-, noch per Tarifvertrag zuungunsten der betroffenen Arbeitnehmer abgewichen werden kann. Mit dem MiArbG nimmt der Staat also unmittelbar auf das Lohngefüge Einfluss. Gleichzeitig erfolgt die Festsetzung ohne jegliche Anknüpfung an zuvor durch die Koalitionen geschaffene tarifliche Regelungen. Aus dieser Stellung des MiArbG an der Schnittstelle von staatlicher und tariflicher Lohnsetzung erschließt sich dann auch die besondere verfassungsrechtliche Problematik, insbesondere hinsichtlich der Vereinbarkeit des MiArbG mit der Tarifautonomie.

109 Bietmann, Mindestlohn, S. 84; Sansone/Ulber, ArbuR, 2008, 125, 126; Sittard, Tarifnormerstreckung, S. 443; Willemsen/Sagan, NZA 2008, 1216, 1222.

§ 3 Überblick: Funktionsweise der staatlichen Lohnfestsetzung nach dem MiArbG

Mit dem MiArbG hat der Gesetzgeber - wie vorstehend erläutert - ein Instrument zur Vorgabe unmittelbarer Lohnuntergrenzen in Form konkreter Mindestarbeitsentgelte geschaffen. Es liegt auf der Hand, dass damit unweigerlich die Frage nach der Vereinbarkeit dieses Gesetzes mit den Grundlagen der autonomen Lohnfindung, insbesondere mit der durch Art. 9 Abs. 3 GG garantierten Tarifautonomie, aufgeworfen wird. Bevor dem nachgegangen wird, soll im folgenden Kapitel zunächst ein Überblick über das Verfahren zur Festsetzung von Mindestarbeitsentgelten, sowie deren Voraussetzungen und Rechtsfolgen gegeben werden.

A. Dreistufiges Festsetzungsverfahren

Das Verfahren zur Festsetzung von Mindestarbeitsentgelten nach dem MiArbG verläuft in drei Stufen[1]:

- Erste Stufe: Bestimmung der in Frage kommenden Wirtschaftszweige und Einleitung des Festsetzungsverfahrens durch den ständigen Hauptausschuss
- Zweite Stufe: Festsetzung von Mindestarbeitsentgelten durch eigens dafür eingesetzte Fachausschüsse
- Dritte Stufe: Erlass der Mindestentgeltverordnung durch die Bundesregierung

Im Folgenden sollen diese drei Stufen näher betrachtet und dabei die Zusammensetzung und Befugnisse der beteiligten Gremien und Institutionen erörtert werden.

---

1 Insoweit hält die neue Gesetzesfassung an der dreigliedrigen Unterteilung des MiArbG 1952 fest, vgl. dazu Fitting, RdA 1952, 5, 6ff; Von einem zweistufigen Verfahren ausgehend, aber im Übrigen ohne wesentliche Abweichungen: Sittard, NZA 2009, 346, 350; Stütze, Kontrolle der Entgelthöhe, S. 228; Waltermann, NZA-Beil. 2009, 110, 115.

I. Erste Stufe: Verfahren im Hauptausschuss

1. Aufgaben und Befugnisse des Hauptausschusses

Der Hauptausschuss, als ständiges Gremium[2], beobachtet die wirtschaftlichen und sozialen Entwicklungen in den verschiedenen Wirtschaftszweigen.[3] Ergeben sich hierbei aus seiner Sicht „soziale Verwerfungen“[4] in einem dieser Zweige, stellt er gemäß § 3 Abs. 1 S. 1 MiArbG fest, ob Mindestarbeitsentgelte festgesetzt, geändert oder aufgehoben werden sollen. Mit anderen Worten: Der Hauptausschuss übernimmt die ständige Überwachung der Entwicklungen in den Wirtschaftszweigen und filtert aus diesen jene heraus, für die eine Mindestlohnverordnung erforderlich erscheint. Die Ergebnisse dieser Vorsortierung bedürfen zusätzlich der Zustimmung des BMAS, bevor sie in die jeweils zu bildenden Fachausschüsse weitergeleitet werden. Dem Hauptausschuss selbst kommt also keine Letztentscheidungskompetenz bezüglich der Mindestentgeltfestsetzung zu. Er ist vielmehr als „Vorentscheidungsgremium“ bzw. als „Hilfsorgan eigener Art“[5] für die Auswahl der zu regelnden Wirtschaftsbereiche an der Vorbereitung der Mindestlohnverordnung beteiligt. Ergänzt werden die Befugnisse des Hauptausschusses durch das Vorschlagsrecht der Spitzenorganisationen der Arbeitnehmer und Arbeitgeber, sowie der Bundesregierung. Diese können dem Ausschuss Vorschläge für die Auswahl einzelner Wirtschaftszweige unterbreiten und ihn so auf bestehende soziale oder wirtschaftliche Missstände hinweisen.

2. Zusammensetzung

Nach § 2 Abs. 1 MiArbG wird der Hauptausschuss als ständiges Gremium durch das BMAS errichtet. Er besteht aus einem Vorsitzenden sowie sechs weiteren Mitgliedern, § 1 Abs. 2 MiArbG. Beteiligt an diesem Gremium sind einerseits Vertreter der Arbeitnehmer- und der Arbeitgeberseite, nämlich solche, die von

---

2 Vgl. BT-Drucks. 16/10485, Nr. 4, lit. a, S. 11.

3 Anzumerken ist an dieser Stelle, dass – soweit ersichtlich – der Hauptausschuss bisher nicht ein einziges Mal getagt hat, um seiner Aufgabe nachzukommen. Dies stellt ein umso interessanteres Detail dar, berücksichtigt man, dass der Gesetzgeber ausdrücklich auf eine Vorschrift zur Einberufung verzichtet hat, da „der Hauptausschuss wegen seiner zentralen Aufgabenstellung nunmehr als ständiges Gremium eingerichtet wird“, vgl. BT-Drucks. 16/10485, Nr. 4, lit. a, S. 11. Vor diesem Hintergrund hat sich dann auch die bisher von der BDA befürchtete „Gefahr ständiger Diskussionen“ und des „unnötigen Handlungsdrucks“ nicht bestätigt, vgl. Stellungnahme der BDA, Ausschussdrucks. 16(11)1117, S. 5.

4 Zur genaueren Erläuterung dieses Begriffs siehe weiter unten.

5 So Fitting, RdA 1952, 5, 7 bereits zum MiArbG 1952.

den Spitzenorganisationen der Arbeitnehmer und Arbeitgeber vorgeschlagen und sodann von der Bundesregierung berufen werden. Andererseits ist das Gremium mit zwei von der Bundesregierung berufenen Mitgliedern besetzt. Der Vorsitzende wird zudem ebenfalls von der Bundesregierung ausgewählt. Alle Mitglieder müssen nach § 2 Abs. 2 S. 2 MiArbG in der Lage sein, die sozialen und ökonomischen Auswirkungen von Mindestarbeitsentgelten umfassend einzuschätzen. Damit wird gewährleistet, dass der Ausschuss seine Aufgabe nach § 3 Abs. 1 S. 1 MiArbG sachgerecht erfüllen kann.[6]

In der früheren Fassung des MiArbG 1952 gehörten dem Hauptausschuss fünf Vertreter jeweils der Arbeitnehmer- und der Arbeitgeberseite an.[7] Es kamen hierbei allerdings nicht nur Vertreter der Spitzenorganisationen zum Zug. Nach der früheren Regelung mussten vielmehr auch Minderheitsgewerkschaften bei der Besetzung des Ausschusses berücksichtigt werden.[8] Die staatliche Beteiligung beschränkte sich dabei auf den Bundesminister für Arbeit und Soziales bzw. einer von diesem bestimmten Person (§ 2 Abs. 2 MiArbG a.F.). Während also in der Ursprungsfassung das Verhältnis der Sozialpartner zum Staat 5:5:1 war, ist es heute 2:2:3. Zählt man den Vorsitzenden nicht dazu, ergab sich nach früherer Fassung das Bild eines rein paritätisch besetzten Gremiums. Nach heutiger Gesetzesfassung stehen den Interessenvertretungen der Arbeitnehmer und Arbeitgeber immer noch zwei staatlich bestimmte Mitglieder gegenüber. Der staatliche Einfluss im Hauptausschuss hat also deutlich an Gewicht gewonnen.[9]

3. Berufung der Mitglieder

Sowohl nach alter als auch nach neuer Gesetzesfassung werden die Mitglieder des Ausschusses durch das BMAS berufen. Lediglich das Vorschlagsrecht stand nach ursprünglicher Fassung allgemein den Gewerkschaften und den Vereinigungen der Arbeitgeber zu, während § 2 Abs. 3 MiArbG n.F. dieses Recht den Spitzenorganisationen der Interessenvertretungen zuweist. Dies hat zur Folge,

---

6 Vgl. Thüsing/Joussen, AEntG-Komm., § 3 MiArbG, Rn. 17.

7 Vgl. zum MiArbG 1952 auch Andelewski, Staatliche Mindestarbeitsbedingungen, S. 124; Schnorr von Carolsfeld, ArbR, S. 78ff.

8 Fitting, RdA 1952, 5, 7.

9 Kritik zu der staatlichen Dominanz im Hauptausschuss wurde auch schon während des Gesetzgebungsverfahrens geäußert. So sah etwa die BDA hierin eine erhebliche Schwächung der Sozialpartner, Ausschussdrucks. 16 (11)1117, S. 5. Ähnlich sah auch der Deutsche Gewerkschaftsbund (DGB) die Besetzung des Hauptausschusses mit zwei Regierungsvertretern als überproportionale Beteiligung der Bundesregierung. Eine sachgerechte Entscheidung über Mindestlohnverordnungen sei stattdessen nur mit einem ausschließlich durch die Spitzenorganisationen besetzten Hauptausschuss zu erreichen, Ausschussdrucks. 16(11)1117, S. 19.

dass das Vorschlagsrecht eng begrenzt wird und für weniger bedeutsame Gewerkschaften, die nicht im Spitzenverband vertreten sind, oder in diesem kein nennenswertes Gewicht haben, kaum Möglichkeiten bestehen, auf die Vorauswahl des Hauptausschusses Einfluss zu nehmen.

Weder im Gesetzestext des MiArbG, noch in den dazu gehörigen Materialien ist der Begriff der Spitzenorganisationen näher definiert. Zur näheren Erläuterung bietet sich daher ein Rückgriff auf die im TVG verwendeten Definitionen der Spitzenorganisation an. Im TVG finden sich hierzu die Legaldefinitionen des § 2 Abs. 2 TVG und des § 12 TVG. Nach § 2 Abs. 2 TVG sind Spitzenorganisationen „Zusammenschlüsse von Gewerkschaften und Vereinigungen von Arbeitgebern". Im Rahmen des § 2 TVG geht es um die Abschlusskompetenz der Spitzenorganisationen. § 2 Abs. 2 TVG bestimmt demgemäß, dass auch die Spitzenorganisationen der jeweiligen Sozialpartner tariffähig und damit kompetent zum Abschluss von Tarifverträgen sein sollen. Es ist hingegen keine qualitative Beschränkung enthalten.[10] Diese Definition ist bewusst weit gefasst, um den Rahmen der Tariffähigkeit möglichst vielen Organisationen offen zu halten.[11]

Entgegen der weiten Definition des § 2 Abs. 2 TVG beschränkt § 12 TVG den Begriff der Spitzenorganisationen auf solche mit *bundesweiter Bedeutung* als Interessenvertretungen der Arbeitnehmer und Arbeitgeber. Ausweislich des Wortlauts des § 12 TVG („im Sinne dieses Gesetzes") kann diese Definition allerdings nicht ohne Weiteres auf den im MiArbG verwendeten Begriff übertragen werden. Sie gilt zunächst einmal nur im Rahmen des TVG. Was im Sinne des § 2 Abs. 3 MiArbG unter einer Spitzenorganisation zu verstehen ist, kann hingegen nur unter „Berücksichtigung des spezifischen Sinngehalts dieses Gesetzes" und allenfalls „in Anlehnung an § 12 TVG" bestimmt werden.[12]

Im Ergebnis wird sich aber die Definition des § 12 TVG auch auf das MiArbG anwenden lassen[13]: Die Definition des § 12 TVG taugt vor allem für die Besetzung solcher Gremien, die zum einen auf die Beteiligung besonders reprä-

---

10 Zur umstrittenen Frage, ob als weitere qualitative Voraussetzung die Tariffähigkeit der Mitgliedsverbände einer Spitzenorganisation erforderlich ist: Hueck/Nipperdey, Arbeitsrecht II, Hbd. 1, S. 439; Löwisch/Rieble, TVG, § 2, Rn. 109ff.; Wiedemann/Oetker, TVG, § 2, Rn. 335; Wiedemann/Thüsing, RdA 1995, 282.

11 Profiteure dieser Regelung sind vor allem solche Verbände, die nicht aus Arbeitnehmern bzw. Arbeitgebern bestehen und dennoch als Interessenvertretung an Tarifverhandlungen teilhaben wollen. Insbesondere hatten demgemäß die Handwerksinnungen wohl maßgeblichen Einfluss auf die Entstehung dieser Norm, vgl. Hueck/Nipperdey, Arbeitsrecht II, Hbd. 1, S. 438.

12 Wiedemann/Oetker, TVG, § 12, Rn. 4.

13 Ebenso Thüsing/Joussen, AEntG-Komm., § 2 MiArbG, Rn. 12.

sentativer Verbände angewiesen sind, und zum anderen nicht arbeits- und entscheidungsfähig wären, wenn sie in zu viele Untergruppierungen zersplittern würden.[14] Gerade dies ist für den Hauptausschuss anzunehmen. Damit soll die Beschränkung auf Spitzenorganisationen - ähnlich wie im Zusammenhang mit dem für die Allgemeinverbindlicherklärung nach § 5 Abs. 1 TVG eingesetzten Tarifausschuss[15] - vor allem die Funktionsfähigkeit des Hauptausschusses sicherstellen.[16] Diese ist nämlich nur dann gegeben, wenn nicht jede Kleinstorganisation in die Besetzung des Ausschuss einbezogen werden muss, sondern stattdessen eben nur solche, mit der von § 12 TVG verlangten Bedeutung.[17] Schließlich ist hier auch zu beachten, dass es sich bei dem Hauptausschuss um ein auf den gesamten deutschen Wirtschaftsraum bezogenes Gremium handelt, sodass auch lediglich solche Verbände berücksichtigt werden können, die im gesamten Zuständigkeitsgebiet des Ausschusses ausreichend Relevanz für sich beanspruchen können.

4. Beschlussfassung

Das MiArbG enthält keine ausdrückliche Regelung über die Beschlussfassung des Hauptausschusses. In § 2 Abs. 4 MiArbG ist lediglich bestimmt, dass die Beschlussfähigkeit von der Präsenz aller Mitglieder oder ihrer Stellvertreter abhängig ist. Ein Umkehrschluss zur Regelung der Beschlussfassung des Fachausschusses nach § 5 Abs. 2 MiArbG, wonach einfache Stimmenmehrheit ausreicht, könnte für das Erfordernis einstimmiger Beschlüsse sprechen.[18] Die Modalitäten der Beschlussfassung kann der Hauptausschuss im Rahmen seiner Geschäftsordnung nach § 2 Abs. 4 S. 2 MiArbG näher regeln.[19] Zudem ist zu beachten, dass die Ausschussmitglieder nach § 2 Abs. 5 S. 2 MiArbG weisungsfrei agieren.

---

14 Vgl. Wiedemann/Oetker, TVG, § 12, Rn. 6 mit Blick auf den für die Allgemeinverbindlicherklärung einzusetzenden Tarifausschuss.

15 Vgl. zum Tarifausschuss Wiedemann/Oetker, TVG, §, 12, Rn. 7.

16 Ebenso nimmt auch Thüsing/Joussen, AEntG-Komm., § 2 MiArbG, Rn. 12 einen Sachzusammenhang zwischen TVG und MiArbG an.

17 Vgl. Löwisch/Rieble, TVG, § 12, Rn. 4; Wiedemann/Oetker, TVG, § 12, Rn. 6.

18 A.A. ErfK/Franzen, § 2 MiArbG, Rn. 3: Beschlüsse mit einfacher Stimmmehrheit.

19 RefE, S. 14, Nr. 19: „Die Regelung sonstiger Detailfragen des Verfahrens der Ausschüsse bedarf keiner staatlichen Norm, sondern wird den Ausschüssen in eigener Verantwortung übertragen.“

II. Zweite Stufe: Verfahren im Fachausschuss

1. Aufgaben und Befugnisse der Fachausschüsse

Im Gegensatz zum Hauptausschuss handelt es sich bei den Fachausschüssen nicht um ständige Gremien. Sie werden vielmehr gemäß § 4 Abs. 1 MiArbG erst dann vom BMAS für die betroffenen Wirtschaftszweige eingesetzt, wenn vom Hauptausschuss das Erfordernis einer Mindestentgeltfestsetzung beschlossen worden ist.[20] Die Aufgabe der Fachausschüsse ist es, die konkrete Höhe des Mindestarbeitsentgelts festzusetzen. Auch sie sind damit keine Organe der Selbstverwaltung der Sozialpartner, sondern lediglich „Hilfsorgan des Staates".[21] Hierfür ist ihnen mit den Vorgaben des § 4 Abs. 4 MiArbG ein Rahmen gesteckt, innerhalb dessen sie sich nach freiem Ermessen bewegen können.

2. Zusammensetzung

Die Fachausschüsse setzen sich zusammen aus einem Vorsitzenden und drei Beisitzern. Zudem können weitere Sachverständige ohne eigenes Stimmrecht hinzugezogen werden, vgl. § 5 Abs. 1 MiArbG. Die Einsetzung der Beisitzer nimmt nach § 6 Abs. 1 S. 1 MiArbG die Bundesregierung auf Vorschlag des BMAS vor. Dieses wiederum hat entsprechende Besetzungsvorschläge der Gewerkschaften und der Arbeitgebervereinigungen zu berücksichtigen. Der Vorsitzende wird gemäß § 6 Abs. 1 S. 4 MiArbG nach denselben Grundsätzen bestimmt, wie der des Hauptausschusses.

3. Berufung der Mitglieder

§ 5 Abs. 1 S. 1 MiArbG schreibt vor, dass die Beisitzer aus Kreisen der beteiligten Arbeitnehmer und Arbeitgeber stammen müssen. Damit ist jedoch nicht gesagt, dass sie gleichzeitig einer entsprechenden Organisation angehören müssen. Zwar wird das BMAS grundsätzlich die Vorschlagslisten der Gewerkschaften und Arbeitgebervereinigungen zu berücksichtigen haben.[22] Insbesondere in Wirtschaftszweigen, in denen solche Organisationen nicht vorhanden sind, kommt aber auch die Entsendung einzelner Arbeitnehmer und Arbeitgeber in Frage.[23] In diesem Fall muss aber Voraussetzung sein, dass sie von der geplanten Festsetzung selbst betroffen wären. Zudem müssen sie „geeignet" i.S.d. § 6

---

20 Bereits im Gesetzgebungsverfahren wurde insoweit darauf hingewiesen, dass die gesonderte Einsetzung von Fachausschüssen für jeden einzelnen Wirtschaftszweig „aufwändig und wenig praktikabel" sei, vgl. Bispinck/Schulten, Ausschussdrucks. 16(11)1117, S. 37.

21 Fitting, RdA 1952, 5, 7.

22 Vgl. ErfK/Franzen, § 6 MiArbG, Rn. 1.

23 Ebenso Thüsing/Pelzner, AEntG-Komm., § 5 MiArbG, Rn. 5.

Abs. 1 S. 1 MiArbG sein, d.h. sie müssen insbesondere fachlich in der Lage sein, die Auswirkungen einer Entgeltfestsetzung und deren Höhe auf die Gegebenheiten des Wirtschaftszweiges abzuschätzen.

4. Beschlussfassung

Nach § 5 Abs. 2 S. 1 MiArbG werden die Beschlüsse im Fachausschuss in einfacher Mehrheit gefasst. Ob die Abstimmung öffentlich erfolgt, regelt das Gesetz nicht und bleibt daher offensichtlich dem Fachausschuss überlassen.[24] Im Rahmen der Abstimmung enthält sich der Vorsitzende zunächst der Stimme. Erst wenn eine Stimmmehrheit nicht erreicht wird, übt auch er nach § 5 Abs. 2 S. 2 Hs. 2 MiArbG sein Stimmrecht aus. Zwar verhindert dies die Blockade der Festsetzung durch geschlossenes Abstimmverhalten einer Seite.[25] Andererseits kann dies aber dazu führen, dass die Festsetzung des Mindestarbeitsentgelts allein mit den Stimmen einer Seite und der des Vorsitzenden beschlossen wird.

5. Stellungnahme des Hauptausschusses

Gemäß § 4 Abs. 2 S. 2 MiArbG erhält der Hauptausschuss noch einmal Gelegenheit, zu dem Beschluss des Fachausschusses Stellung zu nehmen. Entsprechend der Aufgabe und den Anforderungen an die Zusammensetzung des Hauptausschusses ist davon auszugehen, dass dieser erneut zu den sozialen und ökonomischen Auswirkungen für den jeweiligen Wirtschaftszweig Stellung beziehen soll.[26] Da das Gesetz nichts anderes bestimmt, ist allerdings davon auszugehen, dass eine ausbleibende oder auch abweichende Stellungnahme des Hauptausschusses den weiteren Gang des Festsetzungsverfahrens nicht zwingend aufhält. Andererseits wird der Verordnungsgeber in Ausübung seines Entschließungsermessens hinsichtlich des „Ob“ des Verordnungserlasses die Einwände des Hauptausschusses auch nicht ermessensfehlerhaft unberücksichtigt lassen dürfen.

6. Stellungnahme der Beteiligten

Vor Festsetzung der Mindestentgelte ist nach § 7 MiArbG den obersten Arbeitsbehörden der beteiligten Länder, den Arbeitnehmern und Arbeitgebern, die von der Regelung berührt würden, sowie den zuständigen Gewerkschaften und Ver-

---

24 Thüsing/Pelzner, AEntG-Komm., § 5 MiArbG, Rn. 8.

25 BT-Drucks. 16/10485, S. 8: „Die Fachausschüsse als Gremien der betroffenen Wirtschaftszweige werden so zusammengesetzt, dass sich divergierende Einzelinteressen nicht blockieren“; vgl. auch Sittard, Tarifnormerstreckung, S. 446; zur Blockademöglichkeit bei der Allgemeinverbindlicherklärung nach § 5 TVG vgl. Zachert, NZA 2003, 132, 138.

26 So auch Thüsing/Pelzner, AEntG-Komm., § 4 MiArbG, Rn. 8.

einigungen von Arbeitgebern Gelegenheit zur Stellungnahme zu geben. Diese kann sowohl in schriftlicher Form erfolgen, als auch in mündlicher Verhandlung vor dem Fachausschuss. Für die Verbindlichkeit der in der Anhörung vorgebrachten Argumente dürfte das vorstehend zur Stellungnahme des Hauptausschusses Gesagte entsprechend gelten.

III. Dritte Stufe: Verordnungserlass durch die Bundesregierung

Im Anschluss an das Verfahren im Fachausschuss trifft nach § 4 Abs. 3 S. 1 MiArbG die Bundesregierung die Entscheidung darüber, ob eine entsprechende Mindestentgeltverordnung erlassen werden soll.[27] Dabei ist zunächst ein entsprechender „Vorschlag" des BMAS vorgeschaltet. Dem Gesetz ist nicht klar zu entnehmen, ob damit ein eigenständiges Prüfungsermessen des BMAS begründet werden soll. Dies ergibt sich indes ausdrücklich aus der Gesetzesbegründung.[28] Dieses Ermessen bezieht sich aber ausschließlich darauf, *ob* es das festgesetzte Entgelt der Bundesregierung vorschlägt.[29] Ein eigenes Ermessen hinsichtlich dessen Höhe kommt dem BMAS dagegen nicht zu.[30]

Etwas anders ist das Ermessen der Bundesregierung gestaltet. Zwar kann auch sie auf die Höhe des Mindestarbeitsentgelts keinen Einfluss nehmen.[31] § 4 Abs. 3 S. 2 MiArbG erlaubt es ihr aber zumindest, die Verordnung zeitlich zu beschränken. Zudem legt der Verweis des § 8 Abs. 1 S. 2 MiArbG auf das TVG und damit auch auf § 4 Abs. 3, 1. Alt. TVG nahe, dass auch die Aufnahme von Öffnungsklauseln zum Zweck der Flexibilisierung der Verordnung zulässig sein kann.[32] Darüber hinaus muss erwogen werden, ob - ähnlich wie im Fall der Allgemeinverbindlicherklärung nach TVG und AEntG[33] - nicht in besonders gelagerten Einzelfällen in „Teilbereichen" Einschränkungen der Mindestentgelte - insbesondere hinsichtlich deren Anwendungsbereichs[34] - vorgenommen werden

27 Insoweit handelt es sich bei dem Beschluss des Fachausschusses um eine Rechtmäßigkeitsvoraussetzung für den späteren Beschluss der Bundesregierung zum Erlass der Mindestentgeltverordnung, vgl. Schnorr von Carolsfeld, ArbR, S. 79, Rn. 1.

28 BT-Drucks. 16/10485, Nr. 6, lit. c, S. 10.

29 Vgl. BT-Drucks. 16/10485, Nr. 6, lit. c, S. 10.

30 BT-Drucks. 16/10485, Nr. 6, lit. c, S. 10.

31 BT-Drucks. 16/10485, Nr. 6, lit. c, S. 10.

32 Ebenso ErfK/Franzen, § 8 MiArbG, Rn. 1.

33 Dazu: BAG NZA 1991, 736ff.; diese Möglichkeit bejahend: ErfK/Franzen, § 5 TVG, Rn. 8; a.A. Wiedemann/Wank, TVG, § 5, Rn. 59.

34 Vgl. Sittard,, Tarifnormerstreckung, S. 441.

können, soweit sich die Verordnungsgeberin dabei im Rahmen des Ermessensspielraums hält.[35]

B. Bestimmung der Anwendungs- und Erlassvoraussetzungen

Nach diesem Überblick über die einzelnen Stufen des Festsetzungsverfahrens sollen im Folgenden die Voraussetzungen für die Eröffnung des Anwendungsbereichs des MiArbG, sowie für den Erlass einer Mindestentgeltverordnung dargestellt werden.

I. Differenzierung zwischen Anwendungs- und Erlassvoraussetzungen

Die Gesetzesbegründung zum MiArbG weist darauf hin, dass einzige Voraussetzung für die Anwendbarkeit des MiArbG künftig die Unterschreitung der Tarifbindungsschwelle des § 1 Abs. 2 MiArbG sein soll.[36] Auf den ersten Blick erscheint daher die Annahme weiterer Voraussetzungen für die Festsetzung von Mindestarbeitsbedingungen und damit für den Erlass einer entsprechenden Verordnung unzulässig. Allerdings muss von der Frage der Anwendbarkeit des Gesetzes die nach der Zulässigkeit der Entgeltfestsetzung unterschieden werden. Das Verfahren zur Festsetzung von Mindestentgelten ist in mehrere Schritte untergliedert und sieht dabei die Beteiligung verschiedener Gremien und staatlicher Stellen vor. Jeder dieser Schritte wiederum hängt von dem Vorliegen weiterer Voraussetzungen ab, welche in unterschiedlichen unbestimmten Rechtsbegriffen zum Ausdruck kommen. Nur wenn diese Voraussetzungen erfüllt sind, kommt eine staatliche Mindestarbeitsentgeltverordnung nach dem MiArbG in Frage. Im Ergebnis wirken die auf den jeweiligen Stufen zu erfüllenden Vorgaben daher als Voraussetzung für die Festsetzung von Mindestarbeitsentgelten und damit für den Erlass einer Verordnung durch die Bundesregierung. Es muss deshalb unterschieden werden, zwischen Voraussetzungen zur Anwendung des Gesetzes und solchen zum Erlass einer Mindestentgeltverordnung.[37]

---

35 Ebenso Thüsing/Pelzner, AEntG-Komm., § 4 MiArbG, Rn. 11.

36 BT-Drucks. 16/10485, S. 9; Teilweise wird daher gefolgert, es könne sich bei allen anderen Bestimmungen des MiArbG nicht um Voraussetzungen handeln, vgl. BDA zum RegE, Ausschuss-Drucks. 16(11)1117, S. 5 unter 4.

37 Thüsing/Joussen, AEntG-Komm., § 3 MiArbG, Rn. 6 unterscheidet in diesem Zusammenhang zwischen „Anwendungs"- und „Handlungsvoraussetzungen". Im Ergebnis nimmt auch Löwisch, RdA 2009, 215, 218 an, das MiArbG enthalte neben dem in § 1 Abs. 2 MiArbG beschriebenen Kriterium noch weitere „materielle Voraussetzungen für die Festsetzung".

II. Anwendbarkeitsvoraussetzung: Unterschreiten der Tarifbindungsschwelle

1. Hintergrund und Gesetzesentwicklung

Nach § 1 Abs. 2 MiArbG können Mindestarbeitsentgelte nur festgesetzt werden, soweit in dem jeweiligen Wirtschaftszweig „die an Tarifverträge gebundenen Arbeitgeber weniger als 50 Prozent der unter den Geltungsbereich dieser Tarifverträge fallenenden Arbeitnehmer beschäftigen". In der Gesetzesbegründung wird ausdrücklich darauf verwiesen, dass mit dem Kriterium der Tarifbindung die einzige „Anwendungsvoraussetzung" bestimmt sei.[38]

In § 1 Abs. 2 der ursprünglichen Fassung des MiArbG hieß es noch:

> „Mindestarbeitsbedingungen können zur Regelung von Entgelten und sonstigen Arbeitsbedingungen festgesetzt werden, wenn
>
> a) Gewerkschaften oder Vereinigungen von Arbeitgebern für den Wirtschaftszweig oder die Beschäftigungsart nicht bestehen oder nur eine Minderheit der Arbeitnehmer oder der Arbeitgeber umfassen und
>
> b) die Festsetzung von Mindestarbeitsbedingungen zur Befriedigung der notwendigen sozialen und wirtschaftlichen Bedürfnisse der Arbeitnehmer erforderlich erscheint und
>
> c) eine Regelung von Entgelten oder sonstigen Arbeitsbedingungen durch Allgemeinverbindlicherklärung eines Tarifvertrags nicht erfolgt ist."

Diese detaillierten Voraussetzungen der alten Fassung sah der Gesetzgeber der Neufassung als „zeitlich überholt" an.[39] Die Koalitions- und Tariflandschaft habe sich seit Inkrafttreten des MiArbG 1952 erheblich gewandelt.[40] Insbesondere gebe es zunehmend Wirtschaftszweige, in denen es entweder keine Tarifverträge oder nur eine geringe Tarifbindung gebe.[41] Mit dem MiArbG sollte daher ein Verfahren zur Sicherstellung angemessener Arbeitsbedingungen geschaffen werden. Daher sei die Neufassung und Reduzierung der Anwendungsvoraussetzungen des Gesetzes erforderlich geworden.

---

38 BT-Drucks. 16/10485, zu Nr. 2, S. 10.
39 BT-Drucks. 16/10485, S. 9.
40 BT-Drucks. 16/10485, S. 9.
41 BT-Drucks. 16/10485, S. 1.

Das MiArbG in seiner ursprünglichen Fassung ist bis zu seiner Novellierung nie angewandt worden.[42] Teilweise wurde dies als Beleg für die Wirksamkeit dieses Gesetzes beurteilt. So prognostizierte etwa *Fitting* im Jahr 1952, dass der größte Erfolg des Gesetzes darin läge, wenn es nie zu dessen Anwendung kommen würde.[43] Allein die Existenz dieses Gesetzes würde die Koalitionen dazu veranlassen, die Regelung der Arbeitnehmer- und Arbeitgeberinteressen selbst in die Hand zu nehmen, bevor der Staat dies tut.[44] Insbesondere aus heutiger Sicht kommt allerdings der überwiegende Teil des zum MiArbG Stellung nehmenden Schrifttums zu einer anderen Einschätzung: Verantwortlich für das Schattendasein des Gesetzes sei weniger das fehlende Bedürfnis, es tatsächlich anzuwenden, sondern seien vielmehr die hohen Hürden, die dem Verordnungsgeber mit den Anwendungsvoraussetzungen des § 1 Abs. 2 MiArbG 1952 vorgegeben waren.[45] Zudem habe sich die Tariflandschaft tatsächlich, wie es auch der Gesetzgeber annimmt, entscheidend verändert. Es seien „weiße Flecken" auf der Tariflandkarte entstanden, in denen Tarifverträge nicht bestünden, oder die Tarifbindung zu niedrig sei, um den Schutz der Arbeitnehmer zu gewährleisten.[46] Entsprechend sei es Ziel der Gesetzesänderung, das Verfahren zu verschlanken und zu vereinfachen, um aus einem „schlafenden Recht" ein handhabbares und effektives Arbeitnehmerschutzrecht zu machen.[47] Vornehmlich diesem Zweck dient dann auch die Reduzierung der Anwendungsvoraussetzungen auf die in § 1 Abs. 1 MiArbG vorgegebene Tarifbindungsschwelle für den jeweiligen Wirtschaftszweig.[48]

Im Folgenden ist zu untersuchen, wie die Anforderungen des § 1 Abs. 2 MiArbG im Wege der Gesetzesauslegung konkretisiert werden können.

---

42 Andelewski, Staatliche Mindestarbeitsbedingungen, S. 126; Hueck/Nipperdey, Arbeitsrecht I, S. 149; Thüsing/Joussen, AEntG-Komm., vor § 1 MiArbG, Rn. 3; Koberski/Sahl/Hold, AEntG, Einl., Rn. 20;

43 Fitting, RdA 1952, 5, 9.

44 Andelewski, Staatliche Mindestarbeitsbedingungen, S. 122, 132; Fitting, RdA 1952, 5, 9; Herschel, BArbBl. 1952, 36.

45 Hohenstatt/Schramm, NZA 2008, 433; Jacobs, in: GS Walz, 289ff.; Thüsing/Joussen, AEntG-Komm., § 1 MiArbG, Rn. 9; Rieble/Klebeck, ZIP 2006, 829, 834ff.; Sittard, ZIP 2007, 1444.

46 Thüsing, ZfA 2008, 590, 592.

47 Thüsing, ZfA 2008, 590, 592.

48 BT-Drucks. 16/10485, S. 10, Nr. 2.

2. Begriffsbestimmung: Wirtschaftszweig

a) Wortlautauslegung

Der Begriff des Wirtschaftszweiges lässt nach seinem Wortlaut zunächst nur zu, in ihm eine Unterteilung der Gesamtwirtschaft der Bundesrepublik zu verstehen. Dabei bleibt aber offen, wie eng oder weit dieser Begriff auszulegen ist. Hierzu gibt die Gesetzesbegründung einen Hinweis: Der Begriff des Wirtschaftszweiges sei weit zu verstehen. Er umfasse Gewerbe und Tätigkeiten.[49] Aber auch danach bleibt eine grobmaschige Unterteilung in Bereiche wie Handel, Handwerk, Industrie und Dienstleistungen ebenso möglich, wie eine engere, detaillierte Untergliederung des Arbeitsmarkts innerhalb dieser Kategorien. Letztlich könnte der Begriff des Wirtschaftszweigs sogar verwendet werden, um bestimmte Tätigkeitsbereiche zusammenzufassen, die beispielsweise zwischen den Kategorien Handel und Dienstleistungen stehen.

b) Systematische Auslegung

Der Begriff des Wirtschaftszweigs findet in verschiedenen anderen Gesetzen Verwendung mit teils unterschiedlicher Bedeutung. Anzuführen ist hier zunächst die vergleichbare Terminologie in der Legaldefinition der gewerberechtlichen Messe nach § 64 GewO. Als Abgrenzung verschiedener Wirtschaftszweige dienen hier auf die Herstellung, die Nachfrage und den Gebrauch eines Produkts bezogene Kriterien.[50] Dabei dient der Begriff des Wirtschaftszweiges als statistische Größe „zur Kennzeichnung der Wirtschaftsstruktur".[51] Zur näheren Unterscheidung wird in diesem Zusammenhang auf die vom Statistischen Bundesamt herausgegebene „Klassifikation der Wirtschaftszweige" Bezug genommen.[52]

Neben diesem engen, an statistischen Vorlagen ausgerichteten, gewerberechtlichen Verständnis des Wirtschaftszweigs findet sich eine extensivere Auslegung dieses Begriffs in den Stellungnahmen[53] zu den Vorschriften des AÜG.[54] Als Maßstab sollen dabei nicht die oben genannten Erhebungen des Statistischen

---

49 BT-Drucks. 16/10485, S. 8.

50 Landmann/Rohmer/Schönleitner, GewO, § 64, Rn. 4; Tettinger/Wank/Tettinger, GewO, § 64, Rn. 16.

51 Landmann/Rohmer/Schönleitner, GewO, § 64, Rn. 4.

52 Danach sind als Wirtschaftszweige etwa zu verstehen: Land- und Forstwirtschaft, Energiewirtschaft und Wasserversorgung, Stahl- Maschinen- und Fahrzeugbau, Papier- und Druckerzeugnisse, etc., vgl. Statistisches Bundesamt, Klassifikation der Wirtschaftszweige, S. 153 ff.

53 ErfK/Wank, § 1 AÜG, Rn. 54.

54 Vgl. zu diesem Gesetz auch bereits oben unter § 2 B. I. 5.

Bundesamtes dienen, sondern vielmehr der allgemeine Sprachgebrauch. Ebenso wie im Fall des MiArbG, ist Sinn und Zweck des AÜG u.a. der Schutz des Arbeitnehmers vor dem Hintergrund des sozialen Rechtsstaates.[55] Gleichzeitig soll aber im Bereich der Arbeitsgemeinschaften i.S.d. § 1 Abs. 1 S. 2 AÜG die Überlassung erleichtert werden. Hierfür ist Voraussetzung, dass der Schutz des Arbeitnehmers durch entsprechende Tarifverträge gesichert ist.[56] Dabei kommt es allerdings nicht darauf an, dass die betreffenden Arbeitgeber im Geltungsbereich desselben Tarifvertrages liegen. Der Begriff des Wirtschaftszweiges geht insoweit über die Grenzen des fachlichen Geltungsbereichs des Tarifvertrages hinaus.[57] Es genügt schon, wenn zumindest vergleichbare Tarifverträge bestehen und diese sachlich einen gemeinsamen Bezugspunkt aufweisen. Beispielhaft für Tarifverträge desselben Wirtschaftszweigs seien hier die Tarifverträge des Bauhaupt- und die des Baunebengewerbes genannt. Zwar bestehen für beide Bereiche separate Tarifverträge.[58] Sie lassen sich aber dennoch unter den gemeinsamen Begriff des Wirtschaftszweiges fassen. Gleiches dürfte auch für das MiArbG anzunehmen sein. Ähnlich wie bei der Arbeitnehmerüberlassung dürfte es im Zusammenhang mit § 1 Abs. 2 MiArbG nicht darum gehen, dass die Tarifbindung im Rahmen eines einzigen Tarifvertrags besteht. Ausreichend dürfte es hier vielmehr bereits sein, wenn der überwiegende Teil (d.h. mehr als 50 %) der Beschäftigten unter den Regelungsbereich eines Tarifvertrags fällt. Zu beachten ist, dass ein zu enges Verständnis, wie das der Erhebungen des Statistischen Bundesamtes, nicht dem Schutzzweck des MiArbG gerecht würde.[59] Entsprechend wird auch im Schrifttum zum MiArbG eine eher weite Auslegung des Begriffs des Wirtschaftszweiges befürwortet.[60] Danach sollen zumindest solche Unternehmen in einem Wirtschaftszweig zusammengefasst werden können, die „ähnliche Produkte oder Dienstleistungen erbringen, ohne zugleich auch bereits eine Branche zu bilden“.[61]

c) *Gesetzeshistorische Auslegung*

Eingangs wurde der gesetzgeberische Hintergrund der Reduzierung der Anwendungsvoraussetzungen beschrieben. Insbesondere war dabei zu erkennen, dass es dem Gesetzgeber auf eine Vereinfachung der Voraussetzungen ankommt.

---

55 Schüren/Hamann, AÜG, § 1, Rn. 2.

56 ErfK/Wank, § 1 AÜG, Rn. 37.

57 Schüren/Hamann, AÜG, § 1, Rn. 366; ErfK/Wank, § 1 AÜG, Rn. 37.

58 Vgl. zu diesem Beispiel Hamann, AÜG, § 1, Rn. 365.

59 So auch Hamann, AÜG, § 1, Rn. 365 zum Anwendungsbereich des AÜG.

60 ErfK/Franzen, § 1 MiArbG, Rn. 7; Thüsing/Joussen, AEntG-Komm., § 1 MiArbG, Rn. 15.

61 Thüsing/Joussen, AEntG-Komm., § 1 MiArbG, Rn. 15.

Entsprechend wird auf die umfangreiche Normierung der Voraussetzungen des MiArbG 1952 verzichtet. Dagegen wurde der Begriff des Wirtschaftszweiges beibehalten, ohne allerdings eine nähere Definition dieses Merkmals vorzunehmen. Im Vergleich mit der alten Gesetzesfassung lässt sich zumindest feststellen, dass die ursprünglich vorgenommene Unterscheidung zwischen Wirtschaftszweigen und Beschäftigungsarten heute keine Anwendung mehr findet.[62] Dies wird einerseits bereits aus dem Wortlaut des MiArbG deutlich. Andererseits will der Gesetzgeber, wie oben dargestellt[63], den Begriff des Wirtschaftszweiges weit verstanden wissen und insbesondere auch eine Unterscheidung anhand von Gewerbearten und Tätigkeiten zulassen. Eine darüber hinaus gehende, nähere Begriffsbestimmung ist den Gesetzesmaterialien indes nicht zu entnehmen. Zumindest wird sich aber, in Übereinstimmung mit der im Schrifttum zur Urfassung vertretenen Auffassung, festhalten lassen können, dass der Begriff des Wirtschaftszweiges ausschließt, dass lediglich für einzelne Betriebe Mindestarbeitsentgelte festgesetzt werden können.[64]

d) Teleologische Auslegung

Im Ergebnis erscheint eine eindeutige Definition des Wirtschaftsbegriffs nicht möglich. Das Ausfüllen dieses Begriffes bleibt letztlich dem pluralistisch besetzten Hauptausschuss, sowie der Einschätzungsprärogative des Verordnungsgebers vorbehalten und ist damit im Ergebnis nur eingeschränkt gerichtlich überprüfbar.[65] Zu beachten bleibt allerdings auch für den Verordnungsgeber Folgendes: Wird dieser Begriff zu eng aufgefasst, wird das MiArbG wohl auch in Zukunft ein Schattendasein fristen. Je enger der Begriff des Wirtschaftszweiges verstanden wird, desto seltener dürfte die Tarifbindungsschwelle von weniger als 50 % erfüllt sein.[66] Ein zu weites Verständnis hätte dagegen vergleichsweise häufig die Eröffnung des Anwendungsbereichs des MiArbG zur Folge, was wiederum die Konkurrenz zur tariflichen Regelungsmacht verschärfen würde.[67]

---

62 Vgl. Franzen, in ErfK, § 1 MiArbG, Rn. 5.

63 § 3 B. II. 1. a).

64 Vgl. zum MiArbG 1952: Herschel, BArbl. 1952, 36, 37.

65 Ebenso Löwisch, RdA 2009, 215, 223; Willemsen/Sagan, NZA 2008, 1216, 1222; allgemein zum Beurteilungsspielraum bei Entscheidungen weisungsunabhängiger, pluralistisch besetzter Gremien: BVerwGE 39, 197, 203; BVerwGE 59, 213, 217; BVerwGE 72, 195, 201; BVerwGE 91, 211, 215 f; BVerwG NJW 2007, 2790; Hofmann, NVwZ 1995, 740, 741; Schulze-Fielitz, JZ 1993, 772.

66 Ebenso ErfK/Franzen, § 1 MiArbG, Rn. 7.

67 Vgl. auch ErfK/Franzen, § 1 MiArbG, Rn. 7; Willemsen/Sagan, NZA 2008, 1216, 1222 warnen in diesem Zusammenhang vor einer „arbeitsmarkt- und sozialpolitischen Allzweckwaffe".

Da es sich bei dem MiArbG um ein Gesetz zum Schutz der Arbeitnehmer handelt und wesentliche Zielsetzung der Ausgleich einer fehlenden Regulierung von Arbeitsentgelten durch die Tarifvertragsparteien ist, spricht dieser Schutzzweck allerdings dafür, die Entscheidung über das „Ob“ der Mindestentgelte nicht bereits auf der Ebene der Anwendungsvoraussetzungen zu treffen, sondern anhand der weiteren materiellen Voraussetzungen für den Erlass einer Mindestentgeltverordnung.

3. Begriffsbestimmung: Tarifbindung unter 50 Prozent

a) Wortlautauslegung

Nach dem Wortlaut des § 1 Abs. 2 MiArbG ist für das Erreichen der 50 Prozent-Schwelle auf alle in dem jeweiligen Wirtschaftszweig bestehenden Tarifverträge abzustellen. Insbesondere weist dies darauf hin, dass es maßgeblich nicht nur etwa auf einen Tarifvertrag, nämlich den mit der größten Repräsentativität, ankommt. Es sind vielmehr alle bestehenden Tarifverträge einzubeziehen.[68] Ausreichend ist es demnach schon, wenn die Tarifbindung von 50 Prozent erst in der Summe aller bestehenden Tarifverträge im jeweiligen Wirtschaftszweig erreicht wird. In diesem Fall wäre der Anwendungsbereich des MiArbG nicht eröffnet. Weiterhin ist dem Wortlaut der Regelung zu entnehmen, dass sich die Beurteilung der Tarifbindung auf das gesamte Bundesgebiet zu beziehen hat. Damit scheiden solche Mindestlohnverordnungen aus, die ihre Legitimation allein aus dem Bestehen regional geringer Tarifbindung beziehen. Mit dieser Bedingung wurde daher eine Voraussetzung gezogen, die zumindest ein bundesweites Interesse an Mindestentgeltregelungen für den jeweiligen Wirtschaftsbereich erforderlich macht.[69] Ein Abstellen auf regionale Verhältnisse für das „Ob“ einer Mindestentgeltverordnung ist damit unzulässig.[70]

b) Systematische Auslegung

Inhaltlich steht die Regelung des § 1 Abs. 2 MiArbG in einem engen Zusammenhang zum Instrument der Allgemeinverbindlicherklärung bzw. der Geltungserstreckung nach § 5 TVG i.V.m. den Regelungen des AEntG. Diese soll nämlich immer dann zulässig sein, wenn die tarifgebundenen Arbeitgeber nicht weniger als 50 Prozent der unter den Geltungsbereich des Tarifvertrages fallen-

---

68 Vgl. ErfK/Franzen, § 1 MiArbG, Rn. 9; Löwisch, RdA 2009, 215; Sittard, Tarifnormerstreckung, S. 439.

69 Vgl. hierzu auch Joussen, in Thüsing, AEntG-Komm., § 1 MiArbG, Rn. 19.

70 Dagegen kann hinsichtlich des „Wie“, also im Rahmen der Festsetzung der konkreten Höhe des Mindestentgelts, durchaus nach regionalen Gegebenheiten unterschieden werden, vgl. § 4 Abs. 4 S. 2 MiArbG. Ausführlich dazu noch unten unter § 5 B. I. 2. e).

den Arbeitnehmer beschäftigen.[71] Insoweit ergänzen sich die Regelungen des MiArbG mit denen zur Allgemeinverbindlicherklärung grundsätzlich zu der Möglichkeit, flächendeckend branchenbezogene Mindestlöhne einzuführen.[72]

c) Gesetzeshistorische Auslegung

In der ursprünglichen Gesetzesfassung war, wie oben gesehen, die Organisationsrate einer „Minderheit" der betroffenen Arbeitnehmer oder Arbeitgeber eine der Anwendungsvoraussetzungen. Dieser offene Begriff zog einige Unklarheit für die Frage nach sich, wann diese Voraussetzung erfüllt sein sollte.[73] Es boten sich hierzu vor allem zwei Interpretationen an: Zum einen konnte dieser Begriff als rein numerisches Verhältnis von organisierten und nichtorganisierten Arbeitnehmern bzw. Arbeitgebern verstanden werden. Gegen ein solches Verständnis wurde allerdings vorgebracht, es führe zu einer ungewollten Ausweitung der Anwendbarkeit des Gesetzes.[74] Der zahlenmäßige Unterschied von organisierten und nichtorganisierten Arbeitnehmern war schon zu damaliger Zeit in einer großen Zahl von Wirtschaftszweigen gegeben.[75] Die im eher überschaubaren Schrifttum zum MiArbG 1952 herrschende Meinung ging daher davon aus, dass der Begriff der Minderheit nur anhand der Kriterien der Geringfügigkeit und Machtlosigkeit bestimmt werden könne.[76] Eine Minderheit sollte daher selbst dann nicht anzunehmen sein, wenn eine Koalition zwar die Interessen von weniger als 50 Prozent der Arbeitnehmer und Arbeitgeber erfasst, dennoch aber regelmäßig Tarifverträge abschließt, deren Gehalt als „richtungsweisend" für den jeweiligen Wirtschaftszweig gilt.[77]

Mit der Neufassung des MiArbG hat sich der Gesetzgeber gegen die Aufnahme solcher, die Durchsetzungskraft der Koalitionen im jeweiligen Wirtschaftszweig beschreibenden, Kriterien festgelegt. Zwar nimmt auch die Begründung des Regierungsentwurfs weiterhin auf den Begriff der Minderheit Bezug. Danach können Mindestarbeitsentgelte nach diesem Gesetz dann festge-

71 Vgl. Hohenstatt/Schramm, NZA 2008, 433; ErfK/Schlachter, § 7 AEntG, Rn. 4; Thüsing/Thüsing, AEntG-Komm., Einl., Rn. 53; so wohl auch Rieble/Klumpp, MHbArbR II, § 152, Rn. 37, 39.

72 Willemsen/Sagan, NZA 2008, 1216, 1222.

73 Vgl. dazu Andelewski, Staatliche Mindestarbeitsbedingungen, S. 117; Stütze, Kontrolle der Entgelthöhe, S. 229.

74 Herschel, BArbBl. 1952, 36, 38.

75 Fitting, RdA 1952, 5, 6; Herschel, BArbBl. 1952, 36, 38.

76 Fitting, RdA 1952, 5, 6; Herschel, BArbBl. 1952, 36, 38; Huber, Wirtschaftsverwaltungsrecht, 2. Band, S. 468.

77 Andelewski, Staatliche Mindestarbeitsbedingungen, S. 117; Fitting, RdA 1952, 5, 6; Herschel, BArbBl. 1952, 36, 38.

setzt werden, wenn keine Tarifverträge bestehen, oder „nur noch eine Minderheit von Arbeitnehmern tarifgebunden beschäftigt wird“.[78] Es lässt sich hieraus aber wohl nur schließen, dass der Gesetzgeber die Unklarheiten hinsichtlich der alten Gesetzesfassung beheben wollte und daher den Begriff der Minderheit zugunsten der nunmehr geltenden Tarifbindungsschwelle ersetzt hat. Auf diese Weise wird der alte Begriff der Minderheit heute in der Tarifbindungsschwelle des § 1 Abs. 2 MiArbG konkretisiert. Es kommt somit nach der neuen Gesetzesfassung allein auf die zahlenmäßige Bestimmung der Tarifbindung an.[79]

d) Teleologische Auslegung

In teleologischer Hinsicht stellt sich vor allem die Frage, welche Arten von Tarifverträgen für die Bestimmung der Tarifgebundenheit maßgeblich sein sollen. Insbesondere ist hier zu bedenken, dass durchaus Tarifverträge existieren, die selbst keine Entgeltregelungen beinhalten. Weder das Gesetz selbst, noch die Gesetzesmaterialien geben hierüber Aufschluss. Letztlich ergibt sich aber aus dem Sinn und Zweck des Gesetzes, dass hier nur solche Tarifverträge zählen können, die selbst Lohnregelungen enthalten.[80] Maßgebliches Regelungsziel dieses Gesetzes ist die Festsetzung angemessener Arbeitsentgelte im jeweiligen Wirtschaftszweig.[81] Soll das MiArbG greifen, sobald die Tarifbindung unter 50 Prozent liegt, kann hiermit nur gemeint sein, dass weniger als 50 Prozent der Arbeitnehmer in dem jeweiligen Wirtschaftsbereich in den Genuss von tariflichen Entgeltregelungen kommen. *Löwisch* weist in diesem Zusammenhang noch darauf hin, dass bei einem gegenteiligen Verständnis der lückenlose Schutz der Arbeitnehmer vor unzureichenden Löhnen nicht mehr gewährleistet wäre[82]: In der Folge wären Bereiche denkbar, in denen weder der Anwendungsbereich des MiArbG, noch der des AEntG eröffnet wären. Dies wäre etwa der Fall, wenn aufgrund der einbezogenen Tarifverträge ohne Entgeltregelungen die Tarifbindungsschwelle des § 1 Abs. 2 MiArbG überschritten wäre, während die Anwendung des AEntG daran scheiterte, dass die in Frage kommenden Tarifverträge keine erstreckbaren Entgeltregelungen enthalten.[83] Diese Bedenken dürften allerdings eher theoretischer Natur sein. Praktisch ist kaum vorstellbar, dass eine Tarifbindung von über 50 Prozent in einem Wirtschaftszweig bestehen soll, während gleichzeitig die Lohnfrage in diesem Bereich nicht tariflich geregelt ist.

---

78 BT-Drucks. 16/10485, S. 8.

79 So auch Thüsing/Joussen, AEntG-Komm., § 1 MiArbG, Rn. 18; Stütze, Kontrolle der Entgelthöhe, S. 229.

80 Ebenso Löwisch, RdA 2009, 215, 217; a.A. Sittard, Tarifnormerstreckung, S. 440.

81 BT-Drucks. 16/10485, S. 1.

82 Löwisch, RdA 2009, 215, 218.

83 Löwisch, RdA 2009, 215, 218.

Um allerdings solche Fälle von vornherein ausschließen zu können, ist im Ergebnis eine einschränkende Auslegung der Tarifbindungsschwelle geboten: Es kann hier nur auf solche Tarifverträge ankommen, die selbst Lohnregelungen enthalten.[84]

4. Zwischenergebnis

§ 1 Abs. 2 MiArbG enthält die Voraussetzungen für die Anwendbarkeit des MiArbG. Die hierin bestimmte Tarifbindungsschwelle dient vor diesem Hintergrund der Abgrenzung zum Anwendungsbereich von § 5 TVG und dem AEntG. Der Begriff des Wirtschaftszweigs ist weit zu verstehen. Er ist dabei nicht mit dem fachlichen Geltungsbereich von Tarifverträgen gleichzusetzen, sondern geht über diesen hinaus. Gemessen am Regelungsziel dieses Gesetzes muss § 1 Abs. 2 MiArbG einschränkend dahingehend verstanden werden, dass nur Tarifverträge mit eigenen Lohnregelungen relevant sein können. Zudem bestimmt sich die Tarifbindung nicht anhand eines konkreten Tarifvertrages, sondern anhand aller in Betracht kommenden Tarifverträge im jeweiligen Wirtschaftszweig.

5. Stellungnahme zur Abgrenzung von MiArbG und AEntG anhand der Tarifbindungsschwelle

Vom Gesetzgeber wird die Tarifbindungsschwelle des § 1 Abs. 2 MiArbG als entscheidendes Kriterium genannt, um den Anwendungsbereich des MiArbG von dem des AEntG abzugrenzen.[85] Entsprechend wird im Schrifttum angenommen, dass eine Tarifbindung von über 50 Prozent im Wirtschaftszweig die Erstreckung des Tarifvertrages nach dem AEntG ermöglichte, während dies für Tarifverträge in Wirtschaftszweigen unterhalb der Tarifbindungsschwelle nicht möglich sei, da sie ausschließlich dem Regime des MiArbG unterfielen.[86] Im Wesentlichen wird als Begründung ein Umkehrschluss zur Regelung des § 1 Abs. 2 MiArbG herangezogen.[87]

Allerding ist eine solche Auslegung gleich in mehrfacher Hinsicht zweifelhaft. Zunächst beinhaltet das AEntG offensichtlich gerade keine Vorgabe einer Tarifbindung von mindestens 50 Prozent. Insbesondere wurde der zur alten Ge-

84 So im Ergebnis auch ErfK/Franzen, § 1 MiArbG, Rn. 8 im Anschluss an Löwisch, RdA 2009, 215, 218.

85 BT-Drucks. 16/10485, S. 8.

86 So ErfK/Schlachter, § 7 AEntG, Rn. 4; Thüsing/Thüsing, AEntG-Komm., Einl., Rn. 53; so wohl auch Rieble/Klumpp, MHbArbR II, § 152, Rn. 37, 39.

87 ErfK/Schlachter, § 7 AEntG, Rn. 4.

setzesfassung herrschende Streit[88] um die entsprechende Anwendung des § 5 Abs. 1 S. 1 Nr. 1 TVG vom Gesetzgeber nunmehr durch dessen Nichtaufnahme ins AEntG endgültig entschieden.[89] Bereits angesichts dieser Umstände müsste grundsätzlich davon ausgegangen werden, dass das AEntG auch parallel neben dem MiArbG anwendbar sein kann.[90]

Zudem ist zu berücksichtigen, dass es für die Erstreckung des Inhalts eines Tarifvertrages gerade nicht darauf ankommen kann, ob die Tarifbindung *aller* Tarifverträge im Wirtschaftszweig über 50 Prozent liegt. Entscheidend muss vielmehr die Repräsentativität des konkret zu erstreckenden Tarifvertrages sein.[91] Auf einzelne Tarifverträge stellt § 1 Abs. 2 MiArbG aber gerade nicht ab. Weiter gedacht kann die Differenzierung anhand der Tarifbindung zur Folge haben, dass ein Tarifvertrag mit einer Tarifbindung von 49,9 Prozent ausschließlich dem MiArbG unterfällt, wenn nicht zusätzlich andere Tarifverträge in demselben Wirtschaftszweig und Geltungsbereich bestehen, während in einem Wirtschaftszweig mit beispielsweise zehn Tarifverträgen mit einer Bindung von jeweils 5 Prozent der Anwendungsbereich des AEntG eröffnet wäre und eine Festsetzung nach dem MiArbG somit ausschiede.[92] Damit wäre trotz der relativ hohen Bindungswirkung des ersten Tarifvertrages dessen Erstreckung nicht möglich, nur weil nicht ausreichend andere Tarifverträge daneben bestehen, um die Anwendbarkeit des AEntG auszulösen.[93] Auf diese Weise könnten im Ergebnis Lücken im eigentlich flächendeckenden Mindestlohnsystem entstehen.[94]

Hinzu kommt, dass es im Anwendungsbereich des AEntG maßgeblich darauf ankommt, ob die Tarifparteien eine Aufnahme in dieses Gesetz überhaupt wollen und einen entsprechenden Antrag stellen.[95] Auf diese Weise werden trotz komplementärer Geltung von MiArbG und AEntG Lücken im Mindestentgelt-

---

88 Vgl. dazu Büdenbender, RdA 2000, 193, 197; Kreiling, NZA 2001, 1118, 1119; Sittard, NZA 2007, 1090, 1091; Hohenstatt/Schramm, NZA 2008, 433, 434.

89 Vgl. Sittard, Tarifnormerstreckung, S. 429; Stütze, Kontrolle der Entgelthöhe, S. 250.

90 So etwa ErfK/Franzen, § 1 MiArbG, Rn. 10; Löwisch, RdA 2009, 215; a.A. Sittard, Tarifnormerstreckung, S. 443.

91 In diese Richtung auch Sittard, Tarifnormerstreckung, S. 443.

92 Vgl. auch Löwisch, RdA 2009, 215.

93 Zur alten Gesetzesfassung wurde aus diesem Grund auch vertreten, die Festsetzung von Mindestarbeitsbedingungen sei auch dann nicht erforderlich, wenn es einer Minderheit gelänge, repräsentative Tarifverträge abzuschließen, zumal dies in vielen Bereichen auch tatsächlich der Fall sei, vgl. Andelewski, Staatliche Mindestarbeitsbedingungen, S. 118, insb. Fn. 7.

94 So auch ErfK/Franzen, § 1 MiArbG, Rn. 10; Löwisch, RdA 2009, 215.

95 Bietmann, Mindestlohn, S. 88; Thüsing/Thüsing., AEntG-Komm, Einl., Rn. 53.

teppich begünstigt.[96] Es ist zweifelhaft, ob dies tatsächlich dem gesetzgeberischen Anliegen einer auf den gesamten Wirtschaftsraum bezogenen Mindestlohngesetzgebung entsprechen kann. Sinnvoller wäre es gewesen, das MiArbG lediglich als ein Auffangsystem für die Fälle zu gestalten, in denen die Erstreckung nach dem AEntG aus tatsächlichen Gründen nicht in Frage kommt, weil etwa ein geeigneter Tarifvertrag (unabhängig von der Zahl der an ihn gebundenen Arbeitnehmer und Arbeitgeber) nicht existiert und in den übrigen Fällen von einer parallelen Anwendbarkeit der Gesetze auszugehen, selbst wenn die Tarifbindungsschwelle im Wirtschaftszweig unterschritten wird.[97] Da aber der Gesetzgeber ausdrücklich von einer Anwendbarkeit des AEntG erst ab einer Tarifbindung von 50 Prozent ausgeht, besteht für eine anderslautende Auslegung[98] kein Raum.

III. Erlassvoraussetzungen

Neben dem Unterschreiten der Tarifbindungsschwelle beinhaltet das MiArbG noch eine Reihe weiterer Vorgaben, an welche die Festsetzung von Mindestarbeitsentgelten geknüpft wird. Im Folgenden sollen diese Erlassvoraussetzungen erläutert werden. Dabei ist festzustellen, dass es sich bei diesen Vorgaben um weitgehend unkonkrete Begriffe handelt, die einer näheren Auslegung zur Begriffsbestimmung bedürfen. Diese soll allerdings nicht isoliert bereits an dieser Stelle vorgenommen werden, sondern erfolgt im Zusammenhang mit der verfassungsrechtlichen Einordnung des MiArbG weiter unten. An dieser Stelle soll zunächst ausschließlich bestimmt werden, welche Voraussetzungen erfüllt sein müssen, damit jeweils die nächste Stufe des Festsetzungsverfahrens erreicht werden kann.

1. Vorliegen „sozialer Verwerfungen" als Erlassvoraussetzung

Nach § 3 Abs. 1 S. 1 MiArbG prüft der Hauptausschuss, ob soziale Verwerfungen im Wirtschaftszweig vorliegen *und* ob Mindestentgelte festgesetzt werden sollen. Auf den ersten Blick lässt sich hieraus nicht entnehmen, dass die staatliche Lohnfestsetzung nach diesem Gesetz *nur* erfolgen können soll, *wenn* soziale Verwerfungen festgestellt werden. Vielmehr scheint nach dieser Formulierung

---

96 Hieraus wiesen bereits Bispinck/Schulten ihrer Stellungnahme zum Gesetzesentwurf hin, vgl. Ausschussdrucks. 16(11)1117, S. 36. Vgl. weiter auch Bietmann, Mindestlohn, S. 88ff.; Sansone/Ulber, ArbuR, 2008, 125, 126; Sittard, Tarifnormerstreckung, S. 443.

97 Auch Bispinck/Schulten, Ausschussdrucks. 16(11)1117, S. 36 befürworten insoweit eine Entkoppelung der Anwendungsbereiche der zwei Gesetze von dem Grad der Tarifbindung.

98 So aber ErfK/Franzen, § 1 MiArbG, Rn. 10; Löwisch, RdA 2009, 215.

die Feststellung, ob Mindestentgelte bestimmt werden sollen, von der Feststellung sozialer Verwerfungen losgelöst zu sein.[99] Es stellt sich daher die Frage, ob das Vorliegen sozialer Verwerfungen Voraussetzung für den Erlass einer Verordnung nach dem MiArbG ist. Dafür spricht Folgendes: Neben der Aufgabe, festzustellen, ob Mindestarbeitsentgelte festgesetzt werden sollen, kommt dem Hauptausschuss nach dieser Vorschrift auch die Prüfung zu, ob einmal festgesetzte Mindestarbeitsentgelte wieder aufgehoben werden sollen. Diese Aufgabenzuweisung macht vor allem dann Sinn, wenn sie an einen nachträglichen Wegfall der sozialen Verwerfungen anknüpft.[100] Neben der Tarifbindung im Wirtschaftszweig ist nur diese Voraussetzung aussagekräftig genug, um hieran Rechtsfolgen knüpfen zu können. Zudem spricht für die Einordnung als Erlassvoraussetzung, dass ansonsten nicht ersichtlich wäre, zu welchem anderen Zweck die Feststellung sozialer Verwerfungen durch den Hauptausschuss erfolgen sollte. Vielmehr bliebe das Vorliegen sozialer Verwerfungen bei einem gegenteiligen Verständnis ohne erkennbare Rechtsfolge. Letztlich spricht für die Einordnung als Erlassvoraussetzung auch Folgendes: Würde die Feststellung des Vorliegens sozialer Verwerfungen isoliert von dem Bedürfnis der Festsetzung von Mindestarbeitsentgelten verstanden, müsste dies nach dem Wortlaut der Vorschrift zur Folge haben, dass allein deren Feststellung durch den Hauptausschuss beschlossen werden könnte. Damit würde dann eine Tatsache beschlossen, ohne dass hieran rechtliche Folgen geknüpft wären. Die Beschlussbefugnis des Hauptausschusses erschließt sich daher nur, wenn zwischen den sozialen Verwerfungen und den Mindestarbeitsentgelten untrennbare Verknüpfungen im Sinne eines Kausalitätsverhältnisses bestehen. Der Beschluss des Hauptausschusses hat deshalb eine Angabe darüber zu enthalten, ob soziale Verwerfungen vorliegen und ob *deshalb* Mindestarbeitsentgelte festgesetzt werden sollen. Nur in dieser kausalen Verknüpfung lässt sich die Beschlussbefugnis des Hauptausschusses erklären. Damit ergibt sich im Ergebnis: Liegen soziale Verwerfungen nicht vor, sind die notwendigen Voraussetzungen zum Erlass einer Mindestlohnverordnung nach dem MiArbG nicht gegeben.[101] Liegen sie hingegen vor, hat der Hauptausschuss weiter die sozialen und wirtschaftlichen Auswirkungen eines künftigen Mindestarbeitsentgelts zu prüfen.[102] Nur wenn dabei das Be-

99 Willemsen/Sagan, NZA 2008, 1216, 1220.

100 Ebenso Thüsing/Joussen, AEntG-Komm., § 3 MiArbG, Rn. 7.

101 So im Ergebnis auch Sittard, Tarifnormerstreckung, S. 443.

102 Dies muss wohl verstanden werden, als Eröffnung eines Ermessens- und Abwägungsspielraums. Selbst wenn soziale Verwerfungen vorliegen, kann es im Einzelfall geboten erscheinen, auf die Festsetzung von Mindestentgelten zu verzichten, wenn überwiegende soziale und ökonomische Gründe hierfür sprechen. In Betracht kommen hier

dürfnis der Beseitigung sozialer Verwerfungen überwiegt, kommt eine Mindestentgeltverordnung in Frage.[103]

2. Kriterien des § 4 Abs. 4 S. 3 MiArbG als Erlassvoraussetzungen

Nach § 4 Abs. 4 S. 3 MiArbG müssen Mindestarbeitsentgelte geeignet sein, angemessene Arbeitsbedingungen zu schaffen, faire und funktionierende Wettbewerbsbedingungen zu gewährleisten und sozialversicherungspflichtige Arbeit zu erhalten. Nach der Gesetzesbegründung sollen diese Kriterien in erster Linie dazu dienen, den mit der Verdrängung bestehender und künftiger Tarifverträge verbundenen Eingriff in die Tarifautonomie zu rechtfertigen.[104] Entsprechend habe der Fachausschuss diese Kriterien und die hiermit gesetzlich verankerten Ziele von Mindestarbeitsbedingungen zu „berücksichtigen".[105] Dass in diesen Vorgaben zugleich Grundvoraussetzungen für die Festsetzung von Mindestarbeitsentgelten zu sehen sein müssen, wird aus dem Wortlaut der Norm deutlich, worin es heißt, die festzusetzenden Mindestarbeitsentgelte müssten „geeignet" sein, um diese Ziele zu erreichen. Die Vorgabe der Geeignetheit wird im Übrigen auch von der Gesetzesbegründung in diesem Zusammenhang noch einmal deutlich betont.[106] Hieraus kann unmissverständlich nur gefolgert werden, dass eine Festsetzung von Mindestarbeitsentgelten nicht in Frage kommt, wenn diese nicht zur Erreichung dieser Ziele geeignet sind.[107] Damit steht dann auch fest, dass Voraussetzung für den Erlass einer Mindestarbeitsentgeltverordnung nach dem MiArbG deren Eignung ist, die in § 4 Abs. 4 S. 3 MiArbG vorgegebenen Ziele zu erreichen.[108]

---

etwa eine hohe Wahrscheinlichkeit für drohende massive Arbeitsplatzverluste oder zu erwartende Abwanderung der betroffenen Unternehmen ins Ausland. Hier muss letztlich abgewogen werden, ob das Ziel der Beseitigung sozialer Verwerfungen höheres Gewicht hat, als die drohenden sozialen und wirtschaftlichen Folgen.

103 Ebenso: Thüsing/Joussen, AEntG-Komm., § 3 MiArbG, Rn. 6; Sodan/Zimmermann, NJW 2009, 2001, 2002; Willemsen/Sagan, NZA 2008, 1216, 1220.

104 BT-Drucks. 16/10485, S. 11.

105 BT-Drucks. 16/10485, S. 10.

106 BT-Drucks. 16/10485, S. 10.

107 Vgl. ErfK/Franzen, § 4 MiArbG, Rn. 2ff.; Thüsing/Pelzner, AEntG-Komm., § 4 MiArbG, Rn. 33ff.

108 So auch Löwisch RdA 2009, 215, 218. Eine gleichrangige Berücksichtigung dieser Ziele ist dabei aber nicht zu fordern. Denkbar ist nämlich, dass die Förderung eines Zieles, die eines anderen behindert. So kann etwa die verbindliche Vorgabe einer bestimmten Lohnhöhe zur Schaffung angemessener Arbeitsbedingungen führen. Gleichzeitig könnten hierunter aber die Wettbewerbsbedingungen leiden, oder das Maß an

C. Rechtsfolgen der Mindestentgeltfestsetzung

I. Unmittelbare Wirkung auf Arbeitsverhältnisse im Geltungsbereich

Nach § 4 Abs. 4 S. 1 MiArbG wird durch Mindestarbeitsentgelte eine unterste Grenze der Entgelte bestimmt. Dies wiederum hat gemäß § 8 Abs. 1 S. 1 MiArbG zur Folge, dass alle unter den Geltungsbereich der jeweiligen Rechtsverordnung fallenden Arbeitgeber ihren Arbeitnehmern mindestens dieses Mindestentgelt zu zahlen haben – unabhängig davon, ob sie ihren Sitz im In- oder Ausland haben. Zudem wirken Mindestarbeitsentgelte unmittelbar und zwingend.[109] Dies ergibt sich aus § 4 Abs. 1 TVG, der über § 8 Abs. 1 S. 2 MiArbG für Mindestarbeitsentgelte entsprechende Anwendung findet. In der Folge werden die in den Geltungsbereich der Mindestentgeltverordnung fallenden Arbeitsverhältnisse unmittelbar insoweit umgestaltet, als niedrige Entgeltvereinbarungen zumindest für die Dauer der Geltung der Verordnung keine Anwendung finden.[110] Die Arbeitgeber werden so unmittelbar zur Zahlung des Mindestentgelts verpflichtet, ohne dass es eines weiteren Umsetzungsaktes bedarf.[111]

II. Ausschluss niedriger dotierter Tarifregelungen

Nicht ausdrücklich im Text des MiArbG geregelt ist hingegen die Wirkung von Mindestarbeitsentgelten auf bestehende und künftige Tarifverträge. Diese erschließt sich vielmehr erst im Umkehrschluss zu § 8 Abs. 2 MiArbG.[112] Diese Norm bestimmt zunächst nur, dass alle vor dem 16. Juli 2008 geschlossenen Tarifverträge den Mindestentgelten uneingeschränkt vorgehen. Umgekehrt bedeutet dies jedoch, dass jede „abweichende Entgeltregelung" eines nach diesem Da-

---

sozialversicherungspflichtiger Beschäftigung zumindest bedroht sein. Dem Fachausschuss dürfte hier aber ein eigener Einschätzungs- und Beurteilungsspielraum zukommen, in dessen Rahmen er die Folgen frei abschätzen darf, vgl. auch ErfK/Franzen, § 4 MiArbG, Rn. 2ff.; Thüsing/Pelzner, AEntG-Komm., § 4 MiArbG, Rn. 33ff.

109 ErfK/Franzen, § 8 MiArbG, Rn. 1.

110 Für Tarifverträge ist allerdings umstritten, ob während der Laufzeit verdrängte Bestimmungen des Arbeitsvertrages nach Ablauf des Tarifvertrages wieder aufleben, oder dauerhaft umgestaltet bleiben. Für ersteres die wohl h.M., vgl. nur Kempen/Zachert, TVG, § 4, Rn. 9ff., Wiedemann/Wank, TVG, 4, Rn. 320ff.; für eine dauerhafte Gestaltung des Arbeitsverhältnisses: Löwisch/Rieble, TVG, § 4, Rn. 22.

111 Vgl. zur entsprechenden Wirkung von Tarifverträgen: Löwisch/Rieble, TVG, § 4, Rn. 21ff.

112 Vgl. Stütze, Kontrolle der Entgelthöhe, S. 461ff.; Willemsen/Sagan, NZA 2008, 1216, 1221.

tum geschlossenen Tarifvertrages durch das festgesetzte Mindestarbeitsentgelt verdrängt wird.[113] Der Begriff der Abweichung beinhaltet zwar zunächst keine Aussage darüber, ob das verordnete Mindestarbeitsentgelt durch Tarifvertrag zumindest überschritten werden darf. Allein der Umkehrschluss zu § 8 Abs. 2 MiArbG hätte dann aber zu Folge, dass *jede* tarifliche Entgeltregelung verdrängt würde, wenn sie nicht genau der verordneten Entgelthöhe entspricht. Ohne der weiteren Auslegung vorzugreifen, kann aber wohl bereits an dieser Stelle gesagt werden, dass ein solches Ergebnis weder dem gesetzgeberischen Willen, noch dem Sinn und Zweck des Gesetzes entsprechend dürfte.[114] Bei dem MiArbG handelt es sich schon seinem Namen nach um ein *Mindest*arbeitsbedingungengesetz. Es kann daher nur davon ausgegangen werden, dass nur solche Tarifregelungen gegenüber Mindestarbeitsentgelten nachrangig sein sollen, die die vorgegebene Mindestentgelthöhe unterschreiten.[115] Ein Abweichen nach oben bleibt dagegen stets möglich. In der Konsequenz bedeutet dies, dass tarifliche Entgeltvereinbarungen dann keine Geltung beanspruchen können, wenn sie in den Geltungsbereich eines Mindestarbeitsentgelts fallen und dieses in der Höhe unterbieten. Der Gesetzgeber drückt dies folgendermaßen aus:

> „Im Verhältnis zu Mindestarbeitsentgelten kommen niedriger dotierte Tarifverträge künftig nicht mehr zur Anwendung".[116]

Genau diese Wirkung der Mindestentgelte ist es dann auch, die das Spannungsverhältnis zwischen staatlicher und autonomer Lohnfestsetzung akut werden lässt. Die sich hieraus ergebenden Fragen - insbesondere zur Vereinbarkeit des MiArbG mit der Tarifautonomie der betroffenen Koalitionen - werden daher Gegenstand der folgenden Kapitel sein.

---

113 Sodan/Zimmermann, ZfA 2008, 521, 539; dies., NJW 2009, 2001, 2002; Stütze, Kontrolle der Entgelthöhe, S. 461ff.; Willemsen/Sagan, NZA 2008, 1216, 1221.

114 Vgl. BT-Drucks. 16/10485, S. 11, Nr. 10, lit. b.

115 Siehe auch BT-Drucks. 16/10485, S. 11, Nr. 10, lit. b.

116 BT-Drucks. 16/10485, S. 11, Nr. 10, lit. b.

Zweiter Teil: Festsetzung von Mindestarbeitsentgelten und Tarifautonomie

§ 4 Eingriff in die Tarifautonomie durch staatliche Lohnfestsetzung nach dem MiArbG

Im einleitenden Teil dieser Arbeit wurde bereits festgestellt, dass sowohl die Koalitionen, als auch der Gesetzgeber eine Kompetenz zur normativen Regulierung der Arbeitsentgelte für sich in Anspruch nehmen können.[1] Für die staatliche Lohnfestsetzung folgt dies aus Art. 74 Abs. 1 Nr. 12 GG und für die Koalitionen aus Art. 9 Abs. 3 GG bzw. aus § 1 Abs. 1 TVG. Ebenso wurde bereits festgestellt, dass mit dem MiArbG der Raum für staatliche Mindestarbeitsentgelte eröffnet wird.[2] Vor diesem Hintergrund stellt sich die Mindestentgeltfestsetzung nach diesem Gesetz als Ausprägung einer der umstrittensten Grundlagenfragen im Bereich des Art. 9 Abs. 3 GG dar: Der Frage nach dem Verhältnis von Gesetzgebung und Tarifautonomie.

In der Zusammenschau der Stellungnahmen zum MiArbG zeigt sich, dass bereits allein die Brisanz dieser Problematik auszureichen scheint, um vielfach einen verfassungswidrigen Eingriff in die Tarifautonomie anzunehmen, ohne die Eingriffswirkung dieses Gesetzes einer näheren verfassungsrechtlichen Erörterung zuzuführen. Entsprechend finden sich drastische Formulierungen, wie etwa die Warnung vor dem „Beginn einer Abwärtsspirale (…), an deren Ende auch das Ende der Tarifautonomie stehen wird".[3] Bevor aber die Verfassungsmäßigkeit des MiArbG beurteilt werden kann, ist es erforderlich, sich zunächst eingehend damit auseinanderzusetzen, wo tatsächlich Friktionen zwischen diesem Gesetz und dem Gewährleistungsgehalt der Tarifautonomie auftreten und insoweit von einem Eingriff in den Schutzbereich des Art. 9 Abs. 3 GG gesprochen werden kann. Eine solche Untersuchung sieht sich allerdings stets dem Problem ausgesetzt, dass Art. 9 Abs. 3 GG aufgrund seiner offenen Formulierung zahllose Ansatzpunkte für einen umfangreichen wissenschaftlichen Diskurs öffnet. Dessen erschöpfende Darstellung ist allerdings weder Ziel dieser Arbeit, noch würde dies zu praxistauglichen Ergebnissen führen. Letztlich wird eine abschließende Entscheidung über die Verfassungsmäßigkeit des MiArbG dem

---

1 Vgl. § 2 A.
2 § 2 B. II. 5.
3 Stellungn. Haucap, Ausschussdrucks. 16(11)1117, S. 31.

Bundesverfassungsgericht überlassen bleiben. Angesichts dessen wird sich auch die weitere Untersuchung maßgeblich an der einschlägigen bundesverfassungsgerichtlichen Rechtsprechung orientieren und das MiArbG vorrangig anhand der darin aufgestellten Maßstäbe überprüfen.[4]

A. Eingriff durch Verdrängung bestehender Entgelttarifregelungen

Wie oben[5] erörtert, hat die Festsetzung von Mindestarbeitsentgelten im Umkehrschluss zu § 8 Abs. 2 MiArbG zur Folge, dass ungünstigere tarifliche Entgeltregelungen, die nicht der Übergangsregelung dieser Norm unterfallen, gegenüber den verordneten Entgelten nachrangig sind. Zwar ordnet das MiArbG nicht direkt an, welche Folgen dies für den betroffenen Tarifvertrag haben soll. Es ist aber wohl davon auszugehen, dass dieser nicht seine Wirksamkeit verliert, sondern lediglich in Hinsicht auf die darin enthaltenen Entgeltbestimmungen keine Geltung beanspruchen kann, soweit und solange eine höher dotierte Mindestentgeltverordnung besteht.[6] Entsprechend werden betroffene Tarifverträge auch nicht im Wortsinne „verdrängt", sondern lediglich in ihrer Geltungskraft zumindest vorübergehend[7] und teilweise[8] beschränkt. Allerdings dürfte es für die be-

---

4 Vgl. Butzer, RdA 1994, 375, 376, der ebenfalls die Notwendigkeit der Prüfung anhand der Rechtsprechung des BVerfG betont.

5 Siehe unter § 3 C. II.

6 Ähnlich wird auch im Zusammenhang mit § 8 Abs. 2 AEntG angenommen, der „verdrängte" Tarifvertrag behalte grundsätzlich seine Wirksamkeit, könne sich aber gegenüber dem nach dem AEntG privilegierten Tarifvertrag nicht durchsetzen, vgl. dazu Oetker, NZA-Beil. 2010, 13, 20; Maier, NVwZ 2008, 746, 748.

7 Nach § 4 Abs. 3 S. 2 MiArbG steht es dem Verordnungsgeber frei, die Geltung des Mindestarbeitsentgelts zeitlich zu befristen. Mangels gegenteiliger Regelungen ist davon auszugehen, dass nach Aufhebung oder Ablauf der Verordnung die verdrängte tarifvertragliche Entgeltregelung wieder Geltung beanspruchen kann. Entsprechendes wird von der h.M. auch für die unmittelbare Wirkung von Tarifverträgen auf Arbeitsverhältnisse angenommen, vgl. Däubler/Deinert, TVG, § 4, Rn. 484; ErfK/Franzen, § 4 TVG, Rn. 3; Kempen/Zachert/Stein, TVG, § 4, Rn. 15; Wiedemann/Wank, TVG, § 4, Rn. 320ff.; a.A. Löwisch/Rieble, TVG, § 4, Rn. 22. Dieser Gedanke wird sich insbesondere aufgrund des Verweises von § 8 Abs. 1 S. 2 MiArbG auf das TVG entsprechend auch hier anwenden lassen. Ähnlich auch bereits zum MiArbG 1952: Andelewski, Staatliche Mindestarbeitsbedingungen, S. 122.

8 Es kann insoweit nur um solche tarifvertraglichen Regelungen gehen, die selbst ein Entgelt vorgeben. Daneben bestehende Regelungen bleiben grundsätzlich durch das MiArbG unberührt und können fortbestehen, sofern dies für die Tarifvertragsparteien isoliert ohne Entgeltbestimmungen weiterhin Sinn macht, vgl. auch Bietmann, Mindestlohn, S. 174; Thüsing, ZfA 2008, 590, 611ff. Dies ergibt sich im Übrigen auch aus

troffenen Tarifvertragsparteien letztlich keinen Unterschied machen, ob ihre Entgeltregelung „verdrängt", oder deren Geltung aufgehoben wird. An die Stelle des von ihnen vereinbarten oder noch zu vereinbarenden tariflichen Arbeitsentgelts wird in beiden Fällen das staatlich vorgegebene Mindestarbeitsentgelt gesetzt.[9] Dies gilt auch für zum Zeitpunkt des Verordnungserlasses bereits bestehende Tarifverträge. Greift der Staat auf bereits geschlossene Tarifverträge zu, ist hierin zweifellos ein Eingriff in die Tarifautonomie zu sehen.[10]

B. Eingriff durch Ausschluss künftiger ungünstigerer Tariflöhne

Neben der Verdrängung bestehender tariflicher Entgeltregelungen hat die Festsetzung von Mindestarbeitsentgelten weiter zur Folge, dass auf diese Weise auch für künftige Tarifverträge ein Mindestniveau bestimmt wird, unterhalb dessen tarifliche Entgelte keine Geltung beanspruchen können.[11] Auch hierin wird - größtenteils ohne weitere Differenzierung - ein Eingriff in die Tarifautonomie gesehen. Anders als bei der Verdrängung bestehender Tarifvertragsregelungen, ist die Bejahung eines Eingriffs an dieser Stelle allerdings weniger eindeutig und bedarf daher einer sorgfältigen Begründung.

---

der Gesetzesbegründung, wo von „entgegenstehenden tarifvertraglichen Regelungen" und nicht von ganzen Tarifverträgen die Rede ist, vgl. BT-Drucks. 16/10485, S. 11, Nr. 10, lit. b.

9 Es ist deshalb verfehlt, wenn Maier, NVwZ 2008, 746, 748; ders., NZA 2009, 351, 353 insoweit zwischen „Verdrängung" und „Überlagerung" von Tarifverträgen unterscheidet und lediglich im erstgenannten Fall einen Eingriff in die Koalitionsfreiheit annehmen will. Die Auswirkungen für die koalitionäre Betätigung der betroffenen Tarifpartner bleiben dieselben. Insoweit ist der Kritik von Sodan/Zimmermann, ZfA 2008, 526, 544, Fn. 46 zuzustimmen.

10 Vgl. BVerfGE 94, 268ff.; allgemein für die Eingriffswirkung der Verdrängung bestehender Tarifvertragsregelungen durch staatliche Regelungen: Bieback/Kocher, in: Bieback/Dieterich/Hanau/Kocher/Schäfer, Tarifgestützte Mindestlöhne, S. 70; Engels, JZ 2008, 490, 493; Hopfner, Gesetzgebung und Tarifautonomie, S. 279; Nagel, RdA 1997, 351, 353; Säcker, Grundprobleme, S. 50ff.; ders., ArbuR 1994, 1, 7. Mit Bezug auf das MiArbG: Bayreuther, NJW 2009, 2006ff.; Bietmann, Mindestlohn, S. 169; Sittard, NZA 2009, 346, 351; Sodan/Zimmermann, ZfA 2008, 527, 537, 539; dies., NJW 2009, 2001, 2003; Stein, ArbuR 1998, 1, 5; Thüsing, ZfA 2008, 590, 602; Willemsen/Sagan, NZA 2008, 1216, 1222.

11 Sittard, Tarifnormerstreckung, S. 449; Bietmann, Mindestlohn, S. 171 und Thüsing ZfA 2008, 590, 602 bezeichnen dies übereinstimmend als „'Tarifsperre' nach unten".

I. Abgrenzung zur Grundrechtsausgestaltung

1. Grundlagen

Von der Qualifizierung staatlichen Handelns als Grundrechts*eingriff* ist im Rahmen des Art. 9 Abs. 3 GG stets die Einordnung als Grundrechts*ausgestaltung* zu trennen.[12] Nach der Rechtsprechung des Bundesverfassungsgerichts[13] sowie dem überwiegenden Teil der Lehre[14] bedarf Art. 9 Abs. 3 GG der gesetzlichen Ausgestaltung. Gerichtet ist diese Ausgestaltungspflicht auf die „Schaffung der Rechtsinstitute und Normenkomplexe, die erforderlich sind, um die grundrechtlich garantierten Freiheiten ausüben zu können".[15] Es geht bei der Ausgestaltung also um die Bereitstellung eines hinreichend funktionierenden Tarifvertragssystems.[16] Die Ausgestaltung dient daher stets der „Funktionsfähigkeit der Tarifautonomie".[17] *Säcker* formuliert dies zusammenfassend dahingehend, dass Art. 9 Abs. 3 GG den Gesetzgeber zur Schaffung eines „unterverfassungsrechtlichen Normenkomplexes" verpflichte, „der den Koalitionen den Abschluss von Tarifverträgen, die die Arbeitsverhältnisse der tarifgebundenen

---

12 Alexy, Theorie der Grundrechte, S. 300ff.; Bayreuther, Tarifautonomie als kollektiv ausgeübte Privatautonomie, S. 30; Bethge, NJW 1982, 1, 4; Butzer, RdA 1994, 375, 378; Cornils, Die Ausgestaltung der Grundrechte, S.667; ErfK/Dieterich, Art. 9 GG, Rn. 9ff.; Hesse, Verfassungsrecht, Rn. 306; Benda/Hesse, HBVerfR, § 7, Rn. 34; Jarass/Pieroth/Jarass, vor Art. 1 GG, Rn. 34; ders. AöR 110 (1985), 363, 392; Lerche, Übermaß, S. 99; Maschmann, Tarifautonomie, S. 134ff.; Stern, Staatsrecht III/1, S. 597, 1301; Söllner, NZA-Beil. 2000, 33, 35; Wiedemann/Wiedemann, TVG, Einl., Rn. 91ff., 104.

13 BVerfGE 50, 290, 368.

14 Adomeit, RdA 1964, 311; Alexy, Theorie der Grundrechte, S. 300ff.; Biedenkopf, Tarifautonomie, S. 102; Butzer, RdA 1994, 375, 378; Cornils, Ausgestaltung der Grundrechte, S. 667; Hoffmann, ArbuR 1969, 73; Hueck-Nipperdey, Arbeitsrecht, II, Hbd. 1, S. 134; Gamillscheg, Kollektives Arbeitsrecht I, S. 222; Schmidt-Bleibtreu/Kannengießer, GG, Art. 9, Rn. 23; Kemper, Koalitionsfreiheit, S. 173; vMangoldt/Klein/Starck/Kemper, BK I, Art. 9 Abs. 3 GG, Rn. 108; Kühling, ArbuR 1994, 126, 132; Lerche, Übermaß, S. 99 ff.; Löwisch/Rieble, MHbArbR II, § 157, Rn. 56; Pieroth/Schlink, Grundrechte, Rn. 225ff.; Ruck, AöR 117 (1992), 543, 548; Säcker, Grundprobleme, S. 39; Schwarze, JuS 1994, 653, 658; Sodan, JZ 1998, 421, 427; Wiedemann, in: FS Stahlhacke, 675, 681; krit. zur Kategorie der Ausgestaltung: Bayreuther, Tarifautonomie als kollektiv ausgeübte Privatautonomie, S. 30; Bieback, ArbuR 2000, 201, 202; Henssler ZfA 1998, 1, 11; Hopfner, Gesetzgebung und Tarifautonomie, S. 156ff.

15 BVerfGE 50, 290, 368.

16 BVerfGE 50, 290, 368; ErfK/Dieterich, Art. 9 GG, Rn. 82.

17 ErfK/Dieterich, Art. 9 GG, Rn. 84.

Arbeitnehmer unmittelbar und (einseitig) zwingend regeln, ermöglicht."[18] Nach dem Bundesverfassungsgericht ist die durch Art. 9 Abs. 3 GG gewährleistete Tarifautonomie „ganz allgemein" und umfasst „nicht die besondere Ausprägung, die das Tarifvertragssystem in dem zur Zeit des Inkrafttretens des Grundgesetzes geltenden Tarifvertragsgesetz erhalten hat."[19] Vielmehr seien „vielfältige gesetzliche Regelungen notwendig, die der Koalitionsfreiheit auch Schranken ziehen können".[20] Begründet wird dies mit den sich wandelnden wirtschaftlichen und sozialen Bedingungen. Es müsse daher „mehr als bei anderen Freiheitsrechten die Möglichkeit zu Modifikationen und Fortentwicklungen" bestehen.[21] Zur Ausgestaltung der Tarifautonomie stehe dem einfachen Gesetzgeber daher ein weiter Spielraum zu, um die Tarifautonomie „der jeweiligen gesellschaftlichen Wirklichkeit so anzupassen, daß die Koalitionen ihre Aufgabe erfüllen können."[22] Von einer Grundrechtsausgestaltung ist daher immer dann auszugehen, soweit eine Regelung „das Verhältnis der Tarifvertragsparteien zueinander berührt (...), die beide den Schutz des Art. 9 Abs. 3 GG genießen."[23] Ziel der Ausgestaltung ist daher nicht die Verhinderung eines bestimmten Verhaltens, sondern dessen Ermöglichung.[24]

Von einem Eingriff ist hingegen auszugehen, wenn der Gesetzgeber nicht die Rechtsbeziehungen zwischen den Sozialpartnern regelt, sondern die Arbeits- und Wirtschaftsbedingungen selbst,[25] er also eigene „Regelungen von Materien" aufstellt, die zum „Funktionsbereich der Tarifautonomie" gehören.[26] Daher handelt es sich stets um die Tarifautonomie beschränkende Maßnahmen, soweit es nicht um die Funktionsfähigkeit des Tarifvertragssystems geht, sondern um den Schutz anderer Verfassungsgüter - insbesondere um Belange des Gemeinwohls.[27]

---

18 So zusammenfassend Säcker, Grundprobleme, S. 72; ähnlich Oetker, ZG 1998, 155, 165: „Koordinatensystem, (...) innerhalb dessen die Tarifvertragsparteien die Arbeit- und Wirtschaftsbedingungen durch Tarifverträge normativ strukturieren können".

19 BVerfGE 20, 312, 317.

20 BVerfGE 20, 312, 317.

21 BVerfGE 20, 312, 317.

22 BVerfGE 20, 312, 317.

23 BVerfGE 84, 212, 228; BVerfGE 94, 268, 284; vgl. auch Däubler/Däubler, TVG, Einl., Rn. 126; Kempen/Zachert/Kempen, TVG, Grundl., Rn. 112.

24 So auch Butzer RdA 1994, 375, 378; Maschmann, Tarifautonomie, S. 135.

25 Butzer, RdA 1994, 375, 378; ErfK/Dieterich, Art. 9 GG, Rn. 87; Wiedemann/Wiedemann, TVG, Einl., Rn. 104.

26 ErfK/Dieterich, Art. 9 GG, Rn. 87.

27 Vgl. Dieterich, RdA 2002, 1, 11.

Zwischen dem Instrument der Ausgestaltung und dem des Eingriffs besteht ein Ausschlussverhältnis: Wird der Gesetzgeber ausgestaltend tätig, schließt dies einen Eingriff in das Grundrecht aus.[28] Maßgebliche Unterschiede zwischen diesen zwei Instrumenten ergeben sich zudem für die Frage ihrer verfassungsrechtlichen Rechtfertigung: Während jeder Eingriff in die Koalitionsfreiheit nach den allgemeinen Grundsätzen zu behandeln ist, soll die Ausgestaltung nach überwiegender Ansicht bereits dann zulässig sein, wenn sie sich im Rahmen der Verhältnismäßigkeit hält.[29]

2. Einordnung des MiArbG

Gemessen an der vorstehenden Differenzierung sehen Teile des Schrifttums in der staatlichen Festlegung einer Entgeltuntergrenze keinen Grundrechtseingriff, sondern lediglich die Ausgestaltung des Schutzbereichs des Art. 9 Abs. 3 GG.[30] Es seien weder „abwehrrechtlich geschützte subjektive Rechtspositionen", noch ein „Normbestandsschutz" betroffen.[31] Vergleichbar sei die Einführung einer Entgeltuntergrenze vielmehr mit der „Tätigkeit des Gesetzgebers", mit der das TVG als einfachgesetzliche Grundlage des bestehenden Tarifvertragssystems geschaffen wurde.[32] Entsprechend sei es ausreichend, wenn der Staat mit der Festsetzung von Mindestentgelten ein Ziel verfolge, welches „nicht von vornherein als geringwertig oder nicht schutzwürdig" anzusehen ist.[33] Die Verfolgung von Gesetzeszielen mit Verfassungsrang sei hingegen nicht zu verlangen.[34]

---

28 So die Rechtsprechung des Bundesverfassungsgerichts BVerfGE 73, 118, 166; BVerfGE 79, 29, 40; BVerfGE 89, 1, 8; ebenso: Butzer, RdA 1994, 375, 378; Gellermann, Grundrechte im einfachrechtlichen Gewande, S. 51ff.; Hesse, Verfassungsrecht, Rn. 306; Ipsen, JZ 1997, 473, 479; Jarass, AöR 110 (1985), 363, 392; Lerche, Übermaß, S. 109; Maschmann, Tarifautonomie, S. 135; Ruffert, Vorrang der Verfassung, S. 105ff., 117.

29 Vgl. nur Butzer, RdA 1994, 375, 381; ErfK/Dieterich, Art. 9 GG, Rn. 84; Oetker, NZA-Beil. 2010, 13, 21; ders., ZG 1998, 155, 165; Thüsing, ZfA 2008, 590, 603; Wiedemann/Wiedemann, TVG, Einl., Rn. 99; a.A. Engels, JZ 490, 493ff.; Söllner, NZA-Beil. 2000, 33, 36.

30 Engels, JZ 2008, 490, 493; in diese Richtung grds. auch Gellermann, Grundrechte im einfachrechtlichen Gewande, S. 155ff.; ähnlich auch Oetker, ZG 1998, 155, 165ff. für die gesetzliche Regelung der Entgeltfortzahlung; im Hinblick auf staatliche Mindestarbeitsbedingungen ausdrücklich a.A.: Bietmann, Mindestlohn, S. 171, Fn. 773; Thüsing, ZfA 2008, 590, 602; Stütze, Kontrolle der Entgelthöhe, S. 462.

31 Engels, JZ 2008, 490, 493.

32 Engels, JZ 2008, 490, 493.

33 Engels, JZ 2008, 490, 493.

34 Engels, JZ 2008, 490, 493.

Diese Einordnung staatlicher Entgeltunterschranken als Ausgestaltung scheint nicht von vornherein ausgeschlossen. Dafür ließe sich anführen, der Gesetzgeber habe mit dem MiArbG lediglich den Rahmen der Betätigungsfreiheit neu bestimmt und Art. 9 Abs. 3 GG damit ausgestaltet. Insoweit könnten staatliche Mindestarbeitsbedingungen als „Spielregeln" für die Verhandlung zwischen den Tarifparteien gesehen werden. Parallel hierzu könnte ein Gedanke des Bundesverfassungsgerichts aus der Rechtsprechung zu Art. 14 GG herangezogen werden. In seiner Entscheidung zur Vereinbarkeit einer Pflichtexemplar-Regelung mit der Eigentumsgarantie erkannte das Gericht in der zugrundeliegenden Regelung lediglich eine Inhalts- und Schrankenbestimmung und damit eine Konkretisierung der Eigentumsfreiheit.[35] Durch die Normierung einer Pflichtexemplar-Regelung sei das Eigentum am Druckwerk bereits bei seiner Entstehung mit der entsprechenden Abgabeverpflichtung belastet.[36] Damit werde der Inhalt des Eigentums näher bestimmt, nicht aber bestehendes Eigentum entzogen.[37] Übertragen auf die Festsetzung von Entgeltuntergrenzen könnte entsprechend argumentiert werden, es handle sich nicht um die Belastung einer durch Tarifvertragsschluss bereits erworbenen Rechtsposition[38], sondern es werde vielmehr die Tarifautonomie und damit jede künftige Tarifverhandlung von vornherein mit der Einschränkung des koalitionären Gestaltungsfreiraums belastet.

Der Annahme einer bloßen Grundrechtsausgestaltung steht jedoch entgegen, dass der Gesetzgeber mit der originären Festsetzung staatlicher Mindestbedingungen auf dem Feld der Arbeits- und Wirtschaftsbedingungen tätig wird. Damit tritt er in Konkurrenz zu den Koalitionen auf dem ihnen von Art. 9 Abs. 3 GG zugewiesenen Aufgabengebiet. Bei den Regelungen des MiArbG handelt es sich auch nicht um die nähere Ausgestaltung des Verhältnisses der Tarifpartner zueinander. Auch ist es nicht vorrangiges Ziel des MiArbG, das Tarifvertragssystem zu verbessern oder neu zu justieren.[39] Es geht vielmehr darum, durch staatliches Handeln angemessene Arbeitsbedingungen zu schaffen. Wo aller-

---

35 BVerfGE 58, 137, 144.

36 BVerfGE 58, 137, 144.

37 BVerfGE 58, 137,144, 145.

38 Hierzu bereits oben unter A.

39 Dies könnte allenfalls im Zusammenhang mit der Allgemeinverbindlicherklärung von Tarifverträgen im Sinne einer Unterstützung der Durchsetzungskraft und der Ordnungsfunktion des Tarifvertragssystems angenommen werden, vgl. hierzu Sittard, Tarifnormerstreckung, S. 117ff. Allerdings wird im Gegensatz zur Allgemeinverbindlicherklärung durch die verdrängende Wirkung von Mindestarbeitsentgelten nach dem MiArbG die Geltung auch einzelner Tarifverträge gerade nicht aufrecht erhalten bzw. erweitert, sondern im Gegenteil sogar (zumindest teilweise) beseitigt.

dings Koalitionen bestehen und zugleich staatliche Mindestarbeitsbedingungen festgesetzt werden, tritt der Staat unmittelbar in Konkurrenz zur tarifvertraglichen Regelung der Arbeits- und Wirtschaftsbedingungen und beschränkt den grundsätzlich freien Betätigungsraum der Koalitionen. Es handelt sich daher nicht um eine der Funktionsfähigkeit der Tarifautonomie dienende gesetzgeberische Tätigkeit. Vielmehr soll der Freiheitsraum der Koalitionen zugunsten der ebenfalls grundrechtlich abgesicherten Belange der Arbeitnehmer eingeschränkt werden. Bei der Festsetzung von Mindestarbeitsentgelten handelt es sich daher vor dem Hintergrund der obigen Definitionen[40] nicht um eine Ausgestaltung des Art. 9 Abs. 3 GG, sondern um einen legislativen Eingriff in den Schutzgehalt der Tarifautonomie als Bestandteil der kollektiven Koalitionsfreiheit.[41]

II. Eingriffsqualität einseitig zwingender Gesetze

1. Verneinender Ansatz in der Literatur

Die Eingriffswirkung des MiArbG könnte allerdings mit der Erwägung angezweifelt werden, dass lediglich der Spielraum nach unten begrenzt wird, während ein Abweichen nach oben stets möglich bleibt. Diese Möglichkeit ergibt sich letztlich aus dem Umkehrschluss zu § 8 Abs. 2 MiArbG,[42] sowie daraus, dass dieses Gesetz nach § 4 Abs. 4 S. 1 MiArbG lediglich eine Entgeltuntergrenze vorgeben soll.[43] Hierin offenbart sich der Charakter des MiArbG als auf die Interessen der Arbeitnehmer gerichtetes Schutzgesetz. Im Zusammenhang mit solchen einseitig zwingenden Gesetzen[44] [45] stellt sich die Frage, ob diese überhaupt als Eingriff in die Tarifautonomie gewertet werden können.

---

40 Siehe unter § 4 B. I. 1.

41 Selbst wenn im MiArbG lediglich die Ausgestaltung der Tarifautonomie gesehen würde, wäre der Gesetzgeber hierin nicht völlig frei, sondern wäre zumindest an den Verhältnismäßigkeitsgrundsatz gebunden, vgl. Bietmann, Mindestlohn, S. 171, insb. Fn. 773; ErfK/Dieterich, Art. 9 GG, Rn. 84; Oetker, NZA-Beil. 2010, 13, 21; Thüsing, ZfA 2008, 590, 603; Wiedemann/Wiedemann, TVG, Einl., Rn. 99; a.A. Engels, JZ 490, 493ff.

42 Siehe oben unter § 3 C. II.

43 Vgl. § 3 C. II.

44 Vgl. näher zum Begriff des einseitig zwingenden Gesetzesrechts: Knipper, Konkurrenz, S. 17ff.; Ulber, Tarifdispositives Gesetzesrecht, S. 33.

45 Für solche Schutzgesetze wird gemeinhin der einseitig zwingende Charakter vermutet, vgl. hierzu Oetker, ZfA 2001, 287, 310; ders., ZG 1998, 155, 168ff.; Säcker/Oetker, Grundlagen und Grenzen der Tarifautonomie, S. 176ff; Stütze, Kontrolle der Entgelthöhe, S. 460, sowie Stein, ArbuR 1998, 1, 6, der allerdings darauf hinweist, dass auch eine gesetzliche Obergrenze einseitig zwingend wirkt und der Begriff daher nicht von vornherein nur auf staatliche Mindestbedingungen begrenzt werden könne.

Bei der Beurteilung, ob ein Gesetz die Tarifautonomie beeinträchtigt, ist grundsätzlich zwischen drei Arten von Gesetzen zu differenzieren: Lässt ein Gesetz ein Abweichen durch Tarifvertrag sowohl nach oben, als auch nach unten zu, handelt es sich um ein sog. tarifdispositives Gesetz.[46] Die Eingriffsqualität solcher Gesetze ist umstritten.[47] Im umgekehrten Fall einer zweiseitig zwingenden Norm, wo also ein Abweichen der Tarifpartner weder in die eine, noch in die andere Richtung möglich ist[48], wird dagegen einheitlich ein Eingriff bejaht.[49] Die Verletzung der Koalitionsfreiheit durch einseitig zwingende Gesetze wird dagegen teilweise mit der Erwägung abgelehnt, Art. 9 Abs. 3 GG schütze allein die Arbeitnehmerseite. Soweit ein Gesetz Abweichungen zugunsten der „soziologisch schwächeren Seite“ zulasse, sei hierin kein Grundrechtsverstoß zu sehen.[50] Dies gelte umso mehr, als auch der stärkeren Seite genug Raum verbleibe, „im freien Spiel der Kräfte seine Interessen zur Geltung zu bringen“.[51] Danach wären einseitig zwingende Gesetze nicht als Eingriff in Art. 9 Abs. 3 GG zu sehen, da einerseits die Arbeitnehmerinteressen hier keiner Einschränkung unterworfen würden und andererseits der Arbeitgeberseite noch genug Raum oberhalb der Mindestgrenze bliebe, um ihre Interessen durchzusetzen.[52]

2. Stellungnahme

Gegen diese Auffassung spricht jedoch, dass sie nur unter der Prämisse haltbar sein kann, dass Art. 9 Abs. 3 GG allein auf den Schutz der Arbeitnehmer ausgerichtet wäre. Dagegen spricht jedoch der Sinn und Zweck der Koalitionsfreiheit. Bei dieser handelt es sich gerade nicht um ein reines Arbeitnehmerschutzgrund-

---

46 Näher dazu: Ulber, Tarifdispositives Gesetzesrecht, S. 32ff.

47 Die Eingriffsqualität ablehnend: Butzer, RdA 1994, 375, 384; Hopfner, Gesetzgebung und Tarifautonomie, S. 271ff.; Klebeck, Gleichstellung, S. 75 ff; Neumann, RdA 2007, 71, 72; Stein, ArbuR 1998, 1, 2; diff. auch Kamanabrou, RdA 1997, 22, 29. Die Gegenansicht hält zumindest einen faktischen Eingriff aufgrund eines spürbaren, präjudiziellen Einflusses auf den tariflichen Einigungsprozess für möglich: vgl. Bock, Tarifdispositives Arbeitnehmerschutzrecht, S. 321; Knipper, Konkurrenz, S. 18ff.; Löwisch/Rieble, TVG, Grundl. Rn.36; Weiss/Schmidt, NZA 2008, 18, 19. Vgl. hierzu auch BVerfGE 100, 271; BVerfGE 116, 202, 222ff..

48 Vgl. Knipper, Konkurrenz, S. 16; Ulber, Tarifdispositives Gesetzesrecht, S. 33.

49 Vgl. allgemein für zweiseitig zwingendes Gesetzesrecht: Bayreuther, Tarifautonomie als kollektiv ausgeübte Privatautonomie, S. 423ff.; Bock, Tarifdispositives Arbeitnehmerschutzrecht, S. 306; Stein, ArbuR 1998, 1, 4; Thüsing, ZfA 2008, 602; Wiedemann/Wiedemann, TVG, Einl. Rn. 104.

50 Däubler, Das Grundrecht auf Mitbestimmung, S. 213.

51 Däubler, Das Grundrecht auf Mitbestimmung, S. 213.

52 Ähnlich nimmt auch Maier, NVwZ 2008, 746, 748 an, allein das Verbot des Unterschreitens einer Mindestentgeltverordnung stelle noch keinen Eingriff dar.

recht.[53] Im Mittelpunkt der Tarifautonomie steht vielmehr die Parität der Tarifpartner als Voraussetzung für die funktionierende Verfolgung des in Art. 9 Abs. 3 GG vorgegebenen Zwecks.[54] Mit den Worten des Bundesverfassungsgerichts:

> „Die Tarifautonomie ist darauf angelegt, die strukturelle Unterlegenheit der einzelnen Arbeitnehmer beim Abschluß von Arbeitsverträgen durch kollektives Handeln auszugleichen und damit ein annähernd *gleichgewichtiges Aushandeln* der Löhne und Arbeitsbedingungen zu ermöglichen."[55]

Diese Wertung kommt dann auch in Art. 9 Abs. 3 GG zum Ausdruck, womit klargestellt wird, dass es grundrechtlich gewollt und geschützt ist, Vereinigungen zur Wahrung und Förderung der Arbeits- und Wirtschaftsbedingungen zu bilden und sich hierin zu betätigen. Es kann daher nicht angenommen werden, einseitig zugunsten der Arbeitnehmer abänderbare Regelungen verletzten die Koalitionsfreiheit nicht.[56] Daraus folgt, dass der Arbeitgeber als sozialer Gegenspieler ebenfalls geschützt ist. Zwar mag dieser Schutz erst auf einer anderen Ebene einsetzen, da der Arbeitgeber durch seine bessere Verhandlungsposition bereits einen Ausgangsvorteil gegenüber dem einzelnen Arbeitnehmer genießt.[57] Soweit ein Verhandlungsgleichgewicht hergestellt ist, muss sich der Schutz des Art. 9 Abs. 3 GG aber auf die Aufrechterhaltung dieses Zustandes beschränken.[58] Die Koalitionsfreiheit schützt insoweit das antagonistische Zusammenspiel der Koalitionen als „Zwillingsgrundrecht". [59] Es geht also nicht um einen ausschließlichen Schutz des Arbeitnehmers, sondern vielmehr um den Schutz

---

53 Ebenso: Bock, Tarifdispositives Arbeitnehmerschutzrecht, S. 306; Butzer, RdA 1994, 375, 379; Löwisch/Rieble, TVG, Grundl., Rn. 33; Sittard, NZA 2010, 1160, 1161.

54 BVerfGE 84, 212, 228ff; BVerfGE 92, 365.

55 BVerfGE 84, 212, 229 (Kursivstellung durch Verf.).

56 So im Ergebnis auch Andelewski, Staatliche Mindestarbeitsbedingungen, S. 51, 52; Belling, Günstigkeitsprinzip, S. 165; Bock, Tarifdispositives Arbeitnehmerschutzrecht, S. 306; Hopfner, Gesetzgebung und Tarifautonomie, S. 270; Kempen, ArbuR, 1996, 336, 342; Wiedemann/Wiedemann, TVG, Einl. Rn., 104.

57 Buchner, NZA 1995, 761, 768 sieht eine Differenzierung des Schutzgehalts anhand der Einordnung als Arbeitnehmer- oder Arbeitgeberkoalition ebenfalls als überholt an. Noch deutlicher fasst es Friauf, RdA 1986, 188, 189: „Die Koalitionsfreiheit beinhaltet eine bipolare, gleichrangige und gleichgewichtige Freiheitsgewähr zugunsten beider Tarifparteien."; ebenso im Ergebnis: Butzer, RdA 1994, 375, 379; Meisen, Koalitionsfreiheit, S. 33.

58 Vgl. Maunz/Dürig/Scholz, GG, Art. 9, Rn. 287.

59 So treffend bezeichnet von Dieterich, Tarifautonomie und Gesetzgebung, S. 93; ders., ArbuR 2001, 390.

der Parität der Sozialpartner, also der „Verhandlungsparität“.[60] Diese bezeichnet *Scholz* daher als „Funktionsvoraussetzung der Tarifautonomie“.[61]

Konsequenz der konsensualen Ausrichtung der Koalitionsfreiheit muss deshalb sein, dass bei jeder weiteren Besserstellung des Arbeitnehmers der Gesetzgeber auch die Interessen des als Tarifvertragspartei ebenfalls dem Schutz des Art. 9 Abs. 3 GG unterfallenden Arbeitgebers zu berücksichtigen hat.[62] Soll sich der Staat darauf verlassen können, dass die Sozialpartner aufgrund ihrer Sachnähe sinnvolle und gerechte Ergebnisse erzielen[63], muss er den Ausgleich der Interessen als Maxime jeglichen gesetzgeberischen Handelns auf dem Gebiet der Koalitionsfreiheit ansehen. Angesichts dieser Überlegungen ist es deshalb auch nicht überzeugend, einen Eingriff in Art. 9 Abs. 3 GG immer dann abzulehnen, wenn einseitig zwingende Normen für Arbeitnehmer günstigere Regelungen zulassen.

III. Intensität der Beeinträchtigung ausreichend für Eingriff?

Auch dann, wenn die Bestimmung einer Lohnuntergrenze nicht als Ausgestaltung angesehen wird und man darüber hinaus auch einseitig zwingende Gesetze grundsätzlich als Eingriff in Art. 9 Abs. 3 GG klassifiziert, ist damit letztlich aber noch nicht die Frage beantwortet, ob die Auswirkungen der Festsetzung eines Mindestarbeitsentgelts nach dem MiArbG ausreichen, um einen Eingriff in die Tarifautonomie anzunehmen. Einerseits betrifft das MiArbG ausschließlich tarifvertragliche Entgeltregelungen, sodass alle anderen Arbeitsbedingungen grundsätzlich weiterhin frei[64] verhandelbar bleiben. Andererseits folgt ein Verbot auch von niedriger dotierten Tarifverträgen nicht ausdrücklich aus den Regelungen des MiArbG. Vielmehr ist zu beachten, dass durch die Festsetzung einer Entgeltuntergrenze der Abschluss von Tarifverträgen nicht verboten wird.[65] Selbst der Umkehrschluss zu § 8 Abs. 2 MiArbG besagt lediglich, dass solche tariflichen Regelungen keine Geltungskraft entfalten können, nicht aber, dass sie unwirksam sein sollen.[66] Zwar ist es richtig, wenn in diesem Zusammenhang im Schrifttum darauf hingewiesen wird, dass ein ausdrückliches Verbot für die An-

60 Vgl. zu diesem Begriff BVerfGE 84, 212, 229ff.

61 Maunz/Dürig/Scholz, GG, Art. 9, Rn. 287 in Anlehnung an BVerfGE 92, 365, 395.

62 In diese Richtung auch Belling, Günstigkeitsprinzip, S. 165.

63 Vgl. hierzu Ricken, Autonomie und tarifliche Rechtsetzung, S. 148.

64 In den Grenzen der übrigen Mindestarbeitsbedingungen, wie etwa dem BUrlG.

65 Vgl. zur insoweit parallelen Rechtslage im Rahmen des § 8 Abs. 2 AEntG: Oetker, NZA-Beil. 2010, 13, 21.

66 Vgl. § 3 B. II.

nahme eines Grundrechtseingriffs nicht erforderlich sei.[67] Der Schutz des Art. 9 Abs. 3 GG ist nicht auf Eingriffe im herkömmlichen Sinne beschränkt.[68] Allerdings soll für die Annahme eines faktischen Eingriffs nach der Rechtsprechung des Bundesverfassungsgerichts nicht bereits jede faktische Beeinträchtigung ausreichen. Vielmehr sei zu fordern, dass diese in der Zielsetzung und in ihrer Wirkung einem Eingriff gleichkommt.[69] Nur in diesem Fall bleibt die Grundrechtsbindung auch dann bestehen, wenn sich der Staat eines zum Eingriff funktionalen Äquivalents bedient.[70] An der eingriffsgleichen Wirkung fehlt es nach Auffassung des Gerichts immer dann, „wenn mittelbare Folgen ein bloßer Reflex einer nicht entsprechend ausgerichteten gesetzlichen Regelung sind."[71] Im Ergebnis werden damit an die Intensität eines faktischen Eingriffs so hohe Anforderungen gestellt, dass die faktischen Beeinträchtigungen in ihrer Wirkung einem „rechtlichen Hindernis zum Abschluss eines Tarifvertrages" gleichkommen müssen.[72]

Übertragen auf das MiArbG bedeutet dies: Zwar kann der Ausschluss abweichender Tarifverträge wohl nicht als bloßer Reflex des MiArbG beschrieben werden. Vielmehr zielt das Gesetz gerade darauf ab, eine Untergrenze für die koalitionäre Lohngestaltung auch für die Zukunft zu statuieren. Allerdings ist es nicht Ziel des Gesetzes, die Regelungsmacht der Koalitionen zu begrenzen, sondern vielmehr dort für angemessene Arbeitsbedingungen für Arbeitnehmer zu sorgen, wo die Koalitionen ihre verfassungsrechtliche Aufgabe nicht ausreichend wahrnehmen. Zudem verbietet das Gesetz auch nicht den Abschluss ganzer Tarifverträge, sondern begründet lediglich die Unanwendbarkeit einzelner Entgeltregelungen. Daneben verbleibt den Koalitionen Regelungsfreiraum oberhalb der Mindestentgeltschwelle, sowie im Zusammenhang mit anderen Arbeitsbedingungen.

Allerdings lässt sich die Frage, ob das MiArbG wie ein rechtliches Hindernis für den Abschluss von Tarifverträgen wirkt, wohl auch nicht pauschal beantworten. Letztlich dürfte dies entscheidend von der verordneten Mindestentgelthöhe abhängen. Zu beachten ist, dass das Arbeitsentgelt einen zentralen Gegenstand von tariflichen Vereinbarungen bildet. Wird die Entgeltgrenze zu hoch angesetzt, könnte dies dazu führen, dass jede weitere Steigerung für den Arbeit-

---

67 Sodan/Zimmermann, ZfA 2008, 526, 544, insb. Fn. 64; dies, NJW 2009, 2001, 2003.

68 BVerfGE 116, 202, 220.

69 BVerfGE 116, 202, 220; BVerfGE 105, 279, 303; BVerfGE 110, 177, 191; BVerfGE 113, 63, 76.

70 BVerfGE 116, 202, 220; BVerfGE 105, 252, 273.

71 BVerfGE 116, 202, 220; BVerfGE 106, 275, 299.

72 BVerfGE 44, 322, 353; Vgl. auch Oetker, NZA-Beil. 2010, 13, 21.

geber nicht tragbar wäre, sodass im Ergebnis der Abschluss von für die Arbeitnehmer günstigeren Tarifverträgen verhindert würde. In seiner Entscheidung zu Lohnabstandsklauseln hat das Bundesverfassungsgericht dargelegt, dass ein faktischer Eingriff zumindest dann angenommen werden muss, wenn durch staatliche Regelungen das Ergebnis der Tarifverhandlungen bereits soweit vorgegeben wird, dass sich die Arbeitgeberseite auf darüber liegende Abschlüsse kaum einlassen wird.[73] Entscheidend für die Frage, ob ein nach dem MiArbG verordnetes Mindestarbeitsentgelt einem rechtlichen Hindernis zum Abschluss von Tarifverträgen gleichkommt, dürfte damit im Ergebnis dessen jeweilige Höhe im Einzelfall sein. Die Beeinträchtigung der Tarifautonomie kann deshalb nicht bereits von vornherein mit einem Hinweis auf das Fehlen ausdrücklicher Abweichungsverbote im MiArbG ausgeschlossen werden.

IV. Insbesondere: Ausschluss von Tarifverträgen zur Beschäftigungssicherung

Ein besonderer Aspekt des Ausschlusses von ungünstigeren Abweichungen durch zukünftige Tarifverträge liegt darin, dass damit auch in wirtschaftlichen Krisen den Tarifpartnern kein Abweichen nach unten möglich ist, selbst wenn dies erforderlich wird, um Arbeitsplätze erhalten zu können.[74] Insoweit muss berücksichtigt werden, dass den Gewerkschaften nicht stets ausschließlich daran gelegen ist, den Arbeitslohn immer weiter nach oben zu steigern. Gerade in Zeiten wirtschaftlicher Krisen muss berücksichtigt werden, dass Lohnsteigerungen immer davon abhängen, ob sie unternehmerisch tragbar sind. Die Gewerkschaften passen sich diesen Gegebenheiten regelmäßig in Qualität und Quantität der erhobenen Forderungen an. Dabei kann es in der Praxis zu relativ geringen Lohnsteigerungen kommen, die gerade einmal die Reallohnentwicklung auffangen. In letzter Konsequenz ist schließlich auch denkbar, dass die Gewerkschaften zum Zweck der Beschäftigungssicherung nicht nur auf Lohnforderungen verzichten[75], sondern zudem sogar das bisherige Lohnniveau unterschreiten, um den Arbeitgeber vom Abbau oder der Verlagerung von Arbeitsplätzen abzuhalten.[76] Allein auf den Entgeltaspekt bezogen, wäre eine solche Regelung ungüns-

73 BVerfGE 100, 271, 283; krit. zu dieser Entscheidung Bieback, ArbuR 2000, 201, 202ff.

74 Auf diesen Aspekt wurde auch in den Stellungnahmen im Gesetzgebungsverfahren mehrfach hingewiesen, vgl. Stellungn. der BDA, Ausschussdrucks. 16(11)1117, S. 7; Stellungn. Caspers‘, Ausschussdrucks. 16(11)1117, S. 40.

75 Wie im Krisenjahr 2010 erstmals durch die IG Metall.

76 Vgl. hierzu Adomeit, NJW 1984, 26ff.

tiger, als die jeweilige Tarifregelung. Bezogen auf das gesamte Arbeitsverhältnis - vor allem in Hinsicht auf dessen Bestand - ist sie jedoch klar günstiger.

Das Verständnis, wonach einseitig zwingende Normen immer zu einer Verbesserung der Arbeitsbedingungen führen würden, wird zu Recht als „Ausdruck einer Zeit des wirtschaftlichen Wachstums und Wohlstandes" bezeichnet.[77] Es muss an Boden verlieren, wenn aufgrund wirtschaftlicher Veränderungen eine Verbesserung der Arbeitsbedingungen nicht mehr möglich ist und stattdessen sogar eine rückläufige Entwicklung eintritt.[78] Die wirtschaftliche Entwicklung der letzten Jahre (und Jahrzehnte) zeigt deutlich, dass sich in besonderen wirtschaftlichen Situationen der Verhandlungsfokus vom Arbeitsentgelt hin zur Beschäftigungssicherung verschieben kann.[79] Ebenfalls kann auch nicht vorausgesagt werden, welche Arbeitnehmerinteressen künftig die Verhandlungen der Sozialpartner maßgeblich bestimmen werden. Angesichts der immer wieder proklamierten Wettbewerbsnachteile durch zu hohe Lohnkosten und der fortschreitenden Globalisierung der Wirtschafts- und Arbeitsmärkte ist nicht auszuschließen, dass die Aufgabe der Gewerkschaften auch in Zukunft nicht vorrangig darin liegen wird, für höhere Löhne zu streiten, sondern vielmehr um Aspekte der Arbeitsplatzsicherung.[80]

Als Schlussfolgerung lässt sich hieraus ziehen, dass die Gewerkschaften letztlich mit der Schaffung von Mindeststandards Verhandlungsspielraum ein-

---

77 Ney, Das Verhältnis der Tarifautonomie zur arbeitsrechtlichen Bundesgesetzgebung, S. 82, Fn. 1 in Anlehnung an Biedenkopf, Grenzen der Tarifautonomie, S. 176 ff; soweit Heise, Die Zulässigkeit zweiseitig zwingender Normen im Arbeitsrecht, S. 179 der Konzeption Biedenkopfs widerspricht, indem sie die Notwendigkeit von existenzsichernder Normsetzung in aktueller Zeit verneint und offenbar davon ausgeht, es stünde allein „der Ausbau von Besitzständen" an, kann dem nicht zugestimmt werden. Zwar haben sich die ökonomischen und sozialen Gegebenheiten seit Erscheinen der Thesen Biedenkopfs verändert. Die Annahme, es gehe wirtschaftlich immer weiter bergauf, niemals falle man jedoch zurück, wird in der Geschichte jedoch mehrfach widerlegt – zuletzt durch die Krisenjahre 2008 ff.

78 Ney, Das Verhältnis der Tarifautonomie zur arbeitsrechtlichen Bundesgesetzgebung, S. 82.

79 Wiedemann/Wiedemann, § 1 TVG, Rn. 32ff. stellt insoweit fest, dass bereits in den 1980er Jahren der Schwerpunkt der tariflichen Regelungen nicht mehr auf dem Arbeitsentgelt, sondern auf anderen Belangen wie etwa der Arbeitszeit lag und in heutiger Zeit zunehmend die Beschäftigungssicherung im Vordergrund steht.

80 Bereits in den 1990er Jahren erkannten Säcker/Oetker, Grundlagen und Grenzen der Tarifautonomie, S. 11, als „vorrangiges Ziel der gewerkschaftlichen Tarifpolitik" die „Vermehrung bzw. Erhaltung der vorhandenen Arbeitsplätze". Diese Tendenz dürfte sich mittlerweile sogar noch verstärkt haben.

büßen und in ihrer Tariffreiheit beschränkt werden.[81] Zwar bewirkt die geschwächte Verhandlungsposition allein durch die verringerte Möglichkeit zu Zugeständnissen auf der Lohnebene zugunsten anderer Belange noch nicht die Verfassungswidrigkeit des MiArbG.[82] Die Koalitionen sind jedoch zur Wahrung aller Interessen ihrer Mitglieder auf dem Gebiet der Arbeits- und Wirtschaftsbedingungen verpflichtet, also auch den der Arbeitsplatzsicherung. Um dies gewährleisten zu können, müssen die einzelnen Regelungsgegenstände miteinander in einen Ausgleich gebracht werden, um durch Zugeständnisse letztlich einen Kompromiss zu erreichen. Durch die Festsetzung von Mindestentgelten als Verhandlungsuntergrenze wird der Freiraum für solche Kompromisse im Ergebnis eingeschränkt.

V. Zwischenergebnis

Der Ausschluss künftiger ungünstigerer tarifvertraglicher Entgeltregelungen durch das MiArbG ist ebenso wie die Verdrängung bestehender Tarifvertragsbestimmungen als Eingriff in die Tarifautonomie zu sehen. Bei Zugriffen des Gesetzgebers auf den Gehalt des Art. 9 Abs. 3 GG ist zwischen Eingriffen und Ausgestaltung zu unterscheiden. Im Fall des MiArbG sprechen gewichtige Gründe für die Annahme eines Grundrechtseingriffs. Zudem spricht auch der einseitig zwingende Charakter des MiArbG nicht gegen die Annahme eines Grundrechtseingriffs. Schließlich kann im Fall des MiArbG nicht ausgeschlossen werden, dass der den Tarifparteien grundsätzlich zustehende Freiheitsraum durch staatliche Mindestentgelte soweit eingeschränkt wird, dass der Abschluss von Tarifverträgen im jeweiligen Wirtschaftszweig weitgehend unmöglich gemacht wird. Dies gilt insbesondere für Zeiten wirtschaftlicher Krisen, in denen die Beschäftigungssicherung Vorrang vor dem Erhalt bzw. Ausbau des Lohnniveaus hat.

C. Schutz der Entgeltfestsetzung als Bestandteil einer Institutsgarantie?

Neben der Eingriffswirkung der Verdrängung bestehender und künftiger Tarifvertragsregelungen stellt sich weiter die Frage, ob Art. 9 Abs. 3 GG einen zugriffsfesten Kern der Koalitionsfreiheit enthält, der durch das MiArbG in unzulässiger Weise beeinträchtigt wird. Dies wäre dann anzunehmen, wenn aus Art. 9 Abs. 3 GG der Schutz der Tarifautonomie als Garantie eines selbständigen Rechtsinstituts folgte und die tarifvertragliche Entgeltfestsetzung diesem

---

81 Vgl. auch Biedenkopf, Grenzen der Tarifautonomie, S. 203.

82 So Stein, ArbuR 1998, 1, 8 allgemein für einseitig zwingende Arbeitsgesetze.

zuzuordnen wäre. Ob Art. 9 Abs. 3 GG überhaupt eine Gewährleistung in Form einer Institutsgarantie enthält, ist insbesondere in neuerer Zeit umstritten.

I. Diskussionstand

1. Rechtsprechung des Bundesverfassungsgerichts

Ausgangspunkt der Diskussion um einen zugriffsfesten Kern der Tarifautonomie war die lange Zeit herrschende sog. Kernbereichsrechtsprechung des Bundesverfassungsgerichts. In zahlreichen Entscheidungen prägte das Gericht das Bild eines von vornherein nur auf einen Kernbereich koalitionärer Betätigung beschränkten Schutzbereichs des Art. 9 Abs. 3 GG.[83] Der Schutz der Koalitionsbetätigung sollte danach auf das „zur wirksamen Wahrung und Förderung der Arbeits- und Wirtschaftsbedingungen Unerläßliche“ begrenzt sein.[84] Insoweit enthalte Art. 9 Abs. 3GG einen „unantastbaren Kernbereich“ der Koalitionsfreiheit.[85] Im Anschluss an diese Rechtsprechung entwickelten sich vielfältige Erklärungsmodelle im Schrifttum.[86] Nachdem erhebliche Kritik an dieser Kernbereichsrechtsprechung geübt worden war[87], gab das Gericht diese letztlich auf. Es „stellte klar“, dass der Kernbereich des Art. 9 Abs. 3 GG nicht als Beschränkung des Schutzbereichs zu verstehen sei, sondern vielmehr erst auf der Ebene der Verhältnismäßigkeit Berücksichtigung finden solle.[88] Der in Rechtsprechung und Literatur entstandene Eindruck, die Koalitionsfreiheit sei nur in einem Kernbereich von vornherein geschützt, gebe das in der Rechtsprechung des Bundesverfassungsgerichts entwickelte Verständnis der Koalitionsfreiheit nur unvollständig wieder.[89] Ausgangspunkt der Kernbereichsformel sei die Überzeugung, dass das Grundgesetz die Betätigungsfreiheit der Koalitionen nicht schrankenlos gewährleiste, sondern eine Ausgestaltung durch den Gesetzgeber

83 Vgl. BVerfGE 4, 96, 106ff.; BVerfGE 20, 312, 317; Verwirrung wurde in diesem Zusammenhang zudem durch die unterschiedlichen Ansätze des Gerichts gestiftet, vgl. zur sog. Unerlässlichkeitsformel: BVerfGE 17, 319, 333ff. und zur sog. Abwägungsformel: BVerfGE 28, 295, 306; vgl. hierzu auch Sachs/Höfling, GK, Art. 9, Rn. 73.

84 BVerfGE 17, 319, 333; BVerfGE 38, 281, 305.

85 BVerfGE 84, 212, 228.

86 Biedenkopf, Grenzen der Tarifautonomie, S. 103; Butzer, RdA 1994, 375, 380; Kemper, Koalitionsfreiheit, S. 88; Meik, Kernbereich der Tarifautonomie, S. 71; Säcker, Grundprobleme, S. 33ff.; Schwarze, JuS 1994, 653, 657.

87 Vgl. etwa Caspar, Stellung der Gewerkschaften im Betrieb, S. 78; Gröbling, ArbuR 1986, 297ff.; Herschel, ArbuR 1981, 265, 266; Jarass, NZA 1990, 505, 507; Lübbe-Wolff, DB 1988, Beil. 9, 2, 3; Zechlin, NJW 1985, 585, 591.

88 BVerfGE 93, 352, 358ff.

89 BVerfGE 93, 352, 359.

zulasse.[90] Die Kernbereichsformel sei daher nicht als Beschränkung des Schutzbereichs zu verstehen, sondern als Umschreibung der Grenze der Ausgestaltung.[91] Diese werde überschritten, soweit einschränkende Regelungen nicht zum Schutz anderer Rechtsgüter von der Sache her geboten sind.[92] In der Folge dieser Rechtsprechungswende scheint das Gericht heute einen weiten Schutzbereich des Grundrechts zu befürworten und eine Einschränkung erst an den Kategorien des Eingriffs und dessen Rechtfertigung vorzunehmen.[93] Für die vorliegende Frage ist daher anzunehmen, dass die tarifliche Entgeltfestsetzung nicht als absolut zugriffsfester „Kern" der Koalitionsfreiheit gilt, sondern dann eingeschränkt werden kann, wenn sich der Staat hierfür ausreichend rechtfertigen kann.

2. Literaturansichten

a) Für die Annahme einer Institutsgarantie

Im Zusammenhang mit der Kernbereichsrechtsprechung des Bundesverfassungsgerichts wurde in der Literatur der Ansatz entwickelt, Art. 9 Abs. 3 GG enthalte einen „Kern" der koalitionären Betätigung, welcher vor dem Zugriff des Gesetzgebers in Form einer institutionellen und funktionellen Garantie absolut geschützt sei. [94] Entsprechend sei es dem Staat verwehrt, durch eigene Regelungen die Betätigung der Sozialpartner im Rahmen der Tarifautonomie unmöglich zu machen bzw. in ihren Gehalt soweit einzugreifen, dass diese im Ergebnis ausgehöhlt würde.[95] An dieser Auffassung wird auch im heutigen Schrifttum noch festgehalten. So geht etwa *Kemper* davon aus, Art. 9 Abs. 3 GG garantiere die Tarifautonomie als eigenständige Institutsgarantie.[96] Dies führt er darauf zu-

---

90 BVerfGE 93, 352, 359.

91 BVerfGE 93, 352, 359.

92 BVerfGE 93, 352, 359.

93 Vgl. BVerfGE 94, 268, 283; BVerfGE 100, 214, 221; BVerfGE 100, 271, 282; BVerfGE 103, 293, 304; vgl. auch Bieback, ArbuR 2000, 201.

94 Galperin, in: FS Molitor, S. 159ff.; Huber, Wirtschaftsverwaltungsrecht II, S. 381; Hueck-Nipperdey, Arbeitsrecht II, Hbd. 1, S. 30ff., 105ff.; Schnorr, RdA 1955, 3, 5ff.; Wlotzke, RdA 1963, 44, 49ff.

95 Wlotzke, RdA 1963, 44, 50.

96 v.Mangoldt/Klein/Starck/Kemper, BK I, Art. 9 Abs. 3 GG, Rn. 141ff.; ebenso für die Annahme einer Institutsgarantie: Battis/Gusy, Staatsrecht, Rn. 431;Biedenkopf, Grenzen der Tarifautonomie, S. 105; Isensee, in: Zukunft der sozialen Partnerschaft, 159, 166; Weber, Koalitionsfreiheit, S. 24ff; In der dogmatischen Begründung abweichend versteht Höfling den Schutz der Tarifautonomie nicht als Institutsgarantie, sondern als eine „Grundrechtsgewährleistung mit einer kompetentiellen Bewirkungsdimension und auxiliärem leistungsrechtlichen Gehalt", vgl. Sachs/Höfling, GK, Art. 9, Rn. 5ff. und

rück, dass die „normative Wirkung des Tarifvertrages erst durch staatliche Anerkennung in Form einfachgesetzlicher Normenkomplexe“ erreicht werde. Da Art. 9 Abs. 3 GG die „Gewährleistung eines rechtlichen Könnens“ enthalte, sei damit der „typische Fall einer Institutsgarantie“ gegeben.[97] Daher gewähre Art. 9 Abs. 3 GG einerseits einen Anspruch auf Bereitstellung der für die Aufgabenwahrnehmung der Koalitionen erforderlichen einfachgesetzlichen Normenkomplexe und schütze auf der anderen Seite vor Eingriffen in den Bestand des einmal zur Verfügung gestellten Tarifvertragssystems.[98] Dieser Schutz umfasse die Tarifautonomie jedoch nicht in ihrer jeweiligen Ausgestaltung, sondern lediglich in einem „Kernbereich“. Deshalb dürfe der Gesetzgeber die Tarifautonomie nur soweit beschränken, wie sie dies nicht ihres tradierten Sinnes beraubt und damit zu ihrer Aushöhlung führt.[99] Insbesondere vor dem Hintergrund des besonders hohen Stellenwerts der Entgeltgestaltung für die Koalitionen wäre für die Verfassungsmäßigkeit des MiArbG nach diesem Ansatz entscheidend, inwieweit die staatliche Mindestentgeltfestsetzung die Tarifautonomie in ihrem Kern betrifft und im Ergebnis diesen Teil der Koalitionsbetätigung unmöglich macht bzw. aushöhlt.

b) Gegen die Annahme einer Institutsgarantie

Insbesondere in neuerer Zeit wird die Annahme einer Institutsgarantie vermehrt bestritten. So nimmt etwa *Scholz* an, der verfassungsrechtliche Schutz der Tarifautonomie gelte nur relativ, d.h. nur so weit, wie die Tarifautonomie tatsächlich „funktionstypisches Koalitionsmittel“ bleibt.[100] Es komme daher grundsätzlich sogar die Ersetzung der Tarifautonomie durch andere oder modifizierte Koaliti-

---

76ff. Maßgeblicher Unterschied zwischen diesen Ansätzen ist die Annahme eines subjektiven Rechts auf Schaffung eines funktionierenden Tarifvertragssystems im Rahmen des Art. 9 Abs. 3 GG, vgl. Engels, RdA 2008, 331, 334.

97 v.Mangoldt/Klein/Starck/Kemper, BK I, Art. 9 Abs. 3 GG, Rn. 141ff.; ders., Koalitionsfreiheit, S. 70.

98 v.Mangoldt/Klein/Starck/Kemper, BK I, Art. 9 Abs. 3 GG, Rn. 141; ders., Koalitionsfreiheit, S. 58ff.; in Anlehnung an Alexy, Theorie der Grundrechte, S. 443ff.

99 Kemper., Koalitionsfreiheit, S. 122ff.; v.Mangoldt/Klein/Starck/Kemper, BK I, Art. 9 Abs. 3 GG, Rn. 144 in Anlehnung an die Rechtsprechung des Bundesverfassungsgerichts zur Institutsgarantie des Art. 14 Abs. 1 GG, BVerfGE 24, 367, 389; ebenso Andelewski, Staatliche Mindestarbeitsbedingungen, S. 65ff.; Däubler, Das Grundrecht auf Mitbestimmung, S. 204 ff.; Henssler, ZfA 1998, 1, 13; Mayer, ArbuR 1993, 309, 313ff.; Ulber, Tarifdispositives Gesetzesrecht, S. 294ff.; Zachert, NZA 1994, 529, 534.

100 Maunz/Dürig/Scholz, GG, Art. 9, Rn. 29, 173, 300, sowie Fn. 559; ders., Koalitionsfreiheit, S. 54ff., 120ff., 149, 158ff.; ebenso die Einrichtungsgarantie ablehnend Richardi, AöR 93 (1986), 243, 263ff.

onsmittel in Betracht.[101] Dieser Schutz des Art. 9 Abs. 3 GG umfasse die Tarifautonomie daher lediglich „grundrechtsunmittelbar im Rahmen der Koalitionsmittelgarantie“ und nicht als von Art. 9 Abs. 3 GG garantiertes Institut.[102]

Auch andere Stimmen des neueren Schrifttums lehnen den Schutz der Tarifautonomie in Form einer Institutsgarantie ab.[103] Als Begründung wird dabei der maßgebliche Unterschied zwischen den Instituten Ehe und Eigentum zur Gewährleistung der Tarifautonomie angeführt. Anders als die erstgenannten sei die Tarifautonomie nicht ausdrücklich im Wortlaut des Grundgesetzes erwähnt.[104] Ohne Benennung im Wortlaut sei die Annahme einer Institutsgarantie jedoch nicht zulässig.[105] Weiter könne eine Institutsgarantie nicht schlüssig die konkurrierende Gesetzgebungskompetenz des Staates nach Art. 74 Abs. 1 Nr. 12 GG erklären.[106] Zudem sei es auch nicht zutreffend, wenn der Schutz eines Rechtsinstituts mit historischen Argumenten belegt werde[107], da nach h.M. auch zur Weimarer Zeit das Tarifvertragssystem nicht als solches geschützt gewesen sei.[108] Auch sei das Begriffspaar der Arbeits- und Wirtschaftsbedingungen zu „zeitoffen“, um einen „historisch gewachsenen Bestand an Tarifnormen sichern“ zu können.[109]

Burkiczak weist zudem der Argumentation, die Tarifautonomie bedürfe zur Gewährleistung ihrer Funktionsfähigkeit eines einfachgesetzlichen Normenkomplexes, welches wiederum nur in Form einer Institutsgarantie zu handhaben

---

101 Maunz/Dürig/Scholz, GG, Art. 9, Rn., 29.

102 Maunz/Dürig/Scholz, GG, Art. 9, Rn., 29.

103 Bayreuther, Tarifautonomie als kollektiv ausgeübte Privatautonomie, S. 175ff.; Burkiczak, Grundgesetz und Deregulierung des Tarifvertragsrechts, S. 198ff.; Döttger, Der Schutz tariflicher Normsetzung, S. 115ff.; Hopfner, Gesetzgebung und Tarifautonomie, S. 108ff.

104 Bayreuther, Tarifautonomie als kollektiv ausgeübte Privatautonomie, S. 176; Burkiczak, Grundgesetz und Deregulierung des Tarifvertragsrechts, S. 201.

105 Burkiczak, Grundgesetz und Deregulierung des Tarifvertragsrechts, S. 202, der zudem betont, dass der Verfassungsgeber durchaus Kenntnis über die Regelungsbedürftigkeit gehabt und deshalb die Möglichkeit zur ausdrücklichen Normierung bestanden habe. Dass er hiervon keinen Gebrauch gemacht hat, spreche gegen die Annahme einer Institutsgarantie.

106 Bayreuther, Tarifautonomie als kollektiv ausgeübte Privatautonomie, S. 176.

107 So aber Säcker/Oetker, Grundlagen und Grenzen der Tarifautonomie, S. 61; Söllner, NZA-Beil. 2000, 33, 39.

108 Burkiczak, Grundgesetz und Deregulierung des Tarifvertragsrechts, S. 203.

109 Bayreuther, Tarifautonomie als kollektiv ausgeübte Privatautonomie, S. 176; ähnlich betont auch Döttger, Der Schutz tariflicher Normsetzung, S. 120 das Erfordernis der Flexibilität und Anpassungsfähigkeit des Tarifvertragssystems. Diese werde aber durch die Annahme einer Institutsgarantie verhindert.

wäre, einen zirkulären Charakter nach: Auf diese Weise gehe die „teleologische Herleitung einer Institutsgarantie von einem Ergebnis aus, das gerade erst „als Gegenstand der Institutsgarantie bewiesen werden soll.“[110] Stattdessen müsse gefragt werden, ob denkbar wäre, dass ein Tarifvertragssystem existiert, ohne dass bestimmte Merkmale, wie etwa die Normativität von Tarifverträgen, garantiert würden.[111] Nur dann sei die Annahme eines entsprechenden Instituts berechtigt.[112] Eine solche Annahme wird indes sowohl von ihm, als auch von *Bayreuther* verneint.[113] Anstelle eines Schutzes durch eine Institutsgarantie sei vielmehr allein anhand des freiheitlichen Schutzgehalts zu überprüfen, ob bestehende einfachgesetzliche Regelungen des Tarifsystems aufgehoben werden dürften. Am Untermaßverbot sei dagegen zu prüfen, ob der Gesetzgeber ein hinreichendes Tarifsystem bereit stelle.[114] Anstelle eines Kerns im Sinne einer Institutsgarantie, enthalte Art. 9 Abs. 3 GG vielmehr „elementare Ansprüche der Koalitionen (...), die mit großer Wahrscheinlichkeit so intensiv durch die Verfassung geschützt sind, dass es gewaltiger Rechtfertigungsanstrengungen bedürfte“, um Eingriffe darin zu rechtfertigen.[115] Konsequenz dieses Ansatzes wäre, dass jede Beeinträchtigung der Tarifautonomie unmittelbar an den Grenzen der Grundrechtsgewährleistung zu messen wäre. Einen zugriffsfesten Kern im Sinne eines absolut geschützten Normenbestandes gäbe es – jedenfalls abseits der Wesensgehaltsgarantie - nicht.

II. Stellungnahme: Abstrakter Schutz der Tarifautonomie jedenfalls nur gegen aushöhlende Konkurrenz

Nicht jedes der gegen die Annahme einer Institutsgarantie vorgebrachten Argumente überzeugt vollkommen. So ist der Auffassung *Scholz'* entgegen zu halten, dass diese nicht plausibel erklären kann, weshalb der Gesetzgeber zur Ausges-

---

110 Burkiczak, Grundgesetz und Deregulierung des Tarifvertragsrechts, S. 206.

111 Burkiczak, Grundgesetz und Deregulierung des Tarifvertragsrechts, S. 207.

112 Burkiczak, Grundgesetz und Deregulierung des Tarifvertragsrechts, S. 207.

113 Bayreuther, Tarifautonomie als kollektiv ausgeübte Privatautonomie, S. 176; Burkiczak, , Grundgesetz und Deregulierung des Tarifvertragsrechts, S. 207ff.

114 Bayreuther, Tarifautonomie als kollektiv ausgeübte Privatautonomie, S. 175; ähnlich auch Burkiczak, Grundgesetz und Deregulierung des Tarifvertragsrechts, S. 213, der insoweit im Bereich der Einrichtungsgarantien zwischen einem „Mindestmaß an Handlungspflichten“ und einem darüber hinaus gehenden „Ermessensspielraum“ differenziert.

115 Bayreuther, Tarifautonomie als kollektiv ausgeübte Privatautonomie, S. 175, 176, der allerdings Kemper letztlich zugibt, dass die Garantie des Tarifsystems am Ende zwischen einer Institutsgarantie und dem objektiven Gehalt subjektiver Grundrechte zu verorten sei

taltung der Tarifautonomie und damit zur Gewährleistung eines funktionierenden Tarifvertragssystems verpflichtet sein soll. Dass aus Art. 9 Abs. 3 GG diese Pflicht folgt, entspricht nahezu allgemeiner Auffassung.[116] *Scholz* leitet diese Verpflichtung aus den „allgemeinen Grundsätzen sozialstaatlicher Grundrechtsförderung“ ab.[117] Zum Handlungsgebot verdichteten sich diese dort, wo die Wahrnehmung bzw. Ausübung der Grundrechte aus Art. 9 Abs. 3 GG „in existentieller Weise gefährdet“ sei.[118] Damit solle dasjenige Maß „an existenzieller und wirtschaftlicher Sicherung“ geschützt sein, welches der Grundrechtsträger benötigt, „um von der Nutzung seiner Freiheitschance nicht bereits aus sozialen Gründen ausgeschlossen zu sein.“[119] Diesem Ansatz ist aber entgegenzuhalten, dass die tarifliche Normsetzung nicht ausschließlich auf die Bewältigung sozialer Missstände ausgerichtet ist. Vielmehr dient sie dem Ausgleich struktureller Verhandlungsdefizite der einzelnen Arbeitnehmer und Arbeitgeber und damit gerade dem Zweck, adäquate und interessengerechte Kompromisse zwischen den Vertragsparteien herzustellen.[120] Um diese zu gewährleisten, bedarf es eines Tarifvertragssystems, um die kollektive Interessenwahrnehmung der Arbeitnehmer zu ermöglichen. Die Pflicht zu dessen Bereitstellung kann daher auch nicht erst dann aktiviert werden, wenn ansonsten existenzielle Gefährdungen drohten. Deshalb ist der Ansatz *Bayreuthers* dem von *Scholz* vorzuziehen, da die Pflicht zur Gewährung eines funktionierenden einfachgesetzlichen Rahmens für die tarifliche Gestaltung der Arbeitsbedingungen bereits ausreichend über das Untermaßverbot begründet werden kann.

Für die Annahme einer Institutsgarantie spricht dagegen zunächst die Ähnlichkeit des ausformungsbedürftigen Gehalts des Art. 9 Abs. 3 GG mit den Instituten der Ehe und des Eigentums. Zwar ist im Gegensatz zu diesen die Tarifautonomie nicht ausdrücklich in Art. 9 Abs. 3 GG erwähnt. Bei Schaffung des Grundgesetzes hatte der Verfassungsgeber aber offensichtlich als Zielzustand die Regulierung der Arbeits- und Wirtschaftsbedingungen durch die Koalitionen im Auge. Insbesondere spricht dafür auch die ausdrücklich in Art. 9 Abs. 3 GG enthaltene Gründungsfreiheit. Dies wiederum legt nahe, dass sich der Gesetzgeber dabei am Leitbild des bereits in der Industrialisierung begonnenen und in der

---

116 Siehe dazu bereits oben unter § 4 B. I. 1.

117 Maunz/Dürig/Scholz, GG, Art. 9, Rn., 30.

118 Maunz/Dürig/Scholz, GG, Art. 9, Rn., 30.

119 Scholz, Koalitionsfreiheit, S. 189.

120 Vgl. etwa Friese, Kollektive Koalitionsfreiheit, S. 460.; Ricken, Autonomie und tarifliche Rechtsetzung, S. 147ff.; krit. zur pauschalen Annahme einer Unterlegenheit der Arbeitnehmer: Burkiczak, Grundgesetz und Deregulierung des Tarifvertragsrechts, S. 234ff.

Weimarer Republik verfestigten Tarifvertragssystems orientiert hat.[121] Es muss daher angenommen werden, dass Art. 9 Abs. 3 GG gerade die Wahrnehmung der dort normierten Aufgaben im Wege des Tarifvertrages voraussetzt.[122] Insoweit ist davon auszugehen, dass die Tarifautonomie als „'klassischer' Zweck der Koalitionsfreiheit" durchaus „im Gestaltungswillen des Verfassungsgebers enthalten" war.[123] Dementsprechend muss Art. 9 Abs. 3 GG auch die Aussage entnommen werden, dass stets ein „Kern" an Tarifautonomie, nämlich die einfachgesetzliche Möglichmachung des freien Verhandelns und Abschließens von Tarifverträgen, erhalten bleiben muss.

Andererseits erzwingt der Schutz eines solchen „Kerns" der Betätigungsfreiheit nicht gleichzeitig den Schutz eines bestehenden Satzes an einfachrechtlichen Normen. In welcher konkreten Form der Gesetzgeber den Koalitionen die Wahrnehmung ihrer Aufgaben ermöglicht, schreibt Art. 9 Abs. 3 GG gerade nicht vor. *Dass* sie ihrer Zweckbestimmung nachkommen können, wird allerdings bereits ausreichend über die Wesensgehaltsgarantie des Art. 19 Abs. 2 GG gewährleistet.[124] Danach darf der Staat das Grundrecht der Koalitionsfreiheit nicht so stark beeinträchtigen, dass im Ergebnis nichts weiter, als dessen Hülle übrig bliebe. Dies wäre aber der Fall, wenn den Koalitionen die Wahrung und Förderung der Arbeits- und Wirtschaftsbedingungen aufgrund staatlicher Konkurrenz faktisch unmöglich gemacht würde. Bereits auf diese Weise wird ein ausreichender Aushöhlungsschutz gewährt.[125]

Weiterhin ist den Kritikern einer Institutsgarantie zuzugeben, dass dieser die Zeitoffenheit des Begriffspaars der Arbeits- und Wirtschaftsbedingungen im Wege steht: Würde das Institut eines funktionierenden Tarifsystems geschützt, hätte dies zur Folge, dass damit Anpassungen an veränderte Gegebenheiten zumindest erschwert werden. Die Tarifautonomie muss aber der Anpassung an die

---

121 Vgl. zur Entwicklung der Tarifautonomie in der Weimarer Verfassung: Kempen, NZA-Beil. 2000, 7, 9.

122 Auch Maunz/Dürig/Scholz, GG, Art. 9, Fn. 559 nimmt im Ergebnis an, es sei kein anderes System für die Wahrnehmung der Aufgaben aus Art. 9 Abs.3 GG ersichtlich und die Tarifautonomie deshalb derzeit unverzichtbar.

123 Kempen, NZA-Beil. 2000, 7, 11.

124 Für die Anwendbarkeit des Wesensgehaltsgrundsatzes auf die kollektive Koalitionsfreiheit: BVerfGE 93, 359ff.; vgl. auch Flechsig, ZRP 2000, 529, 532; Hopfnerhopf, Gesetzgebung und Tarifautonomie, S. 406ff. Greiner, NZA 2008, 1274, 1277; Maunz/Dürig/Scholz, GG, Art. 9, Rn. 266ff.; a.A. Burkiczak, Grundgesetz und Deregulierung des Tarifvertragsrechts, S. 282ff, der den Schutz der Tarifautonomie über die Wesensgehaltsgarantie ablehnt.

125 Zur Wirkung der Wesensgehaltsgarantie als Aushöhlungsschutz vgl. etwa Maunz/Dürig/Remmert, GG, Art. 19 Abs. 2, Rn. 22ff., 26.

ökonomischen und sozialen Entwicklungen zugänglich bleiben. Der im Rahmen einer Institutsgarantie zu schützende Normenbestand dürfte daher nur minimalste Funktionsvoraussetzungen der Tarifautonomie umfassen. Es wäre aber bereits fraglich, ob unabdingbar für die koalitionäre Aufgabenwahrnehmung etwa die Anerkennung der Normativität von Tarifregelungen ist.[126] Selbst ohne diese wäre es den Gewerkschaften möglich, erheblichen faktischen Druck auf Arbeitgeber auszuüben, sofern sie ein ausreichendes Drohpotential aufbauen können. Zwar wären sie auf die Durchsetzung schuldrechtlicher Verträge vor Gericht oder im Wege des Streiks angewiesen. Zudem bedürfte die kollektive Vereinbarung stets eines Umsetzungsaktes ins einfache Arbeitsverhältnis. Allerdings macht dies die koalitionäre Aufgabenwahrnehmung allenfalls weniger effektiv, nicht aber unmöglich. Hieran zeigt sich, dass die Anerkennung einer Institutsgarantie erhebliche Unsicherheiten bei der Bestimmung deren Inhalts zur Folge hätte.

Weiterhin scheint die Annahme einer Institutsgarantie auch vor dem Hintergrund der Gesetzgebungskompetenzen des Staates problematisch. Soll ein einmal zur Verfügung gestelltes Tarifsystem in seinem Bestand in Zugriffsfestigkeit erwachsen, führt dies gleichzeitig zu einer verfestigten Beschränkung der Gesetzgebungskompetenzen. Gewissermaßen wird so ein Rückschrittsverbot statuiert. Selbst wenn nur die absolute Basis des bestehenden Tarifvertragssystems unter Schutz gestellt würde, wäre damit auch für zukünftige Entwicklungen der Weg für mögliche Anpassungen verbaut. Während eine solche Annahme insbesondere für die Eigentumsgarantie weniger problematisch ist, da dem Inbegriff der Zuordnung einzelner Rechtspositionen zu einer Person ein über Jahrhunderte gewachsenes und bewährtes Verständnis zugrunde liegt, zeigt allein die Entwicklung der koalitionären Aufgabenwahrnehmung im Verlauf des 20. Jahrhunderts, welchen Wandlungen das Tarifvertragssystem unterworfen ist und wie flexibel es deshalb gehandhabt werden muss. Dies gilt umso mehr vor dem Hintergrund der voranschreitenden Globalisierung der Wirtschaftsräume und der Europäisierung des staatlichen Rechts. Es ist fraglich, ob das starre Konstrukt einer Institutsgarantie mit diesen Entwicklungen Schritt halten könnte, oder ob es sich im Ergebnis nicht vielleicht sogar als Hemmschuh für die tarifliche Betätigung erweisen würde.

In der Zusammenschau der Argumente sprechen insgesamt die besseren und gewichtigeren gegen die Annahme einer in Art. 9 Abs. 3 GG enthaltenen Institutsgarantie. Soweit der Staat durch einfachgesetzliche Regelungen den Gehalt

---

126 Dagegen etwa Burkiczak, Grundgesetz und Deregulierung des Tarifvertragsrechts, S. 164ff. mit dem Argument der einfachgesetzlich anerkannten Normsetzungsbefugnis. Einen grundrechtlichen Schutz derselben lehnt er mit gewichtigen Argumenten ab.

der Koalitionsfreiheit antastet, kann dies bereits hinreichend anhand der allgemein geltenden Grundsätze der Grundrechtsdogmatik gelöst werden. Ein von vornherein zugriffsfester Kern ergibt sich ausschließlich aus dem grundsätzlichen Schutz des Wesensgehalts der Koalitionsfreiheit.

D. Eingriff durch staatliche Lohnsetzungskonkurrenz?

Anknüpfend an die vorstehend behandelte Frage nach der Gewährleistung der Lohnsetzungsfreiheit durch Art. 9 Abs. 3 GG in Gestalt einer Institutsgarantie soll im Folgenden erörtert werden, ob den Koalitionen in ihrem verfassungsrechtlichen Aufgabenbereich zumindest ein abstrakter Schutz vor staatlicher Konkurrenz zukommt. Von zahlreichen Stimmen im Schrifttum wird insoweit vorgebracht, die staatliche Festsetzung von Mindestarbeitsbedingungen sei stets als Eingriff in die Tarifautonomie zu sehen, da damit der Staat in direkte Konkurrenz zu den Koalitionen trete.[127] Ausgehend von den vorstehenden Ergebnissen, also der Ablehnung eines institutionellen Schutzes der Tarifautonomie, wird zunächst festzuhalten sein, dass nicht bereits jede staatliche Bestimmung von Mindestarbeitsbedingungen einen verfassungswidrigen Eingriff in die Tarifautonomie darstellt. Das Bundesverfassungsgericht hat hierzu die griffige Formel entwickelt, den Koalitionen stehe zwar eine Normsetzungsprärogative zu, nicht aber ein Normsetzungsmonopol.[128] Neben den Koalitionen bleibt daher stets der Staat aufgrund seiner Gesetzgebungskompetenzen aus Art. 74 Abs. 1 Nr. 12 GG für das gesamte Arbeitsrecht zuständig. Allerdings kommt in dieser Formel lediglich eine Form der Abwägung der tariflichen und staatlichen Befugnisse zum

---

127 Vgl. etwa die Stellungnahme von Caspers im Gesetzgebungsverfahren, Ausschussdrucks. 16(11)1117, S. 39; ebenso Bietmann, Mindestlohn, S. 170; Willemsen/Sagan, NZA 2008, 1216, 1221; allgemein für die staatliche Festsetzung von Arbeitsbedingungen auch Thüsing/Bayreuther, AEntG-Komm., § 8 MiArbG, Rn. 28; Dieterich, in: Bieback/Dieterich/Hanau/Kocher/Schäfer, Tarifgestützte Mindestlöhne, S. 117; Jacobs, in: GS Walz, 289, 293; Kocher, NZA 2007, 600, 601; Wiedemann/Wiedemann, TVG, Einl. Rn. 104ff., 107ff.; differenzierend Büdenbender, RdA 2000, 193, 204.

128 BVerfGE 94, 268, 283; BVerfGE 103, 293, 301; BVerfG NZA 2005, 153, 154; auch h.L., vgl. nur Butzer, RdA 1994, 375, 379; Lieb, RdA 1972, 129, 144ff.; Säcker, Grundprobleme, S. 39ff., 89ff.; Sodan, JZ 1998, 421, 427; Stein, ArbuR 1998, 1, 3; anders teilweise noch Biedenkopf, Grenzen der Tarifautonomie, S. 126ff., 178ff.; Coester, Vorrangprinzip, S. 17ff.; Reuß, ArbuR 1975, 1, 5; krit. zur Annahme einer Normsetzungsprärogative Hopfner, Gesetzgebung und Tarifautonomie, S. 41ff, die insoweit mit guten Argumenten darauf verweist, es handle sich letztlich um nichts anderes, als die „geläufige Funktion der Freiheitsrechte als Abwehrrechte“, S. 45.

Ausdruck. Auf die Frage eines Grundrechtseingriffs hat dies zunächst jedoch keine Auswirkungen.

Nach den Ergebnissen aus dem vorstehenden Abschnitt ist der Schutz der Tarifautonomie in Form einer Institutsgarantie abzulehnen. Dies darf allerdings nicht dahingehend missverstanden werden, dass Art. 9 Abs. 3 GG beliebig dem Zugriff des Staates ausgesetzt wäre. Eine „Tabuzone“ bleibt stets bestehen, da staatliches Handeln, insbesondere die konkurrierende Festsetzung von Arbeitsbedingungen, nicht so „raumgreifend“ erfolgen darf, dass damit im Ergebnis eine Aushöhlung der Tarifautonomie erreicht würde.[129] Die Koalitionen sind daher davor geschützt, durch weitgehende Ausnormierung durch den Gesetzgeber soweit unterminiert zu werden, dass letztlich von einer freien Gestaltung der Arbeits- und Wirtschaftsbedingungen durch Tarifverträge nicht mehr gesprochen werden könnte. Auf der anderen Seite kann aber gerade kein Tabu in Hinblick auf einzelne Elemente der Tarifautonomie, etwa die Gestaltung des Arbeitsentgelts, angenommen werden.[130] Es muss lediglich gewährleistet bleiben, dass den Koalitionen die Wahrnehmung der Interessen ihrer Mitglieder überhaupt effektiv möglich bleibt.[131] Im Ergebnis ist daher davon auszugehen, dass Art. 9 Abs. 3 GG den Koalitionen abstrakt (lediglich) einen Schutz vor Aushöhlung der Tarifautonomie durch staatliche Konkurrenz auf dem Gebiet der Arbeits- und Wirtschaftsbedingungen gewährt.[132]

Dies stimmt im Übrigen auch mit der Rechtsprechung des Bundesverfassungsgerichts überein, wonach die Tarifautonomie grundsätzlich verletzt sein kann, wenn der Staat selbst oder durch von ihm bestimmte Gremien in Konkur-

---

129 Vgl. Bayreuther, Tarifautonomie als kollektiv ausgeübte Privatautonomie, S. 419ff.

130 Ebenso Hopfner, Gesetzgebung und Tarifautonomie, S. 130; Stütze, Kontrolle der Entgelthöhe, S. 231ff.

131 Bayreuther, Tarifautonomie als kollektiv ausgeübte Privatautonomie, S. 419; Stütze, Kontrolle der Entgelthöhe, S. 231ff.

132 Zur Annahme eines Aushöhlungsschutzes im Schrifttum vgl. auch Butzer, RdA 1994, 375, 383; Däubler, Das Grundrecht auf Mitbestimmung, S. 213ff.; Däubler/Däubler, TVG, Einl. Rn. 137; Oetker, ZG 1998, 155, 166; Otto, in: FS Zeuner, S.135; Säcker, Grundprobleme, S. 92; ders., ArbuR 1994, 1, 3ff.; in diese Richtung auch Löwisch/Rieble, MHbArbR II, § 155, Rn. 95ff., die zwar die staatliche Regelungskonkurrenz weder als Ausgestaltung, noch als Grundrechtseingriff einstufen wollen, dennoch aber eine rechtfertigungsbedürftige „Behinderung“ der Koalitionen annehmen; krit. zur Annahme eines Aushöhlungsschutzes: Hopfner, Gesetzgebung und Tarifautonomie, S. 136.

renz zur tariflichen Gestaltung der Arbeitsbedingungen tritt.[133] Mit der Festsetzung von Mindestarbeitsentgelten nach dem MiArbG tritt genau dieser Fall ein. Auch wenn dies nach einem oberflächlichen Blick auf das Gesetz nur in einem „Mindest"maß geschehen soll, ist nicht auszuschließen, dass davon auch der „Kern" der Tarifautonomie betroffen wird: Wie viel Freiraum für die tarifliche Lohnsetzung im jeweiligen Wirtschaftszweig übrig bleibt, hängt letztlich allein von der konkreten Mindestentgelthöhe ab. Wie weit die staatliche Lohnsetzungsbefugnis nach dem MiArbG tatsächlich geht und ob damit eine verfassungswidrige Aushöhlung der Tarifautonomie verbunden ist, kann jedoch nicht abschließend bereits auf der Eingriffsebene geklärt werden. Vielmehr bedarf es einerseits einer eingehenden Auslegung der Regelungen des MiArbG und andererseits einer Gesamtabwägung der betroffenen Interessen im Rahmen der Verhältnismäßigkeitsprüfung. Erst in diesem Rahmen kann festgestellt werden, ob und in welchem Maß die tarifliche Entgeltgestaltung tatsächlich durch die staatliche Festsetzung von Mindestarbeitsentgelten ausgehöhlt wird.

E. Kein Eingriff durch faktische Beeinträchtigungen des Verhandlungsgleichgewichts

Sobald der Gesetzgeber die Schutzaufgabe der Koalitionen wahrnimmt und - wie im Fall des MiArbG - Mindeststandards bestimmt, setzt er damit eine hohe Messlatte und erzwingt eine Erwartungshaltung an die Koalitionen, diesen Standard noch zu übertreffen.[134] Nach § 4 Abs. 4 S. 3 Nr. 1 MiArbG soll die Festsetzung von Mindestarbeitsentgelten für angemessene Arbeitsbedingungen sorgen. Wenn aber der Staat schon vorgibt, welches Entgelt angemessen sein soll, schmälert dies die Argumentationsbasis der Gewerkschaften: weshalb sollte der Arbeitgeber mehr als das Mindestarbeitsentgelt zahlen, wenn dieses offiziell als angemessen anerkannt wurde?[135] Nach der Festsetzung eines Mindestarbeitsentgelts könnte es den Gewerkschaften daher je nach dessen Höhe schwer fallen zu begründen, weshalb ein darüber liegendes Entgelt zu zahlen sein soll.[136]

133 Vgl. insoweit die Entscheidungen zu öffentlich-rechtlichen Arbeitnehmerkammern, BVerfGE 38, 281ff. und zur Festsetzung von Arbeitsentgelten durch Heimarbeitsausschüsse nach § 19 HAG, BVerfGE 34, 307ff.

134 Vgl. Dieterich, Tarifautonomie und Gesetzgebung, S. 20ff.

135 Ähnliche Bedenken auch bei Bietmann, Mindestlohn, S. 171; Fischer, ZRP 2007, 20, 21; Thüsing, ZfA 2008, 590, 611; ders. BB 2009, M1.

136 Hierauf weist auch Thüsing, ZfA 2008, 590, 611; ders., BB 2009, M1 hin; in diese Richtung auch: Weiss/Schmidt, NZA 2008, 18, 19.

Gleichzeitig ist aber auch eine „Verschiebung des Verhandlungsgleichgewichts zu Lasten der Arbeitgeberseite“ nicht auszuschließen.[137] Wollen die Gewerkschaften angesichts des Vorgesagten noch eine Rolle bei der Lohngestaltung im betreffenden Wirtschaftszweig spielen, bleibt ihnen nichts Anderes, als ihre Lohnforderung über dem gesetzlich vorgeschriebenen Niveau zu verorten.[138] Auf diese Weise wird das Mindestentgelt zur Basis künftiger Lohnerhöhungen.[139] Wenn der Gesetzgeber ein bestimmtes Entgelt schon als angemessenen Mindestsatz ansieht, dann verbleibt als legitimationsschaffende Aufgabe für die Gewerkschaften nur noch, dieses Niveau für ihre Mitglieder stetig nach oben zu korrigieren. Während vor der Festsetzung eines Mindestentgelts Lohnverhandlungen gewöhnlich mit einer konkreten Lohnforderung der Gewerkschaften beginnen und diese sodann in einer Kompromisslösung regelmäßig unterboten wird, ist mit der Schaffung eines gesetzlichen Mindestlohns eine fixe Schwelle gesetzt, welche die Tarifparteien nicht einmal einvernehmlich im Wege eines Kompromisses unterschreiten können. Der Mindesteinsatz im „Lohnpoker“ der Tarifverhandlungen liegt damit höher, als es ohne staatliche Festsetzung der Fall wäre.[140] Es ist damit dem Arbeitgeber von vornherein vorgegeben, was er unabhängig von einer tariflichen Einigung mindestens zu zahlen hat. Ohne eine solche Vorgabe wäre das Verhandlungsergebnis rechtlich allein durch die oben genannten mittelbaren Lohnuntergrenzen beschränkt.[141] Auf diese Weise können also Verhandlungsungleichgewichte zum Nachteil der Arbeitgeberseite entsehten.[142]

Fraglich ist aber, ob diese potentiellen Auswirkungen der Mindestentgeltfestsetzung auf künftige Tarifverhandlungen bereits ausreichen, um einen Eingriff in die Tarifautonomie anzunehmen. Zwar erkennt das Bundesverfassungsgericht grundsätzlich auch den Schutz des Verhandlungsgleichgewichts der Koalitionen an. Entsprechend sei eine Regelung mit Art. 9 Abs. 3 GG unvereinbar,

> „wenn sie dazu führt, daß die Verhandlungsfähigkeit einer Tarifvertragspartei bei Tarifauseinandersetzungen (…) nicht mehr gewahrt bleibt und ihre koalitionsmäßige

---

137 Vgl. Bayreuther, NJW 2009, 2006, 2007; allgemein für staatliche Mindestarbeitsbedingungen: Belling, Günstigkeitsprinzip, S. 165.

138 Vgl. auch Klebeck, Gleichstellung, S. 80ff.; Hümmerich/Holthausen/Welslau, NZA 2003, 7, 10; Kämmerer/Thüsing, Leiharbeit und Verfassungsrecht, S. 34ff.

139 Fischer, ZRP 2007, 20, 21.

140 Auch Bayreuther, NJW 2009, 2006, 2007, sowie Bietmann, Mindestlohn, S. 171 befürchten diesbezüglich eine Verschiebung des Verhandlungsgleichgewichts zu Lasten der Arbeitgeberseite.

141 Vgl. zu den mittelbaren Lohnuntergrenzen bereits oben unter § 2 B. I.

142 So im Ergebnis auch Bayreuther, NJW 2009, 2006, 2007.

Betätigung weitergehend beschränkt wird, als es zum Ausgleich der beiderseitigen Grundrechtspositionen erforderlich ist".[143]

Entscheidend sei, ob die eine Partei der anderen ihren Willen aufzwingen kann.[144] Insoweit verlange Art. 9 Abs. 3 GG weitgehend gleiche Verhandlungschancen der Tarifpartner.[145] Diese sind nach Auffassung des Bundesverfassungsgerichts dann nicht gegeben, wenn das Verhandlungsergebnis durch staatliche Regelungen bereits praktisch festgelegt wird.[146] Allerdings ist zu beachten, dass das Gericht für die Annahme einer eingriffsgleichen Störung des Verhandlungsgleichgewichts bzw. eines faktischen Eingriffs in Art. 9 Abs. 3GG hohe Anforderungen stellt: Nur wenn die faktische Gesetzeswirkung einem rechtlichen Hindernis gleichsteht, soll die Intensität der Beeinträchtigung hoch genug sein, um einen rechtfertigungsbedürftigen Zugriff des Staates auf den Schutzgehalt des Art. 9 Abs. 3 GG zu begründen.[147]

Zweifelhaft ist, ob die Mindestentgeltfestsetzung nach dem MiArbG eine solche Wirkung auf das Verhandlungsgleichgewicht der betroffenen Koalitionen hat.[148] Zum einen ist auch hier zu beachten, dass das MiArbG nicht den Abschluss niedriger dotierter Tarifverträge verbietet, sondern lediglich deren Geltungskraft teilweise entfallen lässt. Gewichtiger dürfte in diesem Zusammenhang jedoch sein, dass nach den oben genannten möglichen Auswirkungen auf die Verhandlungspositionen beider Seiten nicht zu erwarten ist, dass eine Seite so stark von der Mindestentgeltfestsetzung profitiert, dass sie in der Folge der anderen ihren Willen aufzwingen kann. Selbst wenn ein staatliches Mindestentgelt sehr hoch angesetzt würde, hätte dies nicht die Privilegierung einer Seite zur Folge, sondern vielmehr eine Beeinträchtigung der tarifvertraglichen Lohngestaltung insgesamt. Auch ein niedriges Mindestentgelt führte nicht unweigerlich dazu, dass das Verhandlungsergebnis eindeutig zugunsten einer Seite präjudiziert würde.[149] Vielmehr würde einerseits die Gewerkschaft weiterhin einigen Aufwand betreiben müssen, um höhere Lohnforderungen durchzusetzen. Andererseits sähe sich die Arbeitgeberseite mit einem höheren Ausgangswert für die

143 BVerfGE 92, 395.

144 BAG AP Art. 9 GG Arbeitskampf Nr. 43.

145 BAG AP Art. 9 GG Arbeitskampf Nr. 43.

146 BVerfGE 100, 271, 283; vgl. hierzu bereits oben unter C. III.

147 Ebenfalls bereits oben unter C. III.

148 Allgemein kritisch zur Annahme derartiger Eingriffe: Ulber, Tarifdispositives Gesetzesrecht, S. 299ff.

149 Dies gilt umso mehr, als es sich bei Tarifverträgen um komplexe Konstrukte handelt, bei denen einzelnen Regelungsgegenstände regelmäßig nur eine untergeordnete Rolle zukommt und insoweit erhebliche „Gestaltungspotenziale" für die Tarifparteien bestehen bleiben, vgl. dazu auch Ulber, Tarifdispositives Gesetzesrecht, S. 304.

Tarifverhandlungen konfrontiert. Im Ergebnis dürfte damit das Verhandlungsgleichgewicht nicht so spürbar beeinflusst werden, dass dies bereits für die Annahme eines Grundrechtseingriffs genügt. Eine einseitige Übermachtstellung einer der Tarifvertragsparteien ist kaum zu befürchten.

F. Kein Eingriff in die Bestandsgarantie durch Verminderung der Koalitionsattraktivität

Ebenso wenig wird für die im Schrifttum geäußerte Befürchtung, die Festsetzung eines staatlichen Mindestentgelts werde im Ergebnis die Bereitschaft zur kollektiven Interessenwahrnehmung und damit insbesondere zum Gewerkschaftsbeitritt verringern, eine eingriffsgleiche Wirkung beizumessen sein.[150] Die in diese Richtung zielenden Bedenken liegen darin begründet, dass die Arbeitnehmer keinen Anlass hätten, „die Nachteile" einer Gewerkschaftsmitgliedschaft „in Kauf zu nehmen", wenn sie den maßgeblichen Vorteil – also einen angemessenen Arbeitslohn – bereits aufgrund staatlicher Intervention erlangen.[151] Hierin sei ein Eingriff in den von Art. 9 Abs. 3 GG ebenfalls geschützten Bestand der einzelnen Koalition zu sehen.

Auch hier muss aber die Rechtsprechung des Bundesverfassungsgerichts beachtet werden, wonach ein faktischer Eingriff in seiner Wirkung grundsätzlich einem rechtlichen Hindernis gleichen muss.[152] In Bezug auf die parallele Fragestellung im Zusammenhang mit § 1 Abs. 3a AEntG a.F. wurde im Schrifttum vertreten, es fehle an einem faktischen Eingriff, wenn die beeinträchtigende Wirkung nicht zweifelsfrei zu bestimmen ist, die Folgen des staatlichen Handelns für die grundgesetzliche verbürgte Freiheit also zu unbestimmt zu bemessen sind.[153] Entsprechend sei ein Eingriff noch nicht einmal gegeben, soweit sich aus der Tarifnormerstreckung nach dem AEntG auf Außenseiter eine gewisse „Vorfeldwirkung" ergibt und diese möglicherweise das Verhandlungsergebnis der Tarifparteien beeinflusst.[154] Zwar wird in der Literatur durchaus anerkannt, dass auch durch solche präjudizierenden Auswirkungen auf Tarifverhandlungen

150 Vgl. Büdenbender, RdA 2000, 193, 203ff.; Dieterich, Tarifautonomie und Gesetzgebung, S. 20; Klebeck, Gleichstellung, S. 75ff.; Rieble/Klebeck, ZIP 2006, 829, 831; Thüsing, ZfA 2008, 590, 611; allgemein zur Wirkung staatlicher Mindestarbeitsbedingungen auf die Gewerkschaftsattraktivität: Gamillscheg, Kollektives Arbeitsrecht, I, S. 698.

151 Vgl. Büdenbender, RdA 2000, 193, 204.

152 BVerfGE 44, 322, 353.

153 So lehnt etwa Büdenbender, RdA 2000, 193, 203ff.

154 Büdenbender, RdA 2000, 193, 203ff.

die Tarifautonomie beeinflusst wird.[155] Allerdings seien die hierin liegenden faktischen Auswirkungen auf die Koalitionsfreiheit „zu unbestimmt“, um einen Eingriff in Art. 9 Abs. 3 GG zu bejahen.[156]

Ebenso dürfte dies im Fall des MiArbG zu beurteilen sein. Dass die Festsetzung eines Mindestentgelts einem rechtlichen Hindernis zum Gewerkschaftsbeitritt gleichkommen soll, erscheint fragwürdig. Die Wirkung eines staatlichen Entgelts für die Motivation zum Gewerkschaftsbeitritt dürfte allenfalls „marginal“ wirken.[157] Dies wird umso mehr anzunehmen sein, als es sich bei den im Anwendungsbereich des MiArbG liegenden Wirtschaftszweigen vornehmlich um solche handeln dürfte, in denen von vornherein der Organisationsgrad auch bereits ohne die Festsetzung von Mindestarbeitsentgelten eher gering ist. Im Ergebnis wird daher der mögliche negative Einfluss auf die Bereitschaft zum Gewerkschaftsbeitritt nicht ausreichen, um bei isolierter Betrachtung einen Eingriff anzunehmen. Wohl aber ist es denkbar, dass dieser Aspekt die bereits oben dargelegten Eingriffswirkungen noch verstärkt und insoweit im Rahmen der Verhältnismäßigkeitsprüfung weitere Berücksichtigung findet.

G. Zusammenfassung

Die Festsetzung von Mindestarbeitsentgelten nach dem MiArbG schränkt die Tarifautonomie stets dann ein, wenn dadurch bestehende Tarifvertragsregelungen in ihrer Geltung verdrängt werden. Ebenso ist von einem faktischen Grundrechtseingriff durch Ausschluss künftiger Tarifvertragsregelungen mit ungünstigeren Entgeltbestimmungen auszugehen. Grundrechtsbeeinträchtigende Wirkung hat das MiArbG auch deshalb, weil ein Abweichen der Tarifparteien von dem festgesetzten Mindestarbeitsentgelt zum Zweck der Beschäftigungssicherung grundsätzlich nicht zugelassen wird. Kein Eingriff ist dagegen anzunehmen, soweit das ebenfalls durch Art. 9 Abs. 3 GG geschützte Verhandlungsgleichgewicht der Koalitionen betroffen wird. Dieses wird durch die Festsetzung einer Lohnuntergrenze nicht so deutlich zugunsten einer Seite verschoben, dass darin bereits ein faktischer Eingriff gesehen werden kann. Auch der mit der Festsetzung von Mindestentgelten potentiell verbundene Attraktivitätsverlust der Koalitionen dürfte nicht hinreichende Ausmaße erreichen, um einen faktischen Eingriff in die Tarifautonomie zu bejahen.

---

155 Andelewski, Staatliche Mindestarbeitsbedingungen, S. 52; Belling, Günstigkeitsprinzip, S. 165; Kempen, ArbuR 1996, 336, 342; Nipperdey, ArbR II/1, S. 389ff.; anders aber Coester, Vorrangprinzip, S. 95.

156 Büdenbender, RdA 2000, 193, 203ff.; Ulber, Tarifdispositives Gesetzesrecht, S. 296ff.

157 Vgl. Büdenbender, RdA 2000, 193, 204.

§ 5 Verfassungsrechtliche Rechtfertigung

A. Schranken der Tarifautonomie

Den Koalitionen steht - wie bereits dargestellt - eine eigene Regelungsmacht bezüglich der Wahrung und Förderung der Arbeits- und Wirtschaftsbedingungen zu.[1] Diese beinhaltet die Anerkennung der unmittelbaren und zwingenden Wirkung von Tarifvertragsnormen.[2] Dabei kann hier unberücksichtigt bleiben, ob diese Befugnis als originär aus Art. 9 Abs. 3 GG folgende, dem Art. 1 Abs. 3 GG unterfallende, staatsgleiche Normsetzung zu sehen ist, oder aber lediglich als abgeleitete und durch § 1 Abs. 1 TVG normierte Regelungsmacht.[3]

Der tariflichen Regelungsmacht steht die Gesetzgebungskompetenz des Staates aus Art. 74 Abs. 1 Nr. 12 GG gegenüber. Die Problematik der Regelungsbefugnisse des Gesetzgebers ist also im Zusammenhang mit der Tarifautonomie untrennbar mit den Normsetzungsbefugnissen der Tarifvertragsparteien verknüpft. Diese Sonderstellung der Koalitionen im Rechtssystem hat zur Folge, dass jedes staatliche Gesetz, welches die Regelung von Arbeitsbedingungen zum Gegenstand hat, unweigerlich den Regelungsbereich der Sozialpartner berührt. Für die sich aus dieser Überschneidung ergebenden Konkurrenzprobleme gibt das Grundgesetz keine ausdrückliche Lösung vor. Lediglich zwei Koordinaten stehen fest: Zum einen ist dies die in Art. 74 Abs. 1 Nr. 12 GG verankerte Gesetzgebungskompetenz des staatlichen Gesetzgebers, zum anderen die Normsetzungsbefugnis der Tarifvertragsparteien. Zur Lösung dieses Konflikts bestehen in der rechtswissenschaftlichen Literatur vielfach unterschiedliche Ansätze, deren Erörterung im Einzelnen den Rahmen dieser Arbeit sprengen würde und zudem nur wenig praktischen Nutzen für die hier zu lösenden Fragen hätte.[4] Im

---

1 Vgl. Dazu bereits oben unter § 2 A. I. 2.

2 § 2 A. I. 2.

3 § 2 A. I. 2.

4 Zu nennen sind zunächst das insbesondere von Wlotzke, Günstigkeitsprinzip, S. 14 vertretene Günstigkeitsprinzip, sowie das von Gamillscheg, Kollektives Arbeitsrecht, I, S. 289ff., Küchenhoff, RdA 1959, 201, 202ff. und Söllner, ArbuR 1966, 257, 258 bevorzugte Subsidiaritätsprinzip. Ferner finden sich etwa die von Coester, Vorrangprinzip, S. 83ff. und Friauf, RdA 1986, 188, 191 entwickelten Stufenmodelle, bzw. die von Fratzky, Gesetzgebungskompetenz, S. 187ff. aufgestellten „Ringzonen", weiterhin die von Wank, Anm. zu BVerfG vom 10.01.1995, AP Nr. 76 zu Art. 9 GG und Kamanabrou, RdA 1997, 22, 33 vorgeschlagene Reduzierung auf einen einfachen Gesetzesvorbehalt für den Bereich der Koalitionsbetätigungsfreiheit und ferner die von Henssler, ZfA 2008, 1, 17ff. befürwortete Reduzierung auf das Übermaßverbot für die Festsetzung von Mindestarbeitsbedingungen durch einseitig zwingende Gesetze; krit.

Grundsatz besteht aber weitgehend Einigkeit darüber, dass zumindest für den staatlichen Zugriff auf den Arbeitslohn als Kernmaterie der Tarifautonomie ausschließlich die Rechtfertigung durch Grundrechte Dritter oder anderen mit Verfassungsrang ausgestatteten Interessen in Frage kommt.[5]

Auch die Rechtsprechung des Bundesverfassungsgerichts weist grundsätzlich in diese Richtung: Noch auf dem Boden der Kernbereichsrechtsprechung hatte das Bundesverfassungsgericht entschieden, dem Betätigungsrecht der Koalitionen dürften

> „nur solche Schranken gezogen werden, die zum Schutz anderer Rechtsgüter von der Sache her geboten sind. Regelungen, die nicht in dieser Weise gerechtfertigt sind, tasten den durch Art. 9 Abs. 3 GG geschützten Kerngehalt der Koalitionsbetätigung an“.[6]

Nach Aufgabe der Kernbereichsrechtsprechung sind die bisher hierzu ergangenen Entscheidungen vor allem durch ein weites Schutzbereichsverständnis geprägt.[7] Zu dessen Grenzen finden sich indes nur vage Ausführungen. Gleiches gilt auf der Schrankenebene. Hierzu hat das Bundesverfassungsgericht in seiner Entscheidung vom 24.04.1996 ausgeführt, eine gesetzliche Regelung komme

> „in dem Bereich, der auch Tarifverträgen offensteht, (...) jedenfalls dann in Betracht, wenn der Gesetzgeber sich dabei auf Grundrechte Dritter oder andere mit Verfassungsrang ausgestattete Rechte stützen kann und den Grundsatz der Verhältnismäßigkeit wahrt.“[8]

Ob sich das Gericht damit („jedenfalls“) eine Hintertür für eine Eingriffslegitimierung abseits der verfassungsrechtlich anerkannten Güter offen halten wollte, ist bis heute nicht geklärt. Zumindest aber lässt sich erkennen, dass das Gericht nunmehr offenbar die herkömmliche Dogmatik zur Einschränkbarkeit vorbehaltlos garantierter Grundrechte angewandt wissen will. Demnach ist für die Ein-

---

zur Annahme eines ungeschriebenen Gesetzesvorbehalts für die kollektive Koalitionsbetätigungsfreiheit: Oetker, ZG 1998, 155, 163.

5 So im Ergebnis auch Dreier/Bauer, GG I, Art. 9, Rn. 94ff.; Butzer, RdA 1994, 375, 381; Däubler/Däubler, TVG, Einl. Rn. 132ff.; Sachs/Höfling, GK, Art. 9, Rn. 129; Kempen, ArbuR 1996, 336, 340ff.; Jarass, NZA 1990, 505, 507; Oppolzer/Zachert, BB 1993, 1353, 1355; Rüfner, RdA 1997, 130, 132; Scholz, RdA 2001, 193, 195; Stein, ArbuR 1998, 1, 3ff.; Steiner, in: FS Schwerdtner, 2003, 355, 360; Zachert, NZA 1994, 529, 533.

6 BVerfGE 50, 290, 369.

7 Vgl. BVerfGE 93, 352, 358; BVerfGE 94, 268, 283; vgl. zu einem weiten Verständnis des Schutzbereichs auch: Oetker, ZG 1998, 155, 161; Preis/Greiner, ZfA 2009, 825, 834.

8 BVerfGE 94, 268, 284.

griffsrechtfertigung eine Prüfung im Wege der praktischen Konkordanz[9] anzustellen, um den schonenden Ausgleich zwischen den betroffenen Verfassungsgütern herzustellen.[10] Im Ergebnis ist damit für die Verfassungsmäßigkeit des MiArbG entscheidend, welche Ziele der Gesetzgeber mit diesem Gesetz verfolgt und ob diesen Zielen Verfassungsrang zukommt. Nur dann können diese auch heran gezogen werden, um die mit dem Gesetz verbundenen Eingriffe in die Tarifautonomie zu rechtfertigen.

Die mit dem MiArbG verbundenen gesetzgeberischen Zielvorstellungen auszuloten, fällt nicht schwer: Diese liefert der Gesetzgeber in seiner Begründung gleich mit und hat sie zudem mit § 4 Abs. 4 S. 3 Nr. 1 bis 3 MiArbG in Gesetzesform gegossen. Das MiArbG dient danach:

- Der Schaffung angemessener Arbeitsbedingungen,[11] sowie
- der finanziellen Stabilität des Systems der sozialen Sicherung.[12]

Im folgenden Abschnitt ist zu untersuchen, inwieweit die genannten Ziele tauglich sind, als kollidierendes Verfassungsrecht zur Rechtfertigung der oben benannten Grundrechtseingriffe[13] herangezogen zu werden. Dabei gilt es zudem, einen genauen Blick auf die im MiArbG verwendeten Begrifflichkeiten zu werfen und deren Bedeutungsgehalt im jeweiligen Zusammenhang näher zu beleuchten.

B. Gesetzesziel: Schaffung angemessener Arbeitsbedingungen

Als erstes Gesetzesziel soll das Anliegen, angemessene Arbeitsbedingungen zu schaffen, untersucht werden. Dabei ergeben sich auf den ersten Blick verschiedene Deutungsmöglichkeiten. Zunächst lässt der Begriff der *Arbeitsbedingungen* nicht recht erkennen, welche Umstände der abhängig geleisteten Arbeit genau

---

9 Vgl. grundlegend zu diesem Instrument zum Ausgleich kollidierender Verfassungspositionen: Hesse, Verfassungsrecht, Rn. 72, 318.

10 In derselben Entscheidung führt das Gericht aus, es könne offen bleiben, ob auch der Schutz sonstiger Rechtsgüter – also solche ohne Verfassungsrang – zur Rechtfertigung von Eingriffen in die Tarifautonomie ausreichen kann, BVerfGE 94, 268, 284; so auch bereits in BVerfGE 84, 212, 228. Diese Aussage lässt vermuten, dass das letzte Wort des Bundesverfassungsgerichts zur Beschränkbarkeit der Tarifautonomie noch nicht gesprochen ist. Letztlich ist aber zu bedenken, dass es kaum einen Belang gibt, der sich nicht auf einen grundgesetzlich verankerten Schutz stützen ließe, vgl. Epping/Hillgruber/Cornils, GG, Art. 9, Rn. 87.

11 BT-Drucks. 16/10485, S. 11, Nr. 6, lit. c.

12 BT-Drucks. 16/10485, S. 11, Nr. 6, lit. c.

13 Vgl. dazu § 4.

gemeint sein sollen. Es liegt hier jedoch nahe, insbesondere auf das Arbeitsentgelt abzustellen, da das MiArbG gerade im Kontext mit dem AEntG steht und zusammen mit diesem die Befugnis zur Festsetzung staatlicher Mindestentgelte zum Gegenstand hat.[14] Lässt sich also vermuten, dass es bei der Schaffung angemessener Arbeitsbedingungen vorrangig um das Arbeitsentgelt gehen soll, stellt sich weiter die Frage, was unter *angemessenen* Arbeitsentgelten zu verstehen ist. Auf die genaue Bestimmung dieser Begrifflichkeiten wird es im Folgenden wesentlich ankommen. Insbesondere stellt sich die Frage, ob der Gesetzgeber mit dem MiArbG lediglich - wie im Schrifttum teilweise vertreten [15] - die Befugnis zur Festsetzung existenzsichernder Mindestentgelte normieren wollte. In diesem Zusammenhang ist zunächst zu klären, inwieweit dem Ziel der Existenzsicherung durch die Vorgabe von Mindestarbeitsentgelten überhaupt Verfassungsrang zukommt. Sodann ist im Wege einer eingehenden Gesetzesauslegung zu prüfen, ob den Normen des MiArbG eine Begrenzung auf die Festsetzung existenzsichernder Entgelte zu entnehmen ist. Denn nur, wenn das MiArbG überhaupt diesem Ziel dient, kann sich der Gesetzgeber dessen Verfassungsrang zur Rechtfertigung der Eingriffe in die Tarifautonomie zu Nutze machen. In einem weiteren Prüfungsschritt soll dann untersucht werden, ob der Staat möglicherweise auch ein Mandat zur Festsetzung angemessener Mindestarbeitsentgelte für sich beanspruchen kann und welche Auswirkungen dies auf die Verfassungsmäßigkeit des MiArbG hätte.

I. Festsetzung existenzsichernder Mindestarbeitsentgelte als Eingriffslegitimation

1. Verfassungsrechtliche Einordnung

Es entspricht allgemeiner Ansicht, dass den Staat eine Pflicht zur Schaffung der Mindestvoraussetzungen für ein menschenwürdiges Dasein trifft.[16] Diese folgt aus der Menschenwürdegarantie einerseits und dem Sozialstaatsprinzip anderer-

---

14 Willemsen/Sagan, NZA 2008, 1216, 1222.

15 ErfK/Franzen, § 8 MiArbG, Rn. 3; Klumpp/Rieble, MHbArbR II, § 179, Rn. 2.

16 Vgl. BVerfGE 82, 60, 85; vgl. auch Thüsing/Bayreuther, AEntG-Komm., § 8 MiArbG, Rn. 50; Bietmann, Mindestlohn, S. 130; Butzer, RdA 1994, 375, 381; Bieback/Kocher, in: Bieback/Dieterich/Hanau/Kocher/Schäfer, Tarifgestützte Mindestlöhne, S. 47; Fischer, ZRP 2007, 20, 21ff.; Hopfner, Gesetzgebung und Tarifautonomie, S. 315; Neumann, RdA 2007, 71, 72; Stein, ArbuR 1998, 1, 7; Wlotzke, RdA 1963,44, 50.

seits.[17] Vom Bundesverfassungsgericht werden solche Schutzpflichten immer dann angenommen,

> „wenn eine Grundrechtsposition den Interessen des anderen Vertragspartners in einer Weise untergeordnet wird, dass in Anbetracht der Bedeutung und Tragweite des betroffenen Grundrechts von einem angemessenen Ausgleich nicht mehr gesprochen werden kann.“[18]

Insbesondere dort, wo durch tarifvertragliche Regelungen existenzsichernde Entgelte nicht gewährleistet werden, kann sich der Staat nicht länger in Zurückhaltung üben, sondern ist zum Tätigwerden verpflichtet.[19] Andererseits lässt sich aus dem Grundgesetz keine Pflicht zur Vornahme einer bestimmten gesetzgeberischen Handlung herleiten[20], insbesondere ergibt sich hieraus sicherlich nicht die explizite Pflicht zur Einführung staatlicher Mindestlöhne.[21] Mit den Worten *Höflings* lässt sich vielmehr sagen, Art. 1 Abs. 1 GG gebe „das Ziel“ vor, „nicht aber den genauen Weg“.[22] Dieses Ziel besteht darin, den Anspruch des Einzelnen auf das materielle Existenzminimum zu erfüllen.[23] Es besteht hiernach allein eine Pflicht des Staates, für existenzsichernde Bedingungen zu sorgen. Diese wird überwiegend aus der leistungsrechtlichen Dimension des Art. 1 Abs. 1 GG in Gestalt eines sozialen Teilhabeanspruchs gefolgert.[24] Insbesondere kann sich der Staat auf diese Schutzpflicht berufen, wenn es um die „menschenwürdige Ordnung der Privatrechtsbeziehungen“ geht.[25] Zudem ist in diesem Zusammenhang das Sozialstaatsprinzip als „Auftrags- und Legitimationsnorm zu sozialgestaltender und leistender“ Gesetzgebung heranzuziehen.[26] In diesem Zusammenhang muss daher davon ausgegangen werden, dass der Staat es angesichts dieses

---

17 Vgl. BVerfGE 82, 60, 85; so auch Henssler, ZfA 1998, 1, 18; Sittard, Tarifnormerstreckung, S. 453; Sodan/Zimmermann, ZfA 2008, 526, 548; dies., NJW 2009, 2001, 2003.

18 BVerfGE 97, 169, 167; BVerfGE 81, 242, 255; BVerfGE 89, 214, 232.

19 Vgl. Bieback, RdA 2000, 207, 210.

20 Vgl. BVerfGE 43, 13, 19; BVerfGE 82, 60, 80; vgl. auch Burkiczak, Grundgesetz und Deregulierung des Tarifvertragssystems, S. 250ff.

21 Ebenso auch Caspers in seiner Stellungnahme zum RegE, Ausschussdrucks. 16(11)1117, S. 40; in diese Richtung auch Andelewski, Staatliche Mindestarbeitsbedingungen, S. 69ff.; Bieback/Kocher, in: Bieback/Dieterich/Hanau/Kocher/Schäfer, Tarifgestützte Mindestlöhne, S. 47; Bietmann, Mindestlohn, S. 130; Obermayer, RdA 1979, 8, 15.

22 Sachs/Höfling, GK, Art. 1, Rn. 49.

23 Sachs/Höfling, GK, Art. 1, Rn. 31.

24 Sachs/Höfling, GK, Art. 1, Rn. 48.

25 Sachs/Höfling, GK, Art. 1, Rn. 48.

26 BVerfGE 1, 97, 105; Butzer, RdA 1994, 375, 382.

Schutzauftrags nicht dulden muss, wenn in einzelnen Wirtschaftszweigen Arbeitslöhne gezahlt werden, die das Existenzminimum unterschreiten und deshalb nicht zur Absicherung des Arbeitnehmers ausreichen. Insoweit geht auch der weit überwiegende Teil der Lehre davon aus, dass sich der Staat für die Rechtfertigung eines Eingriffs auf das Sozialstaatsprinzip berufen kann.[27] Der Gesetzgeber kann sich deshalb grundsätzlich auf diesen Schutzauftrag als Rechtfertigung für die Einführung einer gesetzlichen Entgeltuntergrenze stützen, wenn diese dazu dient, das Existenzminimum der Arbeitnehmer zu sichern.[28] Grundsätzlich kommt damit auch die Legitimierung des MiArbG mit diesem Ziel in Betracht.

2. Auslegung des MiArbG: Beschränkung auf existenzsichernde Arbeitsentgelte?

Die Befugnis des Staates, existenzsichernde Bedingungen zu schaffen, kann nur soweit zur Rechtfertigung des mit dem MiArbG verbundenen Eingriffs in die Tarifautonomie herangezogen werden, wie dieses Gesetz der Umsetzung dieses Ziels dient. Auf den Schutzauftrag aus Art. 1 Abs. 1 GG und dem Sozialstaatsprinzip kann sich der Gesetzgeber daher dann nicht berufen, wenn mit dem MiArbG auch die Festsetzung von Mindestarbeitsbedingungen oberhalb des Existenzminimums ermöglicht wird.[29] Im folgenden Abschnitt soll das MiArbG daher einer detaillierten Auslegung zugeführt werden, um zu ermitteln, ob das MiArbG eine Beschränkung auf die Festsetzung existenzsichernder Mindestarbeitsentgelte enthält. Insbesondere sind dabei die in diesem Gesetz verwendeten unbestimmten Rechtsbegriffe von Bedeutung.

a) Mindestarbeitsentgelt

Der vor die Klammer gezogene Begriff des MiArbG für dessen Regelungsgegenstand ist der des Mindestarbeitsentgelts. Dieser Begriff findet sich schon in der Überschrift des ersten Abschnitts, sowie in § 1 Abs. 2 MiArbG und darüber

---

27 Bietmann, Mindestlohn, S. 130; Butzer, RdA 1994, 375, 379; Coester, Vorrangprinzip, S. 84; Gamillscheg, Kollektives Arbeitsrecht, I, S. 136, 300; Nipperdey, ArbR II/1, S. 371, 391; Oppolzer/Zachert, BB 1993, 1353ff.; Reuss, ArbuR 1958, 321ff., 326; Stein, ArbuR 1998, 1, 3ff., jeweils m.w.N.

28 Ebenso Fischer, ZRP 2007, 20, 21ff.; Sittard, Tarifnormerstreckung, S. 452ff.; Sodan/Zimmermann, ZfA 2008, 526, 548; dies., NJW 2009, 2001, 2003; allgemein für die Festsetzung von Mindestarbeitsbedingungen auch: Reuss, ArbuR 1958, 321ff., 326; Säcker, Grundprobleme, S. 51; Wolf, ZfA 1971, 151, 159.

29 So auch Bieback, RdA 2000, 207, 210; Fischer, ZRP 2007, 20, 21ff.; Sodan/Zimmermann, ZfA 2008, 527, 548; dies. NJW 2009, 2001, 2003; Thüsing, ZfA 2008, 590.

hinaus im weiteren Gesetzestext. Der Begriff des Entgelts umfasst als Gegenwert für die geleistete Arbeit grundsätzlich alle Gegenleistungen des Arbeitgebers.[30] Inhaltlich kommt damit zunächst jede denkbare vermögenswerte Leistung des Arbeitgebers in Betracht.[31] Allein maßgeblich dürfte im hiesigen Zusammenhang jedoch die Geldleistung des Arbeitgebers sein, da es dem Gesetzgeber bei Schaffung des MiArbG offenkundig darauf ankam, die finanzielle Situation des Arbeitnehmers durch Gewährung eines entsprechenden Mindesteinkommens zu sichern. Zwar gehören neben dem laufenden Grundentgelt auch freiwillige Leistungen des Arbeitgebers zum Arbeitsentgelt.[32] Dass aber eine Regelung auch solcher Zuschläge durch dieses Gesetz erfolgen sollte, erscheint fernliegend. Maßgebliches Anliegen des Gesetzgebers wird vielmehr allein die Bestimmung eines Mindestgrundlohns bezogen auf das regelmäßig gezahlte Grundentgelt sein.[33]

Ob allerdings allein der Begriff des Mindestarbeitsentgelts gleichzeitig eine Beschränkung auf existenzsichernde Entgelte beinhaltet, erscheint fraglich. Allein nach dem Wortlaut ist hier eine Deutung in Richtung auf existenzsichernde Löhne zwar durchaus möglich. Die Formulierung „Mindest"arbeitsentgelt kann dahingehend verstanden werden, dass die Festsetzung solcher Löhne erfolgen soll, die einem Arbeitnehmer *mindestens* zur Verfügung stehen müssen, um dessen Existenz zu sichern. Gleichwohl gibt das Gesetz keinen Hinweis darauf, an welchem konkreten Maßstab das Mindestmaß eines Mindestentgelts zu bestimmen sein soll. Ob also der Gesetzgeber durch die Regelungen des MiArbG das soziokulturelle Existenzminimum umsetzen wollte, oder ob er sich vorbehält, eigene Angemessenheitserwägungen anzustellen, kann zumindest nicht allein daran festgemacht werden, dass es sich bei den festzusetzenden Entgelten um „Mindest"arbeitsentgelte handeln soll.

b) „Soziale Verwerfungen"

Entscheidend für das „ob" und „wie" des festzusetzenden Mindestarbeitsentgelts ist das Vorliegen der jeweiligen Erlassvoraussetzungen auf den einzelnen Stufen des Festsetzungsverfahrens.[34] Grundvoraussetzung für dessen Einleitung ist zunächst eine Feststellung des Hauptausschusses über das Vorliegen „sozialer Verwerfungen".[35] Schon ein erster Blick auf diesen Begriff legt nahe, dass damit nicht jeder beliebige Wirtschaftszweig mit Mindestentgelten versehen werden

---

30 Hanau, MHbArbR I, § 62, Rn. 1.

31 Vgl. Aufzählung bei Hanau, MHbArbR I, § 62, Rn. 6.

32 Thüsing/Pelzner, AEntG-Komm., § 4 MiArbG, Rn. 23.

33 Thüsing/Pelzner, AEntG-Komm., § 4 MiArbG, Rn. 23.

34 Vgl. ausführlich zu dem dreistufigen Verfahren oben unter § 3.

35 Vgl. § 3 A. I. 1.

kann, sondern qualifizierte Anforderungen an dessen soziale und ökonomische Bedingungen zu stellen sind. Ob dies aber gleichzeitig den Boden für eine Beschränkung auf existenzsichernde Mindestentgelte bereitet, ist fraglich.

aa) Inhaltsbestimmung

(1) Wortlautauslegung

Bei dem Begriff der sozialen Verwerfungen handelt es sich um einen unbestimmten Rechtsbegriff mit besonders unscharfen Konturen. Soweit ersichtlich, findet dieser Begriff in der Gesetzgebung bisher keine Verwendung.[36] Bei der Formulierung „soziale Verwerfungen" handelt es sich um einen Doppelbegriff. Zu erkennen ist dabei zunächst, dass es nicht um wirtschaftliche oder rein auf arbeitsrechtliche Bedingungen bezogene Verwerfungen geht, sondern um soziale. Synonym ließe sich vom Wortstamm ausgehend wohl die Übersetzung mit „gesellschaftlichen" Verwerfungen vertreten. Als häufigste signifikante Kookkurrenzen zu dem Wort „sozial" führt die Internetpräsenz „Wortschatz" der Universität Leipzig[37] Wörter des Wortstammes „schwach", sowie den Begriff „ungerecht" an.[38] Entsprechend wird der auf Arbeitsentgelte bezogene Begriff der sozialen Verwerfungen vor allem mit Fokus auf die Folge der jeweils geltenden Arbeitsentgelte für die betroffenen Arbeitnehmer verstanden werden müssen. Sind die gezahlten Entgelte Ausprägung einer besonderen Schwächung der Arbeitnehmer, oder führen sie zu besonders ungerechten gesellschaftlichen Verhältnissen, werden soziale Verwerfungen anzunehmen sein.

Zu ebendiesem Schluss gelangt man auch bei der Untersuchung des Wortsinns des zweiten Teilbegriffs, namentlich dem der „Verwerfungen". Dieser Begriff ist in anderem Zusammenhang vor allem aus dem geologischen Bereich geläufig und beschreibt dort Veränderungen der Erdoberfläche aufgrund tektonischer Gegebenheiten.[39] Dies allein kann wohl allerdings noch keinen näheren Aufschluss über die Bedeutung dieses Begriffes im hier entscheidenden Zusammenhang geben. Zumindest als begrenzt hilfreicher erweist sich stattdessen ein Blick auf verwendbare Synonyme. Insbesondere bieten sich hier die Begriffe des Bruchs, des Spalts oder des Risses an.[40]

---

36 Vgl. ErfK/Franzen, § 3 MiArbG, Rn. 3; Thüsing/Joussen, AEntG-Komm., § 3 MiArbG, Rn. 12 weist insoweit die Verwendung in Präambeln zu Tarifverträgen nach.

37 Zu finden unter: http://wortschatz.uni-leipzig.de/.

38 Vgl. Wortschatz-Projekt der Universität Leipzig unter http://wortschatz.uni-leipzig.de mit dem Suchwort „sozial".

39 Auch ErfK/Franzen, § 3 MiArbG, Rn. 3 führt eine entsprechende Definition aus dem geologischen Zusammenhang an, ohne allerdings näher darauf einzugehen.

40 Vgl. Wortschatz-Projekt der Universität Leipzig unter http://wortschatz.uni-leipzig.de mit dem Suchwort „Verwerfung".

Nach dem Wortsinn handelt es sich bei dem Begriff der sozialen Verwerfungen also um Brüche bzw. Risse in Bezug auf die gesellschaftlichen Gegebenheiten im jeweiligen Wirtschaftszweig. Von einem solchen Riss dürfte mit Rücksicht auf die arbeitsrechtliche Seite vor allem dann auszugehen sein, wenn die jeweils gezahlten Arbeitsentgelte dazu führen, dass zwischen den Betroffenen und anderen Arbeitnehmern in vergleichbaren, allerdings besser bezahlten, Arbeitsverhältnissen deutliche Unterschiede bestehen, sodass hier tatsächlich von einem Bruch, also einer klaren Trennlinie gesprochen werden kann. Ebenso werden soziale Verwerfungen gegeben sein, wenn die betroffenen Arbeitnehmer aufgrund besonders geringer Löhne den Anschluss an einen vergleichbaren gesellschaftlichen Kreis verlieren, es hier also zu einem Bruch kommt. Regelmäßig wird dies anzunehmen sein, wenn im konkreten Fall die Schwelle der Existenzsicherung unterschritten ist. Andererseits ist nicht auszuschließen, dass sich solche sozialen Trennlinien auch im Zusammenhang mit Lohnunterschieden oberhalb des Existenzminimums ergeben können.[41] Im Ergebnis kann dem Wortlaut des § 3 Abs. 1 S. 1 MiArbG eine Begrenzung auf existenzsichernde Mindestarbeitsentgelte daher nicht entnommen werden.[42]

(2) Systematische Auslegung

Bereits im noch jungen Schrifttum zum MiArbG ist umstritten, ob sich für die Inhaltsbestimmung des Begriffs der sozialen Verwerfungen systematische Verknüpfungen insbesondere zu § 5 Abs. 1 S. 2 TVG herstellen lassen. Im Wesentlichen haben sich hierzu drei Ansichten herausgebildet:

(a) Parallele zum sozialen Notstand i.S.d. § 5 Abs. 1 S. 2 TVG?

Terminologische Ähnlichkeit hat der Begriff der sozialen Verwerfungen zu dem des „sozialen Notstands“ in § 5 Abs. 1 TVG. Im Schrifttum wird daher teilweise dafür plädiert, soziale Verwerfungen dann anzunehmen, wenn in dem jeweiligen Wirtschaftszweig das Arbeitsentgelt des einzelnen Arbeitnehmers nicht mehr

---

41 Bereits in seiner Stellungnahme zum Regierungsentwurf wies auch der DAV entsprechend darauf hin, dass für die Annahme sozialer Verwerfungen mangels gesetzlicher Präzisierung grundsätzlich „jede Art von Lohngefälle“ ausreichend sein könne, vgl. Ausschussdrucks. 16(11)1117, S. 51; ähnlich auch Willemsen/Sagan, NZA 2008, 1216, 1221.

42 Deshalb kann Joussen, in Thüsing, AEntG-Komm., § 3 MiArbG, Rn. 15 auch nur im Grundsatz zugestimmt werden, wenn dieser davon ausgeht, soziale Verwerfungen würden regelmäßig dann nicht vorliegen, wenn existenzsichernde Bedingungen bereits durch Arbeits- oder Tarifvertrag vorgegeben werden. Ausnahmsweise kann dies, wie gezeigt, eben auch der Fall sein, obwohl das Existenzminimum überschritten wird.

ausreicht, um ihm ein „existenzsicherndes Einkommen zu garantieren“.[43] Insofern wird dieser Begriff mit dem des sozialen Notstands i.S. von § 5 Abs. 1 S. 2 TVG gleichgesetzt.[44] Dies sei sachgerecht, da das MiArbG und die Allgemeinverbindlicherklärung nach dem TVG dieselbe Zwecksetzung verfolgten.[45]

(b) Soziale Verwerfungen aufgrund beliebiger Lohnunterschiede im Wirtschaftszweig?

Dagegen führen insbesondere *Willemsen/Sagan* an, der Begriff der sozialen Verwerfungen sei als „wesensverschiedenes aliud“ zum Begriff des sozialen Notstands zu sehen.[46] Stattdessen sei es für die Annahme sozialer Verwerfungen u.U. schon ausreichend, wenn eine Differenz der „Durchschnittslöhne von tarifgebundenen und tariffreien Arbeitnehmern“ besteht.[47] Soziale Verwerfungen könnten deshalb auch schon aufgrund hoher Lohnunterschiede im selben Wirtschaftszweig angenommen werden.[48]

(c) Regelungszusammenhang zu § 4 Abs. 4 S. 3 MiArbG?

Joussen will das Vorliegen sozialer Verwerfungen unter Rückgriff auf die Kriterien des § 4 Abs. 4 S. 3 MiArbG bestimmen.[49] Soziale Verwerfungen seien zumindest dann anzunehmen, wenn die in dieser Norm aufgezählten Kriterien im jeweiligen Wirtschaftszweig nicht erfüllt sind.[50] Allerdings weist *Joussen* zugleich darauf hin, dass es sich bei diesen lediglich um „Indizien“ handeln könne, die zudem auch „nicht abschließend“ seien. Entsprechend könne das Vorliegen sozialer Verwerfungen auch in anderen Fällen gegeben sein.[51] Es sei aber in jedem Fall eine restriktive Handhabung des § 3 Abs. 1 S. 1 MiArbG geboten.[52]

(d) Stellungnahme

Zunächst liegt eine parallele Lesart der Begriffe des sozialen Notstands und der sozialen Verwerfungen tatsächlich nahe. Zwar verwundert es dann, warum der

---

43 ErfK/Franzen, § 3 MiArbG, Rn. 3; Sittard, Tarifnormerstreckung, S. 444.

44 ErfK/Franzen, § 3 MiArbG, Rn. 3; Ebenso Sittard, Tarifnormerstreckung, S. 443, der an den Begriff der sozialen Verwerfungen aber strengere Anforderungen stellt, als an den des sozialen Notstands.

45 ErfK/Franzen, § 3 MiArbG, Rn. 3; ebenso Sittard, Tarifnormerstreckung, S. 444.

46 Willemsen/Sagan, NZA 2008, 1216, 1221.

47 Willemsen/Sagan, NZA 2008, 1216, 1221..

48 So auch Willemsen/Sagan, NZA 2008, 1216, 1221.

49 Vgl. Thüsing/Joussen, AEntG-Komm., § 3 MiArbG, Rn. 15.

50 Thüsing/Joussen, AEntG-Komm., § 3 MiArbG, Rn. 15.

51 Thüsing/Joussen, AEntG-Komm., § 3 MiArbG, Rn. 15.

52 Thüsing/Joussen, AEntG-Komm., § 3 MiArbG, Rn. 15.

Gesetzgeber der Einfachheit halber nicht in beiden Gesetzen dieselbe Terminologie verwendet hat. Andererseits hätte aber auch dies letztlich keine solide Rechtssicherheitsbasis geschaffen: Auch der Begriff des sozialen Notstands hat bisher keine eindeutige inhaltliche Beschreibung erfahren.[53]

Zwar dürfte es in beiden Fällen vor allem darauf ankommen, ob die betroffenen Arbeitnehmer mit den gezahlten Entgelten in der Lage sind, nötigste materielle Bedürfnisse zu erfüllen.[54] Eine Begrenzung auf gerade diese Fälle erscheint hier allerdings nicht zwingend angezeigt. Vielmehr dürfte der Begriff der sozialen Verwerfungen den des sozialen Notstands als „minus" enthalten, sodass *jedenfalls* dann von sozialen Verwerfungen ausgegangen werden muss, wenn existenzsichernde Bedingungen nicht gegeben sind.

Zu weit geht allerdings der Ansatz *Willemsen/Sagans*, nach denen bereits bloße Lohnunterschiede Verwerfungen im Sinne von Ungleichgewichten auslösen können sollen. Ob mit diesen nämlich zugleich so tiefe Gräben gezogen werden, dass soziale Auswirkungen zu befürchten sind, ist zweifelhaft. Es ist nicht ersichtlich, dass sich der Staat schon aufgrund bloßer Lohndifferenzen mit der Festsetzung von Mindestentgelten einmischen will.

Plausibel erscheint es dagegen, für die Beurteilung des Vorliegens sozialer Verwerfungen die Kriterien des § 4 Abs. 4 S. 3 MiArbG als Indizien heranzuziehen. Mit den darin enthaltenen Vorgaben bringt der Gesetzgeber zum Ausdruck, welche Ziele ein Mindestentgelt verfolgen soll. Danach soll die Festsetzung eines Mindestentgelts erforderlich sein, wenn die in § 4 Abs. 4 S. 3 MiArbG genannten Bedingungen im Wirtschaftszweig nicht gegeben sind. Im Übrigen liegt hier letztlich dann doch eine Parallel zu § 5 TVG: In jedem Fall werden nämlich die in § 4 Abs. 4 S. 3 MiArbG genannten Vorgaben dann nicht erfüllt sein, wenn das gezahlte Entgelt nicht für die Existenzsicherung ausreicht: Arbeitsentgelte unterhalb des Existenzminimums sorgen grundsätzlich nicht für

---

53 Dies ist vor allem auch darauf zurück zu führen, dass Arbeitsentgelte auf diesem Niveau regelmäßig schon die Grenze mittelbarer Lohnsetzungsgrenzen wie die des § 138 BGB überschreiten werden, vgl. Rieble/Klump, MHbArbR II, § 179, Rn. 38; Löwisch/Rieble/Rieble., TVG, § 5, Rn. 48; allerdings ist insoweit – wie Zachert, NZA 2003, 132, 138 richtig herausstellt - zu beachten, dass der Maßstab des § 138 BGB einzelfallbezogen ist und damit nicht zwangsläufig mit den Fällen des sozialen Notstands übereinstimmen muss.

54 Ob dafür mit ErfK/Franzen, § 3 MiArbG, Rn. 3; Gamillscheg, Kollektives Arbeitsrecht, I, S. 897 und Wiedemann/Wank, TVG, § 5, Rn. 77 auf die Sätze der Sozialhilfe, oder mit Kempen/Zachert/Kempen, TVG, § 5, Rn. 34 auf die des Arbeitslosengeldes II abgestellt wird, dürfte im Ergebnis kaum einen Unterschied bewirken.

angemessene Arbeitsbedingungen.[55] Zudem kann aufgrund der Gefahr des Lohndumpings auch nicht von fairen und funktionierenden Wettbewerbsbedingungen ausgegangen werden. Aufgrund entsprechender Unterbietungs- und Verdrängungswettbewerbe wird schließlich auch das Ziel des Erhalts sozialversicherungspflichtiger Beschäftigung nicht zu erreichen sein. Es liegt daher nahe, im Umkehrschluss zu § 4 Abs. 4 S. 3 MiArbG soziale Verwerfungen *zumindest* dann anzunehmen, wenn die dort genannten Kriterien nicht erfüllt sind, insbesondere, wenn angemessene Arbeitsbedingungen nicht gewährleistet werden.[56]

(3) Gesetzeshistorische Auslegung

Bereits während des Gesetzgebungsverfahrens wurde mehrfach darauf hingewiesen, dass der Begriff der sozialen Verwerfungen Schwierigkeiten in der Anwendung bereiten würde.[57] Entsprechend wird in der Stellungnahme des Bundesrates befürwortet, den Begriff der sozialen Verwerfung näher zu definieren, oder ganz auf ihn zu verzichten und an dessen Stelle die in der ursprünglichen Fassung vorgesehene Formulierung zu setzen.[58] Diese Anregung blieb jedoch ohne Folgen, sodass offensichtlich die erwähnten Auslegungsschwierigkeiten vom Gesetzgeber in Kauf genommen worden sind. Dies ist wohl vor allem darauf zurück zu führen, dass die Voraussetzungen der ursprünglichen Gesetzesfassung vielfach als zu hoch und damit als wesentlicher Grund dafür angesehen wurden, dass das MiArbG 1952 nie zur Anwendung kam.[59] Hieraus ist dann auch die gesetzgeberische Motivation zu erklären, nicht an den Hürden der alten Gesetzesfassung festzuhalten.[60] Ob sich der schwammige Begriff der sozialen Verwerfungen als pragmatischer Ersatz darstellt, muss allerdings zumindest bezweifelt werden.

(4) Telelogische Auslegung

Zu beachten ist schließlich, dass sich mit einer hinreichenden Ausfüllung des Begriffs der sozialen Verwerfungen nicht zugleich auch die Frage nach der ma-

55 In diese Richtung etwa ErfK/Franzen, § 3 MiArbG, Rn. 3, der insoweit auf die Regelsätze der Sozialhilfe abstellt. Vgl. auch Willemsen/Sagan, NZA 2008, 1216, 1220, die das Vorliegen sozialer Verwerfungen allerdings auch oberhalb der Grenze des Existenzminimums annehmen.

56 Thüsing/Joussen, AEntG-Komm., § 3 MiArbG, Rn. 15.

57 BT-Drucks. 16/10485, S. 14; Stellungn. der BDA, Ausschussdrucks. 16(11)1117, S. 5; Stellungn. des DGB, Ausschussdrucks. 16(11)1117, S. 46; Stellungn. des DAV, Ausschussdrucks. 16(11)1117, S. 49.

58 BT-Drucks. 16/10485, S. 14.

59 Bieback, RdA 2000, 207, 211 mit Bezugnahme auf Peter, Gesetzlicher Mindestlohn, S. 184ff.: Thüsing/Joussen, AEntG-Komm., vor § 1 MiArbG, Rn. 15, 26.

60 Ähnlich auch Thüsing/Joussen, AEntG, vor § 1 MiArbG, Rn. 26.

ximal zulässigen Mindestentgelthöhe beantworten lässt. Zwar liegt es auf den ersten Blick nahe, die Mindestentgeltfestsetzung auf existenzsichernde Entgelte zu beschränken.[61] Dennoch können unangemessene Arbeitsbedingungen, unfaire Wettbewerbsbedingungen und eine Bedrohung des Beschäftigungsniveaus durch Lohndumping auch oberhalb des Niveaus existenzsichernder Löhne gegeben sein, zumal soweit es sich um untertarifliche Entgelte handelt.[62] Deshalb könnte ebenso angenommen werden, dass mit dem Vorliegen sozialer Verwerfungen lediglich eine Untergrenze der Mindestentgeltsetzung beschrieben wird, sodass die staatlichen Mindestlöhne *mindestens* das Existenzminimum gewähren müssen.

Insoweit stellt sich das Erfordernis sozialer Verwerfungen nach seinem Sinn und Zweck lediglich als Auslöser für das weitere Festsetzungsverfahren dar. Der Gesetzgeber geht erkennbar davon aus, dass eine ausreichende Sicherung der Arbeitsbedingungen durch die Koalitionen nicht erfolgt, wenn es im betreffenden Wirtschaftszweig zu solchen sozialen Schieflagen kommen kann. Es bleibt dabei aber völlig offen, ob mit dem MiArbG diese Lücke der tariflichen Entgeltgestaltung lediglich durch existenzsichernde Mindestentgelte gefüllt werden soll, oder ob der Gesetzgeber vielmehr einen gleichwertigen Ersatz für fehlende angemessene Tariflöhne schaffen wollte. Dies gilt letztlich auch unabhängig davon, ob der Begriff der sozialen Verwerfungen strengere oder weniger strikte Vorgaben enthält, als der des sozialen Notstands. Deshalb kann auch der oben dargestellte systematische Zusammenhang zu § 4 Abs. 4 S. 3 MiArbG nicht zum Ergebnis haben, dass lediglich existenzsichernde Mindestarbeitsentgelte festgesetzt werden dürfen.

bb) Zwischenergebnis

Die Festsetzung von Mindestarbeitsbedingungen nach dem MiArbG kann ausschließlich dann erfolgen, wenn im betreffenden Wirtschaftszweig soziale Verwerfungen vorliegen. Eine nähere Definition dieses Begriffs enthält das MiArbG nicht. Die Auslegung ergibt aber zumindest, dass ihm nicht zwingend eine Beschränkung auf die Festsetzung lediglich existenzsichernder Mindestarbeitsentgelte entnommen werden kann. Vielmehr sind soziale Verwerfungen selbst dann denkbar, wenn das allgemeine Lohnniveau eines Wirtschaftszweigs oberhalb des Existenzminimums liegt.

---

61 So etwa Sittard, Tarifnormerstreckung, S. 444.

62 Vgl. Zachert, NZA 2003, 132, 133.

c) *„Schaffung angemessener Arbeitsbedingungen"*

§ 4 Abs. 4 S. 3 Nr. 1 MiArbG gibt vor, dass das festzusetzende Mindestarbeitsentgelt geeignet sein muss, angemessene Arbeitsbedingungen zu schaffen. Es wurde hierzu oben schon klargestellt, dass es sich bei den Kriterien des § 4 Abs. 4 S. 3 MiArbG um vom Fachausschuss zu beachtende Vorgaben für die Festsetzung des Mindestentgelts handelt und damit effektiv um Voraussetzungen für den Erlass einer Mindestentgeltverordnung nach diesem Gesetz.[63] Zu fragen ist an dieser Stelle, ob ein Mindestarbeitsentgelt nur dann geeignet sein kann, angemessene Arbeitsbedingungen zu schaffen, wenn es das Existenzminimum wahrt, oder ob § 4 Abs. 4 S. 3 MiArbG stattdessen als Ermächtigung zur Festsetzung höherer Entgelte gesehen werden muss.

aa) Inhaltsbestimmung

(1) Wortlautauslegung

Unter Arbeitsbedingungen im wörtlichen Sinne können alle Umstände gefasst werden, die mittelbar oder unmittelbar die Situation des abhängig Beschäftigten im Umfeld der Ausübung seiner Tätigkeit beschreiben. Es handelt sich damit um die Bedingungen, unter denen der Arbeitsvertrag vollzogen wird, unter denen also „die Arbeitnehmer ihre Arbeit verrichten".[64] Zu diesen Bedingungen gehören die vertraglichen Hauptbestandteile wie Arbeitszeit, Arbeitsort und Arbeitsentgelt genauso, wie äußere Umstände am Arbeitsplatz, also etwa Gesundheits- und Arbeitssicherheitsaspekte, etc. Die Weite dieses Begriffs lässt es letztlich sogar zu, das gesamte Arbeitsrecht hierunter zu fassen.

Auch der zweite Teil des Doppelbegriffs „angemessene Arbeitsbedingungen" lässt nicht unmittelbar erkennen, was hiermit gemeint sein soll. Synonyme Besetzungen dieses Begriffes wären etwa „adäquat", „äquivalent", „gleichwertig", „zweckentsprechend".[65] Zur Bestimmung, ob etwas angemessen ist, ist stets eine Relation zwischen zwei Bezugspunkten erforderlich. Eine solche Relation wohnt grundsätzlich auch dem schuldvertraglichen Synallagma inne und damit auch dem Arbeitsvertrag als Unterfall des Dienstvertrages.[66] Die Leistungspflicht des einen Vertragspartners steht in Relation zu der des anderen. Ob ein solches Äquivalenzverständnis auch den Mindestentgelten nach dem MiArbG innewohnen soll, kann damit noch nicht abschließend festgestellt werden. Der Wortlaut des § 4 Abs. 4 S. 3 Nr. 1 MiArbG legt aber nahe, dass die Schaf-

---

63 Vgl. § 3 B. III. 2.

64 v.d.Groeben/Schwarze/Högl, EU/EG-Vertrag, Art. 137 EG, Rn. 18 zum insoweit vergleichbaren Art. 137 EG, der ebenfalls den Begriff der Arbeitsbedingungen verwendet.

65 Vgl. http://wortschatz.uni-leipzig.de mit dem Suchwort: „angemessen".

66 Vgl. hierzu ErfK/Preis, § 611 BGB, Rn. 3.

fung solcher Bedingungen angestrebt wird, die dem Arbeitnehmer ein Äquivalent zu der von ihm erbrachten Leistung bieten.

(2) Systematische Auslegung

(a) Verhältnis von Arbeitsentgelt und Arbeitsbedingungen nach den Regelungen des MiArbG

Während § 1 Abs. 2 MiArbG lediglich die Regelung von Mindestarbeitsentgelten vorsieht, stellt § 4 Abs. 4 S. 3 Nr. 1 MiArbG auf die Arbeitsbedingungen ganz allgemein ab. Dies ist insbesondere vor dem Hintergrund interessant, dass nach der alten Gesetzesfassung grundsätzlich die Regelung sämtlicher Arbeitsbedingungen möglich war. Der Gesetzgeber der Neufassung hat sich indes gegen eine so weitreichende Regelungsbefugnis entschieden.[67] Dies dürfte vor allem darauf zurückzuführen sein, dass mittlerweile andere Arbeitsbedingungen wie etwa der Erholungsurlaub oder arbeitsschutzrechtliche Belange bereits ausreichend durch eigenständige Regelungen abgedeckt sind.[68] Umso deutlicher muss erkannt werden, dass trotz der Beschränkung auf Mindestentgelte der Begriff der Arbeitsbedingungen in § 4 Abs. 4 S. 3 Nr. 1 MiArbG weiterhin eine Rolle spielt. Weil aber dem Gesetzgeber die Unterscheidung zwischen diesen Begriffen offensichtlich bewusst war[69], muss zunächst angenommen werden, dass sich die Prüfung des Fachausschusses nicht darauf beschränken darf, ob das von ihm festzusetzende Arbeitsentgelt selbst angemessen ist. Vielmehr verlangt § 4 Abs. 4 S. 3 Nr. 1 MiArbG augenscheinlich die Berücksichtigung aller relevanten Arbeitsbedingungen. Offenbar soll hiermit dem untrennbaren Zusammenhang zwischen dem Arbeitsentgelt und den übrigen Arbeitsbedingungen Rechnung getragen werden.[70]

Es ist andererseits fraglich, ob der Gesetzgeber tatsächlich so tiefgehende Überlegungen über den Bedeutungsgehalt des § 4 Abs. 4 S. 3 Nr. 1 MiArbG an-

---

67 Andelewski, DStR 2008, 2114.

68 BT-Drucks. 16/10485, S. 10, Nr. 2; vgl. auch Löwisch, RdA 2009, 215, 217.

69 Im Gesetzgebungsverfahren schlug der Bundesrat in seiner Stellungnahme vor, den Wortlaut des § 4 Abs. 4 S. 3 Nr. 1 MiArbG dahingehend zu ändern, dass der Begriff der Arbeitsbedingungen durch den des Arbeitsentgelts ersetzt werde, BT-Drucks. 16/10485, S. 14/15 unter 4. Begründet wurde dies damit, dass es Ziel des Gesetzes sein müsse, angemessene Mindestarbeitsentgelte zu schaffen. In der Gegenäußerung lehnte die Bundesregierung diesen Änderungsvorschlag mit knapper und wenig überzeugender Begründung ab, Gegenäußerung BR, BT-Drucks. 16/10485, S. 16, Nr. 4.

70 Der DGB hatte auf diesen Zusammenhang bereits in seiner Stellungnahme zum Regierungsentwurf des MiArbG hingewiesen und entsprechend bemängelt, dass dieses Gesetz nunmehr auf die Festsetzung von Arbeitsentgelten beschränkt werde, vgl. Ausschussdrucks. 16(11)1117, S. 21.

gestellt hat. Es findet sich in der Gesetzesbegründung der Hinweis darauf, dass die drei in dieser Norm genannten Kriterien unmittelbar der Rechtsprechung des Bundesverfassungsgerichts entnommen wurden.[71] Sie sollen offenbar als Belege dafür dienen, dass jegliche etwaige Eingriffe in die Tarifautonomie durch Mindestarbeitsentgelte nach dem MiArbG von vornherein verfassungsrechtlich durch die in § 4 Abs. 4 S. 3 MiArbG genannten Ziele gerechtfertigt seien.[72] Es liegt hier der Schluss nahe, dass sich der Gesetzgeber ohne weiteres Besehen die entscheidenden Formulierungen des Bundesverfassungsgerichts herausgenommen und in Gesetzesform gegossen hat, ohne damit jedoch die Reichweite dieses Begriffs in Gänze abgeschätzt zu haben. Im Zusammenhang mit dem Telos des MiArbG als Mindestlohngesetz, muss deshalb unterstellt werden, dass der Begriff der angemessenen Arbeitsbedingungen in erster Linie den des angemessenen Arbeitsentgelts meint.[73]

(b) Regelungszusammenhang zum AEntG

Die Regelungen des AEntG verfolgen im Wesentlichen parallele Ziele zu denen des MiArbG.[74] Dabei grenzen sich die Anwendungsbereiche der Gesetze nach dem Willen des Gesetzgebers formal am Grad der Tarifbindung ab.[75] Weder in der Gesetzesbegründung zum MiArbG, noch in der zum AEntG findet sich dagegen eine Aussage dahingehend, dass die nach diesen Gesetzen bestimmten Mindestentgelte sich in ihrer Höhe grundsätzlich unterscheiden sollen. Es hätte sich hier ein Hinweis angeboten, dass mit dem MiArbG lediglich ein existenzsicherndes Entgelt ermöglicht werden solle, während im Wege der Tarifnormerstreckung auch darüber hinausgehende Entgelte festgesetzt werden könnten. Stattdessen wird pauschal von angemessenen Entgelten bzw. Arbeitsbedingungen gesprochen.[76] Angesichts der vom Gesetzgeber offensichtlich angestrebten komplementären Wirkweise liegt es nahe, dass der Gesetzgeber eine weitgehend parallele Regelungssystematik vorsieht. Beide Gesetze haben den Zweck, dort für angemessene Arbeitsbedingungen zu sorgen, wo dies nicht bereits durch Ta-

---

71 BT-Drucks. 16/10485, S. 11, Nr. 6, lit. c.

72 BT-Drucks. 16/10485, S. 11, Nr. 6, lit. c.

73 Ebenso ohne weitere Begründung ErfK/Franzen, § 4 MiArbG, Rn. 3; Sodan/Zimmermann, ZfA 2008, 526, 550; Thüsing, ZfA 2008, 590, 611.

74 Thüsing/Thüsing., AEntG-Komm., Einl., Rn. 49 ff; vgl. auch bereits oben unter § 2 B. II. 4.

75 BT-Drucks. 16/10485, S. 8; vgl. dazu auch bereits unter § 3 B. II. 5.

76 Vgl. etwa BT-Drucks. 16/10485, S. 10, Nr. 6, lit. c.

rifverträge ausreichend geschieht.[77] Dies wird insbesondere auch daran deutlich, dass § 4 Abs. 3 S. 2 MiArbG ebenso wie § 5 Nr. 1 AEntG bei der Festsetzung von Mindestentgelten eine Differenzierung nach der Art der ausgeübten Tätigkeit, dem Qualifikationsniveau und den regionalen Besonderheiten zulässt. Inwieweit eine solche Ausdifferenzierung mit der Vorgabe lediglich existenzsichernder Mindestentgelte überhaupt vereinbar sein kann, soll unten noch eingehend geklärt werden. An dieser Stelle ist aber festzuhalten, dass der Gesetzgeber auch hier auf die Regelungen des AEntG verweist und betont, dass sich eine solche Differenzierung „bei der Erstreckung von Tarifverträgen nach dem Arbeitnehmer-Entsendegesetz bewährt" habe.[78] Hieran wird der enge Zusammenhang zwischen beiden Gesetzen deutlich. Im Ergebnis sprechen diese Befunde dafür, dass der Gesetzgeber offenbar eine grundsätzliche Konformität der Entgeltfestsetzung zwischen MiArbG und AEntG anstrebt.

Unterschiede ergeben sich dadurch, dass Mindestvoraussetzung für die Entgeltfestsetzung nach dem MiArbG stets das Vorliegen sozialer Verwerfungen ist, wohingegen eine solche Beschränkung im AEntG nicht enthalten ist. Zudem wird nach dem MiArbG lediglich eine unterste Grenze der Entgelte festzusetzen sein, vgl. § 4 Abs. 4 S. 1 MiArbG, während das AEntG die Erstreckung jedes angemessenen Tariflohns erlaubt. Andererseits wurde oben bereits gezeigt, dass auch der Begriff der sozialen Verwerfungen nicht zwingend für eine Begrenzung auf existenzsichernde Mindestarbeitsentgelte spricht.[79] Ob die Vorgabe des § 4 Abs. 4 S. 1 MiArbG eine solche Beschränkung beinhaltet, ist noch weiter unten zu klären.

(3) Gesetzeshistorische Auslegung

Im Schrifttum zum MiArbG wird teilweise angeführt, der Begriff der angemessenen Arbeitsbedingungen sei „irreführend" und „nicht im Sinne eines ‚angemessenen' oder gar ‚gerechten' Arbeitsentgelts zu verstehen."[80] Verwiesen wird in diesem Zusammenhang auf die Stellungnahme *Herschels*, der zum MiArbG 1952 ausgeführt hatte, das Gesetz solle nicht den „angemessenen, sondern den

---

77 Anders Klumpp/Rieble, MHbArbR II, § 179, Rn. 2, die davon ausgehen, sowohl das HAG, als auch das MiArbG seien auf die Sicherung des Existenzminimums beschränkt, während das AEntG in seinem Schutzumfang weiter gehe.

78 BT-Drucks. 16/10485, S. 10, Nr. 6, lit. c.

79 Siehe dazu oben unter b).

80 ErfK/Franzen, § 4 MiArbG, Rn. 3; im Ergebnis ebenso Sittard, Tarifnormerstreckung, S. 451; ders., NZA 2009, 346, 351, insb. Fn. 34; Stütze, Kontrolle der Entgelthöhe, S. 463, die insoweit eine restriktive bzw. verfassungskonforme Auslegung in Richtung auf lediglich existenzsichernde Mindestbedingungen befürworten, dabei den Widerspruch zu § 4 Abs. 4 S. 3 Nr. 1 MiArbG zwar benennen, ihn aber dahinstehen lassen.

notwendigen Lohn sichern".[81] In der Konsequenz könne auch für die heutige Fassung kein anderes Verständnis gelten. Dem Begriff der angemessenen Arbeitsbedingungen könne deshalb ausschließlich eine Befugnis zur Festsetzung existenzsichernder Entgelte entnommen werden.

Dieser Auffassung ist allerdings entgegenzuhalten, dass auch zur alten Fassung des MiArbG 1952 durchaus vertreten wurde, dieses Gesetz sorge nicht ausschließlich für existenzsichernde Mindestbedingungen, sondern gewähre vielmehr einen „über dem Sozialhilfesatz liegenden Vergütungsanspruch".[82] Im Übrigen kann auch die Deutung anhand der übrigen zur alten Gesetzesfassung vertretenen Interpretationen nicht überzeugen: Anders als in der heutigen Gesetzesfassung war in § 1 Abs. 2 c) MiArbG 1952 nicht von „angemessenen" die Rede, sondern von „zur Befriedigung der notwendigen sozialen und wirtschaftlichen Bedürfnisse der Arbeitnehmer" *erforderlichen* Entgelten. *Herschel* hatte sich daher allein mit der Frage auseinander zu setzen, welches Ausmaß Mindestarbeitsbedingungen nach der alten Gesetzesfassung erreichen konnten. Hierbei gelangte er in richtiger Auslegung des MiArbG 1952 zu dem Schluss, dass zwischen angemessenen und erforderlichen Entgelten zu unterscheiden war.[83] Als Zielsetzung des MiArbG 1952 erkannte das Schrifttum die Festlegung nicht des angemessenen, sondern des „notwendigen Lohns".[84] Das gesetzgeberische Ziel wurde dabei in der Schaffung einer „Grenze gegen sozial untragbare Verhältnisse" gesehen.[85] Nach damaliger Ansicht sollte das MiArbG 1952 dazu dienen, ein Arbeitsentgelt zu bestimmen, mit dem die wirtschaftlichen und sozialen Bedürfnisse der Beschäftigten befriedigt werden konnten.[86] Auf diese Weise sollte ein „lohnpolitischer letzter Verteidigungswall" gezogen werden.[87] Die Funktion des MiArbG 1952 wurde entsprechend darin gesehen, als „äußerste Grenze zur Abschirmung gegen das Elend" und „gegen das Versinken in die Sphäre des Dürftigen" zu dienen.[88] Allein vor diesem Hintergrund konnte deshalb angenommen werden, Mindestarbeitsbedingungen nach dem MiArbG 1952 würden keinen Ersatz für fehlende Tarifverträge darstellen.[89]

---

81 ErfK/Franzen, § 4 MiArbG, Rn. 3 mit Bezug auf Herschel, BArbBl. 1952, 36.

82 Andelewski, Staatliche Mindestarbeitsbedingungen, S. 122ff.

83 Herschel, BArbBl. 1952, 36.

84 Hueck/Nipperdey, Arbeitsrecht I, S. 149.

85 Hueck/Nipperdey, Arbeitsrecht I, S. 149.

86 Fitting, RdA 1952, 5, 7.

87 Herschel, BArbBl. 1952, 36.

88 Herschel, BArbBl. 1952, 36.

89 So etwa Andelewski, Staatliche Mindestarbeitsbedingungen, S. 121; Nikisch, ArbR II, S. 522.

Gemessen an dem Wortlaut der alten Fassung waren diese Schlussfolgerungen eindeutig zutreffend. Es muss aber berücksichtigt werden, dass damit keine allgemeingültige Aussage über die grundsätzliche Zulässigkeit der staatlichen Festsetzung angemessener Arbeitsentgelte getroffen wurde. Ein solcher Rückschluss auf die Neufassung des Gesetzes erscheint vielmehr aufgrund des heutigen Wortlauts fernliegend. Zwar ist zu beachten, dass § 4 Abs. 4 S. 1 MiArbG n.F. die gleiche Fassung wie § 4 Abs. 4 MiArbG 1952 behalten hat.[90] Es muss aber darüber hinaus berücksichtigt werden, dass der Gesetzgeber in Satz 3 dieser Vorschrift ausdrücklich von der Schaffung *angemessener* Arbeitsbedingungen spricht. Hierin liegt eine eindeutige Abweichung von § 1 Abs. 2 c) MiArbG 1952, worin noch von *notwendigen* Bedürfnissen und *erforderlichen* Entgelten gesprochen wurde.

Die Terminologie des Gesetzes hat sich also gewandelt. Entsprechend können auch die Stellungnahmen zur Urfassung nicht mehr uneingeschränkt auf den heutigen Gesetzesstand übertragen werden. Vielmehr muss angenommen werden, dass sich nicht nur der Wortlaut des Gesetzes, sondern vor allem auch die Zielvorstellungen des Gesetzgebers inzwischen entscheidend verändert haben. Dies wird auch aus der Gesetzesbegründung deutlich, worin der Gesetzgeber mehrfach betont, dass sich die Ausgangsvoraussetzungen seit Inkrafttreten des MiArbG 1952 erheblich verändert hätten.[91] Nach alledem darf also nicht ohne weiteres gefolgert werden, dass das, was zum alten Recht Geltung hatte, auch für das novellierte MiArbG uneingeschränkt übernommen werden kann. Die gesetzeshistorische Auslegung bringt damit keinen überzeugenden Beleg für eine Begrenzung des MiArbG auf existenzsichernde Mindestarbeitsentgelte.

(4) Teleologische Auslegung

Auch vor dem teleologischen Hintergrund des MiArbG erscheint eine Beschränkung auf die Existenzsicherung nicht zwingend. Selbst wenn man – insbesondere in Hinblick auf die Bestimmungen der § 3 Abs. 1 S. 1 und § 4 Abs. 4 S. 1 MiArbG – Zweifel an der oben dargestellten grundsätzlichen Konformität von MiArbG und AEntG hätte, bliebe weiter zu fragen, ob sich der Begriff des angemessenen Arbeitsentgelts überhaupt mit einer Beschränkung auf bloße Existenzsicherung vereinbaren ließe. Maßgebliche Relevanz kommt an dieser Stelle dem Merkmal der „Angemessenheit“ zu. Nach allgemeinem Verständnis ist es erforderlich, die jeweils zu leistende Arbeit in Relation zum jeweiligen Arbeitsentgelt zu setzen, um zu bestimmen, wann ein Arbeitsentgelt angemessen

---

90 Vgl. den Hinweis von ErfK/Franzen, § 4 MiArbG, Rn. 3

91 Vgl. BT-Drucks. 16/10485, insb. S. 8 und 9.

ist.[92] Damit trägt der Begriff der Angemessenheit dem synallagmatischen Äquivalenzgedanken von Leistung und Gegenleistung Rechnung.[93]

Entscheidend anders ist dagegen der Begriff des existenzsicherenden Entgelts zu verstehen. Diesem liegt eine Abwägung von Leistung und Gegenleistung gerade nicht zu Grunde. Es wird stattdessen ein Einkommensniveau umschrieben, das mindestens gegeben sein muss, um - vor dem Schutzgehalt der Menschenwürdegarantie – für das Dasein des Einzelnen auszureichen.[94] Selbst wenn auch damit kein statischer, konstanter Wert bestimmt wird, folgt aus Art. 1 Abs. 1 GG doch zumindest die Vorgabe eines absoluten „Menschenwürdesockels"[95], welchen der Staat mindestens gewähren muss.[96] In Bezug auf die Lohnhöhe wird damit ein Wert umschrieben, unterhalb dessen die „mangelnde Kaufkraft" des einzelnen Arbeitnehmers dessen „materielle Existenz gefährdet".[97] Dieses Mindestmaß gilt dabei immer unabhängig von dem Maß der aufgewendeten eigenen Kraft, d.h. ohne Rücksicht auf die konkrete Tätigkeit des jeweiligen Arbeitnehmers.[98] Zwar erweist sich eine abschließende Antwort darauf, wo die Grenze zwischen existenzsichernden und angemessenen Löhnen zu ziehen ist, im Detail als schwierig.[99] Nach überwiegendem Verständnis handelt sich bei dem Existenzminimum jedoch nicht um eine Schwelle unterhalb derer

---

92 Vgl. BVerfGE 54, 251, 271; BVerfGE 83, 1, 13; BVerfGE 101, 331, 347; BVerfGE 88, 145, 159; BVerfGE 98, 169, 202; Bietmann, Mindestlohn, S. 130; Sodan/Zimmermann, ZfA 2008 526, 550; dies., NJW 2009, 2001, 2003; Thüsing/Thüsing, AEntG-Komm., Einl. Rn. 36.

93 Wobei zu berücksichtigen ist, dass der Arbeitgeber grundsätzlich nicht die Alimentierung des Arbeitnehmers schuldet, vgl. Bayreuther, NJW 2007, 2022, 2025.

94 Bayreuther, NJW 2009, 2006, 2007, 2009; Bieback, RdA 2000, 207, 210; Bietmann, Mindestlohn, S. 130; Fischer, ZRP 2007, 20, 21ff.; Sodan/Zimmermann, NJW 2009, 2001, 2003; Waltermann, NJW 2010, 801, 807; ders., NZA-Beil. 2009, 110, 119.

95 Zu diesem Begriff: Hufen, VVDStRl 47 (1989), 142, 163.

96 Vgl. Sachs/Höfling, GK, Art. 1, Rn. 31.

97 Vgl. Bieback, RdA 2000, 207, 210.

98 Ähnlich auch Bayreuther, NJW 2009, 2006, 2009; Thüsing/Thüsing. AEntG-Komm., Einl. Rn. 36.

99 So geht etwa Fischer, ZRP 2007, 20, 21 davon aus, existenzsichernde Bedingungen dürften „kaum mehr als den Schutz vor Krankheit und Hunger" gewähren. Die Grenze des Existenzminimums sei insoweit dann unterschritten, wenn das gezahlte Entgelt nicht mehr ausreicht, „als Mensch unter Menschen zu leben". Entsprechend sei der Staat dann durch Art. 1 Abs. 1 GG auch nur zur Festsetzung von Mindestarbeitsentgelten befugt, wenn dies zur Vermeidung eines „'Not und Elend' bedingenden Absinkens des allgemeinen Lohnniveaus" erforderlich ist. Dagegen plädiert Bayreuther, NJW 2009, 2006, 2009; ders. NJW 2009, 2006, 2009 dafür, unter existenzsichernden Löhnen mehr zu verstehen, als nur den Schutz gegen „Hungerlöhne".

menschliche Existenz nicht möglich wäre.[100] Vielmehr ist allgemein anerkannt, dass das Grundgesetz das sog. soziokulturelle Existenzminimum schützt.[101] Hierunter ist nicht nur eine Existenzsicherung in Form von Überlebenshilfe zu verstehen, sondern auch die Gewährleistung von Teilhabe des Einzelnen an und in der Gesellschaft durch dafür ausreichende Mindestbedingungen.[102] Insoweit handelt es sich bei dem Begriff des Existenzminimums auch nicht um eine statische Größe, sondern um einen Wert, der jeweils aktuell in Beziehung zu den herrschenden Lebensbedingungen und -gewohnheiten zu setzen ist.[103] Es können dabei aber gerade nur solche Faktoren in die Bewertung einfließen, die die Lebenssituation des Einzelnen in der Gesellschaft umschreiben. Unberücksichtigt bleibt dabei hingegen, ob der existenzsichernde Betrag einen äquivalenten Gegenwert für die vom Arbeitnehmer geleistete Arbeit darstellt.

Das Existenzminimum ist damit also - bezogen auf das konkrete Arbeitsverhältnis - als absolute Größe zu beschreiben, während der Begriff der angemessenen Arbeitsbedingungen abhängig von dem Verhältnis zwischen Leistung und Gegenleistung zu bestimmen ist und somit in Bezug auf das Arbeitsverhältnis eine relative Größe bildet. Es besteht daher keine Deckungsgleichheit zwischen existenzsichernden und angemessenen Arbeitsentgelten.[104] Sie können zwar übereinstimmen, müssen es aber nicht zwangsläufig. Der Begriff der Angemessenheit lässt höhere Löhne zu, als es der der Existenzsicherung verlangt. Da aber sowohl die Gesetzesbegründung, als auch der Wortlaut des MiArbG ausdrücklich von angemessenen Arbeitsbedingungen sprechen, die Festsetzung angemessener Arbeitsentgelte also offenbar Gesetzeszweck ist, erscheint eine Beschränkung der Festsetzungsbefugnis auf lediglich existenzsichernde Mindestarbeitsentgelte angesichts der vorstehenden Ergebnisse zweifelhaft.

---

100 Vgl. nur Maunz/Dürig/Herdegen, GG, Art. 1, Rn. 121; ebenso Bayreuther, NJW 2009, 2006, 2009; Bock, Tarifdispositives Arbeitnehmerschutzrecht, S. 424; a.A. aber wohl Fischer ZRP 2007, 20, 21ff; ders., ZG 2008, 31, 36; Giesen, ZfA 2008, 355, 372.

101 Bayreuther, NJW 2009, 2006, 2009; Sodan/Zimmermann, ZfA 2008, 527, 548; dies., NJW 2009, 2001, 2003.

102 Vgl. Bieback, RdA 2000, 207, 208; Bock, Tarifdispositives Arbeitnehmerschutzrecht, S. 424; Schlegel, NZS 2000, 421, 427; sowie BVerwGE 97, 376ff.

103 Maunz/Dürig/Herdegen, GG, Art. 1, Rn. 121.

104 So im Ergebnis auch Bayreuther, NJW 2009, 2006, 2007, 2009; Bieback, RdA 2000, 207, 210; Bietmann, Mindestlohn, S. 130; Fischer, ZRP 2007, 20, 21ff.; Sodan/Zimmermann, NJW 2009, 2001, 2003; Waltermann, NJW 2010, 801, 807; ders., NZA-Beil. 2009, 110, 119.

bb) Zwischenergebnis

Im Rahmen der Entgeltfestsetzung ist das angemessene Entgelt vom existenzsichernden zu unterscheiden. Letzterer Mindestlohn bildet lediglich den absoluten Bedarf des einzelnen Arbeitnehmers für die Daseinsbewältigung ab, während ein angemessenes Entgelt Ausdruck des arbeitsvertraglichen Synallagmas ist und sich damit nicht auf die Existenzsicherung, sondern auf eine Äquivalenz von Leistung und Gegenleistung bezieht. Soweit § 4 Abs. 4 S. 3 MiArbG die Schaffung angemessener Arbeitsbedingungen vorgibt, ist hierin daher keine Begrenzung auf lediglich existenzsichernde Mindestarbeitsentgelte zu sehen. Stattdessen muss angenommen werden, dass der Gesetzgeber offensichtlich auch die Festsetzung von über diesem Niveau liegenden Mindestarbeitsentgelten vorgesehen hat.

d) „Unterste Grenze der Entgelte“

Ein weiterer Anhaltspunkt für die Frage nach der maximal festsetzbaren Mindestentgelthöhe könnte sich aus § 4 Abs. 4 S. 2 MiArbG ergeben. Nach der Gesetzesbegründung[105] und dem Wortlaut soll nach diesem Gesetz lediglich die unterste Grenze des Arbeitsentgelts gezogen werden. Auf den ersten Blick könnte hier eine Begrenzung auf solche Mindestentgelte angenommen werden, die lediglich das Existenzminimum der betroffenen Arbeitnehmer absichern.[106] Allerdings ist auch dieser Schluss – wie im Folgenden zu zeigen sein wird – nicht zwingend.

aa) Inhaltsbestimmung

(1) Wortlautauslegung

Aus der Formulierung des § 4 Abs. 4 S. 1 MiArbG wird deutlich, dass es allein um die Bestimmung einer Grenze für Arbeitsentgelte geht. Dies erklärt sich wiederum daraus, dass anders als nach der alten Gesetzesfassung mit der aktuellen ausschließlich eine Festsetzung von Mindestarbeitsentgelten, nicht aber anderer Arbeitsbedingungen möglich ist.[107] Ausgehend vom Wortlaut dieser Vorschrift lassen sich unter den Begriff des Arbeitsentgelts ohne Weiteres auch solche Löhne fassen, die gerade das Niveau existenzsichernder Arbeitsentgelte er-

---

105 Vgl. BT-Drucks. 16/10485, S. 10, Nr. 6, lit. c,.

106 So Sittard, Tarifnormerstreckung, S. 97, der anhand dieses Merkmals die Regelungszwecke von MiArbG und AEntG voneinander abgrenzt. Danach soll nach ersterem die Festsetzung lediglich existenzsichernder Mindestentgelte möglich sein, während mit der Tarifnormerstreckung auch sozial verträgliche, angemessene Arbeitsbedingungen zu erreichen sind. In diese Richtung auch Löwisch/Rieble, TVG, § 5, Rn. 5; Klumpp/Rieble, MHbArbR II, § 179, Rn. 2; Stütze, Kontrolle der Entgelthöhe, S. 230.

107 Vgl. dazu bereits unter § 5 B. I. 2. c) aa) (b).

reichen. Für sich genommen sagt der Begriff der untersten Grenze allerdings nicht zwingend aus, dass es sich bei den damit festgelegten Löhnen ausschließlich um existenzsichernde Löhne handeln darf.[108] Der Wortlaut ist in dieser Hinsicht offen. Zwar lässt sich der Begriff der „untersten Grenze" auch als absolutes Minimum verstehen.[109] Ob dieses Minimum aber mit dem des Existenzminimums übereinstimmen muss, lässt sich dem Gesetzeswortlaut nicht entnehmen. Vielmehr drückt diese Regelung letztlich nichts anderes aus, als dass sich der Fachausschuss bei der Festsetzung der Mindestentgelthöhe am untersten Rand des zur Verfügung stehenden Lohnspektrums bewegen muss. Allerdings gibt das Gesetz keinen Anhalt dafür, dass es sich dabei um eine absolute Untergrenze im Sinne eines existenzsichernden Lohns handelt. Denkbar ist vielmehr auch die Normierung einer untersten Grenze der Angemessenheit.

(2) Systematische Auslegung

§ 4 Abs. 4 S. 1 MiArbG weist einen zweifachen Bedeutungsgehalt auf: Einerseits ist hiermit bestimmt, dass tarifliche Vereinbarungen unterhalb der festgesetzten Entgeltgrenze keine Wirkung entfalten können. Dies kann als Beschreibung der Rechtsfolge einer Mindestentgeltverordnung aufgefasst werden. Auf der anderen Seite enthält § 4 Abs. 4 S. 1 MiArbG auch eine Anweisung an den Fachausschuss: Danach kann eine Lohnfestsetzung nur in der Höhe erfolgen, die zur Gewährleistung der in § 4 Abs. 4 S. 3 MiArbG genannten Kriterien mindestens erforderlich ist.[110] Damit ist dem Fachausschuss die Festlegung eines beliebig hohen Mindestarbeitsentgelts verwehrt. Er hat stattdessen zu prüfen, welche Lohnhöhe mindestens erforderlich ist, um im jeweiligen Wirtschaftszweig die in § 4 Abs. 4 S. 3 MiArbG genannten Kriterien zu erfüllen. Gleichzeitig ist es dem Fachausschuss damit verwehrt, Entgelte oberhalb dessen festzusetzen, was für die Schaffung angemessener Arbeitsbedingungen, die Förderung funktionierender und fairer Wettbewerbsbedingungen, sowie den Erhalt sozialversicherungspflichtiger Beschäftigung unerlässlich ist. Damit ergibt sich aus dem systematischen Zusammenhang zwischen § 4 Abs. 4 S. 1 und S. 3 MiArbG, dass die Festsetzung von Mindestarbeitsbedingungen durch den Fachausschuss nur dann zulässig ist, wenn die jeweils bestimmten Entgelte geeignet sind,

---

108 Auch Herschel, BArbBl 1952, 36 wies bereits darauf hin, dass der Begriff der untersten Entgeltgrenze „aus sich heraus nicht mit Gewissheit verständlich" ist, sondern erst im Zusammenhang mit dem weiteren Sinn und Zweck und den Absichten des Gesetzgebers verstanden werden kann.

109 So wohl Löwisch RdA, 2009, 215, 220.

110 In diesem Sinne wohl ErfK/Franzen, § 4 MiArbG, Rn. 3; Thüsing/Pelzner, AEntG-Komm., § 4 MiArbG, Rn. 23.

• angemessene Arbeitsbedingungen zu schaffen,
• faire und funktionierende Wettbewerbsbedingungen zu gewährleisten,
• sozialversicherungspflichtige Beschäftigung zu erhalten

und: In der Höhe lediglich das Mindestmaß für die vorgenannten Ziele bilden.

(3) Gesetzeshistorische Auslegung

Auch in der ursprünglichen Gesetzesfassung wurde der Terminus der untersten Entgeltgrenze verwendet. Er wurde im Schrifttum interpretiert als Bekenntnis des Gesetzgebers zum Grundsatz der freien tariflichen Vereinbarung der Arbeitsentgelte.[111] Vermieden werden sollte eine „Verelendung“ des Arbeitnehmers.[112] Entsprechend wurde der Begriff der untersten Grenze als „Schutzwall gegen den sozialen Notstand“, mithin wohl im Sinne existenzsichernder Lohnbestimmungen gedeutet.[113] Diese Deutung beruht allerdings vor allem auf dem Zusammenhang dieser Regelung mit den übrigen Normen des MiArbG 1952, insbesondere der Bestimmung des § 1 Abs. 2 Nr. 3 MiArbG 1952, wonach Mindestarbeitsbedingungen zur Setzung „notwendiger Arbeitsbedingungen erforderlich“ sein mussten.[114] Diese Voraussetzung ist nunmehr jedoch entfallen, sodass sich aus den Interpretationen zur alten Gesetzesfassung kaum Rückschlüsse auf die heutige Bedeutung dieses Begriffes ziehen lassen.[115]

(4) Teleologische Auslegung

Als Ergebnis der systematischen Auslegung wurde festgestellt, dass der Fachausschuss lediglich das unterste Maß der für die Erreichung der Kriterien aus § 4 Abs. 4 S. 3 MiArbG erforderlichen Mindestentgelte festsetzen darf. Zu beachten bleibt aber, dass damit noch nicht festgestellt ist, ob der Begriff der Entgeltuntergrenze zugleich eine Beschränkung der Festsetzungsbefugnis auf existenzsichernde Löhne enthält.[116] Stattdessen muss davon ausgegangen werden, dass der Fachausschuss zunächst bestimmen muss, welche Spanne von Entgelten geeignet wäre, die in § 4 Abs. 4 S. 3 MiArbG vorgegebenen Kriterien zu erfüllen. Erst ausgehend von diesem Rahmen bewirkt § 4 Abs. 4 S. 2 MiArbG eine nähere Beschränkung: Der Fachausschuss muss sich danach bei der Festsetzung auf das unabweisliche Minimum zur Erreichung der in § 4 Abs. 4 S. 3 MiArbG vorgegebenen Ziele beschränken. Insbesondere anhand der Auslegungsergebnisse

---

111 Andelewski, DStR 2008, 2114; Fitting, RdA 1952, 5, 8; Herschel, BArbBl. 1952, 36.

112 Andelewski, DStR 2008, 2114.

113 Andelewski, DStR 2008, 2114; Fitting, RdA 1952, 5, 8; Herschel, BArbBl. 1952, 36; siehe dazu auch bereits oben unter § 5 B. I. 2. c) aa) (3).

114 So etwa bei Andelewski, DStR 2008, 2114.

115 Vgl. bereits oben unter § 5 B. I. 2. c) aa) (3).

116 So aber Löwisch, Staatlicher Mindestentlohn rechtlich gesehen, S. 17.

zum Begriff des angemessenen Arbeitsentgelts muss aber davon ausgegangen werden, dass auch hier das Mindestmaß nicht zwingend deckungsgleich mit dem für die Existenzsicherung Erforderlichen ist. Dies kann nach dem Vorgesagten zunächst nur dann zutreffen, wenn das Mindestmaß des im jeweiligen Wirtschaftszweig festzusetzenden Entgelts mit der Höhe existenzsichernder Löhne übereinstimmt. In allen anderen Fällen ist aus dem Zusammenhang von § 4 Abs. 4 S. 1 und S. 3 MiArbG lediglich zu folgern, dass das Mindestentgelt nicht höher liegen darf, als für die Erreichung der dort genannten Ziele erforderlich.[117]

Für die an dieser Stelle zu beantwortende Frage, ob das MiArbG eine Beschränkung auf die Festsetzung existenzsichernder Mindestentgelte enthält, lässt sich hieraus jedoch nur ableiten, dass es im Einzelfall geboten sein kann, lediglich einen existenzsichernden Lohn festzusetzen. Dies aber hängt stets von den Gegebenheiten im konkreten Wirtschaftszweig ab. Die dafür in Relation zu setzenden Größen sind die zu erreichenden Ziele des § 4 Abs. 4 S. 3 MiArbG und das hierfür mindestens erforderliche Arbeitsentgelt. In einem weiteren Prüfungsschritt ist dann zu ermitteln, ab welcher Entgelthöhe die verfolgten Zwecke wiederum gefährdet wären. Der so gewonnene Wert bildet die Obergrenze der Mindestentgeltsetzung bezogen auf den jeweiligen Wirtschaftszweig. Im Ergebnis zeigt sich damit, dass § 4 Abs. 4 S. 1 MiArbG nicht im Sinne einer absoluten Untergrenze verstanden werden kann, sondern seinen Bedeutungsgehalt erst in der Anwendung der in § 4 Abs. 4 S. 3 MiArbG genannten Kriterien auf den jeweiligen Wirtschaftszweig erhält. Aufgrund dieser Abhängigkeit vom konkreten Einzelfall lässt sich im Ergebnis daher auch von einer „relativen Untergrenze“ sprechen.

bb) Zwischenergebnis

Die Auslegung des § 4 Abs. 4 S. 1 MiArbG zeigt, dass der Begriff der untersten Entgeltschranke eine Doppelrolle einnimmt: Einerseits bestimmt er, dass Abweichungen per Tarifvertrag unter das festgesetzte Entgeltniveau ausgeschlossen sind. Andererseits kommt darin zum Ausdruck, dass ausschließlich die Festsetzung von solchen Entgelten zulässig sein kann, die mindestens erforderlich sind, um die Kriterien des § 4 Abs. 4 S. 3 MiArbG zu erfüllen. Im Ergebnis folgt daraus aber nicht zwangsläufig zugleich eine Beschränkung der Entgeltfestsetzung auf lediglich existenzsichernde Mindestarbeitsentgelte.

---

117 Entsprechend darf ein Mindestentgelt nicht so hoch angesetzt werden, dass die dort genannten Ziele dadurch gefährdet würden. So steht etwa zu befürchten, dass mit steigendem Mindestentgelt im jeweiligen Wirtschaftszweig zumindest der Bestand sozialversicherungspflichtiger Beschäftigung zunehmend gefährdet wird. Insoweit beschränkt sich das MiArbG also gewissermaßen in seiner Reichweite durch die vorgegebenen Ziele selbst.

c) Differenzierung nach Art der Tätigkeit, Qualifikation und Regionen, § 4 Abs. 4 S. 2 MiArbG

aa) Wortlautauslegung

Ein letztes und gleichwohl entscheidendes Argument gegen die Annahme einer Beschränkung der Mindestlohnfestsetzung nach dem MiArbG auf existenzsichernde Mindestarbeitsentgelte findet sich in § 4 Abs. 4 S. 2 MiArbG. Danach ist es dem Fachausschuss gestattet, bei der Festsetzung von Mindestarbeitsentgelten nach der Art der Tätigkeit, der Qualifikation der Arbeitnehmer und nach Regionen zu differenzieren. Zwar ist der Gesetzesbegründung zu entnehmen, dass die Festsetzung ganzer Lohngitter[118] nicht möglich sein soll.[119] Zudem dürfte die Gefahr von erschöpfend ausdifferenzierten Lohngittern tatsächlich dadurch verringert werden, dass wohl lediglich „grobe“ Unterscheidungen in Hinsicht auf die genannten drei Differenzierungskriterien zulässig sind.[120] In letzter Konsequenz erlaubt es der Wortlaut dieser Vorschrift aber dennoch, innerhalb desselben Wirtschaftszweiges unterschiedliche Mindestentgelte festzusetzen, wenn etwa nach der Schwierigkeit der Arbeit oder zwischen gelernten und ungelernten Arbeitnehmern differenziert wird.[121]

bb) Systematische Auslegung

Als aufschlussreich für die Interpretation dieses Merkmals erweist sich ein vergleichender Blick auf die Regelungen des Entsendegesetzes. Der grundsätzliche komplementäre Zusammenhang dieses Gesetzes zum MiArbG wurde oben bereits erörtert.[122] Besondere Bedeutung erhält in diesem Zusammenhang die Regelung des § 5 Nr. 1 AEntG. Danach können zum Inhalt eines erstreckungsfähigen Tarifvertrages Mindestentgeltsätze gehören, die nach Art der Tätigkeit, Qualifikation der Arbeitnehmer und Regionen differenzieren. Zu beachten ist, dass der Wortlaut dieser Vorschrift im Wesentlichen mit der des § 4 Abs. 4 S. 2 MiArbG übereinstimmt. In den Stellungnahmen zu § 5 Nr. 1 AEntG wird indes nicht vertreten, der Gesetzgeber wolle lediglich existenzsichernde Mindestent-

---

118 Auf diese Gefahr weisen etwa Bietmann, Mindestlohn, S. 87, 171; ErfK/Franzen, § 4 MiArbG, Rn. 2; Sodan/Zimmermann, NJW 2009, 2001, 2002; Willemsen/Sagan, NZA 2008, 1216, 1217 hin.

119 BT-Drucks. 16/10485, S. 10, Nr. 5, lit. c.

120 Vgl. Bayreuther, NJW 2009, 2006.

121 Beispiele bei ErfK/Franzen, § 4 MiArbG, Rn. 2. Entsprechend wurde bereits im Gesetzgebungsverfahren darauf hingewiesen, dass sich Wortlaut und Begründung des Gesetzes an dieser Stelle nicht decken, entscheidend aber letztlich die Gesetzesfassung selbst sei, vgl. Stellungn. Haucap, Ausschussdrucks. 16(11)1117, S. 31.

122 Siehe unter c) aa) (2) (b).

gelte bestimmen.[123] Stattdessen betont etwa *Schlachter*, dass die aktuelle Fassung des Entsendegesetzes ausdrücklich verschiedene Entgeltsätze zulassen wolle.[124] Durch die Aufnahme der genannten Differenzierungskriterien solle daher eine „größere Flexibilität" gegenüber einem einheitlichen bundesweiten Mindestentgeltsatz erreicht werden.[125] Insbesondere verlange auch die hinter dem AEntG stehende Entsenderichtlinie gerade keine Beschränkung auf die Sicherung des Existenzminimums.[126]

Vor dem Hintergrund der wortgleichen Formulierung des § 5 Nr. 1 AEntG und des § 4 Abs. 4 S. 2 MiArbG und dem offensichtlichen Regelungszusammenhang zwischen diesen Gesetzen erscheint eine unterschiedliche Deutung dieser Normierungen nahezu ausgeschlossen. Zudem ist auch nicht ersichtlich, dass der Gesetzgeber diese beabsichtigte. So heißt es in der Gesetzesbegründung zum MiArbG explizit, die Differenzierung anhand der genannten Kriterien habe sich bereits bei der Erstreckung von Tarifverträgen nach dem AEntG bewährt.[127] Damit wird augenscheinlich auf §§ 2 Nr. 1, 5 Nr. 1, 8 AEntG angespielt.[128] Dies kann im Ergebnis nur dahingehend verstanden werden, dass keine wesentlichen Unterschiede zwischen der Ausdifferenzierung der Mindestentgelte nach den beiden Gesetzen bestehen sollen. Im Ergebnis legt dieser Verweis des Gesetzgebers also nahe, dass - wie beim AEntG - auch im Rahmen des MiArbG die Differenzierung nach den genannten Kriterien gerade nicht auf die Festsetzung lediglich existenzsichernder Arbeitsentgelte abzielt. Folglich wird eine Festsetzung „relativer Mindestlöhne" zugelassen, deren Höhe sich an den Vorgaben des § 4 Abs. 4 S. 3 MiArbG einerseits und den Differenzierungskriterien des § 4 Abs. 4 S. 2 MiArbG andererseits bemisst.[129] Die Annahme einer gesetzlichen Beschränkung auf existenzsichernde Entgelte scheint in diesem Zusammenhang ausgeschlossen.[130]

---

123 Vgl. nur Klumpp/Rieble, MHbArbR II, § 179, Rn. 2; ErfK/Schlachter, § 5 AEntG, Rn. 2; Sittard, Tarifnormerstreckung, S. 316ff., 444; ders., NZA 2009, 346ff., Fn. 4; Sodan/Zimmermann, NJW 2009, 2001, 2003; Thüsing, ZfA 2008, 590, 610; ders. BB 2009, M1; Willemsen/Sagan, NZA 2008, 1216, 1217.

124 ErfK/Schlachter, § 5 AEntG, Rn. 2.

125 ErfK/Schlachter, § 5 AEntG, Rn. 2.

126 ErfK/Schlachter, § 5 AEntG, Rn. 2.

127 BT-Drucks. 16/10485, S. 10, Nr. 5, lit. d.

128 So auch Thüsing/Pelzner, AEntG-Komm., § 4 MiArbG, Rn. 32.

129 So auch Waltermann, NZA-Beilage 2009, 110, 117; ders, NJW 2010, 801, der zudem darauf hinweist, dass damit jedes der in der aktuellen Debatte vorgebrachten Mindestentgelte zwischen 6 und 12 Euro grundsätzlich zulässig wäre.

130 Im Ergebnis ebenso Sodan/Zimmermann, ZfA 2008, 526, 549 ff.; dies. NJW 2009, 2006, 2001, 2003; Willemsen/Sagan, NZA 2008, 1216, 1221.

cc) Gesetzeshistorische Auslegung

Im MiArbG 1952 war eine Differenzierung wie in § 4 Abs. 4 S. 2 MiArbG nicht vorgesehen. In § 4 Abs. 4 MiArbG 1952 hieß es lediglich, es werde eine „unterste Grenze der Entgelte und sonstigen Arbeitsbedingungen in einem Wirtschaftszweig oder einer Beschäftigungsart festgelegt." Im Schrifttum wurde dies als Beschränkung auf die Festsetzung ausschließlich existenzsichernder Mindestbedingungen angesehen.[131] Es wurde insoweit herausgestellt, dass, im Gegensatz zu den Regelungen des HAG, das MiArbG 1952 gerade nicht nach Tätigkeiten differenziere.[132] Eine solche Differenzierung wurde bereits in damaliger Zeit als Befugnis zur Festsetzung angemessener Löhne angesehen und mit dem Argument abgelehnt, es werde ansonsten dem Zweck des MiArbG 1952 widersprochen.[133] Die fehlende Möglichkeit, Mindestarbeitsbedingungen in unterschiedlicher Höhe für verschiedene Tätigkeiten festzusetzen, wurde entsprechend als Bekenntnis zur Zielsetzung existenzsichernder Mindestarbeitsbedingungen gewertet.[134]

Mit der Aufnahme der Differenzierungskriterien in § 4 Abs. 4 S. 2 MiArbG hat sich der Gesetzgeber offenbar ausdrücklich von der ursprünglichen Gesetzesfassung gelöst. Im Umkehrschluss zu den Erwägungen zum MiArbG 1952 muss daher konsequenterweise aus der heutigen Fassung des MiArbG geschlossen werden, dass mit § 4 Abs. 4 S. 2 MiArbG zugleich eine ausnahmslose Beschränkung auf die Festsetzung existenzsichernde Mindestentgelte entfallen ist.

dd) Teleologische Auslegung

Auch aus der Perspektive eine teleologischen Auslegung lässt sich kein anderes Ergebnis erzielen, als die Feststellung, dass eine Ausdifferenzierung von Mindestentgelten nach den Kriterien des § 4 Abs. 4 S. 2 MiArbG mit dem Ziel, lediglich existenzsichernde Löhne festzusetzen, nur schwer zu vereinbaren ist.[135] Wie oben gezeigt, hängt die Höhe des existenzsichernden Entgelts nicht vom

---

131 Fitting, RdA 1952, 5, 9.

132 Fitting, RdA 1952, 5, 9; Herschel, BArbl. 1952, 36.

133 Fitting, RdA 1952, 5, 9; Herschel, BArbl. 1952, 36.

134 Fitting, RdA 1952, 5, 9; Herschel, BArbl. 1952, 36.

135 Wenn Bayreuther, NJW 2009, 2006 darauf verweist, dass sich diese grobe Differenzierung im Zusammenhang mit Mindestlohntarifverträgen bewährt hat, muss beachtet werden, dass die Mindestentgelte nach dem MiArbG gerade nicht tarifbasiert sind und deshalb strengere Anforderungen an ihre Vereinbarkeit mit der Tarifautonomie zu stellen sein dürften, als bei der Erstreckung funktionierender Tarifregelungen. Zudem wird durch diesen Hinweis auf das AEntG umso deutlicher, dass auch das MiArbG offensichtlich nicht auf Existenzsicherung beschränkt ist, sondern wie das AEntG auch den angemessenen Lohn zum Gegenstand haben soll.

jeweiligen Arbeitsverhältnis ab, sondern beschreibt einen Mindestmaßstab, unterhalb dessen eine hinreichende Lebensführung nicht möglich ist.[136] Selbst wenn der obigen Differenzierung zwischen angemessenen und existenzsichernden Entgelten nicht gefolgt und § 4 Abs. 4 S. 3 Nr. 1 MiArbG entgegen seinem Wortlaut auslegt würde, bliebe weiterhin zu erklären, wie die in § 4 Abs. 4 S. 2 MiArbG vorgesehene Differenzierung nach unterschiedlichen Kriterien mit einer Beschränkung auf existenzsichernde Entgelte in Einklang zu bringen sein soll.

Allenfalls wäre dies denkbar, wenn von einem „marktgerechten Existenzminimum" ausgegangen würde.[137] Soweit dieser Begriff im Schrifttum verwendet wird, zeigt sich jedoch ebenfalls deutlich, dass damit ein Entgelt gemeint ist, welches auf der „tariflichen Regelungsstruktur" basiert.[138] Auch mit einer solchen Umschreibung müsste man also zu dem Ergebnis kommen, dass die Festlegung von nach bestimmten Kriterien differenzierenden Mindestentgelten eher der tariflichen Lohnfindung gleicht, als der Bestimmung eines absoluten Mindestniveaus auf dem Level des durch die Menschenwürdegarantie und das Sozialstaatsgebot vorgegebenen Existenzminimums. Es ist deshalb festzuhalten, dass auf die Art der Tätigkeit und die Qualifikation der Arbeitnehmer bezogene Differenzierungskriterien grundsätzlich ohne Bedeutung für die Bestimmung des für die Existenzsicherung absolut Erforderlichen sind.[139] Soll ein Mindestlohn lediglich Ausdruck des Menschenwürdeschutzes sein, so spielen für diesen regionale Besonderheiten, verschiedene Qualifikationen und der unterschiedliche Wert verschiedener Arbeitsleistungen gerade keine Rolle.[140] Für einen existenzsichernden Lohn ist vielmehr der individuelle Bedarf von grundsätzlicher Bedeutung. Dieser wiederum hängt aber nicht von der Art der jeweiligen Tätigkeit oder der Qualifikation des Betroffenen ab.[141] Der existenzsichernde Lohn bildet damit lediglich das ab, was grundsätzlich für die Daseinsbewältigung erforderlich ist. In Bezug auf das Arbeitsverhältnis handelt es sich deshalb auch nicht um eine relative, sondern um eine absolute Größe.[142] Wenn nun aber § 4 Abs. 4 S. 2 MiArbG ausdrücklich die Differenzierung nach verschiedenen Kriterien

---

136 Vgl. § 5 B. I. 2. c) aa) (1) (c).

137 Vgl. zu diesem Begriff Bieback/Kocher, in: Bieback/Dieterich/Hanau/Kocher/Schäfer, Tarifgestützte Mindestlöhne, S. 85.

138 Bieback/Kocher, in: Bieback/Dieterich/Hanau/Kocher/Schäfer, Tarifgestützte Mindestlöhne, S. 85.

139 Vgl. § 5 B. I. 2. c) aa) (1) (c).

140 Bietmann, Mindestlohn, S. 130; Bispinck/Schulten/Dieterich, Zukunft der Tarifautonomie, S. 188.

141 § 5 B. I. 2. c) aa) (1) (c).

142 § 5 B. I. 2. c) aa) (1) (c).

erlaubt, ist dies eine klare Absage an eine Beschränkung auf die Festlegung existenzsichernder Mindestentgelte.[143] Dies gilt selbst dann, wenn man – ohne dass eine solche Einschränkung im Gesetzeswortlaut eine Stütze fände – nur Differenzierungen als „Ausnahmen ‚nach unten'" zuließe.[144] Auch für die im Schrifttum teilweise für zulässig gehaltene Unterscheidung zwischen gelernten und ungelernten Arbeitnehmern[145] kann nicht befriedigend begründet werden, inwieweit sich das Existenzminimum des besser Qualifizierten von dem des Geringqualifizierten unterscheiden soll. Jeder Argumentationsansatz liefe darauf hinaus, dies mit einem höheren Entlohnungsanspruch aufgrund der höheren Fähigkeiten und dem regelmäßig höheren Wert der Arbeitsleistung erklären zu müssen. Dies ist aber gerade – wie bereits mehrfach betont – kein Merkmal eines rein existenzsichernden Entgelts, sondern vielmehr Ausdruck des Äquivalenzgedankens, wie er regelmäßig auch etwa dem Tariflohn zugrunde liegt. Es bleibt daher festzustellen, dass die hier untersuchte Regelung bewirkt, dass der Verordnungsgeber auf einem untersten Niveau ähnlich ausdifferenzierte Lohnstrukturen in einzelnen Wirtschaftszweigen schaffen können soll, wie es sonst nur die Tarifparteien tun.[146] [147]

f) Zusammenfassung

Die Auslegung der in den maßgeblichen Normen des MiArbG verwendeten unbestimmten Rechtsbegriffe ergibt nicht zwingend eine Beschränkung der Festsetzungsbefugnis auf lediglich existenzsichernde Mindestarbeitsentgelte. Ihnen ist vielmehr gemeinsam, dass sie zwar die Festsetzung existenzsichernder Löhne zulassen. Eine Obergrenze enthalten diese Vorschriften jedoch nur insoweit, als der Verordnungsgeber ausschließlich solche Mindestentgelte festsetzen darf, die zur Erreichung der in § 4 Abs. 4 S. 3 MiArbG genannten Vorgaben mindestens

143 In diese Richtung auch Andelewski, DStR 2008, 2114; ebenso Bayreuther, NJW 2009, 2006, 2009; Bietmann, Mindestlohn, S. 130; Sodan/Zimmermann, ZfA 2008, 526, 549 ff.; dies., NJW 2009, 2001, 2003; Thüsing, ZfA 2008, 590, 610; Willemsen/Sagan, NZA 2008, 1216, 1217.

144 So Sittard, Tarifnormerstreckung, S. 444.

145 Vgl. Sittard, Tarifnormerstreckung, S. 444.

146 Exemplarisch hebt etwa Thüsing/Pelzner, AEntG-Komm., § 4 MiArbG, Rn. 32 hervor, die Differenzierung nach Regionen erlaube beispielsweise die in Tarifverträgen übliche Unterscheidung zwischen West- und Ostdeutschland.

147 ErfK/Franzen, § 4 MiArbG, Rn. 2 weist insoweit auf die Gefahr hin, dass dem Verordnungsgeber die Möglichkeit eingeräumt werde, selbst „Tarifpolitik" zu betreiben. In den Stellungnahmen zum Regierungsentwurf wurde insoweit an verschiedener Stelle von „Quasi-Tarifverträgen" gesprochen, vgl. etwa Stellungn. Haucap, Ausschussdrucks. 16(11)1117, S. 31.

erforderlich sind. Jedes darüber liegende Entgelt würde nicht mehr die in § 4 Abs. 4 S. 1 MiArbG enthaltene Vorgabe einer Entgeltuntergrenze erfüllen.

Darüber hinaus differenziert das MiArbG aber gerade nicht zwischen angemessenen und existenzsichernden Mindestarbeitsentgelten. Insbesondere die signifikanten Unterschiede zwischen dem in § 4 Abs. 4 S. 3 Nr. 1 MiArbG verwendeten Begriff der angemessenen Arbeitsbedingungen zu dem der existenzsichernden Arbeitsentgelte sprechen dafür, dass mit dem MiArbG auch Mindestarbeitsentgelte festgelegt werden können, die oberhalb des von Art. 1 Abs. 1 GG geforderten Existenzminimums liegen. Ebenso ist die in § 4 Abs. 4 S. 2 MiArbG vorgesehene Differenzierung nach Art der Tätigkeit, Qualifikation der Arbeitnehmer und Regionen nicht vereinbar mit der Festsetzung eines absolut auf die Existenzsicherung beschränkten Mindestentgelts.

Im Ergebnis berücksichtigen die Bestimmungen des MiArbG die grundgesetzliche Grenzziehung aus Art. 1 Abs. 1 GG i.V.m. dem Sozialstaatsprinzip daher nicht. Auch den Gesetzesmaterialien kann eine Begrenzung auf existenzsichernde Löhne nicht entnommen werden. Wenn aber Sinn und Zweck des MiArbG sein soll, die Missstände in einzelnen Wirtschaftsbereichen durch staatliche Lohnfestsetzung zu beheben, so kann dies nur in dem durch das Grundgesetz gesteckten Rahmen geschehen. Dieser gibt in Hinsicht auf die Menschenwürdegarantie aber eine Begrenzung der staatlichen Befugnisse auf ausschließlich existenzsichernde Löhne vor. Soweit das MiArbG diese Grenze überschreitet, kann sich der Gesetzgeber daher im Ergebnis nicht auf seine aus Art. 1 Abs. 1 GG in Verbindung mit dem Sozialstaatsprinzip folgende Pflicht zur Gewährleistung existenzsichernder Bedingungen berufen, um die mit dem MiArbG verbundenen Eingriffe in die Tarifautonomie zu rechtfertigen.

3. Möglichkeit der verfassungskonformen Auslegung?

Nach dem Vorgesagten kann dem MiArbG eine Beschränkung auf existenzsichernde Mindestentgelte nicht entnommen werden. Als Ausprägung der sozialstaatlichen Pflicht zur Gewährleistung des Existenzminimums stellt sich das Gesetz deshalb nicht dar. Es liegt vielmehr im Wesentlichen in den Händen des Verordnungsgebers, wie er die Regelungen des MiArbG auslegt und ob er sich auf die Festsetzung existenzsichernder Mindestarbeitsentgelte beschränkt.

Oben wurde bereits angedeutet, dass Teile des Schrifttums das MiArbG so ausgelegt wissen wollen, dass lediglich die Festsetzung existenzsichernder Entgelte möglich sein soll.[148] Dies wirft die Frage auf, ob trotz der vorstehend gefundenen Auslegungsergebnisse das MiArbG derart teleologisch reduziert wer-

---

148 ErfK/Franzen, § 4 MiArbG, Rn. 3; Klumpp/Rieble, MHbArbR II, § 179, Rn. 2; Sittard, Tarifnormerstreckung, S. 451; ders., NZA 2009, 346, 351.

den kann, dass letztlich die verfassungsrechtlichen Vorgaben der sozialstaatlichen Schutzpflicht doch noch eingehalten werden. Es geht damit also um die Frage einer verfassungskonformen Auslegung dieses Gesetzes.

a) Zulässigkeit und Grenzen der verfassungskonformen Auslegung

Nach der Rechtsprechung des Bundesverfassungsgerichts führt eine Deutungsambivalenz nicht unmittelbar zur Verfassungswidrigkeit des gesamten Gesetzes.[149] Auch eine „Teilverfassungswidrigkeit" wird hier in der Regel nicht angenommen.[150] Stattdessen hat das Gericht für solche Situationen das Gebot der verfassungskonformen Auslegung entwickelt.[151] Danach sei eine Norm verfassungsgemäß und müsse verfassungskonform ausgelegt werden, wenn sie mehrere Auslegungen zulässt, „die teils zu einem verfassungswidrigen, teils zu einem verfassungsgemäßen Ergebnis führen".[152] Es bestehe „nicht nur eine Vermutung dafür, daß ein Gesetz mit dem Grundgesetz vereinbar ist, sondern das in dieser Vermutung zum Ausdruck kommende Prinzip verlangt auch im Zweifel eine verfassungskonforme Auslegung des Gesetzes".[153]

> „Denn das Gebot verfassungskonformer Gesetzesauslegung verlangt, von mehreren möglichen Normdeutungen, die teils zu einem verfassungswidrigen, teils zu einem verfassungsmäßigen Ergebnis führen, diejenige vorzuziehen, die mit dem Grundgesetz in Einklang steht."[154]

Sinn und Zweck dieses ungeschriebenen Gebots ist "die richterliche Zurückhaltung" gegenüber den Entscheidungen des Gesetzgebers.[155] Auf diese Weise wird ein „Kompromiss zwischen dem Geltungsvorrang der Verfassung" und der Gestaltungsfreiheit des Gesetzgebers geschaffen.[156] Entsprechend wird regelmäßig davon ausgegangen, dass dieser keine verfassungswidrigen Gesetze erlassen will und es in seinem Interesse liegt, bei mehrdeutigen Normen die Auslegung anzuwenden, die das Gesetz als solches erhält und vor Verwerfung schützt. Grundsätzlich hat daher die verfassungskonforme Auslegung einer Norm deren weit-

---

149 BVerfGE 64, 229, 242; BVerfGE 69, 1, 55; BVerfGE 74, 297, 299; BVerfGE 88, 203, 331.; Schlaich/Korioth, Bundesverfassungsgericht, Rn. 442.

150 Schlaich/Korioth, Bundesverfassungsgericht, Rn. 442.

151 BVerfGE 54, 251, 275; BVerfGE 64, 229, 242; BVerfGE 69, 1, 55; BVerfGE 74, 297, 299; BVerfGE 88, 203, 331; vgl. dazu auch Spanner, AöR 91 (1966,), 503ff.; Hesse, Verfassungsrecht, Rn. 79ff.; Zuck, Verfassungsbeschwerde, Rn. 65.

152 BVerfGE 64, 229, 242; BVerfGE 69, 1, 55; BVerfGE 74, 297, 299; BVerfGE 88, 203, 331.

153 BVerfGE 2, 266, 282; Hesse, Verfassungsrecht, Rn. 79ff., 80.

154 BVerfGE 32, 373, 383; BVerfGE 51, 304, 323; BVerfGE 64, 229, 242.

155 Schlaich/Korioth, Bundesverfassungsgericht, Rn. 449.

156 Maunz/Schmidt-Bleibtreu/Klein/Bethge/Bethge, BVerfGG, § 78, Rn. 97.

gehende Weitergeltung zur Folge.[157] Es wird lediglich der „Kreis der als unbedenklich erkannten Auslegungen enger“ gezogen, als es bei der vorbehaltlosen Gültigerklärung der Fall wäre.[158] Der verfassungsgemäße Teil der Norm wird daher im Wege der teleologischen Reduktion vor seiner Verwerfung bewahrt.[159]

Ebendieser Respekt vor der Entscheidung des Gesetzgebers gebietet allerdings zugleich, der Auslegung dort eine Grenze zu ziehen, wo diese entweder nicht mit dem Gesetzeswortlaut zu vereinbaren wäre, oder aber die Intention des Gesetzgebers unterlaufen würde. Entsprechend legt das Bundesverfassungsgericht die Grenzen der verfassungskonformen Auslegung folgendermaßen fest:

> „Zumal bei zeitlich neuen und sachlich neuartigen Regelungen kommt den anhand des Gesetzgebungsverfahrens deutlich werdenden Regelungsabsichten des Gesetzgebers erhebliches Gewicht bei der Auslegung zu, sofern Wortlaut und Sinnzusammenhang der Norm Zweifel offenlassen. Über die erkennbare Regelungsabsicht darf die Auslegung in solcher Lage nicht hinweggehen.“[160]

Mit anderen Worten ist also eine Auslegung entgegen dem Wortlaut genauso unzulässig, wie eine solche entgegen den „gesetzgeberischen Grundentscheidungen, Wertungen“ und Gesetzeszielen.[161] Die Auslegung eines Gesetzes darf daher nicht dazu führen, dass dieses zwar als verfassungsgemäß anzusehen ist, in der Folge aber die gesetzgeberischen Zielsetzungen nicht mehr erreichen kann. Das Gebot der verfassungskonformen Auslegung findet daher dort seine Grenze, wo die Nichtigerklärung für die gesetzgeberische Gestaltungsfreiheit die weniger intensive Beschränkung darstellt. Dies ist immer dann der Fall, wenn die Neuregelung des jeweiligen Bereichs eher dem gesetzgeberischen Willen entspricht, als die Weitergeltung eines nur in Teilen verfassungsgemäßen Gesetzes.[162]

---

157 Zuck, Verfassungsbeschwerde, Rn. 65.

158 Zuck, Verfassungsbeschwerde, Rn. 65.

159 Maunz/Schmidt-Bleibtreu/Klein/Bethge/Bethge., BVerfGG, § 78, Rn. 97.

160 BVerfGE 54, 277, 299.

161 Schlaich/Korioth, Bundesverfassungsgericht, Rn. 449.

162 Schlaich/Korioth, Bundesverfassungsgericht, Rn. 451; vgl. auch BVerfGE 8, 71, 79: „Eine "verfassungskonforme Auslegung" würde also in diesem Falle den normativen Gehalt der Ersten Anordnung grundlegend neu bestimmen. Das kann nicht durch einen Spruch des Bundesverfassungsgerichts geschehen. Vielmehr muß dem Gesetzgeber die Entscheidung vorbehalten bleiben, ob er die verfassungswidrige Regelung durch eine verfassungsmäßige ersetzen will. Seiner rechtspolitischen Entscheidung kann und darf das Bundesverfassungsgericht nicht vorgreifen.“

b) Keine Auslegung entgegen dem Wortlaut

Bei der Frage nach einer verfassungskonformen Auslegung des MiArbG ist zunächst dessen Wortlaut zu berücksichtigen.[163] Die Auslegung des MiArbG hat gezeigt, dass die in dessen Normen verwendeten unbestimmten Rechtsbegriffe in einem hohen Maß konturenlos sind.[164] Im Hinblick auf die festzusetzende Lohnhöhe ist ihnen keine bestimmte Wertung zu entnehmen. Es wurde vielmehr oben anhand der Auslegung der einzelnen Begriffe festgestellt, dass zwar keiner von ihnen die Festlegung existenzsichernder Mindestentgelte ausschließt, andererseits aber auch keine Beschränkung der Entgelthöhe auf dieses Niveau zwingend und ausdrücklich vorschreibt.[165]

Dies gilt insbesondere zunächst für den Begriff des Mindestarbeitsentgelts selbst[166]: Diesem ist keine explizite Aussage über die Höhe dieses Entgelts zu entnehmen. Er ist stattdessen offen gestaltet und lässt grundsätzlich jede Ausformung zu. Eine eigenständige Bedeutung kommt diesem Begriff nur insoweit zu, als damit zum Ausdruck kommt, dass das staatlich festgesetzte Entgelt mindestens zu zahlen ist, es also nicht durch anderweitige Vereinbarung unterboten werden darf. Ob dieser Mindestsatz oberhalb der Existenzsicherung liegt oder nicht, lässt der Wortlaut dagegen offen. Weiter kann auch der in § 4 Abs. 4 S. 1 MiArbG verwendete Begriff der untersten Grenze der Entgelte nicht zwingend als Festlegung auf existenzsichernde Entgelte verstanden werden.[167] Denkbar ist vielmehr ebenso, dass der Gesetzgeber die unterste Grenze der angemessenen Entgelte, also ein Mindestmaß an Äquivalenz, festsetzen dürfen soll.

Etwas anderes ergibt sich auch nicht, soweit § 4 Abs. 4 S. 3 Nr. 1 MiArbG dem Fachausschuss vorgibt, bei der Festsetzung von Mindestentgelten sicherzustellen, dass diese geeignet sind, angemessene Arbeitsbedingungen zu schaffen. Der Begriff des angemessenen Arbeitsentgelts unterscheidet sich ganz grundsätzlich von dem des existenzsichernden Entgelts.[168] Nach der hierzu herausgearbeiteten Definition ist für die Beurteilung von angemessenen Arbeitsentgelten zu fragen, ob das gezahlte Entgelt in einem gerechten Verhältnis zur jeweiligen Arbeitsverpflichtung steht.[169] Dagegen wurde als charakteristisch für die Be-

---

163 Insoweit ist vor einer allzu „akrobatischen" Anstrengung (Stern, Staatsrecht II, S. 959) mit dem Ziel des Normerhalts zu warnen, damit es nicht zur Deformation des jeweiligen Gesetzes kommt, vgl. Bettermann, Verfassungskonforme Auslegung, S. 46.

164 Vgl. ausführlich unter § 5 B. I. 2.

165 § 5 B. I. 2. f).

166 § 5 B. I. 2. a).

167 § 5 B. I. 2. d).

168 § 5 B. I. 2. c).

169 § 5 B. I. 2. c).

stimmung des existenzsichernden Lohns die Bestimmung eines von der jeweiligen vertraglichen Pflicht unabhängigen Satzes erachtet, dessen Höhe von dem individuellen Bedarf des jeweiligen Arbeitnehmers abhängt.[170] Insoweit unterscheiden sich die Begriffe des angemessenen und der des existenzsichernden Lohns erheblich. Aufgrund der maßgeblichen Unterschiede zwischen diesen zwei Lohnniveaus wurde dann auch der Auffassung[171] widersprochen, der Begriff der angemessenen Arbeitsbedingungen sei nicht im Sinne eines angemessenen bzw. gerechten Arbeitsentgelts zu verstehen. Die Auslegung des § 4 Abs. 4 S. 3 Nr. 1 MiArbG hat ergeben, dass es dem Gesetzgeber offenbar auf die Bestimmung angemessener und nicht lediglich existenzsichernder Arbeitsentgelte ankommt.[172] Würde § 4 Abs. 4 S. 3 Nr. 1 MiArbG in dem Sinne ausgelegt, dass ausschließlich die Festsetzung existenzsichernder Mindestentgelte zulässig sein soll, bestünden daher erhebliche Zweifel, ob eine solche Auslegung noch in verfassungskonformer Weise von dem Wortlaut der Normen gedeckt wäre.

Entscheidend gegen eine solche Auslegung spricht schließlich auch der Wortlaut des § 4 Abs. 4 S. 2 MiArbG. Die damit zugelassene Differenzierung ist dem Begriff der Existenzsicherung fremd. Es ist nicht ersichtlich, welchen Anwendungsbereich diese Vorschrift behalten soll, wenn im Wege einer verfassungskonformen Auslegung das MiArbG auf die Festsetzung lediglich existenzsichernder Mindestarbeitsentgelte beschränkt würde.

c) Keine Auslegung entgegen den gesetzgeberischen Grundentscheidungen, Wertungen und Gesetzeszielen

Selbst wenn entgegen dem Wortlaut des MiArbG eine verfassungskonforme Auslegung noch für möglich gehalten würde, wäre letztlich doch maßgebend, dass das Auslegungsergebnis nicht die wesentlichen Motive und Erwartungen des Gesetzgebers unterlaufen oder gar ins Gegenteil verkehren darf.[173] Das Ergebnis der verfassungskonformen Auslegung darf sich daher allenfalls als ein „Minus", nicht aber als ein „aliud" zu der ursprünglichen Normierung darstellen.[174] Entscheidend ist, ob die nach der Auslegung verbleibende Regelung der-

170 § 5 B. I. 2. c).

171 Franzen, in ErfK, § 4 MiArbG, Rn. 3; Sittard, Tarifnormerstreckung, S. 451; ders., NZA 2009, 346, 351, insb. Fn. 34.

172 In diesem Zusammenhang wurde auch herausgestellt, dass der in dieser Norm verwendete Begriff der Arbeitsbedingungen in erster Linie auf das Arbeitsentgelt abzielen dürfte, vgl. § 5 B. I. 2. c).

173 Vgl. nochmals BVerfGE 54, 277, 299.

174 Hesse, Verfassungsrecht, Rn. 83.

jenigen entspricht, „die der Gesetzgeber bei Kenntnis der verfassungsrechtlichen Lage selbst gewollt“ und getroffen hätte.[175]

Es kommt an dieser Stelle also darauf an, ob der Gesetzgeber das MiArbG auch mit einer Beschränkung auf die Festsetzung existenzsichernder Mindestarbeitsentgelte erlassen hätte. Die für diese Einschätzung erforderlichen Rückschlüsse auf die Motive und Erwartungen, die der Gesetzgeber mit dem MiArbG verbindet, lassen sich am ehesten aus den Materialien des Gesetzgebungsverfahrens ziehen.

Zu beachten ist zunächst der Regelungszusammenhang des MiArbG mit dem des AEntG. Schon aus der Gesetzesbegründung wird deutlich, dass der Gesetzgeber beide Gesetze als zusammengehörige Instrumente für die Festsetzung von Mindestentgelten ansieht. Einziges Abgrenzungskriterium soll danach die Tarifbindungsschwelle sein.[176] Nach dem AEntG können tarifliche Lohnregelungen für allgemeinverbindlich erklärt und damit auch auf nichtorganisierte Arbeitnehmer erstreckt werden. Eine Begrenzung auf existenzsichernde Entgelte enthält das Entsendegesetz nicht, auch wird eine solche wohl überwiegend nicht angenommen.[177] Wenn aber das MiArbG im Regelungszusammenhang mit dem AEntG stehen soll[178] und einziges Differenzierungskriterium die Tarifbindungsschwelle ist, erscheint dies gleichzeitig als Indiz dafür, dass auch im Falle des MiArbG keine Begrenzung auf existenzsichernde Mindestlöhne gewollt ist.[179]

Weiter kann auch der Gesetzesbegründung zum MiArbG nicht entnommen werden, es sei lediglich die Festsetzung existenzsichernder Mindestentgelte gewollt. Darin heißt es:

> „Es gibt zunehmend Wirtschaftszweige, in denen es entweder keine Tarifverträge gibt oder eine Tarifbindung nur für eine Minderheit der Arbeitnehmer und Arbeitnehmerinnen oder der Arbeitgeber besteht. In diesen Bereichen bedarf es eines Verfahrens zur Sicherstellung angemessener Arbeitsbedingungen für Arbeitnehmer und Arbeitnehmerinnen.“[180]

Mit Blick auf ebendiese Problemstellung solle das MiArbG daher aktualisiert werden.[181] Die Novellierung soll der sich seit Inkrafttreten des MiArbG 1952

175 Schlaich/Korioth, Bundesverfassungsgericht, Rn. 451.

176 BT-Drucks. 16/10485, S. 8, A. I, vgl. dazu bereits oben unter § 3 B. II. 5.

177 Vgl. Dieterich/Hanau/Henssler/Oetker/Wank/Wiedemann, RdA 2004, 65, 74, nach denen Allgemeinverbindlicherklärungen für Entgelt- und Arbeitszeitbedingungen unerlässlich seien, um gerechte und angemessene Mindestarbeitsbedingungen zu gewährleisten.

178 So auch Willemsen/Sagan, NZA 2008, 1216, 1222.

179 Siehe bereits oben unter § 5 B. I. 2. e).

180 BT-Drucks. 16/10485, S. 1, A.

181 BT-Drucks. 16/10485, S. 1, B.

veränderten Tariflandschaft Rechnung tragen.[182] Mit anderen Worten kommt es dem Gesetzgeber also darauf an, in den betroffenen Wirtschaftszweigen die fehlende Regelung der Arbeitsbedingungen durch Tarifverträge in Form eigener Festsetzungen zu kompensieren. Eine Begrenzung auf existenzsichernde Entgelte ist der Gesetzesbegründung hingegen gerade nicht zu entnehmen.[183] So ist nicht etwa davon die Rede, es solle der Tendenz zur Zahlung nicht für die Lebensführung ausreichender Löhne entgegengewirkt werden. Es hat vielmehr den Anschein, als wolle der Gesetzgeber die Lücke ausfüllen, die durch die ausbleibende oder nur unterrepräsentative tarifliche Lohnfindung in einzelnen Wirtschaftszweigen entsteht. Mit anderen Worten soll offenbar das MiArbG dazu dienen, das Festsetzungsverfahren an die Stelle der fehlenden Koalitionsbetätigung zu setzen. Dies allerdings umfasst nicht nur die Festsetzung existenzsichernder Entgelte, sondern auch die Regelung eines untersten Niveaus der angemessenen Arbeitsentgelte.

4. Zusammenfassung

Aus dem Vorgesagten folgt, dass eine Begrenzung der Entgeltfestsetzung auf existenzsichernde Mindestarbeitsentgelte mit dem Wortlaut der einzelnen Vorschriften des MiArbG kaum zu vereinbaren ist. Zudem würde eine solche Begrenzung offenbar auch nicht dem Willen des Gesetzgebers entsprechen. Die Auswertung der Gesetzesmaterialien hat gezeigt, dass es vorrangiges Ziel des MiArbG ist, in Ergänzung zum AEntG die Festsetzung angemessener Mindestarbeitsentgelte zu ermöglichen. Auf diese Weise soll die Lücke geschlossen werden, die durch fehlende Tarifbindung oder unterbliebene Lohngestaltung durch die Koalitionen in einzelnen Wirtschaftsbereichen entsteht. Der Gesetzgeber lässt dabei nicht erkennen, dass die Festsetzung auf dem Niveau der Existenzsicherung innehalten soll. Im Zweifel ist es daher geboten, keine Auslegung entgegen dem Wortlaut und dem gesetzgeberischen Willen vorzunehmen. Damit kommt im Ergebnis eine Rechtfertigung der mit dem MiArbG verbundenen Eingriffe in die Tarifautonomie mit der staatlichen Schutzpflicht zur Gewährung des Existenzminimums nicht in Betracht.

182 BT-Drucks. 16/10485, S. 8, A. I.

183 In diesem Zusammenhang fällt insbesondere auf, dass die Gesetzesbegründung zwar einschlägige Entscheidungen des Bundesverfassungsgerichts benennt, wonach die Festsetzung angemessener Arbeitsbedingungen zulässig ist, nicht aber solche, die die Schutzpflichten aus Art. 1 Abs. 1 GG zur Sicherung des Existenzminimums belegen, vgl. BT-Drucks. 16/10485, Nr. 6, lit. c, S. 11.

II. Festsetzung angemessener Mindestarbeitsentgelte als Eingriffslegitimation

Sowohl dem Gesetzeswortlaut, als auch dem Referentenentwurf ist zu entnehmen, dass vornehmliches Ziel des MiArbG die Schaffung angemessener Arbeitsbedingungen sein soll.[184] Im vorangehenden Abschnitt wurde insbesondere deshalb festgestellt, dass grundsätzlich der Gesetzgeber zwar befugt ist, existenzsichernde Mindestarbeitsentgelte festzusetzen, im konkreten Fall des MiArbG eine Rechtfertigung mit diesem Ziel jedoch nicht in Betracht kommt. Die Auslegung ergab vielmehr, dass der Gesetzgeber offensichtlich die Festlegung von Mindestlöhnen oberhalb der Existenzsicherung beabsichtigt, nämlich solchen, die ein Mindestmaß an Angemessenheit und Äquivalenz im jeweiligen Wirtschaftszweig vorgeben. Ob sich der Staat auch für die Festsetzung solcher angemessenen Arbeitsentgelte auf ein verfassungsrechtlich anerkanntes Interesse stützen und damit die Eingriffe in die Tarifautonomie rechtfertigen kann, soll im Folgenden erörtert werden.

1. Einordnung als kollidierendes Verfassungsgut

a) Rechtsprechung des Bundesverfassungsgerichts

Nachdem im vorstehenden Abschnitt festgestellt wurde, dass sich das MiArbG nicht als Ausprägung der verfassungsrechtlichen Schutzpflichten aus Art. 1 Abs. 1 und Art. 20 Abs. 1 GG darstellt, ist entscheidend für die Frage der Verfassungsmäßigkeit des MiArbG, ob der Staat aus dem Grundgesetz ein Recht herleiten kann, auch über dem Niveau der Existenzsicherung liegende Mindestentgelte festzusetzen. Als Antwort hierauf führt die Gesetzesbegründung ausdrücklich die Entscheidung des Bundesverfassungsgerichts zur Allgemeinverbindlicherklärung von Tarifverträgen[185] an.[186]

aa) Entscheidung zur Allgemeinverbindlicherklärung von Tarifverträgen, BVerfGE 44, 323

In dieser Entscheidung hatte das Gericht anerkannt, dass sich der Gesetzgeber für die Regelung der Erstreckung von Tarifverträgen auf Außenseiter nach § 5

---

184 Vgl. Wortlaut des § 4 Abs. 4 S. 2 Nr. 1 MiArbG. Auf S. 1 des Referentenentwurfs zum MiArbGÄndG heißt es zudem: „Es gibt zunehmend Wirtschaftszweige, in denen es entweder keine Tarifverträge gibt oder eine Tarifbindung nur für eine Minderheit der Arbeitnehmer und Arbeitnehmerinnen oder der Arbeitgeber besteht. In diesen Bereichen bedarf es eines Verfahrens zur Sicherstellung angemessener Arbeitsbedingungen für Arbeitnehmer und Arbeitnehmerinnen.“ (Hervorhebung durch Verf.)

185 BVerfGE 44, 323ff.

186 BT-Drucks. 16/10485, Nr. 6, lit. c., S. 11.

Abs. 1 TVG auf das Ziel berufen könne, den Außenseitern angemessene Arbeitsbedingungen zu sichern.[187] In diesem Zusammenhang führte es aus: „Die ‚Normsetzungsprärogative' der Koalitionen gilt nicht schrankenlos. Es ist Sache des subsidiär für die Ordnung des Arbeitslebens weiterhin zuständigen staatl. Gesetzgebers, die Betätigungsgarantie der Koalitionen in einer den besonderen Erfordernissen des jeweiligen Sachbereichs entsprechenden Weise - in den Grenzen des Kernbereichs der Koalitionsfreiheit - näher zu regeln."[188] Insoweit beruhe die Allgemeinverbindlicherklärung

> „auf der subsidiären Regelungszuständigkeit des Staates, die immer dann eintritt, wenn die Koalitionen die ihnen übertragene Aufgabe, das Arbeitsleben durch Tarifverträge sinnvoll zu ordnen, im Einzelfall nicht allein erfüllen können und die soziale Schutzbedürftigkeit einzelner Arbeitnehmer oder Arbeitnehmergruppen oder ein sonstiges öffentliches Interesse ein Eingreifen des Staates erforderlich macht."[189]

Im Anschluss an diese Rechtsprechung wird im Schrifttum der Allgemeinverbindlicherklärung ein doppelter Zweck eingeräumt: Einerseits gehe es darum, soziale Notstände im Sinne der Gefährdung des Existenzminimums zu begegnen.[190] Andererseits sei Zweck des § 5 Abs. 1 TVG jedoch auch, „sozial verträgliche, angemessene Arbeitsbedingungen" zu schaffen.[191]

bb) Fortführung in neuerer Rechtsprechung des Bundesverfassungsgerichts

In seinem Beschluss zur Verfassungsmäßigkeit einzelner Vorschriften des AÜG[192] stellte das Bundesverfassungsgericht klar, dass aus Art. 12 Abs. 1 GG auch das Recht der Arbeitnehmer auf „zumutbare Arbeitsbedingungen" folge.[193] Weiter ist der Entscheidung zu entnehmen, dass dieses Arbeitnehmerinteresse auch grundsätzlich geeignet sei, Eingriffe in die Tarifautonomie zu rechtfertigen.[194] Das Gericht führt dazu aus:

> „Selbst wenn man in den hier angegriffenen Gesetzesvorschriften eine Beeinträchtigung der Tarifautonomie sieht, wäre diese verfassungsgemäß, weil der Ge-

---

187 BVerfGE 44, 323, 342.

188 BVerfGE 44, 323, 342.

189 BVerfGE 44, 323, 342.

190 Vgl. Löwisch/Rieble, TVG, § 5, Rn. 5.

191 Vgl. Löwisch/Rieble, TVG, § 5, Rn. 5.

192 Vgl. dazu auch bereits oben unter § 2 B. I. 5.

193 BVerfG NZA 2005, 153, 154; kritisch hierzu Lembke, BB 2005, 499, der einen solchen Verfassungsrang für zu weitgehend hält; vgl. dazu auch: Schüren, RdA 2006, 303, 305ff.; Bayreuther, NZA 2005, 341, 342ff.; grundsätzlich zustimmend Thüsing, ZfA 2008, 590, 604; Thüsing/Thüsing, AEntG-Komm., Einl., Rn. 38.

194 BVerfG NZA 2005, 153, 154 (Kursivstellung durch Verf.).

setzgeber mit ihr den Schutz der Grundrechte Dritter und auch anderer mit Verfassungsrang ausgestatteter Belange bezweckt (...). Die angegriffenen Gesetzesvorschriften dienen der *Verbesserung der Stellung der Leiharbeitnehmer* und damit dem Schutz ihrer Berufsfreiheit (Art. 12 I GG). Durch die Regelung der Arbeitsbedingungen soll für die Leiharbeitnehmer ein *angemessenes Schutzniveau* gewährleistet werden."[195]

In einem Nichtannahmebeschluss vom 23.11.2006 bestätigte das Gericht die vorstehende Entscheidung noch einmal:

> „Art. 12 I GG (schützt) auch das Interesse des Arbeitnehmers an zumutbaren Arbeitsbedingungen."[196]

Zu dieser Rechtsprechung bleibt zwar anzumerken, dass daraus nicht zweifelsfrei klar wird, ob das Gericht den Begriff der angemessenen Arbeitsbedingungen synonym zu dem der zumutbaren Arbeitsbedingungen verstanden wissen will. Allerdings spricht dafür die Tatsache, dass Gegenstand der ersten Entscheidung jene Normen des AÜG waren, nach denen den betroffenen Leiharbeitnehmern grundsätzlich ein Anspruch auf die im Betrieb des Entleihers geltenden Arbeitsbedingungen eingeräumt wird.[197] Folglich ging es in diesen Entscheidungen nicht um die Frage eines Mindestniveaus im Sinne der Existenzsicherung, sondern darum, den Leiharbeitnehmern das gleiche Arbeitsentgelt zu gewähren, das für den Entleiherbetrieb bereits zuvor individual- oder tarifvertraglich gefunden worden ist und deshalb regelmäßig als Äquivalent der vertraglichen Pflichten angesehen werden kann. Dies deutet daher in die Richtung, dass das Gericht eine Übereinstimmung des Begriffs der zumutbaren mit dem der angemessenen Arbeitsbedingungen annimmt.

Trotz der Kritik an dieser Rechtsprechung[198] muss deshalb im Ergebnis davon ausgegangen werden, dass grundsätzlich das Interesse an zumutbaren bzw. angemessenen Arbeitsbedingungen als verfassungsrechtlich geschützte Position anzuerkennen ist und vor diesem Hintergrund Art. 12 Abs. 1 GG grundsätzlich auch als kollidierendes Verfassungsrecht zur Einschränkung der Tarifautonomie in Frage kommt.

---

195 BVerfG NZA 2005, 153, 154.

196 BVerfG NZA 2007, 85, 87.

197 Insoweit ging es um §§ 3 Abs. 1, 9 Abs. 3 Nr. 2 und 10 AÜG a.F., vgl. BVerfG NZA 2007, 85ff.

198 Vgl. Fn. 193.

b) *Stellungnahme: Gebotenheit einer zeitoffenen Handhabung der Tarifautonomie*

Der Anerkennung eines verfassungsrechtlich geschützten Interesses der Arbeitnehmer an angemessenen Arbeitsbedingungen ist grundsätzlich zuzustimmen. Letztlich dient die Vorgabe von angemessenen Mindestarbeitsbedingungen immer dem Ziel, die strukturelle Unterlegenheit der Arbeitnehmer gegenüber dem Arbeitgeber auszugleichen. Hierauf zielt auch die aus Art. 12 GG folgende Schutzverpflichtung des Staates.[199] Daher erkennt das Bundesverfassungsgericht eine staatliche Eingriffsbefugnis und darüber hinaus sogar eine solche Verpflichtung dort an, wo das Gleichgewicht einzelvertraglicher Beziehungen erheblich gestört ist.[200]

> „Wo es an einem annähernden Kräftegleichgewicht der Beteiligten fehlt, ist mit den Mitteln des Vertragsrechts allein kein sachgerechter Ausgleich der Interessen zu gewährleisten".[201]

Hier

> „müssen staatliche Regelungen ausgleichend eingreifen, um den Grundrechtsschutz zu sichern".[202]

Auch im Anwendungsbereich staatlicher Mindestlohnregegelungen handelt es sich vornehmlich um solche Arbeitsverhältnisse, in denen zumindest in Hinsicht auf die Lohnvereinbarungen ein erhebliches Verhandlungsungleichgewicht zu Lasten der Arbeitnehmer besteht.[203] Der Arbeitsvertrag als Austauschverhältnis bekommt hier „Schlagseite".[204] Auch schafft regelmäßig nicht – wie in anderen

---

199 Vgl. BVerfGE 81, 242, 254; BVerfGE 89, 214, 231ff.; BVerfGE 97, 169, 178ff.; Bieback, RdA 2000, 207, 209ff.; Bietmann, Mindestlohn, S. 133; Dieterich, in: Bieback/Dieterich/Hanau/Kocher/Schäfer, Tarifgestützte Mindestlöhne, S. 117.

200 Vgl. auch Bieback, RdA 2000, 207, 209; Stütze, Kontrolle der Entgelthöhe, S. 363ff., 391, 463.

201 BVerfGE 81, 242, 254.

202 BVerfGE 81, 242, 254.

203 Vgl. Bieback, RdA 2000, 207, 209; anders Fischer, ZRP 2007, 20, 22, der ein solches Ungleichgewicht offenbar erst bei einem Absinken des Lohnniveaus in „Not und Elend" annehmen will. Dem ist entgegenzuhalten, dass deutliche strukturelle Ungleichgewichte auch oberhalb dieser Schwelle bestehen können und in einzelnen, besonders prekären, Branchen auch tatsächlich bestehen.

204 Teilweise wird ein solches Ungleichgewicht sogar „durchweg" für alle Individualarbeitsverträge angenommen, vgl. Bieback, RdA 2000, 207, 209; Käppler, NZA 1991, 745, 747. Ob dies tatsächlich so pauschal behauptet werden kann, ist zweifelhaft, zumal selbst bei fehlender Tarifbindung oftmals der Einzelarbeitsvertrag Bezugnahmeklauseln enthält, welche den Vertrag an entsprechende Tarifverträge knüpfen. Zumindest hier wird regelmäßig wohl nur von geringen Ungleichgewichten auszugehen sein.

Bereichen des Zivilrechts – der Markt einen ausreichenden Ausgleich, indem er dem wirtschaftlich schwächeren Teil – also dem Arbeitnehmer - hinreichende Alternativen zur Verfügung stellt.[205] Vielmehr ist der Arbeitnehmer in den hier in Rede stehenden Wirtschaftsbereichen regelmäßig gerade auf das Angebot des Arbeitgebers angewiesen. Es besteht für ihn i.d.R. keine reale und zumutbare Alternative[206], zudem fehlen ihm die nötige Übersicht und Flexibilität.[207] Auch kann in diesen Bereichen des Arbeitsmarktes nicht davon ausgegangen werden, der Arbeitgeber sei aufgrund der Fähigkeiten und Qualifikationen der Arbeitnehmer auf diese angewiesen, sodass er zur Zahlung angemessener Entgelte gezwungen wäre. Gerade in diesen „Randbereichen" mit gering qualifizierten Arbeitnehmern herrscht aufgrund der grundsätzlichen Austauschbarkeit der Arbeitskräfte weiterhin die in anderen Bereichen größtenteils bereits überwundene Unterlegenheit der Arbeitnehmer gegenüber dem Arbeitgeber vor.[208] In den betroffenen Bereichen versagt die privatautonome Gestaltung des Arbeitsverhältnisses regelmäßig mangels hinreichender Gleichrangigkeit der Vertragspartner. Es ist daher auch hier erforderlich, einen Ausgleich der Interessen herbei zu führen und das fehlende Verhandlungsgleichgewicht zumindest in einem Mindestmaß zu kompensieren.

Zwar werden hieraus im Schrifttum bisher teilweise nur die Pflicht und die Befugnis zur Vorgabe existenzsichernder Entgelte abgeleitet, da für alles andere die Koalitionen zuständig seien.[209] Es muss aber insbesondere mit Rücksicht auf

---

205 Vgl. zum grds. Ausgleich bestehender Ungleichgewichte durch funktionierende Marktmechanismen: Junker, NZA 1997, 1305, 1307ff.; Käppler, NZA 1991, 745, 747.

206 Vgl. auch Junker, RdA 1997, 1305, 1307; Stütze, Kontrolle der Entgelthöhe, S. 393.

207 Dieterich, RdA 1995, 129, 135; Junker, RdA 1997, 1305, 1309.

208 Reuter, in: FS Hattenhauer, 409, 417 stellte insoweit jüngst fest: „Immer weniger sieht sich das Arbeitsrecht mit der Gefahr konfrontiert, dass die Arbeitgeberseite die Arbeitnehmer ausbeutet. Der typische Arbeitnehmer ist eben nicht mehr beliebig austauschbare Arbeitskraft, sondern qualifizierter Mitarbeiter, der in kreativer Kooperation mit anderen arbeitstechnische Teilzwecke verwirklicht. (…) Allenfalls in Randbereichen des Arbeitslebens mit vorwiegend anspruchsloser Tätigkeit bedarf es noch der Kartellierung der Arbeitskraft, um Verelendungskonkurrenz zu verhindern" (Kursivstellung durch Verf.). Soweit Burkiczak, Grundgesetz und Deregulierung des Tarifvertragsrechts, S. 245 in diesem Zusammenhang ausführt, die These von der strukturellen Schutzbedürftigkeit der Arbeitnehmer sei heute nicht mehr überzeugend, kann dies deshalb ebenfalls nur dort gelten, wo es nicht um den von Reuter angesprochenen problematischen Niedriglohnsektor geht. Näher dazu auch Stütze, Kontrolle der Entgelthöhe, S. 302ff.

209 Vgl. Bieback, RdA 2000, 207, 209ff.; Bieback/Kocher, in: Bieback/Dieterich/Hanau/Kocher/Schäfer, Tarifgestützte Mindestlöhne, S. 45, 47, 98; ebenso bereits Biedenkopf, Grenzen der Tarifautonomie, S. 154ff.; Bietmann, Mindestlohn, S. 130; ähnlich

die angeführte Rechtsprechung des Bundesverfassungsgerichts erwogen werden, ob dem Staat nicht auch die Festsetzung von Mindestentgelten oberhalb dieser Schwelle möglich sein kann, wenn es um Wirtschaftsbereiche geht, in denen die Koalitionen ihre Aufgabe, für angemessene Arbeitsbedingungen zu sorgen, nicht mehr ausreichend wahrnehmen (können).[210] In diesem Zusammenhang ist zu berücksichtigen, dass seit jeher das Bundesverfassungsgericht davon ausgeht, dass die Tarifautonomie nicht auf dem ursprünglich vorgefundenen Stand verharren kann, sondern gerade das Grundrecht des Art. 9 Abs. 3 GG den wirtschaftlichen und sozialen Veränderungen angepasst werden muss.[211] Zwar hat sich das Tarifvertragssystem überwiegend als „funktionsfähig erwiesen".[212] Andererseits erreicht die Tarifautonomie heute aber offenkundig nicht (mehr) alle Bereiche des Wirtschaftsraums. Es muss deshalb darüber nachgedacht werden, ob die traditionelle Aufteilung in staatliche Regelungen der Existenzsicherung auf der einen Seite und darüberhinausgehende angemessene Tarifvertragsregelung auf der anderen noch in allen Bereichen aufrecht erhalten werden kann.[213] Stattdessen erscheint eine Anpassung der (immerhin ungeschriebenen) Tarifautonomie an die veränderten ökonomischen und sozialen Bedingungen nicht nur nicht ausgeschlossen, sondern vielmehr geboten.[214]

Letztlich stimmt dies auch mit dem oben beschriebenen Schutzauftrag des Staates aus Art. 12 Abs. 1 GG überein: Funktioniert die Tarifautonomie nicht

---

auch bei Wlotzke, RdA 1963, 44, 50: „angemessene, d.h. sozialstaatliche Arbeitsbedingungen".

210 In diese Richtung auch Bayreuther, NJW 2009, 2006, 2009 der insoweit von „minimalgerechten Löhnen" spricht; sowie ders., NZA 341, 343, der insoweit eine „Neubewertung" der Tarifautonomie nicht ausschließt. Ebenso scheint auch Dieterich, in: Bieback/Dieterich/Hanau/Kocher/Schäfer, Tarifgestützte Mindestlöhne, S. 121 die staatliche Bestimmung angemessener Arbeitsbedingungen nicht von vornherein auszuschließen, solange dies geschieht, um eine „Störung des kollektiven Vertragsmechanismus" auszugleichen.

211 Vgl. BVerfGE 20, 312, 318 zur Ausgestaltungsbefugnis des Gesetzgebers; auch Bayreuther NJW 2005, 541, 543 weist darauf hin, die Koalitionsfreiheit sei einer „entwicklungsmäßigen Dynamik" grundsätzlich offen.

212 Vgl. Buchner, NZA 1996, 1177, 1178; Käppler, NZA 1991, 745.

213 Grundlegend zu einer solchen Differenzierung vgl. bereits Biedenkopf, Grenzen der Tarifautonomie, S. 154ff., 210, der in „verteilende Sozialgesetze" und „arbeitsrechtliche Schutzgesetze" unterteilt; ähnlich auch Buchner, NZA 1996, 1177, 1178, der zwischen tariflicher Festsetzung der „direkten Löhne" und staatlicher Regulierung der Lohnnebenkosten unterscheidet.

214 Es ist insoweit Picker, NZA 2002, 761, 766 zuzustimmen, der die „Zeitgebundenheit allen Rechts", insbesondere auch des Koalitionsschutzes betont und deshalb die Berücksichtigung der „modernen Entwicklung" fordert.

ihrem Zweck entsprechend und werden in einzelnen Wirtschaftszweigen die strukturellen Verhandlungsungleichgewichte zwischen Arbeitnehmer und Arbeitgeber nicht durch die Koalitionen ausgeglichen, kann der Staat sich auf seine subsidiäre Regelungsbefugnis aus Art. 74 Abs. 1 Nr. 12 GG berufen.[215] Dabei ist der neueren Rechtsprechung des Bundesverfassungsgerichts grundsätzlich auch darin zuzustimmen, dass auch die Regelung angemessener Arbeitsbedingungen kein Tabu für den Gesetzgeber darstellen kann.[216] Ein solches Kernbereichsverständnis würde der Einordnung der Tarifautonomie als grundrechtliche (Teil-) Freiheit nicht gerecht.[217] Die Tarifautonomie dient dem Schutz der dahinter stehenden Arbeitnehmer und steht den Koalitionen nicht um ihrer selbst willen zu.[218] Deshalb muss der Staat grundsätzlich auch dort selbst angemessene Arbeitsbedingungen festsetzen können, wo sich „Funktionsdefizite“[219] der koalitionären Aufgabenwahrnehmung nachhaltig verfestigt haben und aus diesem Grund die Arbeitnehmerinteressen nicht ausreichend wahrgenommen werden.[220] Zudem ist zu berücksichtigen, dass der Staat dies bereits in Hinsicht etwa auf den Erholungsurlaub oder die Arbeitszeit tut und sich auch in diesen Bereichen nicht auf ein Maß beschränkt, unterhalb dessen die Erbringung der Arbeitsleitung für die Arbeitnehmer unerträglich wäre.[221] Nichts anderes kann für das Ar-

---

215 Dies tut der Gesetzgeber im Fall des MiArbG dann auch ausdrücklich, vgl. BT-Drucks. 16/10485, S. 9.

216 In diese Richtung auch Bieback, ArbuR 2000, 201, 202; Büdenbender, RdA 2000, 193, 203.

217 Vgl. hierzu auch Däubler, Das Grundrecht auf Mitbestimmung, S. 204ff.

218 Adomeit, NJW 1984, 26, 27; Gamillscheg, Kollektives Arbeitsrecht, I, S. 293; Höfling/Burkiczak, NJW 2005, 469, 472; Käppler, NZA 1991, 745, 747ff.; B. Preis, ZfA 1972, 271, 291; Ulber, Tarifdispositives Gesetzesrecht, S. 297.

219 Dieser Begriff wurde in der Diskussion um die Einführung gesetzlicher Mindestlöhne insbesondere von Waltermann, NJW 2010, 801 verwendet, um die aktuellen Problemfelder der Tarifautonomie zusammenzufassen.

220 Vgl. auch Bieback, ArbuR 2000, 201, 202; Gamillscheg, Kollektives Arbeitsrecht, I, S. 289ff.

221 So ist etwa auch der Mindestanspruch auf Erholungsurlaub nach dem Bundesurlaubsgesetz nicht daran bemessen, was unverzichtbar wäre, sondern daran, was für die Erholung der Arbeitnehmer als angemessene Urlaubsdauer gesehen werden kann, vgl. bereits Biedenkopf, Grenzen der Tarifautonomie, S. 157, der eine Regelung des Erholungsurlaubs ohne ausdrücklichen Tarifvorrang allerdings für mit Art. 9 Abs. 3 GG unvereinbar hält, a.a.O., S. 174. Dabei soll nicht übergangen werden, dass zwischen dem Regelungsgegenstand des Erholungsurlaubs und dem des Arbeitsentgelts Unterschiede hinsichtlich ihrer Wichtigkeit für die Tarifautonomie bestehen, vgl. insoweit Bayreuther, NZA 2005, 341, 342. Diese Unterschiede sind aber nicht auf der Stufe des Verfassungsrangs des Regelungsziels relevant, sondern erst im Rahmen der Verhält-

beitsentgelt gelten. Bestehen arbeitsvertragliche Ungleichgewichte, ist die Befugnis des Staates zwar beschränkt und hat die Normsetzungsprärogative der Koalitionen zu achten. Mit dem Argument des Arbeitnehmerschutzes scheint aber eine Ausweitung der staatlichen Befugnisse auf die Festsetzung eines untersten Niveaus angemessener Mindestentgelte denkbar. Es würde so ein Ausgleich zwischen der zu achtenden Tarifvertragsfreiheit und dem Interesse der Arbeitnehmer an angemessenen Arbeitsbedingungen erreicht. Es erscheint daher im Ergebnis nicht ausgeschlossen, dass der Staat auch zur Festsetzung eines Mindestmaßes angemessener Arbeitsentgelte berechtigt ist.[222] Entscheidend wird dabei sein, dass dabei nicht das Übermaßverbot überschritten wird und eine Beschädigung der Tarifautonomie deshalb ernsthaft zu befürchten ist.

Für den Moment kann allerdings festgehalten werden, dass die Festsetzung angemessener Arbeitsbedingungen dem aus Art. 12 Abs. 1 GG folgenden Schutz der Arbeitnehmer dient und diesem Ziel damit Verfassungsrang zukommt.[223] Der Gesetzgeber kann sich daher für die Beschränkung der Tarifautonomie durch das MiArbG grundsätzlich hierauf berufen. Ob er sich dabei allerdings im Rahmen des Verhältnismäßigkeitsgrundsatzes bewegt und insbesondere den aus

---

nismäßigkeitsprüfung zu würdigen. Insbesondere ist Hopfner, Gesetzgebung und Tarifautonomie, S. 57 zuzustimmen, wenn sie herausstellt, das unmöglich zu bestimmen sei, ob die Bestimmungen des BUrlG als Regelungen des Existenzminimums oder als Verwirklichung arbeitsrechtlicher Schutzgedanken zu sehen sind.

222 In diese Richtung auch Bayreuther, NJW 2009, 2006, 2009f.; ders., NJW 2007, 2022, 2024f.; Bietmann, Mindestlohn, S. 133ff.

223 Teilweise wird gegen eine Beschränkbarkeit der Tarifautonomie durch Art. 12 Abs. 1 GG vorgebracht, der betroffene Arbeitnehmer habe sich mit dem Beitritt zu einer Gewerkschaft gewissermaßen seiner Rechte aus Art. 12 Abs. 1 GG begeben, BAG AP Nr. 11, 12 zu § 1 TVG. Richtig ist daran, dass sich der Arbeitnehmer durch seinen Beitritt dazu entschließt, seine Interessen künftig in kollektiver Form durch die Gewerkschaften wahrnehmen zu lassen. Dies kann aber nicht dazu führen, dass bei unzureichender Aufgabenwahrnehmung durch die Gewerkschaften der Arbeitnehmer quasi schutzlos gestellt würde. Insbesondere steht der Schutz des Art. 9 Abs. 3 GG den Gewerkschaften nicht zum Selbstzweck zu, sondern ausschließlich in der Funktion als Interessenvertretung ihrer Mitglieder, vgl. Adomeit NJW 1984, 26, 27; Bayreuther, Tarifautonomie als kollektiv ausgeübte Privatautonomie, S. 421; Hromadka, NJW 2003, 1273, 1277 bezeichnet die Koalitionsfreiheit insoweit als „Hilfsgrundrecht" zur Berufsfreiheit. Es kann daher nicht von vornherein ausgeschlossen sein, dass im Einzelfall die Interessen der Arbeitnehmer denen der Koalitionen vorgehen. Dies muss zumindest dann gelten, wenn die Koalitionen die ihnen übertragenen Aufgaben nicht hinreichend wahrnehmen und angemessene Arbeitsbedingungen für die Arbeitnehmer deshalb nicht gewährleistet werden.

Art. 9 Abs. 3 GG folgenden Aushöhlungsschutz beachtet, ist im Folgenden näher zu untersuchen.

2. Zwischenergebnis

Dem Gesetzgeber steht grundsätzlich nach Art. 74 Abs. 1 Nr. 12 GG auch die Kompetenz zur Regelung der Arbeitsentgelte zu. Art. 12 GG gewährt dem Arbeitnehmer ein Recht auf angemessene bzw. zumutbare Arbeitsbedingungen. Dieses kollidiert im Fall staatlicher Mindestentgelte mit den Gewährleistungen des Art. 9 Abs. 3 GG, also insbesondere der Tarifautonomie. Damit kann sich der Gesetzgeber grundsätzlich auf den Verfassungsrang der Schaffung angemessener Arbeitsbedingungen berufen, um die mit dem MiArbG verbundenen Eingriffe in die Tarifautonomie zu legitimieren.

3. Verhältnismäßigkeit

Selbst wenn dem Staat die Befugnis zusteht, ein Mindestmaß an äquivalenten Arbeitsentgelten vorzugeben, kann dies jedoch nicht erfolgen, ohne dass dabei das Übermaßverbot ausreichend beachtet wird. Entscheidend ist daher, ob sich das MiArbG im Rahmen des Verhältnismäßigkeitsgrundsatzes hält.

a) Geeignetheit

aa) Zweifel an der Geeignetheit

Es stellt sich zunächst die Frage, ob die Festsetzung einer Lohnuntergrenze und die damit einhergehende Verdrängung tariflicher Arbeitsentgelte, sowie der Ausschluss zukünftiger Abweichungen durch tarifliche Arbeitsbedingungen geeignet sind, angemessene Arbeitsbedingungen zu schaffen. Nach der Rechtsprechung des Bundesverfassungsgerichts ist ein Mittel geeignet, wenn mit seiner Hilfe der gewünschte Erfolg gefördert werden kann, wobei die Möglichkeit der Zweckerreichung genügt.[224]

Problematisch ist hier schon der anzulegende Maßstab: Teilweise wird in diesem Zusammenhang anhand empirischer Daten und unter Berücksichtigung der Erfahrungen im Ausland darauf verwiesen, es bestehe eine hohe Wahrscheinlichkeit für die beschäftigungsfeindliche Wirkung einer Mindestentgeltfestsetzung nach dem MiArbG.[225] Entsprechend könne dieses Gesetz auch nicht geeignet sein, für angemessene Arbeitsbedingungen zu sorgen.[226] Ob dies aber

224 St. Rspr. des BVerfG, vgl. BVerfGE 116, 202; BVerfGE 63, 88, 115; BVerfGE 67, 157, 175; BVerfGE 103, 293, 207.

225 Vgl. Thüsing, ZfA 2008, 590, 605ff.; näher zu den Auswirkungen von Mindestarbeitsentgelten auf das Beschäftigungsniveau unten unter C. III. 1.

226 So im Ergebnis Thüsing, ZfA 2008, 590, 608, der aber zu bedenken gibt, dass es letztlich darauf ankomme, ob man in diesem Zusammenhang auf den einzelnen Arbeit-

bereits ausreicht, um die Geeignetheit und damit die Verhältnismäßigkeit des MiArbG zu verneinen, erscheint zweifelhaft. Zwar ist wohl nicht von der Hand zu weisen, dass Mindestlöhne in vielen Fällen - insbesondere im Ausland - zu einem Rückgang der Beschäftigung geführt haben.[227] Im Zusammenhang mit der hier zu behandelnden Frage geht es allerdings weniger um solche Arbeitnehmer, die aufgrund von Mindestlöhnen ihren Arbeitsplatz verlieren, als vielmehr um jene, die aufgrund dieser Regelungen künftig für ein angemessenes Arbeitsentgelt tätig sind. Zudem wäre die Verminderung von Arbeitsplätzen auch keine Frage der Geeignetheit zur Schaffung angemessener Arbeitsbedingungen, sondern eine Frage der Angemessenheitsprüfung. Ob der Abbau von Beschäftigung gleichzeitig Rechte von bis dahin Beschäftigten berührt, steht auf einem anderen Blatt und ist nicht im Rahmen der Frage zu beantworten, ob die Regelungen des MiArbG geeignet sind, angemessene Arbeitsbedingungen zu schaffen.

Entscheidend ist stattdessen, dass es mit dem MiArbG möglich wird, auch den Arbeitnehmern einen Anspruch auf ein Mindestmaß an angemessenen Entgelten zu verschaffen, die bisher durch das Raster der tariflichen Entgeltgestaltung fallen. Im Ergebnis spricht dies eher dafür, die Geeignetheit staatlicher Mindestarbeitsentgelte für die Schaffung angemessener Arbeitsbedingungen zu bejahen.[228]

bb) Grundsatz des legislativen Einschätzung- und Beurteilungsspielraums

Selbst wenn man die Geeignetheit der Mindestentgeltfestsetzung für die Gewährung angemessener Arbeitsbedingungen anzweifelte, kann allerdings damit noch nicht ohne Weiteres die Verhältnismäßigkeit dieses Gesetzes abgelehnt werden. Insbesondere auf dem Gebiet des Arbeits- und Wirtschaftsrechts können die Folgen eines Gesetzes im Zeitpunkt dessen Inkrafttretens selten gänzlich vorausgesehen werden.[229] Erst im Nachhinein zeigt sich im Regelfall, ob das jeweilige Gesetz die gesetzten Ziele erreicht hat, oder ob möglicherweise veränderte Bedingungen und nicht bedachte Einflüsse dies verhindern. Würde man für die Beurteilung der Geeignetheit allerdings auf eine solche ex post Beurteilung abstellen, fände sich „wohl kaum ein Gesetz", welches die Verhältnismäßigkeitsprüfung unbeschadet überstehen würde.[230] Dies gilt umso mehr, als die

---

nehmer oder aber die gesamte Arbeitnehmerschaft abstellt; grds. a.A. Sittard, Tarifnormerstreckung, S. 452.

227 Vgl. insoweit die Darstellung bei Thüsing, ZfA 2008, 590, 605ff.

228 Dies erkennt auch Thüsing, ZfA 2008, 590, 605 grundsätzlich an; im Ergebnis ebenso die Geeignetheit annehmend Sittard, Tarifnormerstreckung, S. 452.

229 Neumann, RdA 2007, 71, 74.

230 Neumann, RdA 2007, 71, 74.

Dichte der für diese Beurteilung benötigten Daten und Erkenntnisse erst im Laufe der Geltungsdauer eines Gesetzes zunimmt und eine gesicherte Aussage damit immer erst im Nachhinein – also ex post - getroffen werden kann.[231] Diese Fülle an Informationen steht dem Gesetzgeber indes im Zeitpunkt des Gesetzgebungsverfahrens nicht zur Verfügung. Er muss sich deshalb auf die Befunde und Prognosen verlassen dürfen, auf die er tatsächlich auch zurückgreifen kann. Diesen Umstand hat auch das Bundesverfassungsgericht erkannt und gesteht dem Gesetzgeber deshalb in ständiger Rechtsprechung einen erheblichen Gestaltungsspielraum, sowie einen Beurteilungs- und Einschätzungsvorrang zu.[232] Danach steht es ihm frei, von mehreren unsicheren empirischen Befunden und Einschätzungen einen auszuwählen und auf dessen Grundlage entsprechende Regelungen zu treffen.[233] Die Feststellung des Gesetzgebers entfaltet dann Verbindlichkeit sowohl für die Exekutive als auch für die Judikative.[234] Der sich aus diesem Spielraum ergebenden Gefahr willkürlicher Gesetzesentscheidungen wirkt das Bundesverfassungsgericht entgegen, indem es diese Einschätzungsprärogative umso enger umgrenzt, je stärker grundrechtliche Freiheiten eingeschränkt werden.[235] Entscheidend dürfte dabei insbesondere sein, inwieweit eine verlässliche Prognose aufgrund empirischer Daten aus der ex ante Perspektive heraus überhaupt möglich ist. Dabei wird dem Gesetzgeber ein umso größerer Einschätzungsspielraum zuzugestehen sein, je komplexer das zu regelnde Sachgebiet ist.[236] Entsprechend ist der bisherigen Rechtsprechung des Bundesverfassungsgerichts zu entnehmen, dass insbesondere auf dem Gebiet der Arbeitsmarkt-, Sozial- und Wirtschaftsordnung der Gesetzgeber sowohl einen beson-

---

231 Neumann, RdA 2007, 71, 74.

232 Vgl. BVerfGE 25, 1, 17, 19f.; BVerfGE 37, 1, 20; BVerfGE 50, 290, 338; BVerfGE 51, 193, 208; BVerfGE 77, 84 ,106f.; BVerfGE 87, 353, 383; BVerfGE 103, 293.

233 Butzer, RdA 1994, 375, 382; Neumann, RdA 2007, 71, 74; siehe dazu auch bereits oben unter § 5 II. 3. b) cc) (1) (c).

234 Neumann, RdA 2007, 71, 74.

235 Das Bundesverfassungsgericht unterscheidet insoweit grundsätzlich zwischen Evidenz- und, Vertretbarkeitskontrolle, sowie einer besonders intensiven inhaltlichen Kontrolle für intensive Beeinträchtigungen sensibler Grundrechte, vgl. BVerfGE 50, 290, 333. Näher hierzu: Butzer, RdA 1994, 375, 382; Neumann, RdA 2007, 71, 74ff.; Schlaich/Korioth, Bundesverfassungsgericht, Rn. 532. Zu beachten ist dabei aber, dass das Bundesverfassungsgericht diese drei Stufen nicht strikt dogmatisch voneinander trennt, Schlaich/Korioth, Bundesverfassungsgericht, Rn. 535.

236 So etwa BVerfGE 290, 333.

ders weiten Gestaltungsspielraum, wie auch einen ebenso weiten Einschätzungs- und Prognosevorrang für sich in Anspruch nehmen kann.[237]

Andererseits setzt das Bundesverfassungsgericht diesem Spielraum dort Grenzen, wo „die gesetzgeberischen Erwägungen so fehlsam sind, dass sie vernünftigerweise keine Grundlage für die getroffenen Maßnahmen abgeben können“.[238] Dabei kann dem Gesetzgeber jedoch nicht jede Unsicherheit im Zeitpunkt des Erlasses zur Last gelegt werden. Insbesondere, wenn der Gesetzgeber sich über die tatsächlichen Voraussetzungen oder die Auswirkungen einer Regelung im Zeitpunkt ihres Erlasses ein ausreichend zuverlässiges Urteil noch nicht hat machen können, sei es geboten, dass er die weitere Entwicklung beobachtet und die Norm überprüft und revidiert, falls sich erweist, dass die ihr zugrunde liegenden Annahmen nicht mehr zutreffen.[239]

Für die Frage der Verfassungsmäßigkeit der Mindestentgeltfestsetzung nach dem MiArbG bietet sich zudem eine nähere Beleuchtung der Ausführungen des Bundesverfassungsgerichts in seinem Beschluss zum Mitbestimmungsgesetz 1976 an. Hierbei ging es nach Auffassung des Gerichts um ein Gesetz, dass “wesentliche Veränderungen auf dem Gebiet der Wirtschaftsordnung“ bewirkte.[240] Zugleich regele das Gesetz „einen Ausschnitt komplexer, schwer übersehbarer Zusammenhänge“, die ihrerseits von nicht zuverlässig abschätzbaren Faktoren abhingen.[241] Da andererseits aber keine höchstpersönlichen Rechtsgüter durch das Gesetz gefährdet wurden, hielt das Gericht es nicht für erforderlich, dass „die Auswirkungen des Gesetzes mit hinreichender Wahrscheinlichkeit oder gar Sicherheit übersehbar sein müßten“.[242] Es nahm daher eine reine Vertretbarkeitskontrolle vor, wofür entscheidend sei, ob „der Gesetzgeber sich an einer sachgerechten und vertretbaren Beurteilung des erreichbaren Materials orientiert hat.“[243] Dabei müsse er

> „die ihm zugänglichen Erkenntnisquellen ausgeschöpft haben, um die voraussichtlichen Auswirkungen seiner Regelung so zuverlässig wie möglich abschätzen zu können und einen Verstoß gegen Verfassungsrecht zu vermeiden.“[244]

---

237 Vgl. BVerfGE 25, 1, 17, 19f.; BVerfGE 37, 1, 20; BVerfGE 50, 290, 338; BVerfGE 51, 193, 208; BVerfGE 77, 84 ,106f.; BVerfGE 87, 353, 383; BVerfGE 103, 293.

238 BVerfGE 30, 292, 317; BVerfGE 37, 1, 20; BVerfGE 77, 84, 106; BVerfGE 110, 141, 157.

239 BVerfGE 25, 1, 12f.; BVerfGE 49, 89, 130; BVerfGE 95, 267, 314; BVerfGE 110, 141, 157.

240 BVerfGE 50, 290, 333.

241 BVerfGE 50, 290, 333.

242 BVerfGE 50, 290, 333.

243 BVerfGE 50, 290, 333.

244 BVerfGE 50, 290, 333.

cc) Anwendung auf das MiArbG

Mindestarbeitsentgelte nach dem MiArbG und die damit verbundene Verdrängung entgegenstehender Tarifverträge stellen zwar keine Gefahr für die vom Bundesverfassungsgericht angeführten höchstpersönlichen Rechtsgüter darstellen. Es ist allerdings mit der Tarifautonomie ein für die Wirtschaftsordnung besonders wichtiges Grundrecht betroffen. Die Verdrängung von durch freie Verhandlung zustande gekommenen Tarifverträgen hat zudem grundsätzlich besonders starke Eingriffswirkung.[245] Ob aber dies schon genügt, um hier den höchsten Kontrollmaßstab anzulegen, ist zweifelhaft. Der Überprüfung anhand der Evidenz- bzw. Vertretbarkeitskontrolle dürfte das MiArbG indes jedenfalls standhalten: Es ist schon nicht ersichtlich, dass bei der Auswahl der genutzten empirischen Erkenntnisse offensichtliche Fehlentscheidungen getroffen worden sind. Deshalb kann dem Gesetzgeber wohl kein offenkundiges Überschreiten seines Einschätzungsspielraums angelastet werden.

Auch wenn aufgrund der Bedeutung der beeinträchtigten Tarifautonomie eine strenge Inhaltsprüfung gefordert würde, dürfte auch hier die Einschätzung des Gesetzgebers hinsichtlich der Eignung des MiArbG zur Beschäftigungssicherung nicht angreifbar sein. Die oben vorgenommene Sichtung des einschlägigen Datenmaterials zeigt, dass wohl auch eine intensive inhaltliche Kontrolle nicht zu dem Ergebnis kommen würde, dass der Gesetzgeber seinen Einschätzungsspielraum hinsichtlich der Eignung des MiArbG zum Zweck der Beschäftigungssicherung übertreten hat. Eine tiefergehende Auseinandersetzung mit dieser Frage wäre indes nur möglich, wenn nähere Erkenntnisse darüber gewonnen würden, von welchen Prämissen sich der Gesetzgeber leiten lassen hat. Dies allerdings bliebe in letzter Konsequenz wohl dem Bundesverfassungsgericht vorbehalten.

Zum weiten Gestaltungs- und Einschätzungsspielraum des Gesetzgebers gehört es auch, die ökonomischen Folgen des Gesetzes abzuwägen und eine Entscheidung über dessen Erlass zu treffen. Nachdem der Gesetzgeber sich entschlossen hat, auf der Grundlage des ihm zur Verfügung stehenden Datenmaterials das MiArbG zu erlassen, ist diese Entscheidung grundsätzlich zu akzeptieren.[246] Es kann daher *Bayreuther* nur zugestimmt werden, wenn dieser Respekt vor der Entscheidung des Gesetzgebers und dessen legislativen Spielraum for-

---

245 Vgl. dazu bereits oben unter § 5 B. 3. c) bb).

246 Zu berücksichtigen ist, dass dem Gesetzgeber die unsicheren Folgen für das Beschäftigungsniveau durchaus bekannt waren und er offenbar nicht uneingeschränkt davon ausgeht, es werde durch die Festsetzung von Mindestarbeitsentgelten nicht zum Abbau von Arbeitsplätzen kommen, vgl. BR-Drucks. 16/10485, S. 10.

dert.[247] Es ist gerade nicht Aufgabe der juristischen Auseinandersetzung, sich zum ökonomischen Sachverständigen aufzuschwingen[248] und aufgrund der (wohl nicht ohne Weiteres übertragbaren) Erkenntnisse aus dem Ausland ein abschließendes Urteil über die Geeignetheit und Erforderlichkeit der konkreten Entgeltfestsetzung nach dem MiArbG fällen zu wollen. Im Ergebnis bedeutet dies für die Verfassungsmäßigkeit des MiArbG, dass einstweilen im Zweifel die Annahmen des Gesetzgebers als Grundlage für die weitere Prüfung zu unterstellen sind.

b) Erforderlichkeit

Im Rahmen der Erforderlichkeit ist zu prüfen, ob sich der Gesetzgeber auf gleich oder besser geeignete, aber zugleich die Tarifautonomie weniger stark beeinträchtigende, Alternativen zur Festsetzung von Mindestarbeitsentgelten nach dem MiArbG verweisen lassen muss.[249] Insbesondere ist hier zu problematisieren, ob für eine staatliche Entgeltfestsetzung überhaupt Raum bestehen kann, wenn grundsätzlich Arbeitsentgelte von den Koalitionen per Tarifvertrag festgelegt werden.[250]

aa) Beachtung der Normsetzungsprärogative der Koalitionen?

(1) Vermutung der Angemessenheit tarifvertraglicher Entgelte

Grundsätzlich dient das freie Aushandeln von Arbeits- und Wirtschaftsbedingungen durch die Koalitionen der Kompensierung der im Zusammenhang mit dem Individualarbeitsvertrag vermuteten Ungleichgewichte.[251]Dabei sind die

---

247 Bayreuther, NJW 2007, 2022, 2025.

248 Ebenso Waltermann, NJW 2010, 801, 806.

249 Allgemein zu diesem Grundsatz vgl. BVerfGE 25, 1 ff., 20; BVerfGE 30, 292 ff., 319; BVerfGE 77, 84 ff., 109 ff.; BVerfGE 81, 70 ff., 91; BVerfGE 100, 313 ff., 375.

250 Ähnlich geht auch Wiedemann/Wiedemann, TVG, Einl., Rn 106 davon aus, der Ausfall der Koalitionen als entscheidende Voraussetzung für die Zulässigkeit staatlichen Handelns sei mit Anerkennung des Tatbestandsmerkmals der Erforderlichkeit entfallen. Nur wenn die Koalitionen nicht ausreichend tätig werden, kann eine staatliche Festsetzung von Arbeitsbedingungen überhaupt nur erforderlich sein. Ausführlich dazu im Folgenden. Vgl. auch Kempen/Zachert/Kempen, TVG, Grundl. Rn. 140, der ebenfalls davon ausgeht, dass die Normsetzungsprärogative staatliche Regelungen dort ausschließt, wo die mit ihnen verfolgen Ziele bereits durch Tarifvertrag verwirklicht werden.

251 Vgl. BVerfGE 84, 212, 229: „Tarifautonomie ist darauf angelegt, die strukturelle Unterlegenheit der einzelnen Arbeitnehmer beim Abschluß von Arbeitsverträgen durch kollektives Handeln auszugleichen und damit ein annähernd gleichgewichtiges Aushandeln der Löhne und Arbeitsbedingungen zu ermöglichen.“; BVerfGE 85, 191, 213;

Koalitionen nach dem Willen des Grundgesetzes frei, sodass sich der Staat in diesem Betätigungsfeld grundsätzlich einer Einflussnahme enthält.[252] Die erforderlichen Regelungen der Arbeits- und Wirtschaftsbedingungen überlässt der Staat zum großen Teil der autonomen Vereinbarung durch die Koalitionen und hat insofern seine Zuständigkeit zur Rechtsetzung weit zurückgenommen.[253] Die Funktion der Koalitionen besteht darin, in diesem freigelassenen Raum das Arbeitsleben sinnvoll zu ordnen.[254] Dies beruht auf der Annahme, dass die unmittelbar Betroffenen besser wissen und besser als der Staat aushandeln können, was ihren beiderseitigen Interessen und dem gemeinsamen Interesse entspricht.[255] Insoweit steht den Koalitionen eine Normsetzungsprärogative zu, nicht aber ein Normsetzungsmonopol.[256] Nach der Rechtsprechung des Bundesverfassungsgerichts soll die tarifliche Normsetzung grundsätzlich der staatlichen vorgehen. Es besteht also grundsätzlich eine „Prioritätsvermutung“ zugunsten der tariflichen Regelungen.[257] Der Staat erkennt damit an, dass grundsätzlich die Koalitionen als Interessenvertretungen der Arbeitnehmer und Arbeitgeber bessere Kenntnisse über die zu regelnden Belange haben.[258] Dies beruht auf der besonderen Sachnähe der Koalitionen, auf der Flexibilität des Tarifvertrages als Instrument der Regelung der Arbeitsbedingungen und schließlich auch auf der befriedenden Wirkung des diesem innewohnenden Kompromisses zwischen den antagonistischen Interessen der Sozialpartner.[259]

BVerfGE 92, 365, 395; BVerfG NZA 2005, 153, 155; Bieback, RdA 207, 209; Käppler, NZA 1991, 745, 747ff.

252 BVerfGE 94, 268, 283; BVerfGE 100, 271, 282; BVerfGE 103, 293, 304; BVerfG NZA 2005, 153.

253 BVerfGE 44, 322, 341; BVerfGE 94, 268, 283; BVerfGE 100, 271, 282; BVerfGE 103, 293, 304; BVerfG NZA 2005, 153..

254 BVerfGE 44, 322, 341.

255 BVerfGE 34, 307, 317.

256 BVerfGE 94, 268, 283; BVerfGE 103, 293, 301; BVerfG NZA 2005, 153, 154; auch h.L., vgl. nur Butzer, RdA 1994, 375, 379; Lieb, RdA 1972, 129, 144ff.; Säcker, Grundprobleme, S. 39ff., 89ff.; Sodan, JZ 1998, 421, 427; Stein, ArbuR 1998, 1, 3; anders teilweise noch Biedenkopf, Grenzen der Tarifautonomie, S. 126ff., 178ff.; Coester, Vorrangprinzip, S. 17ff.; Reuß, ArbuR 1975, 1, 5; krit. zur Annahme einer Normsetzungsprärogative Hopfner, Gesetzgebung und Tarifautonomie, S. 41ff, die insoweit mit guten Argumenten darauf verweist, es handle sich letztlich um nichts anderes, als die „geläufige Funktion der Freiheitsrechte als Abwehrrechte“, S. 45.

257 Zachert, NZA 1994, 529, 533.

258 BVerfGE 34, 307, 317.

259 Vgl. auch Dieterich, Tarifautonomie und Gesetzgebung, S. 18; Ricken, Autonomie und tarifliche Rechtsetzung, S. 147ff.

Gleichzeitig folgt aus der Zweckbindung der Koalitionen auch ihre alleinige Existenzberechtigung: Nur wenn sie in der Lage sind, die Interessen ihrer Mitglieder zu vertreten und gegenüber dem sozialen Gegenspieler zu behaupten bzw. durchzusetzen, wird ihnen überhaupt erst der grundrechtliche Schutz als Koalition zugesprochen.[260] Die hohen Anforderungen für die Anerkennung einer Koalition bürgen grundsätzlich für ein Kräftegleichgewicht zwischen den Tarifpartnern beim Abschluss von Tarifverträgen. Hierauf beruht auch der Gedanke der Richtigkeitsvermutung[261]: Grundsätzlich darf der Staat davon ausgehen, dass die von den Tarifpartnern in Tarifverträgen vereinbarten Arbeits- und Wirtschaftsbedingungen als angemessener Kompromiss und Ausgleich der widerstreitenden Interessen anzusehen sind.[262] Es wird daher grundsätzlich vermutet, dass die hierin gefundenen Vereinbarungen angemessene Bedingungen für beide Seiten schaffen. In Bezug auf das Arbeitsentgelt wird insofern regelmäßig anzunehmen sein, dass es sich dabei um den marktgerechten, also den „marktrichtigen“ Lohn handelt.[263]

(2) Grenze der Angemessenheitsvermutung

Dem Wesen jeder Vermutung entspricht es jedoch, dass sie widerlegbar ist. Dies gilt auch für die Richtigkeits- bzw. Angemessenheitsvermutung. Nach der

---

260 Vgl. BVerfGE 4, 96, 106: „Art. 9 Abs. 3 GG will ebenso wie Art. 159 WV nach Sinn und Zweck nur solche frei gebildete Vereinigungen schützen, die nach ihrer Gesamtstruktur unabhängig genug sind, um die Interessen ihrer Mitglieder auf arbeits- und sozialrechtlichem Gebiet wirksam und nachhaltig zu vertreten.“; vgl. auch BVerfGE 58, 233, 248ff.; BVerfGE 100, 214, 223: „Tarifautonomie steht von Verfassungs wegen nur solchen Koalitionen zu, die in der Lage sind, den von der staatlichen Rechtsordnung freigelassenen Raum des Arbeitslebens durch Tarifverträge sinnvoll zu gestalten. Voraussetzungen dafür sind die Geschlossenheit der Organisation und die Durchsetzungskraft gegenüber dem sozialen Gegenspieler.“

261 Vgl. Bieback/Kocher, in: Bieback/Dieterich/Hanau/Kocher/Schäfer, Tarifgestützte Mindestlöhne, S. 59; Kissel, NZA 1995, 1, 2; Kocher, NZA 2007, 600, 601; Meisen, Koalitionsfreiheit, S. 14; Ricken, Autonomie und tarifliche Rechtsetzung, S. 148ff.; Stütze, Kontrolle der Entgelthöhe, S. 328ff.; krit. Zur Annahme einer „naturhaften Überlegenheit der Verbände“: Picker, NZA 2002, 761, 766.

262 BVerfGE 34, 307, 317; BVerfGE 84, 212, 229; BVerfGE 88, 103, 114; BAG NJW 1977, 1551; BAG NJW 1980, 1642; Bieback/Kocher, in: Bieback/Dieterich/Hanau/Kocher/Schäfer, Tarifgestützte Mindestlöhne, S. 59; Kocher, NZA 2007, 600, 601; krit. zu einer solchen Grenzziehung anhand der Prärogative der Tarifvertragsparteien: Stein, ArbuR 1998, 1, 5ff.

263 Bieback/Kocher, in: Bieback/Dieterich/Hanau/Kocher/Schäfer, Tarifgestützte Mindestlöhne, S. 59; Kocher, NZA 2007, 600, 601.

Rechtsprechung des Bundesverfassungsgerichts endet der Freiheitsraum der Koalitionen dort, wo sie

> „die ihnen übertragene Aufgabe, das Arbeitsleben durch Tarifverträge sinnvoll zu ordnen, im Einzelfall nicht allein erfüllen können und die soziale Schutzbedürftigkeit einzelner Arbeitnehmer oder Arbeitnehmergruppen oder ein sonstiges öffentliches Interesse ein Eingreifen des Staates erforderlich macht.“[264]

Dort, wo der tarifvertragliche Schutz nicht mehr greift, wird das Tarifsystem „prekär“.[265] Insoweit stellt *Ulber* richtig heraus, dass Sachnähe nicht in jedem Fall für sachgerechte Ergebnisse bürge.[266] In diesen Fällen muss sich der Staat nicht mehr damit begnügen, den Arbeitnehmer auf die grundsätzliche Möglichkeit der kollektiven Interessenwahrnehmung durch einen Beitritt zu entsprechenden Gewerkschaften zu verweisen. Vielmehr darf er an dieser Stelle selbst aktiv werden, um die Belange der Arbeitnehmer durch zwingendes Gesetz zu regeln.[267] Andererseits kann dies nur für wenige Ausnahmefälle angenommen werden. Grundsätzlich genießt die tarifliche Regelung das Vertrauen des Staates. Der Tarifvertrag ist deshalb grundsätzlich der gerichtlichen Kontrolle entzogen.[268] Begründet wird dies damit, dass infolge der paritätischen Tarifvertragsgestaltung ein strukturelles Ungleichgewicht der Tarifparteien nicht auftreten könne und aufgrund des grundsätzlichen Vertrauens in diesen Mechanismus deshalb eine Überprüfung „anhand der Generalklauseln des Bürgerlichen Rechts“ nicht erfolgen müsse und dürfe.[269]

Dieser Ansatz wird in der Rechtsprechung des Bundesarbeitsgerichts allerdings in jüngerer Zeit nicht mehr stringent aufrecht erhalten. Vielmehr kommt es in neuerer Rechtsprechung zu dem Schluss, die Prärogative der Tarifparteien finde zumindest in § 138 Abs. 1 BGB ihre Schranken, soweit „elementare Gerechtigkeitsanforderungen“ unterlaufen werden.[270] Insoweit besteht eine Schranke für die tarifvertragliche Rechtsetzung in den Grenzen der Art. 2 Abs. 1, 20 Abs. 1 GG.[271] Zumindest also wenn ein Tarifvertrag nicht mehr die Vermutung

---

264 BVerfGE 44, 323, 342; vgl. auch Küchenhoff, RdA 1959, 201, 202ff.

265 Lakies, NZA-RR 2002, 337, 339.

266 Ulber, Tarifdispositives Gesetzesrecht, S. 306.

267 Bietmann, Mindestlohn, S. 147; Peter, ArbuR 1999, 289, 294; Stein, ArbuR 1998, 1, 9; Stütze, Kontrolle der Entgelthöhe, S. 462; vgl. auch Wlotzke, RdA 1963, 44, 50.

268 Söllner, NZA 1996, 897, 901; Stütze, Kontrolle der Entgelthöhe, S. 363; vgl. eingehend zum Verhältnis der Richtigkeitsvermutung zur gerichtlichen Überprüfbarkeit: Oppermann, Die Kontrolle von Tarifvertragsregelungen, S. 22ff, 70.

269 So etwa Söllner, NZA 1996, 897, 901, 905.

270 BAG NZA 2004, 971, 973; vgl. dazu auch § 2 B. I. 1.

271 BAG NZA 2004, 971, 973. Dies gilt im Übrigen über § 138 BGB unabhängig von der umstrittenen Frage der Gemeinwohlbindung der tariflichen Normsetzung.

der Angemessenheit für sich in Anspruch nehmen kann, fällt damit auch die grundsätzliche Prärogative der Tarifparteien und macht Raum für die (subsidiäre) Kompetenz des Staates.[272] Damit bringt das Bundesarbeitsgericht zum Ausdruck, dass Tarifverträge nicht (mehr) uneingeschränktes Vertrauen genießen, sondern vielmehr tatsächliche Entwicklungen, insbesondere unangemessen niedrige Tarifabschlüsse, das Festlegen äußerster Grenzen erforderlich machen. Gleichzeitig weist aber das Gericht auch darauf hin, dass eine inhaltliche Kontrolle nur in äußersten Fällen erfolgen darf. Es muss hier bei einer restriktiven Handhabung bleiben, um die Richtigkeitsgewähr nicht zu unterlaufen. Deshalb bleibt die Widerlegung dieser Vermutung den Fällen vorbehalten, in denen die Tarifautonomie offensichtlich nicht ihrem Zweck entsprechend funktioniert.

Fraglich ist damit, ob sich das MiArbG als staatliches Mittel zum Ausgleich derartiger Funktionsdefizite der Tarifautonomie verstehen lässt. Sowohl Gesetzesbegründung als auch der Wortlaut des § 4 Abs. 4 S. 3 Nr. 1 MiArbG machen deutlich, dass mit diesem Gesetz die staatliche Festsetzung angemessener Arbeitsentgelte beabsichtigt ist. Entsprechend der angeführten Rechtsprechung des Bundesverfassungsgerichts ist dies aber nur soweit zulässig, wie nicht bereits durch die Koalitionen angemessene Bedingungen gewährleistet werden. Eingangs wurde bereits festgestellt, dass dies insbesondere dann nicht der Fall ist, wenn sich Funktionsdefizite so nachhaltig verfestigt haben, dass eine Wahrnehmung der Arbeitnehmerinteressen durch Koalitionen in einzelnen Bereichen faktisch nicht mehr erfolgt.[273] Nur wenn die Koalitionen bei ihrer Aufgabenwahrnehmung scheitern, kann sich der Gesetzgeber auf seine subsidiäre Regelungskompetenz berufen.

Teile des Schrifttums sehen hierin ein entscheidendes Problem der Verfassungsmäßigkeit des MiArbG. Wenn eine staatliche Festsetzung von angemessenen Mindestarbeitsbedingungen zulässig sein soll, hätte dies zur Folge, dass das MiArbG eine entsprechende Begrenzung auf eben solche Wirtschaftszweige hätte beinhalten müssen, in denen angemessene Arbeitsbedingungen nicht durch Tarifverträge gewährt werden.[274] Dagegen mache das MiArbG bei der Verdrän-

---

272 Ebenso Dieterich, in: Bieback/Dieterich/Hanau/Kocher/Schäfer, Tarifgestützte Mindestlöhne, S. 117, der von einem legitimen Handeln des Staates ausgeht, soweit „elementare Gerechtigkeitsmaßstäbe“ verletzt werden.

273 Vgl. unter § 5 B. II. 1. b).

274 Vgl. Sodan/Zimmermann, ZfA 2008, 526, 567; dies., NJW 2009, 2001, 2004ff.; Thüsing, ZfA 2008, 590, 608ff.

gung von Tarifverträgen gerade keinen Unterschied zwischen angemessenen und unangemessenen Tarifvertragsregelungen.[275]

Dieser Ansatz ist nicht von vornherein von der Hand zu weisen. Es bedarf aber einer näheren Auseinandersetzung mit diesem Gesetz, um zu prüfen, ob damit tatsächlich unterschiedslos angemessene und unangemessene Tariflöhne verdrängt werden können. Entscheidend ist daher, ob dem MiArbG im Wege der Auslegung entnommen werden kann, dass lediglich die Verdrängung unangemessener Tarifvertragsregelungen zulässig sein soll. Nur in diesem Fall stellte sich das Gesetz als verfassungsrechtlich zulässiger Kontrapunkt zu einer nicht funktionierenden Aufgabenwahrnehmung durch die Koalitionen dar. Ebenfalls kann auch nur dann Raum sein für eine staatliche Regelung des durch Art. 12 Abs. 1 GG geschützten Interesses an angemessenen Arbeitsbedingungen.[276] Und nur in diesem Fall käme schließlich ein Vorrang staatlicher Mindestentgelte vor tariflichen Entgeltregelungen oberhalb der Existenzsicherung überhaupt in Betracht.[277]

(3) Verfassungskonforme Auslegung des MiArbG: Verdrängung nur von „unangemessenen" Tariflöhnen

Es ist daher zu untersuchen, ob dem MiArbG im Wege der Auslegung bzw. der verfassungskonformen Reduktion eine Beschränkung in der Weise entnommen werden kann, dass lediglich die Verdrängung unangemessen niedriger Tariflöhne zulässig sein soll.

(a) Wortlautauslegung

In den Stellungnahmen zum MiArbG wird für die Frage nach der Verdrängung von Tarifverträgen allein auf § 8 Abs. 2 MiArbG abgestellt. Der Vorwurf lautet entsprechend, es sei hierin keinerlei Differenzierung angelegt, also sei hieraus zu folgern, Mindestlöhne nach dem MiArbG würden jeden niedriger dotierten Tariflohn verdrängen.[278] Dem ist zuzugeben, dass selbst im Umkehrschluss zu dieser Norm und unter Berücksichtigung des gesetzgeberischen Willens[279] daraus

275 Vgl. Sodan/Zimmermann, ZfA 2008, 526, 567; dies., NJW 2009, 2001, 2004ff.; Thüsing, ZfA 2008, 590, 608ff. und im Anschluss an diesen: Bietmann, Mindestlohn, S. 173ff.

276 Vgl. ausführlich zum Verfassungsrang dieses Ziels oben unter § 5 B. II. 1.

277 In diese Richtung auch die Stellungnahme des DAV, Ausschussdrucks. 16(11)1117, S. 51ff., der davon ausgeht, dass der Vorrang tariflicher Regelungen zumindest solange aufrechterhalten werden müsse, wie diese „geeignet sind, die wirtschaftlichen Grundbedürfnisse vollzeitbeschäftigter Arbeitnehmer zu sichern".

278 Thüsing, ZfA 2008, 590, 608.

279 Vgl. nochmals BT-Drucks. 16/10485, S. 11 Nr. 10, lit. b.

nur zu entnehmen ist, dass tarifliche Lohnregelungen, die zuungunsten der Arbeitnehmer von den durch Verordnung festgesetzten Mindestarbeitsentgelten abweichen, dem Vorrang der höherrangigen gesetzlichen Bestimmung unterfallen.[280] Allerdings bleibt bei einem isolierten Abstellen auf § 8 Abs. 2 MiArbG außer Betracht, dass die darin beschriebene verdrängende Wirkung nur dann greifen kann, wenn die Mindestentgeltverordnung den Vorgaben des § 4 Abs. 4 MiArbG genügt. Nur dann kann die Verordnung nach § 4 Abs. 3 MiArbG erlassen werden und nur in diesem Fall kommen die Rechtsfolgen des § 8 Abs. 1 und 2 MiArbG überhaupt zum Tragen.

Ob eine Rechtsverordnung erlassen werden kann, richtet sich wiederum entscheidend danach, ob bei der Festsetzung die Vorgaben des § 4 Abs. 4 S. 3 Nr. 1 MiArbG eingehalten wurden.[281] Danach hat der Fachausschuss zu beurteilen, ob das festzusetzende Mindestarbeitsentgelt geeignet ist, angemessene Arbeitsbedingungen zu *schaffen*. Damit kann es bei einer wortlautgenauen Auslegung daher nur um solche Wirtschaftszweige gehen, in denen angemessene Arbeitsbedingungen nicht bereits bestehen. Es kann nicht geschaffen werden, was bereits existiert. Wenn also in einem Wirtschaftszweig bereits angemessene Arbeitsbedingungen durch Tarifverträge gewährleistet werden, kann ein staatliches Mindestarbeitsentgelt nicht dazu i.S.d. § 4 Abs. 4 S. 3 MiArbG geeignet sein, selbst solche Bedingungen zu schaffen.[282] Da diese Vorschrift zu den Voraussetzungen für den Erlass einer Mindestlohnverordnung gehört, kommt die Festsetzung von vornherein nicht in Frage, wenn die hierin aufgezählten Ziele mit dem festzusetzenden Mindestentgelt nicht zu erreichen sind.[283] Bei einer wortlautgenauen Anwendung dieser Norm ergibt sich damit also keine Konkurrenzsituation, in der staatliche Mindestarbeitsbedingungen auf bereits existierende angemessene Tarifregelungen treffen. Lediglich für den Fall, dass zwar tarifliche Lohnregelungen bestehen, diese aber nach den obigen Maßstäben als unangemessen zu sehen sind[284], ist eine Kollision mit den staatlichen Entgeltregelungen zu erwarten. Nur in diesem und in dem Fall des gänzlichen Fehlens tariflicher Regelun-

---

280 Siehe oben unter § 3 C. II.

281 Vgl. dazu § 3 A. II. und B. III. 2.

282 Anders wäre die Regelung zu verstehen, wenn auch hier – wie bei § 4 Abs. 4 S. 3 Nr. 3 MiArbG - vom Erhalt angemessener Arbeitsbedingungen die Rede wäre. Dann nämlich hätte der Fachausschuss zu beachten, dass sich das festzusetzende Entgelt nicht negativ auf die bereits bestehenden anderweitigen angemessenen Arbeitsbedingungen auswirkt. Wenn aber von der „Schaffung" die Rede ist, dann muss das Mindestentgelt also geeignet sein, solche angemessenen Arbeitsbedingungen erst zu bewirken.

283 Vgl. § 3 B. III. 2.

284 Vgl. dazu unter § 5 B. II. 3. b) aa) (2).

gen kann ein staatliches Mindestarbeitsentgelt überhaupt geeignet sein, angemessene Arbeitsbedingungen zu *schaffen*.

(b) Systematische Auslegung

Im Rahmen der Auslegung der einzelnen Bestimmungen des MiArbG wurde oben bereits herausgearbeitet, dass selbst bei Eignung eines Mindestentgelts zur Erreichung der in § 4 Abs. 4 S. 3 MiArbG genannten Ziele aufgrund der Vorschrift des § 4 Abs. 4 S. 1 MiArbG ausschließlich solche Mindestentgelte festgesetzt werden können, die das absolute Mindestmaß für die Erreichung dieser Vorgaben darstellen.[285] Gibt § 4 Abs. 4 S. 3 Nr. 1 MiArbG die Schaffung angemessener Arbeitsbedingungen vor, folgt aus § 4 Abs. 4 S. 1 MiArbG, dass lediglich die unterste Grenze der hierfür erforderlichen Entgelte verordnet werden darf.[286] Bei restriktiver Handhabung dieser Vorschrift, wird eine Festsetzung von Mindestentgelten in beliebiger Höhe ausgeschlossen und der mögliche Festsetzungsrahmen auf ein sehr enges Maß begrenzt. Es muss stets berücksichtigt werden, ob dieses unterste Niveau der Angemessenheit nicht bereits durch Tarifverträge gewährleistet wird. Ist dies nicht der Fall, so kann der Verordnungsgeber dennoch aufgrund des § 4 Abs. 4 S. 1 MiArbG ausschließlich ein Entgeltniveau vorgeben, das sich am untersten Rand der Angemessenheit bewegt und so ausreichend Freiraum für zukünftige Tarifregelungen verbleibt.

(c) Gesetzeshistorische Auslegung

In der ursprünglichen Gesetzesfassung hatte der Gesetzgeber zum Verhältnis der nach dem MiArbG verordneten Mindestentgelte zu tariflichen Lohnregelungen eine klare Vorgabe normiert. In § 8 Abs. 2 MiArbG 1952 hieß es:

> „Tarifliche Bestimmungen gehen den Mindestarbeitsbedingungen vor."[287]

Das MiArbG 1952 erhielt damit einen rein tarifdispositiven Charakter.[288] Daher war es ein Mindestarbeitsbedingungsgesetz im eigentlichen Sinne auch nur im Bezug auf einzelvertragliche Regelungen. Eine weitere Folge dieser offenen Gestaltung war, dass sich die heutige Frage nach dem Verhältnis angemessener tariflicher Lohnregelungen zu staatlichen Mindestentgelten in damaliger Zeit von vornherein nicht stellte. Es ergaben sich deshalb auch im Wesentlichen kei-

---

285 § 7 B. I. 2. d) aa).

286 § 7 B. I. 2. d) aa) (2).

287 Dieser Grundsatz wurde teilweise sogar über den Anwendungsbereich des Gesetzes hinaus als allgemeiner Grundsatz zur Lösung des Konflikts zwischen staatlicher und nichtstaatlicher Festsetzung von Arbeitsbedingungen gesehen, vgl. nur Biedenkopf, Grenzen der Tarifautonomie, S. 189.

288 Vgl. näher dazu Andelewski, Staatliche Mindestarbeitsbedingungen, S.122ff.

ne Friktionen mit der Tarifautonomie.[289] Mit der Neufassung des MiArbG wurde dieser Tarifvorrang allerdings ersatzlos gestrichen.[290] Zwar enthält § 1 Abs. 1 MiArbG weiterhin das grundsätzliche Bekenntnis zur Tarifautonomie.[291] Weitergehende rechtliche Relevanz dürfte diesem Satz allerdings kaum zukommen. Inwieweit nämlich das MiArbG von diesem wohlfeilen Grundsatz abweicht, bleibt gerade unausgesprochen. Zumindest enthält § 1 Abs. 1 MiArbG keinerlei Aussage zum Vorrangverhältnis zwischen tariflicher und staatlicher Entgeltfestsetzung.

(d) Telelogische Auslegung

Widerlegen ließe sich die vorstehende Argumentation, legte man dem im MiArbG verwendeten Begriff der Angemessenheit einen anderen Bedeutungsgehalt zugrunde, als dem im Zusammenhang mit der Richtigkeitsvermutung von Tarifverträgen verwendeten. Der Staat hätte es dann selbst in der Hand, zu bestimmen, was er für angemessen hält und was nicht.

Solchen Erwägungen lässt sich allerdings die Gesetzesbegründung entgegenhalten. Nimmt der Gesetzgeber seinen eigenen Verweis[292] auf die Entscheidung des Bundesverfassungsgerichts[293] ernst, muss der Begriff der Angemessenheit genauso verstanden werden, wie es das Bundesverfassungsgericht und das Bundesarbeitsgericht[294] tun. In der benannten Entscheidung des Bundesverfassungsgerichts zur Allgemeinverbindlicherklärung sagt dieses letztlich nichts anderes, als dass der Staat dort angemessene Arbeitsbedingungen schaffen darf, wo es die Koalitionen nicht selbst tun. Diese Erwägung knüpft nahtlos an die von dem Gericht ebenfalls vertretene Auffassung an, wonach tariflichen Regelungen grundsätzlich die Vermutung der Angemessenheit innewohnt.[295] Insoweit besteht also ausnahmslos Kongruenz zwischen diesen Begriffen der Angemessenheit. Wenn nun die Gesetzesbegründung diese Entscheidung ausdrücklich als Legitimation anführt, kann dies nichts anderes heißen, als dass auch der in § 4 Abs. 4 S. 3 Nr. 1 MiArbG verwendete Begriff der Angemessenheit inhalt-

289 Andelewski, Staatliche Mindestarbeitsbedingungen, S. 123, 127.

290 Siehe dazu bereits § 3 C. II. und zu den damit verbundenen Eingriffswirkungen ausführlich unter § 4.

291 Insoweit sah bereits Biedenkopf, Grenzen der Tarifautonomie, S. 189, lediglich eine Widergabe dessen, was bereits in Art. 9 Abs. 3 GG geregelt ist. Ein darüber hinaus gehender Aussagegehalt wurde weder in damaliger Zeit angenommen, noch wird man einen solche heute annehmen können.

292 BT-Drucks. 16/10485, S. 11, Nr. 6, lit. c.

293 BVerfGE 44, 323, 342.

294 BAG NZA 2004, 971, 973.

295 BVerfGE 34, 307, 317; BVerfGE 84, 212, 229; BVerfGE 88, 103, 114.

lich mit den Wertungen der Rechtsprechung übereinstimmen soll. Es kann also geschlussfolgert werden: Führen bereits bestehende Tarifverträge zu angemessenen Arbeitsbedingungen, können diese zwar durch staatliche Mindestbedingungen - zumindest aus Arbeitnehmersicht - noch verbessert werden. Der Begriff der Angemessenheit beinhaltet allerdings Wertungen sowohl aus Arbeitnehmer- als auch aus Arbeitgebersicht: Einerseits kommt hierin zum Ausdruck, dass ein gerechter Ausgleich zwischen Arbeitsleistung und Gegenleistung geschaffen wird. Andererseits wird zugleich aber auch eine Obergrenze statuiert: Auch ein Entgelt, das den (Markt-) Wert der erbrachten Arbeitsleistung übersteigt, kann sowohl nach objektiver Betrachtung, als auch und vor allem aus Sicht des Arbeitgebers nicht als gerechter Ausgleich der Interessen gesehen werden.[296] Zwar steht es dem Arbeitgeber frei, die erlangte Arbeitsleistung über dem Marktwert zu vergüten. Angemessen im Sinne eines gleichgewichtigen und gerechten Austauschs ist ein solcher Lohn indes nicht mehr.[297] Vor dem Hintergrund dieser Überlegung und der Bezugnahme des Gesetzgebers auf die Entscheidung des Bundesverfassungsgerichts erscheint daher der Schluss zulässig, dass es dem Gesetzgeber ausschließlich auf die Schaffung von angemessenen Arbeitsbedingungen in solchen Wirtschaftszweigen ankommt, in denen trotz Bestehens tariflicher Regelungen das Vertrauen in deren Richtigkeit erschüttert ist, angemessene Arbeitsbedingungen also durch Tarifverträge nicht gewährleistet werden. Es geht daher allein um den Schutz der Arbeitnehmer vor unangemessen niedrigen Arbeitsentgelten in Bereichen, in denen die Tarifautonomie nachhaltig in ihrer Funktion gestört ist und deshalb die Interessen der Arbeitnehmer nicht ausreichend wahrgenommen werden.

bb) Zwischenergebnis

Die Auslegung ergibt, dass Mindestarbeitsentgelte nur dann verordnet werden können, wenn in einem Wirtschaftszweig die koalitionäre Lohngestaltung nicht hinreichend funktioniert und angemessene tarifliche Entgelte nicht existieren. Konsequenterweise kann eine Mindestentgeltverordnung daher auch nur solche

---

296 Entsprechend kann es auch nicht Ziel des MiArbG sein, die Angemessenheit allein aus Sicht der Arbeitnehmer zu beurteilen, vgl. Löwisch, Staatlich Mindestlohn rechtlich gesehen, S. 17. Vielmehr wird eine Abwägung der betroffenen Interessen geboten sein.

297 Es kann zwar sicherlich nicht ein konkreter Betrag genannt werden, der gleichwertig einer bestimmten Arbeitsleistung entgegensteht. Insoweit ist Söllner, Arbeitsrecht in der Verfassungsordnung, S. 182 zuzustimmen, wenn er davon ausgeht, es gebe kein ökonomisches Gesetz, aus dem sich eindeutig ableiten ließe, welches der gerechte und volkswirtschaftlich sinnvolle Lohn sei.297 Wohl aber bleibt festzuhalten, dass auch ein zu hoch angesetztes Entgelt nicht mehr als angemessen im Sinne eines gerechten Ausgleichs anzusehen ist.

bestehenden tariflichen Regelungen verdrängen, die nicht als angemessen zu sehen sind. Sofern nämlich angemessene tarifliche Regelungen auf staatliche Mindestentgelte treffen, hätten letztere - nach Maßgabe des § 4 Abs. 4 S. 3 Nr. 1 MiArbG - entweder gar nicht erst verordnet werden dürfen, oder verlieren zumindest ab dem Moment ihre Legitimierung, in dem die angemessene tarifliche Regelung in Kraft tritt. Damit lässt sich feststellen, dass bei einem entsprechenden Verständnis den Regelungen des MiArbG durchaus eine Differenzierung dahingehend entnommen werden kann, dass ausschließlich unangemessene tarifliche Arbeitsbedingungen durch staatliche Mindestarbeitsbedingungen verdrängt werden können. Dies ist dem Gesetz im Wege der wortlautgetreuen Auslegung des § 4 Abs. 4 MiArbG und dem systematischen Zusammenhang zwischen dieser Regelung und der Bestimmung des § 8 Abs. 2 MiArbG zu entnehmen. Der Gesetzgeber kann sich damit für sein Ziel, mit dem MiArbG in einzelnen Wirtschaftszweigen für angemessene Arbeitsbedingungen zu sorgen, auf verfassungsrechtlich anerkannte Interessen stützen. Diese Legitimierung findet ihrerseits eine Schranke, wo bereits die Koalitionen für angemessene Arbeitsbedingungen sorgen. In diesen Fällen schließen das Vorrecht der Tarifparteien und die sich daraus ergebende Vermutung der Angemessenheit und Richtigkeit tariflicher Regelungen staatliche Mindestarbeitsentgelte aus. Mit dieser verfassungskonformen Auslegung des MiArbG wird die zugunsten der Koalitionen bestehende Normsetzungsprärogative ausreichend berücksichtigt. Die Verfassungsmäßigkeit dieses Gesetzes wird damit gewahrt. Im Übrigen obliegt es dem Verordnungsgeber durch strikte Beachtung der Vorgaben aus § 4 Abs. 4 S. 3 MiArbG der Tarifautonomie hinreichend Rechnung zu tragen und sein Ermessen entsprechend den hier gefundenen Ergebnissen auszuüben.

cc) Alternative Mittel zur Zweckerreichung

Nachdem festgestellt wurde, dass grundsätzlich die Festsetzung von Mindestarbeitsentgelten zum Ausgleich der Funktionsdefizite der Tarifautonomie in Frage kommt, ist weiter danach zu fragen, ob daneben möglicherweise alternative Mittel bestehen, die ebenso gut zur Schaffung angemessener Arbeitsbedingungen geeignet sind, aber die Tarifautonomie weniger stark beeinträchtigen und deshalb die Erforderlichkeit des MiArbG ausschließen.

(1) Alternative: Normierung einer Sittenwidrigkeitsgrenze

(a) Milderes Mittel?

Oben wurde beschrieben, dass die grundsätzlich freie Lohngestaltung ihre Grenzen in den mittelbaren Lohnuntergrenzen findet.[298] Zu diesen gehört insbesonde-

298 Vgl. dazu § 2 B. I.

re die des § 138 BGB.[299] Vor Inkrafttreten des MiArbG wurde im Rahmen der allgemeinen Diskussion um Mindestlöhne der Vorschlag erörtert, anstelle eines gesetzlichen Mindestlohns den Sittenwidrigkeitstatbestand mit Bezug auf das Arbeitsverhältnis zu konkretisieren.[300] Auf diese Weise könne insbesondere das problematische Verhältnis von kollektivem Arbeitsrecht und staatlicher Gesetzgebung umgangen werden.[301] In der konkreten Ausformung als Vermutung dahingehend, dass ein gezahltes Entgelt bei zwei Dritteln des üblichen Gehalts nichtig wäre, würde zudem eine Anbindung an tarifliche Löhne entbehrlich werden.[302] Damit wäre es möglich, auch oberhalb des Tariflohns die Sittenwidrigkeit festzustellen.[303] Die Vermutung gewähre zudem ausreichend Flexibilität, um im Einzelfall ein Abweichen unterhalb des üblichen Lohns zu gestatten. Letztlich sei ein so ausgestalteter Sittenwidrigkeitstatbestand einem branchenbezogenen Mindestlohn auch deshalb überlegen, weil er flächendeckend gelten würde, ohne tarifliche Regelungen durch staatliche zu verdrängen.[304]

Dem Modell der Konkretisierung des Sittenwidrigkeitstatbestandes ist zuzugeben, dass damit letztlich eine direkte Konkurrenz staatlicher und tariflicher Lohnregelungen vermieden und so die Tarifautonomie geschont würde. Auf der anderen Seite ist zu beachten, dass ein Verstoß zumindest gegen § 138 BGB die Nichtigkeit entsprechender Vereinbarungen zur Folge hat. Das MiArbG hingegen ordnet nicht die Nichtigkeit der tariflichen Bestimmungen an, sondern lediglich deren Nichtanwendbarkeit während der Geltungsdauer der Mindestentgeltverordnung.[305] Im Ergebnis läuft dies allerdings zumindest für diesen Zeitraum aufs Gleiche hinaus: In beiden Fällen kann der von den Tarifparteien ausgehandelte Kompromiss keine Wirkung entfalten. Weniger intensiv wäre der Eingriff durch einen solchen Sittenwidrigkeitstatbestand allerdings dennoch. Besonders schwer wiegt ein Eingriff in die Tarifautonomie, wenn sich der Staat durch eigene Arbeitsbedingungen in Konkurrenz zu den Koalitionen begibt. Dies gilt umso mehr, als das Arbeitsentgelt zu den Kernkompetenzen der Tarifautonomie gehört.[306] Verdrängt eine staatliche Lohnregelung eine bestehende tarifliche Re-

---

299 Vgl. § 2 B. I. 1.

300 Vgl. Henssler/Preis, NZA-Beil. 2006, 6ff ; hierzu auch Henssler/Sittard, RdA 2007, 159ff.

301 Henssler/Sittard, RdA 2007, 159, 164.

302 Henssler/Sittard, RdA 2007, 159, 163.

303 Henssler/Sittard, RdA 2007, 159, 163.

304 Henssler/Sittard, RdA 2007, 159, 165.

305 Vgl. dazu § 3 C. II.

306 Vgl. dazu oben unter § 4 C.

gelung, ist dies als besonders schwerer Eingriff zu werten.[307] Demgegenüber erscheint die Anordnung der Nichtigkeit im Falle der Sittenwidrigkeit weniger intensiv. Insbesondere werden hier keine staatlichen Lohnerwägungen an die Stelle koalitionärer Verhandlungsergebnisse gestellt.

Allerdings ist im konkreten Fall des MiArbG nach den hier gefundenen Ergebnissen eine übermäßige Beeinträchtigung der Tarifautonomie durch Verdrängung bestehender Tarifverträge ebenfalls nicht zu befürchten. Oben wurde festgestellt, dass grundsätzlich Mindestarbeitsbedingungen nur festgesetzt werden können, wenn angemessene Arbeitsbedingungen nicht bereits bestehen.[308] Es kommt damit ausschließlich die Verdrängung von solchen tariflichen Lohnregelungen in Betracht, die als unangemessen zu beurteilen sind. Nach der zitierten Rechtsprechung des BAG[309] trifft dies nur in äußert eklatanten Fällen zu, insbesondere wenn Tarifverträge gegen wesentliche Gerechtigkeitsgrundsätze verstoßen und deshalb als sittenwidrig anzusehen sind.[310] Damit gilt aber in letzter Konsequenz, dass ein staatlicher Mindestlohn nach dem MiArbG im Regelfall dann zulässig ist, wenn auch die Grenze der Sittenwidrigkeit erreicht wäre. Insoweit laufen die Regelungen des MiArbG weitgehend parallel zu denen eines konkretisierten Sittenwidrigkeitstatbestandes. Es ist nur schwer denkbar, dass ein Tariflohn unangemessen sein soll, gleichzeitig aber nicht als sittenwidrig anzusehen ist. Insbesondere wegen der besonders weitreichenden Richtigkeitsvermutung zugunsten des Tarifvertrages ist dieser Fall bisher jedenfalls – soweit ersichtlich - noch nicht Gegenstand der Rechtsprechung gewesen. Ob im konkreten Fall des MiArbG also tatsächlich die Konkretisierung des Sittenwidrigkeitstatbestandes als milderes Mittel gesehen werden kann, erscheint angesichts dieser Überlegungen nicht eindeutig.

(b) Gleiche Eignung?

Zweifelhaft ist zudem, ob das Ziel, angemessene Arbeitsbedingungen zu schaffen, allein durch das Bestehen eines Sittenwidrigkeitstatbestandes erreicht werden kann. Für die Normierung einer solchen Untergrenze spricht, dass damit ein Instrument geschaffen würde, dass letztlich flexibler handhabbar wäre, als jeder gesetzliche Mindestlohn – gleich, ob flächendeckend, oder branchenbezogen.[311] Gleichzeitig liegt hierin aber auch der große Nachteil eines Sittenwidrigkeitstat-

---

307 BVerfGE 94, 268, 285; Bieback/Kocher, in: Bieback/Dieterich/Hanau/Kocher/Schäfer, Tarifgestützte Mindestlöhne, S. 57; Dieterich, Tarifautonomie und Gesetzgebung, S. 30; Kempen, ArbuR, 1985, 374, 376; Zuleger, ArbuR 1992, 231, 232.

308 § 5 B. II. 3. b) aa) (3).

309 BAG NZA 2004, 971ff.

310 BAG NZA 2004, 971, 973.

311 So auch Sittard, Tarifnormerstreckung, S 476.

bestandes: Eine konkrete verallgemeinerungsfähige Sittenwidrigkeitsgrenze ist in der Rechtsprechung bisher nicht klar festgestellt worden.[312] Auch in der Literatur variierten die Anknüpfungspunkte zwischen den Sätzen der Sozialhilfe bzw. des Arbeitslosengeldes II, sowie den Pfändungsgrenzen des § 850c ZPO.[313] Diese Unklarheiten schließen indes die Normierung eines speziellen Sittenwidrigkeitstatbestandes nicht bereits aus. Aufgrund des weiten Gestaltungs- und Einschätzungsspielraums wäre es vielmehr dem Gesetzgeber überlassen, eine der zur Verfügung stehenden Größen als maßgeblichen Anknüpfungspunkt zu bestimmen.[314]

Problematischer erscheinen allerdings die ebenfalls vorgebrachten Bedenken hinsichtlich der Wirksamkeit eines solchen Sittenwidrigkeitstatbestandes: Angemessene Arbeitsbedingungen, insbesondere Arbeitsentgelte, können nach diesem Ansatz nur erreicht werden, wenn die Anknüpfungsgröße selbst eine Ausprägung des Angemessenheitsgedankens ist.[315] Unabhängig davon, ob an tarifliche Entgelte, oder an den ortsüblichen Lohn angeknüpft würde, könnte ein angemessenes Arbeitsentgelt jedoch nur erreicht werden, wenn diese nicht selbst nur gerade noch angemessen sind. Ist etwa der ortsübliche Lohn eklatant niedrig, so hilft es den betroffenen Arbeitnehmern wenig, wenn festgestellt würde, dass zwei Drittel dieses Lohns zu wenig sind, um vor dem Gesetz Anerkennung zu finden.[316] Zudem wird sich die Überprüfung an einem Sittenwidrigkeitstatbestand stets ausschließlich auf extrem gelagerte Einzelfälle beschränken können.[317] Im Ergebnis ist daher zweifelhaft, ob gerade die besonders schutzbedürftigen Arbeitnehmer von der Konkretisierung des Sittenwidrigkeitstatbestandes profitieren würden. Dies gilt selbst dann, wenn man einer solchen Normierung zumindest eine gewisse „Signalwirkung" zugestehen wollte.[318] Auch diese Wirkung dürfte sich wohl nur voll entfalten, wenn ausreichend feststellbare Tariflöhne als Maßstab zur Bestimmung der Sittenwidrigkeit vorhanden sind.[319] Dies ist aber gerade in den prekären Niedriglohnbranchen regelmäßig nicht der Fall. Zudem könnte dieses Signal auch in die falsche Richtung gehen: Bestimmt der Gesetzgeber, dass ein Unterbieten des einschlägigen Tariflohns um einen bestimmten Prozentsatz noch nicht sittenwidrig ist, könnte dies eine „Sogwirkung

312 Bayreuther, NJW 2007, 2022; Peter, ArbuR 1999, 289, 294.

313 Bayreuther, NJW 2007, 2022, 2023.

314 Vgl. dazu Butzer, RdA 1994, 375, 383.

315 Insoweit erhebt auch Bieback, RdA 2000, 207, 208ff. Bedenken, da eine Kontrolle stets nur anhand relativer Maßstäbe erfolgen könne.

316 Zu diesen Bedenken auch Bayreuther, NJW 2007, 2022, 2023.

317 Ebenso Peter, ArbuR 1999, 289, 294.

318 Sittard, Tarifnormerstreckung, S. 477.

319 So dann auch Sittard, Tarifnormerstreckung, S. 477.

nach unten" bewirken, sodass am Ende das Gesetzesziel der Schaffung angemessener Arbeitsbedingungen möglicherweise gerade nicht erreicht würde.[320]

Ein weiterer Nachteil des Sittenwidrigkeitstatbestandes als Alternative zur staatlichen Bestimmung eines Mindestarbeitsentgelts liegt darin, dass der betroffene Arbeitnehmer stets den Nachweis erbringen muss, dass das gezahlte Entgelt tatsächlich unter dem üblichen Niveau liegt. Denn die Sittenwidrigkeitsgrenze gibt nicht bereits bei Vertragsschluss einen feststehenden Mindestbetrag vor, sondern erfordert vielmehr stets die Feststellung im Nachhinein, wobei regelmäßig der aufwändige Klageweg beschritten werden muss.[321] Der Arbeitnehmer ist damit darauf angewiesen, zunächst den vom Arbeitgeber vorgegebenen Arbeitsbedingungen zuzustimmen und erlangt so erst ausreichenden Schutz vor unangemessenen Niedriglöhnen, wenn es bereits „zu spät" ist.[322] Die Belastung durch eine solche Beweislast entfällt dagegen, wenn eine konkrete Lohnuntergrenze per Verordnung normiert wird und sodann unproblematisch bestimmt werden kann, ob der gezahlte Arbeitslohn unzulässigerweise unter diesem Mindestentgelt liegt. Selbst wenn also die Normierung einer Sittenwidrigkeitsgrenze als milderes Mittel angesehen würde, wäre doch zumindest seine gleiche Eignung zur Herstellung angemessener Arbeitsbedingungen für den in Rede stehenden Kreis von Arbeitnehmern in Frage zu stellen.

(2) Alternative: Flächendeckender Mindestlohn

Als Alternative zu einem rein branchen- bzw. wirtschaftszweigbezogenen Mindestentgelt wurde und wird immer auch der einheitliche flächendeckende Mindestlohn diskutiert.[323] Entsprechende Vorschläge sehen die gesetzliche Festlegung einer für alle Branchen gleich geltenden Entgeltuntergrenze mit einem bestimmten Betrag vor.[324]

---

320 Vgl. dazu auch Schubert, NJW 2010, 2613, 2618; Stütze, Kontrolle der Entgelthöhe, S. 256.

321 Vgl. auch Bieback, RdA 2000, 207, 208ff.; Bietmann, Mindestlohn, S. 144ff.; Ludwig/Rein, NZA 2010, 865, 867; Peter, ArbuR 1999, 289, 294.

322 Ähnlich Bieback, RdA 2000, 207, 208ff. ; Bietmann, Mindestlohn, S. 145; Peter, ArbuR 1999, 289, 294.

323 Insbesondere wurde und wird dieser von Seiten der Gewerkschaften gefordert, vgl. nur die Stellungnahme des DGB zum Regierungsentwurf zum MiArbG, Ausschussdrucks. 16(11)1117, S. 18.

324 In der Diskussion haben sich die Befürworter weitgehend auf einen Betrag von 7,50 € verständigt, vgl. ebenfalls Ausschussdrucks. 16(11)1117, S. 18.

(a) Gleiche Eignung?

Insbesondere von der Höhe eines flächendeckenden Mindestlohns hinge es ab, welche Auswirkungen er einerseits auf das Beschäftigungsniveau und andererseits für die Armutsbekämpfung hätte. Auch hierzu existieren mittlerweile zahlreiche, vor allem internationale, Studien. Während nach diesen die Wirkung auf den Beschäftigungsstand tendenziell eher negativ einzuschätzen ist, zeigen sich für das Armutsniveau überwiegend positive Einflüsse. Es ist daher grundsätzlich davon auszugehen, dass ein flächendeckender Mindestlohn geeignet wäre, angemessene Arbeitsbedingungen zu schaffen.

(b) Milderes Mittel?

Für die Einschätzung, ob ein flächendeckender Mindestlohn die Tarifautonomie weniger intensiv beeinträchtigt, kommt es grundsätzlich entscheidend auf die konkrete Ausgestaltung der zugrundeliegenden Regelungen an. Gegenüber einem wirtschaftszweigbezogenen Mindestlohn hat der flächendeckende jedoch den Nachteil, dass er weniger flexibel auf die Bedürfnisse einzelner Bereiche des Wirtschaftsmarktes einzugehen in der Lage ist. Auf diese Weise kann dann auch nicht auf die tatsächlichen Möglichkeiten der Koalitionen in den jeweiligen Bereichen Rücksicht genommen werden.[325] Für einheitliche, flächendeckende Mindestlöhne gilt vielmehr ein „Ganz-oder-Gar-nicht-Prinzip“. Es stünde daher zu befürchten, dass bestehende und künftige tarifliche Lohnregelungen in einem noch höheren Ausmaß verdrängt würden, als es nach dem MiArbG der Fall sein kann.[326] Denn, wie oben gezeigt, kommt nach diesem Gesetz nur die Anordnung von Mindestentgelten in Frage, soweit angemessene Arbeitsbedingungen nicht bereits durch Tarifverträge gewährleistet werden.[327] Da dies allenfalls in eklatanten Schieflagen der Fall sein kann, kommt im Ergebnis auch nur im Ausnahmefall die Verdrängung von Tarifverträgen in Frage. Dagegen nimmt ein flächendeckender Mindestlohn weder auf die speziellen Gegebenheiten einzelner Wirtschaftszweige bzw. Branchen Rücksicht, noch auf die grundsätzliche Angemessenheit tariflicher Regelungen.[328] Wird nämlich etwa ein Mindestentgelt von 7,50 € einheitlich und flächendeckend festgesetzt, werden dadurch alle darunter liegenden tariflichen Entgelte verdrängt, gleich ob sie im Einzelfall nach

---

325 So auch Sittard, Tarifnormerstreckung, S. 466, 467; ders., NZA 2010, 1160, 1161.

326 Vgl. zur höheren Intensität flächendeckender Mindestlöhne auch Bispinck/Schulten/Dieterich, Zukunft der Tarifautonomie, S. 189.

327 § 5 B. II. 3. b) aa) (3).

328 Vgl. auch Bieback/Kocher, in: Bieback/Dieterich/Hanau/Kocher/Schäfer, Tarifgestützte Mindestlöhne, S. 97; Sittard, Tarifnormerstreckung, S. 467, 468; ders., NZA 2010, 1160, 1161.

den genannten Maßstäben als angemessen oder als unangemessen zu beurteilen sind.[329] Vor diesem Hintergrund erweist sich das MiArbG als der mildere Eingriff in die Tarifautonomie.[330]

(c) Zwischenergebnis

Je nach Ausgestaltung stellt sich ein flächendeckender einheitlicher Mindestlohn entweder als weniger zur Gewährleistung angemessener Arbeitsbedingungen geeignet dar, oder er greift aufgrund seiner ausnahmslosen Geltung intensiver in die Tarifvertragsfreiheit ein, als ein nach dem MiArbG verordnetes Mindestarbeitsentgelt. Damit lässt sich die Erforderlichkeit des MiArbG zur Schaffung angemessener Arbeitsbedingungen auch mit einem Verweis auf flächendeckende einheitliche Mindestlöhne nicht verneinen.

(3) Alternative: Tarifdispositive Ausgestaltung

(a) Milderes Mittel?

Weniger intensiv würde sich der mit dem MiArbG verbundene Eingriff in jedem Fall darstellen, wenn die danach verordneten Mindestentgelte lediglich tarifdispositiv gelten würden.[331] Ein Abweichen wäre dann durch Tarifvertrag jederzeit sowohl nach oben als auch nach unten zulässig. Eine solche tarifdispositive Ausgestaltung galt im Übrigen auch nach § 8 Abs. 2 MiArbG 1952. Darin war ausdrücklich der Vorrang des Tarifvertrages vor staatlichen Mindestarbeitsbedingungen geregelt. Gerade am Wegfall dieser Norm entzündet sich aktuell die Diskussion um die Verfassungsmäßigkeit des MiArbG.[332] Nach allgemeiner Auffassung sorgte insbesondere § 8 Abs. 2 MiArbG 1952 für die Vereinbarkeit dieses Gesetzes mit der Tarifautonomie.[333] Zwar wäre ein Eingriff in die Tarifautonomie damit zwar auch nicht völlig ausgeschlossen, da grundsätzlich auch tarifdispositive Gesetze die Verhandlungsparität der Tarifpartner beeinflussen

329 Verhindern ließe sich dies allenfalls durch eine tarifdispositive Gestaltung des Mindestlohns. Allerdings wäre in diesem Fall ein solches Gesetz kaum mehr, als eine unverbindliche Mindestlohnempfehlung an die Tarifparteien. Es wäre daher wohl deutlich weniger geeignet, tatsächlich für angemessene Arbeitsbedingungen zu sorgen, da letztlich keine Notwendigkeit für die Tarifparteien bestünde, das empfohlene Mindestentgelt auch zu übernehmen.

330 Ebenso Sittard, Tarifnormerstreckung, S. 452; ders., NZA 2010, 1160, 1161.

331 Die tarifdispositive Ausgestaltung von gesetzlichen Mindestarbeitsbedingungen wird insbesondere von Nipperdey, ArbR II/1, S. 371; Herschel, RdA 1967, 71, 72; Säcker, ArbuR, 1994, 1, 7ff. gefordert.

332 Siehe ausführlich dazu oben unter § 4.

333 Vgl. nur Andelewski, Staatliche Mindestarbeitsbedingungen, S. 123, 256.

und damit stören können.[334] Zumindest aber würde damit die Verdrängung bestehender oder künftiger Tarifverträge vermieden. Die weniger eingreifende Wahl wäre eine tarifdispositive Ausgestaltung des MiArbG daher allemal.

(b) Gleiche Eignung?

Zweifelhaft ist aber auch hier die Eignung eines tarifdispositiven Mindestentgelts, um angemessene Arbeitsbedingungen zu schaffen. Oben wurde bereits darauf hingewiesen, dass ein dispositiver Mindestlohn wohl mehr als bloße Empfehlung ohne jegliche Verbindlichkeit wirken würde.[335] Gerade dieser Aspekt lag auch dem MiArbG 1952 zugrunde: Gesetzgeberische Absicht hinter diesem Gesetz war es nicht, tatsächlich Mindestentgelte festzusetzen. Es sollte vielmehr als Anreiz für eine flächendeckende Regulierung der Arbeits- und Wirtschaftsbedingungen durch die Sozialpartner dienen.[336] Entsprechend wurde prognostiziert, dass dessen größter Erfolg in seiner Nichtanwendung liegen würde.[337]

Aus heutiger Sicht stellt sich zumindest für den Gesetzgeber die Lage offensichtlich anders dar: Nach seiner Feststellung hat sich die Tariflandschaft nachteilig verändert – die Tarifgebundenheit befindet sich gerade im Niedriglohnsektor auf dem Rückzug. Auch das zur Regulierung mahnende MiArbG 1952 hat die Tarifparteien nicht dazu veranlasst gerade in diesen neuralgischen Wirtschaftsbereichen tätig zu werden. Nicht zuletzt liegt dies auch am in diesen Bereichen schwindenden Organisationgrad. Diese Gesamtentwicklung ist allerdings eingetreten, *obwohl* mit dem MiArbG 1952 die Möglichkeit bestanden hätte, tarifdispositive Mindestlöhne festzusetzen. Der reine Appellcharakter dieses tarifdispositiven Gesetzes muss aus heutiger Sicht also als unzureichend angesehen werden, um eine flächendeckende Versorgung der Arbeitnehmer mit angemessenen Arbeitsbedingungen sicherzustellen.[338] Zwar ist nicht auszu-

---

334 Strittig: Dagegen: Klebeck, Gleichstellung, S. 75 ff; Neumann, RdA 2007, 71, 72; Stein, ArbuR 1998, 1, 2. Dafür: Bock, Tarifdispositives Arbeitnehmerschutzrecht, S. 321; Löwisch/Rieble, TVG, Grundl. Rn.36; Weiss/Schmidt, NZA 2008, 18, 19. Vgl. hierzu auch BVerfGE 100, 271; BVerfGE 116, 202. Vgl. hierzu und zur Eingriffswirkung einseitig zwingender Gesetze bereits ausführlich oben unter § 4 B. II.

335 Siehe Fn. 328.

336 Andelewski, Staatliche Mindestarbeitsbedingungen, S. 122, 132; Fitting, RdA 1952, 5, 9; Herschel, BArbBl. 1952, 36.

337 Andelewski, Staatliche Mindestarbeitsbedingungen, S. 122, 132; Fitting, RdA 1952, 5, 9; Herschel, BArbBl. 1952, 36.

338 Insoweit könnte sogar gefragt werden, ob tarifdispositive Gesetze überhaupt tauglich sind, um der sozialpolitischen Gestaltungsaufgabe des Staates zu dienen, vgl. Stein, ArbuR 1998, 1, 2.

schließen, dass ein staatliches Mindestentgelt auch in tarifdispositiver Ausgestaltung in Form einer Indizwirkung positive Effekte auf die Lohnentwicklung und damit auf das Niveau der Arbeitsbedingungen haben kann. Effektiver und zugleich sicherer ist aber der Weg über einseitig zwingende Mindestentgelte nach dem MiArbG. Die Erforderlichkeit der Verdrängung von Tarifregelungen unterhalb der Mindestarbeitsentgelte kann daher auch nicht mit dem Verweis auf eine tarifdispositive Ausgestaltung des MiArbG verneint werden.

(4) Alternative: Betätigungspflicht der Koalitionen?

Letztlich bleibt noch zu fragen, ob möglicherweise die bestehenden Funktionsdefizite der Tarifautonomie behoben werden könnten, indem den Koalitionen einfachgesetzlich eine Art Regulierungspflicht zur Sicherstellung flächendeckender angemessener Arbeitsentgelte auferlegt würde. Die Diskussion um die Einführung staatlicher Mindestarbeitsentgelte würde vermutlich weniger vehement geführt, wenn im gesamten deutschen Wirtschaftsraum eine flächendeckende Versorgung aller Wirtschaftsbereiche mit angemessenen tarifvertraglichen Arbeitsbedingungen bestünde. Der Staat müsste sich dann nicht veranlasst sehen, eigene Regelungen zum Schutz der betroffenen Arbeitnehmer aufzustellen. Letztlich würde eine flächendeckende Tarifbindung auch dem Wunsch des Verfassungsgebers entsprechen. Dies dürfte auch das Ziel gewesen sein, als der Verfassungsgeber den Koalitionen die Aufgabe der Wahrung und Förderung der Arbeits- und Wirtschaftsbedingungen mit Art. 9 Abs. 3 GG zuwiesen. Das Idealbild des Grundgesetzes ist gerade eine Regulierung der Arbeitsentgelte durch die Koalitionen.[339]

Eine gesetzliche Pflicht zum Abschluss von Tarifverträgen wäre jedoch eindeutig nicht mit dem Gewährleistungsgehalt des Art. 9 Abs. 3 GG zu vereinbaren.[340] Die Gestaltung der Arbeits- und Wirtschaftsbedingungen durch Tarifvertrag ist Ausübung grundrechtlicher Freiheit.[341] Zwar handelt es sich bei diesen Bedingungen letztlich auch um einen Teilbereich des Gemeinwohls. Eine Bindung an dieses in Form einer Verpflichtung zum Tätigwerden bleibt aber der staatlichen Gewalt vorbehalten.[342] Die Koalitionsfreiheit schützt die Freiheit der

339 Vgl. HBStR IV/Isensee, § 71, Rn. 122; Säcker/Oetker, Grundlagen und Grenzen der Tarifautonomie, S. 94.

340 So im Ergebnis auch Säcker, Grundprobleme, S. 50.

341 Vgl. Dieterich, Tarifautonomie und Gesetzgebung, S. 68; ErfK/Dieterich, Art. 9 GG, Rn. 53; ders. RdA 2002, 1, 11; Säcker/Oetker, Grundlagen und Grenzen der Tarifautonomie, S. 94ff.

342 Die Grundrechtsbindung der Tarifvertragsparteien ist grundsätzlich umstritten. So wie hier: Dieterich, Tarifautonomie und Gesetzgebung, S. 68; ders. RdA 2002, 1, 11; weitere Darstellung des Streits bei Burkiczak, RdA 2007, 17ff.

koalitionären Betätigung ebenso, wie das Recht, nicht tätig zu werden. Dort, wo die Koalitionen dieses Recht nicht wahrnehmen, bleibt letztlich allein der Staat, um diese Lücke zu schließen.[343] Im Ergebnis kann daher nichts anderes gelten, als dass die Koalitionen zwar frei sind, per Tarifvertrag die ihnen zugewiesenen Aufgaben zu erfüllen. Eine solche Pflicht besteht aber gerade nicht und könnte auch nicht einfachgesetzlich bestimmt werden.[344] Die Erforderlichkeit des MiArbG für die Schaffung angemessener Arbeitsbedingungen kann durch dahingehende Erwägungen deshalb ebenfalls nicht ausgeschlossen werden.

(5) Einschätzungs- und Beurteilungsspielraum des Gesetzgebers

Nach den vorstehenden Ausführungen ist nach derzeitigem Erkenntnisstand nicht eindeutig zu klären, ob die zur Verfügung stehenden Alternativen als gleich geeignete aber weniger intensiv in die Tarifautonomie eingreifende Mittel zur Schaffung angemessener Arbeitsbedingungen tauglich wären. Auch hier müssen aber die Einschätzungen des Gesetzgebers ausreichend respektiert werden. Gerade auf dem Gebiet der Arbeitsmarkt- und Wirtschaftspolitik steht dem Gesetzgeber ein besonders weiter Einschätzungs- und Gestaltungsspielraum zu.[345] Insbesondere in der Diskussion um Mindestlöhne muss dem Gesetzgeber einiges an Vertrauen vorgeschossen werden, da die Annahmen über deren Wirkungsweise weit auseinander fallen.[346] Es kann daher nur im Falle „eindeutiger Verstöße" gegen das Verbot des mildesten Mittels die Einschätzungs- und Gestaltungsprärogative des Gesetzgebers durchbrochen und das Gesetz für nicht erforderlich erklärt werden.[347] Bestehen Unsicherheiten über die Auswirkungen eines Gesetzes, kann dieses nur dann keinen Bestand haben, wenn es eine Plausibilität nach Maßgabe der „praktischen Vernunft und wirtschaftlichen Erfah-

---

343 Vgl. Dieterich, Tarifautonomie und Gesetzgebung, S. 68; ders. RdA 2002, 1, 11; Säcker/Oetker, Grundlagen und Grenzen der Tarifautonomie, S. 95.

344 BVerfGE 20, 312, 320; Dieterich, Tarifautonomie und Gesetzgebung, S. 68; ErfK/Dieterich, Art. 9 GG, Rn. 53; ders. RdA 2002, 1, 11; Gamillscheg, Die Grundrechte im Arbeitsrecht, S. 99f; Säcker/Oetker, Grundlagen und Grenzen der Tarifautonomie, S. 93ff.; Säcker, Grundprobleme, S. 50.

345 Vgl. BVerfGE 25, 1, 17, 19f.; BVerfGE 37, 1, 20; BVerfGE 50, 290, 338; BVerfGE 51, 193, 208; BVerfGE 77, 84 ,106f.; BVerfGE 87, 353, 383; BVerfGE 103, 293; vgl. auch Butzer, RdA 1994, 375, 383.

346 So auch Bayreuther, NJW 2007, 2022, 2023 in Bezug auf die ökonomischen Auswirkungen eines Mindestlohns.

347 Maunz/Dürig/Grzeszick, GG, Art. 20, Rn. 122 im Anschluss an BVerfGE 25, 1, 19 f.; BVerfGE 30, 292, 319; BVerfGE 53, 135, 145; BVerfGE 81, 70, 91; BVerfGE 98, 265, 308 f.; BVerfGE 96, 10, 23 ff.; BVerfGE 101, 106, 128; BVerfGE 101, 331, 349 f.; BVerfGE 102, 197, 218; BVerfGE 105, 17, 36.

rung" nicht aufweist.[348] Ein eindeutiger Verstoß ist erst gegeben, wenn feststeht, dass das gesetzgeberische Ziel mit seiner Regelung nicht erreicht werden kann.[349] Ein derart eindeutiger Verstoß gegen das Gebot des mildesten Mittels kann im Fall des MiArbG wohl aber nicht unterstellt werden.[350]

dd) Zwischenergebnis

Keiner der in die Diskussion um die Einführung von Mindestlöhnen eingebrachten Lösungsansätze ist in seiner Wirkungsweise gleich geeignet, angemessene Arbeitsbedingungen zu schaffen und zugleich weniger freiheitseinschränkend, als die Mindestentgeltfestsetzung nach dem MiArbG.[351] Leichtere Vorzüge auf der einen oder anderen Ebene reichen nicht aus, um den Einschätzungs- und Gestaltungsspielraum des Gesetzgebers zu durchbrechen. Letztlich kann auch keine Pflicht der Koalitionen zur Festsetzung angemessener Arbeitsentgelte angenommen werden. Es ist daher davon auszugehen, dass die Regelungen des MiArbG erforderlich sind, um angemessene Arbeitsbedingungen in solchen Wirtschaftszweigen zu schaffen, in denen die Koalitionen ihrer Aufgabe nicht oder nur unzureichend nachkommen.

c) Angemessenheit

Die Gretchenfrage für die Vereinbarkeit des MiArbG mit der Tarifautonomie stellt sich im folgenden Abschnitt. Im Rahmen der Angemessenheit ist zu beurteilen, welcher der betroffenen Belange überwiegt: Das hinter dem MiArbG stehende Interesse der Arbeitnehmer an angemessenen Arbeitsbedingungen, oder das durch Art. 9 Abs. 3 GG garantierte Recht der Koalitionen, durch Tarifverträge die Arbeitsbedingungen für ihre Mitglieder frei von staatlicher Einflussnahme zu regeln. Letztlich geht es also um die Auflösung des zu Beginn dieser Arbeit dargestellten Spannungsverhältnisses staatlicher und tariflicher Lohnfestsetzungskompetenzen.[352]

aa) Intensität des Grundrechtseingriffs

(1) Grundsätzlich hohe Wirkkraft der Tarifautonomie bei Vorgabe von Mindestarbeitsentgelten

Nach Aufgabe der Kernbereichsrechtsprechung hat das Bundesverfassungsgericht ein System abgestufter Schutzintensität für die kollektive Koalitionsfreiheit

---

348 Vgl. Butzer, RdA 1994, 375, 383.

349 Butzer, RdA 1994, 375, 383.

350 So im Ergebnis auch Bietmann, Mindestlohn, S. 172ff.

351 Im Ergebnis ebenso Sittard, Tarifnormerstreckung, S. 452; a.A. Bietmann, Mindestlohn, S. 144ff., 173ff.; Thüsing, ZfA 2008, 590, 605.

352 Grundlegend dazu bereits unter § 2 A. II.

entwickelt. In seiner Entscheidung vom 24.04.1996 führte das Gericht aus, wie diese Stufen zu bemessen seien und führte zudem den Begriff der „Wirkkraft“ ein:

> „Im Rahmen der Verhältnismäßigkeitsprüfung kommt es wesentlich auf den Gegenstand der gesetzlichen Regelung an. Der Grundrechtsschutz ist nicht für alle koalitionsmäßigen Betätigungen gleich intensiv. Die Wirkkraft des Grundrechts nimmt vielmehr in dem Maße zu, in dem eine Materie aus Sachgründen am besten von den Tarifvertragsparteien geregelt werden kann, weil sie nach der dem Art. 9 III GG zugrundeliegenden Vorstellung des Verfassungsgebers die gegenseitigen Interessen angemessener zum Ausgleich bringen können als der Staat. Das gilt vor allem für die Festsetzung der Löhne und der anderen materiellen Arbeitsbedingungen.“[353]

Maßgebliches Indiz für die Wichtigkeit einer Materie für die Koalitionsfreiheit soll dabei dem Kriterium der Tarifüblichkeit zukommen.[354] Je stärker die Tarifpartner von ihrer Regelungsmacht Gebrauch machen, desto höher sei die sachliche Nähe des Regelungsgegenstandes zur Tarifautonomie einzuschätzen.[355]

Der Regelungsbereich des MiArbG betrifft ausschließlich das Arbeitsentgelt. Dieser ist zugleich Kerngegenstand der Mehrzahl der Tarifverträge. Das Maß, in dem die Tarifparteien von ihrer Regelungsmacht in Bezug auf Arbeitslöhne Gebrauch machen, ist als besonders hoch einzustufen. Das Arbeitsentgelt weist deshalb nicht nur eine besonders starke Nähe zur Tarifautonomie auf, vielmehr ist es gerade der Kernbestandteil der Tariffreiheit.[356] Das Bundesverfassungsgericht knüpft an den Bedeutungsgrad des jeweiligen Regelungsgegenstandes zugleich die Intensität des durch Art. 9 Abs. 3 GG gewährten Grundrechtsschutzes. Entsprechend wirke sich die Abstufung des Schutzes, den Art. 9 Abs. 3 GG gewährt, in den Anforderungen aus, die an die Rechtfertigung von Eingriffen zu stellen sein sollen.[357] Je gewichtiger der Schutz, den Art. 9 Abs. 3 GG insofern verleiht, desto schwerwiegender müssten die Gründe sein, die einen Eingriff rechtfertigen sollen.[358] Besonders hohe Wirkkraft habe in diesem Zusammenhang die autonome Festsetzung der Tariflöhne.[359]

Nach diesen Grundsätzen ist für das MiArbG also Folgendes zu sagen: Gegenstand dieses Gesetzes ist die Festsetzung von Arbeitsentgelten durch den

---

353 BVerfGE 94, 268, 284; BVerfGE 100, 271, 286 (Kursivstellung durch Verf.).

354 BVerfGE 94, 268, 284.

355 BVerfGE 94, 268, 284; krit. zu einer solchen Abhängigkeit der gesetzgeberischen Kompetenzen von empirischen Untersuchungen: Stein, ArbuR 1998, 1, 5.

356 BVerfGE 94, 268, 283; BVerfGE 100, 271, 282; BVerfGE 103, 293, 304; vgl. auch Bayreuther, NJW 2005, 341, 342: „das Vorbehaltsgut der Tarifpartner schlechthin“.

357 BVerfGE 94, 268, 284.

358 BVerfGE 94, 268, 284; BVerfGE 100, 271, 286.

359 BVerfGE 100, 271, 286.

Staat. Dem steht die Tariffreiheit der Koalitionen gegenüber, deren Kernmaterie die Lohngestaltung ist. In diesem Zusammenhang entfaltet die Tarifautonomie besonders hohe Wirkkraft. Bezogen auf diesen Regelungsgegenstand ist das MiArbG daher als Eingriff in den empfindlichsten Bereich der Tarifautonomie – den „Kernbereich" also – zu sehen. Im Rahmen der Angemessenheitsprüfung sind daher grundsätzlich höchste Maßstäbe anzusetzen.

(2) Relativierung der Eingriffsintensität durch einseitig zwingende Wirkung

Weiterer Aspekt der Angemessenheitsabwägung im Bereich der Tarifautonomie ist die konkrete Ausgestaltung des eingreifenden Gesetzes. Es wird insofern unterschieden zwischen tarifdispositiven, einseitig zwingenden und zweiseitig zwingenden gesetzlichen Regelungen.[360] Der Grundrechtschutz nimmt dabei zu, je weniger die Tarifparteien von der staatlichen Regelung abweichen können. Je verbindlicher ein Gesetz, desto schwerwiegender ist der Eingriff in die Tarifautonomie. Auf höchster Stufe stehen dabei zweiseitig zwingende Gesetze, also solche, die keinerlei Abweichungen durch Tarifverträge zulassen.[361] Diese Art von Regulierung kann der Staat allenfalls dann wählen, wenn keine andere Lösung in Betracht kommt und zudem Rechtsgüter mit „besonders hohem Gerechtigkeitsgehalt" auf dem Spiel stehen.[362]

Einseitig zwingende Gesetze nehmen in dieser Abstufung dagegen eine Mittelposition ein: Einerseits beschränken sie zwar die Regelungsmacht der Koalitionen, andererseits schließen sie diese aber auch nicht gänzlich aus. Soweit es sich bei ihnen um Mindestarbeitsbedingungen handelt, lassen sie ein Abweichen immer zumindest nach oben zu. Bereits hierdurch wird ein Eingriff in die Tarifautonomie grundsätzlich erheblich abgemildert.[363] Dies gilt auch im Fall des MiArbG, wonach ein vom Mindestarbeitsentgelt nach oben abweichendes tarifliches Entgelt ohne Weiteres zulässig bleibt. Derartige einseitig zwingende Gesetze stellen regelmäßig die erste Wahl dar, wenn es darum geht, die betroffenen Interessen in einen angemessenen Ausgleich zu bringen.[364]

---

360 Vgl. dazu auch schon unter § 4 B. II.

361 Vgl. Dieterich, Tarifautonomie und Gesetzgebung, S 31; Knipper, Konkurrenz, S. 16; Stütze, Kontrolle der Entgelthöhe, S. 460.

362 Henssler, ZfA 1998, 1, 36 im Anschluss an Hromadka, in: FS Kissel, 1994, 417, 420, ebenso Stein, ArbuR 1998, 1, 3ff.

363 Knipper, Konkurrenz, S. 18; Preis/Greiner, ZfA 2009, 825, 835; Stein, ArbuR 1998, 1, 7.

364 Vgl. Herschel, RdA 1967, 7, 72; Oppolzer/Zachert, BB 1993, 1353; Säcker/Oetker, Grundlagen und Grenzen der Tarifautonomie, S. 176ff.; Stein, ArbuR 1998, 1, 6, 8; Zachert, NZA 1994, 529, 530.

Eine solche Abstufung steht auch in Einklang mit der weiteren Rechtsprechung des Bundesverfassungsgerichts. Danach sind Eingriffe in die Tarifautonomie nicht ausgeschlossen, soweit diese im Prinzip erhalten und funktionsfähig bleibt.[365] Daher ist entscheidend, dass den Tarifparteien im Grundsatz ausreichend Regelungsfreiraum neben der gesetzlichen Regelung verbleibt.[366] Der Gesetzgeber muss ihnen

> „immer ein ausreichend großes Feld von Arbeitsbedingungen überlassen (…), auf dem sie sich im Sinne eines Aushandelns von Leistung und Gegenleistung sinnvoll betätigen können".[367]

Für die Verhältnismäßigkeit einer gesetzlichen Regelung ist daher immer eine Gesamtschau der zwingend geregelten Vorgaben einerseits und der für die freie tarifliche Vereinbarung verbleibenden Materien andererseits anzustellen.[368] Dies bedeutet letztlich nichts anderes, als dass die Verfassungsmäßigkeit staatlicher Mindestarbeitsbedingungen davon abhängt, wie viel Freiraum für die tarifliche Gestaltung verbleibt. Darauf wird später noch näher einzugehen sein. Für den Moment ist jedenfalls festzuhalten, dass sich der Gesetzgeber mit der Festsetzung von Mindestarbeitsentgelten zwar auf das Kerngebiet der Tarifautonomie begibt, zugleich aber seinen Respekt vor der koalitionären Aufgabenwahrnehmung durch die einseitig zwingende Wirkung des MiArbG zum Ausdruck bringt und damit die Beeinträchtigung der Tarifautonomie bereits von vornherein relativiert.

bb) Verhältnismäßigkeit der Verdrängung bestehender Tarifregelungen

(1) Grundsätzlich hohe Eingriffsintensität

Nach den Vorschriften des MiArbG hat die Festsetzung von Mindestarbeitsentgelten zur Folge, dass hiervon abweichende tarifliche Lohnregelungen ihre Anwendbarkeit im jeweiligen Wirtschaftszweig verlieren.[369] Es werden also bestehende Tarifregelungen infolge gesetzlicher Anordnung verdrängt. Dies bewirkt nach der Rechtsprechung des Bundesverfassungsgerichts eine hohe Eingriffsintensität:

---

365 BVerfGE 50, 290, 373.

366 Vgl. v.Mangoldt/Klein/Starck/Kemper, BK I, Art. 9 Abs. 3 GG, Rn. 152.

367 Löwisch/Rieble, TVG, Grundlagen, Rn. 26.

368 v.Mangoldt/Klein/Starck/Kemper, BK I, Art. 9 Abs. 3 GG, Rn. 152; ders., Koalitionsfreiheit, S. 122f.

369 Vgl. § 3 C. II.

„Bestehende tarifvertragliche Regelungen genießen grundsätzlich einen stärkeren Schutz als die Tarifautonomie in Bereichen, die die Koalitionen ungeregelt gelassen haben.“[370]

Der Gesetzgeber greift hier in frei von den Koalitionen verhandelte Lohngestaltung ein. Mit der Mindestentgeltfestsetzung werden von den Koalitionen gefundene Kompromisse beiseite gedrängt und durch staatliche Angemessenheitserwägungen ersetzt.[371] Es ist kaum ein Eingriff in Art. 9 Abs. 3 GG denkbar, der schwerer wiegt, als die Verdrängung tariflicher Lohnregelungen durch den Staat.[372] Diese Annahme beruht maßgeblich darauf, dass ein einmal gefundener Kompromiss der Tarifparteien ein gegenseitiges Auf- und Zugeben beinhaltet, welches bei (teilweiser) Verdrängung bestehender Tarifverträge nicht mehr rückabgewickelt werden kann.[373] Nach Auffassung des Bundesverfassungsgerichts kann damit die Verhandlungsposition einer Seite auch nachhaltig für die Zukunft erheblich verschlechtert werden.[374]

(2) Relativierung durch Reduzierung auf Verdrängung unangemessener Tarifvertragsregelungen

Auf der anderen Seite wurde oben[375] aber festgestellt, dass aufgrund der Auslegung des MiArbG dessen Anwendungsbereich auf solche Wirtschaftszweige reduziert werden muss, in denen allenfalls unangemessen niedrig dotierte Tariflöhne existieren.[376] Damit wird der Eingriff in bestehende Tarifverträge erheblich relativiert: Der Schutz des Art. 9 Abs. 3 GG ist den Koalitionen nicht um des Erhaltens ihrer Regelungen willen zu gewähren.[377] Tarifvertragliche Rege-

370 BVerfGE 94, 268, 285.

371 Thüsing, ZfA 2008, 529, 611 sieht daher das „Äquivalenzgefüge“ des Tarifvertrags massiv gestört. Ähnlich auch Bietmann, Mindestlohn, S. 149ff.

372 Vgl. auch Bietmann, Mindestlohn, S. 172; Dieterich, Tarifautonomie und Gesetzgebung, S. 30; vgl. auch Bieback/Kocher, in: Bieback/Dieterich/Hanau/Kocher/Schäfer, Tarifgestützte Mindestlöhne, S. 57, die ebenfalls von einem schweren Eingriff ausgehen. Teile des Schrifttums stufen Eingriffe in laufende Tarifverträge daher von vornherein als verfassungswidrig ein, vgl. Kempen, ArbuR, 1985, 374, 376; Zuleger, ArbuR 1992, 231, 232.

373 Bietmann, Mindestlohn, S. 149; Dieterich, Tarifautonomie und Gesetzgebung, S. 30; Thüsing ZfA 2008, 529, 611; vgl. auch BVerfGE 103, 293, 305.

374 BVerfGE 103, 293, 305; ebenso Bieback/Kocher, in: Bieback/Dieterich/Hanau/Kocher/Schäfer, Tarifgestützte Mindestlöhne, S. 69ff.

375 Unter § 5 B. II. 3. b) aa) (3).

376 Anders Thüsing, ZfA 2008, 590, 613, der insoweit ausschließlich auf § 8 Abs. 2 MiArbG abstellt und deshalb eine Differenzierung zwischen angemessenen und unangemessenen Tarifregelungen im MiArbG verneint.

377 Vgl. Käppler, NZA 1991, 745, 747ff.

lungen verdienen vielmehr allein dann besonders intensiven Schutz, wenn die ihnen zuteilwerdende Richtigkeitsvermutung nicht widerlegt wird.[378] Nach den oben gefundenen Ergebnissen kommen für die Mindestentgeltfestsetzung nach dem MiArbG aber nur solche Wirtschaftszweige in Betracht, in denen angemessene Tarifregelungen nicht bestehen, die Richtigkeitsvermutung also nicht greift.[379] Gerade in dieser Situation können die Tarifpartner dann auch keinen besonderen Schutz für ihre Tarifregelungen erwarten. Alles andere würde den Zweck der Tarifautonomie ins Gegenteil verkehren: Geschützt würden dann nicht die eigentlich schutzbedürftigen Arbeitnehmer, sondern die Koalitionen selbst bzw. deren Regelungsmacht. Soweit das MiArbG entsprechend reduzierend ausgelegt wird, muss damit gleichzeitig anerkannt werden, dass das Interesse der zu schützenden Arbeitnehmer an angemessenen Arbeitsbedingungen weitaus höher wiegt, als das Interesse der Koalitionen am Bestand von Tarifregelungen, für die die Vermutung der Angemessenheit widerlegt ist. In dieser Konstellation kann der Tarifvertrag ausnahmsweise gerade keinen Vorrang vor der staatlichen Regelung beanspruchen.[380] Die Verdrängung bestehender, jedoch unangemessen niedriger, tarifvertraglicher Arbeitsentgelte ist daher verhältnismäßig.

cc) Verhältnismäßigkeit des Ausschlusses künftiger tarifvertraglicher Abweichungen

Im Umkehrschluss zu § 8 Abs. 2 MiArbG ergibt sich, dass nach der Festsetzung eines Mindestentgelts, auch künftige Abweichungen durch Tarifverträge nur zugunsten der Arbeitnehmer Wirkung entfalten können.[381] Jede andere Vereinbarung wird hingegen verdrängt. Auch hierin liegt ein Eingriff in die Tariffreiheit der Koalitionen.[382] In diesem Zusammenhang wird im Schrifttum teilweise vorgebracht, es mache keinen Unterschied, zu welchem Zeitpunkt die Tariffreiheit beschränkt werde: Bevor oder nachdem ein Tarifvertrag geschlossen wurde.[383] Entscheidend sei allein die Beschränkung der tariflichen Regelungsmacht. Der zukünftige Tarifvertrag sei insoweit der bestehende Tarifvertrag von morgen.[384] Werde bestehenden Tarifverträgen ein höherer Schutz gewährt, als künftigen,

378 § 5 B. II. 3. b) aa) (2).

379 § 5 B. II. 3. b) aa) (3).

380 § 5 B. II. 3. b) aa) (2), (3).

381 Vgl. § 3 C. II.

382 Siehe ausführlich dazu unter § 4 B. I.

383 Sachs/Höfling, GK, Art. 9, Rn. 140; Sodan/Zimmermann, ZfA 2008, 526, 543; dies., NJW 2009, 2001, 2003; Stein, ArbuR 1998, 1, 5; Stütze, Kontrolle der Entgelthöhe, S. 366; Weiss/Schmidt, NZA 2008, 18, 22.

384 Sodan/Zimmermann, ZfA 2008, 526, 543; dies., NJW 2009, 2001, 2003.

sei damit dem Gesetzgeber erlaubt, selbst über das Schutzniveau des Art. 9 Abs. 3 GG zu bestimmen.[385]

Auf den ersten Blick ist dieser Kritik zuzugeben, dass tatsächlich zweifelhaft ist, weshalb es weniger einschneidend für die Koalitionen sein soll, wenn nicht ein bestehender Tarifvertrag, sondern erst ein künftig bestehender verdrängt wird. Allerdings ist die Annahme eines erhöhten Schutzes von bereits in Kraft gesetzten Tarifverträgen durchaus sinnvoll. Hierfür spricht entscheidend der Vertrauensschutz: wird ein bestehender Tarifvertrag durch staatliche Regulierung verdrängt, werden damit die Erwartungen der Tarifparteien enttäuscht, ohne dass sie sich bei ihren Verhandlungen auf diese Möglichkeit hätten einstellen können. Dagegen kann die abstrakte Möglichkeit einer Verdrängung künftiger Tarifregelungen von vornherein berücksichtigt werden. Zwar hat dies nicht den Verlust der Eingriffsqualität zur Folge. Wohl aber wird hier das Vertrauen der Koalitionen in den Bestand ihrer Vereinbarungen weniger stark beeinträchtigt.

Im Ergebnis kann eine solche Unterscheidung zwischen bestehenden und künftigen Tarifverträgen im Fall des MiArbG jedoch tatsächlich dahinstehen, wenn man die obige Reduzierung des Gesetzes auf die Verdrängung unangemessener Tarifvertragsregelungen zugrundelegt.[386] In Hinblick auf solche Tarifverträge ist es letztlich unerheblich, ob diese bereits bestehen, oder erst in Zukunft geschlossen werden. Der Staat muss sie weder im einen, noch im anderen Fall dulden. Deshalb ist auch die Verdrängung künftiger Tarifvertragsregelungen verhältnismäßig, soweit es um unangemessen niedrige Tariflöhne geht.

dd) Relativierung des Ausschlusses beschäftigungssichernder Tarifverträge

(1) Auswirkungen des MiArbG entgegen dessen Schutzzweck möglich

Oben wurde darauf hingewiesen, dass die Erhöhung des Grundlohns nicht zwangsläufig zu einer Verbesserung der Lage der betroffenen Arbeitnehmer führen muss.[387] Dies zeigt sich gerade an der fehlenden Möglichkeit des Abschlusses beschäftigungssichernder Tarifverträge.[388] Zwar wird sich im Zusammenhang mit diesen das staatliche Mindestarbeitsentgelt regelmäßig als die

---

385 Sodan/Zimmermann, ZfA 2008, 526, 543; dies., NJW 2009, 2001, 2003, nach denen das Vertrauen in den Bestand frei ausgehandelter Tarifverträge keinen gesonderten Schutz durch Art. 9 Abs. 3 GG erfahre, sondern allein durch Rückgriff auf das allgemeine Rückwirkungsverbot. Krit. zu einem solchen Vertrauensschutz auch Stein, ArbuR 1998, 1, 5.

386 § 5 B. II. 3. b) aa) (3).

387 Vgl. unter § 5 B. II. 1. b).

388 Zu deren Verbreitung und Bedeutung vgl. Wiedemann/Wiedemann, § 1 TVG, Rn. 32.

günstigere Regelung darstellen. Dieser Schutz nützt dem Arbeitnehmer jedoch nichts, wenn der Arbeitgeber nicht in der Lage ist, diesen Lohn auch zu zahlen und deshalb das Arbeitsverhältnis im Ganzen beenden muss. Im Ergebnis wäre damit der Arbeitnehmer regelmäßig schlechter gestellt, als wenn er (vorübergehend) auf einen Teil seines Entgelts hätte verzichten können.

Stellt man eine derartige Gesamtbetrachtung an, dürfte es ausgeschlossen sein, dass sich der Gesetzgeber in diesem Zusammenhang auf das Ziel der Schaffung angemessener Arbeitsbedingungen berufen kann. Hier ist stattdessen gerade der verfassungsrechtlich vorgesehene Regelfall anzunehmen: Der Schutz des Arbeitnehmers (vor Verlust des Arbeitsplatzes) wird ausreichend durch den beschäftigungssichernden Tarifvertrag gewährt. Zudem ist zu beachten, dass zu den arbeitsmarktbezogenen Aufgaben des Staates auch die Sicherung von Arbeitsplätzen gehört.[389] Der Ausschluss beschäftigungssichernder Tarifregelungen führt im Ergebnis aber gerade dazu, dass diesem Ziel nicht gedient ist. Der mit dem Ausschluss solcher Tarifverträge einhergehende Arbeitsplatzverlust bedeutet für die betroffenen Arbeitnehmer zugleich den Verlust angemessener Arbeitsbedingungen. Damit wird der Zielsetzung des MiArbG letztlich sogar entgegengewirkt. Es kann damit im Ergebnis nur *Löwisch* zugestimmt werden, wenn dieser im Zusammenhang mit der Verdrängung beschäftigungssichernder Tarifverträge die Verhältnismäßigkeit des MiArbG anzweifelt.[390]

(2) Relativierung durch die Möglichkeit der Aufnahme von Öffnungsklauseln

Den vorstehenden Bedenken kann allerdings Weise begegnet werden: Zunächst bietet § 9 MiArbG stets die Möglichkeit, in Krisenzeiten die Mindestentgeltverordnung anzupassen oder aufzuheben. Da nach dieser Vorschrift aber erneut das mehrstufige Verfahren nach §§ 4 bis 7 MiArbG zu durchlaufen wäre, könnte sich das Gesetz an dieser Stelle als zu behäbig und wenig flexibel erweisen.

Neben der nachträglichen Änderung oder Aufhebung besteht aber auch die Möglichkeit, bereits bei Erlass der Mindestentgeltverordnung für Krisenfälle vorzubauen: Die Bundesregierung als Verordnungsgeberin ist zwar in ihrem Ermessen an die durch den Fachausschuss festgesetzte Entgelthöhe gebunden.[391] Die weitere Ausgestaltung der Rechtsverordnung liegt jedoch in ihrem freien Ermessen. Dies gilt einmal für deren räumlichen und zeitlichen Geltungsbereich,

---

389 Vgl. Löwisch, Staatlicher Mindestlohn rechtlich gesehen, S. 19; ders., RdA 2009, 215, 221.

390 Vgl. Löwisch, Staatlicher Mindestlohn rechtlich gesehen, S. 19; ders., RdA 2009, 215, 221 und im Anschluss an diesen: ErfK/Franzen, § 8 MiArbG, Rn. 4.

391 Vgl. dazu § 3 III.

zum anderen aber auch hinsichtlich deren Bindungswirkung.[392] § 8 Abs. 1 S. 1 und 2 MiArbG bestimmen insoweit lediglich, dass die betroffenen Arbeitgeber an die verordneten Entgelte gebunden sind und entgegenstehende Tarifregelungen keine Geltung beanspruchen können. Daneben bleibt es dem Verordnungsgeber jedoch unbenommen, den generellen Vorrang staatlicher Mindestentgelte näher zu konkretisieren und ihn insbesondere durch Öffnungsklauseln aufzuweichen.[393] Dies folgt aus § 8 Abs. 1 S. 2 MiArbG, der wiederum auf die Vorschriften des TVG verweist. Nach § 4 Abs. 3, Alt. 1 TVG sind solche Öffnungsklauseln ausdrücklich zulässig. Entsprechendes muss dann auch für Mindestentgeltverordnungen nach dem MiArbG angenommen werden können.[394] Durch Aufnahme eines Öffnungstatbestandes wäre es möglich, von der zwingenden Wirkung der Entgeltverordnung solche Tarifverträge auszunehmen, die allein dem Zweck der Beschäftigungssicherung dienen.[395] Aufgrund dieser Möglichkeit kann daher der zunächst ausnahmslos geltende Vorrang festgesetzter Mindestarbeitsentgelte erheblich relativiert und dessen grundrechtsbeeinträchtigende Wirkung zumindest in dieser Hinsicht abgemildert werden.

cc) Relativierung der staatlichen Lohnsetzungskonkurrenz

(1) Keine „Aushöhlung“ der Tarifautonomie durch das MiArbG

Es wurde oben dargestellt, dass die Tarifautonomie grundsätzlich auch davor geschützt sein muss, durch staatliche Konkurrenz bei der Gestaltung der Arbeits- und Wirtschaftsbedingungen ausgehöhlt zu werden.[396] Zudem wurde angenommen, dass der Staat mit der Aufstellung von Haupt- und Fachausschüssen und der Festsetzung von Mindestarbeitsentgelten in Konkurrenz zu den Tarifparteien tritt.[397] Ein Eingriff in die Tarifautonomie wurde damit zunächst grundsätzlich angenommen, die Beurteilung der Verfassungsmäßigkeit jedoch vorerst zurückgestellt.[398] Dieser Faden soll an dieser Stelle wieder aufgenommen werden. Dabei ist zunächst erneut ein Blick auf die Rechtsprechung des Bundesverfassungsgerichts zu werfen. Oben wurde bereits angedeutet, dass das Gericht grundsätzlich die Grundrechtsbetroffenheit annimmt, wenn der Staat andere Einrichtungen als die Koalitionen mit der Gestaltung einzelner Arbeitsbedingungen

392 § 3 III.

393 Löwisch, Staatlicher Mindestlohn rechtlich gesehen, S. 19; ders., RdA 2009, 215, 221; ErfK/Franzen, § 8 MiArbG, Rn. 4.

394 Vgl. ErfK/Franzen, § 8 MiArbG, Rn. 1 und 4; Waltermann, NZA-Beil. 2009, 110, 117.

395 Löwisch, Staatlicher Mindestlohn rechtlich gesehen, S. 19; ders., RdA 2009, 215, 221; ErfK/Franzen, § 8 MiArbG, Rn. 4.

396 Vgl. dazu ausführlich unter § 4 D.

397 § 4 D.

398 § 4 D.

betraut. Dies gilt etwa für öffentlich-rechtliche Arbeitnehmerkammern[399], Handwerksinnungen[400] oder die Heimarbeitsausschüsse nach dem HAG[401]. Entscheidend für die Verfassungsmäßigkeit solcher Konkurrenzinstitutionen ist aber nicht deren bloße Existenz, sondern allein der Umfang der ihnen übertragenen Aufgaben. Nach dem Bundesverfassungsgericht kommt den Koalitionen kein „Ausschließlichkeitsanspruch" hinsichtlich der Vertretung der Arbeitnehmerinteressen zu.[402] Sie stehen vielmehr in Konkurrenz zu „anderen privaten Verbänden, mit den Parteien und auch mit einzelnen öffentlich-rechtlichen Körperschaften".[403]

Zwar sind nach Auffassung des Gerichts der Befugnis des Gesetzgebers, anderen Zusammenschlüssen als den Koalitionen Tariffähigkeit zu verleihen, gewisse Grenzen gesetzt.[404] Die Koalitionsfreiheit sei schließlich nur dann sinnvoll,

> „wenn die Rechtsordnung den Koalitionen auch die Erreichung ihres in Art. 9 Abs. 3 GG bezeichneten Zweckes gewährleistet und die Möglichkeit gibt, diesen Zweck durch spezifische koalitionsgemäße Betätigung, also durch Tarifverträge zu verwirklichen".[405]

Allerdings soll es dem Gesetzgeber lediglich verwehrt sein, die Tariffähigkeit der Koalitionen dadurch auszuhöhlen, „dass er die ihnen vom Grundgesetz zugesprochenen Aufgaben andersartigen Zusammenschlüssen zuweist".[406] Deshalb könnten sich die „Gewerkschaften nur dann unter Berufung auf Art. 9 Abs. 3 GG gegen die Errichtung und Betätigung anderer Vertretungskörperschaften in diesem Bereich wehren, wenn solche Körperschaften die Wirkungsmöglichkeiten oder sogar den Bestand der Gewerkschaften beeinträchtigen.[407]

An anderer Stelle führte das Bundesverfassungsgericht zudem an, ein Eingriff in die Tarifautonomie wiege dann weniger schwer, wenn lediglich ein vergleichsweise kleiner Ausschnitt aus dem Spektrum der von den Koalitionen vertretenen Arbeitnehmer unter den Geltungsbereich staatlicher Mindestarbeitsbe-

---

399 BVerfGE 38, 281ff; dagegen ausdrücklich Butzer, RdA 1994, 375, 383.
400 BVerfGE 20, 312ff.
401 BVerfGE 34, 307ff.; vgl. hierzu auch bereits oben unter § 2 B. II. 1.
402 BVerfGE 38, 281, 306.
403 BVerfGE 38, 281, 306.
404 BVerfGE 20, 312, 319.
405 BVerfGE 20, 312, 319.
406 BVerfGE 20, 312, 319; ebenso Biedenkopf, Grenzen der Tarifautonomie, S. 202ff.
407 BVerfGE 38, 281, 306; Kemper, in von Mangoldt/Klein/Starck, BK I, Art. 9 Abs. 3 GG, Rn. 111ff. setzt dies mit der Maßgabe gleich, die staatliche Konkurrenz dürfe die Tarifautonomie nicht in dem für die Koalitionsbetätigung „Unerlässlichen" beeinträchtigen.

dingungen fällt.[408] Dies ist angesichts der geschilderten Rechtsprechung nur konsequent, da die Gefahr der Aushöhlung der Tarifautonomie umso geringer sein dürfte, je weniger Arbeitnehmer tatsächlich von der gesetzlichen Regelung betroffen sind.

Angesichts dieser Rechtsprechung des Bundesverfassungsgerichts muss im Ergebnis davon ausgegangen werden, dass im Zusammenhang mit der abstrakten Lohnsetzungskonkurrenz durch staatliche Mindestentgeltregelungen erst dann von einem unverhältnismäßigen Eingriff gesprochen werden kann, wenn dadurch den Koalitionen in ihrem Aufgabenbereich „die Lebensmöglichkeit genommen“ würde.[409]

(a) Keine Gefahr der Aushöhlung bei Verdrängung unangemessener Tariflöhne

Je höher ein staatliches Mindestentgelt angesetzt wird, desto weniger Regelungsfreiraum bleibt für die Tarifparteien erhalten und desto weniger Anreiz besteht für einen Gewerkschaftsbeitritt.[410] Im Fall des MiArbG wird dieser Effekt noch durch die nach § 4 Abs. 4 S. 2 MiArbG bestehende Möglichkeit, bei der Lohnfestsetzung nach Tätigkeitsart, Qualifikation und Regionen zu differenzieren, verstärkt.[411] Vielfach wird hierin die Gefahr der Festsetzung ganzer Lohngitter gesehen, da eine solche Ausdifferenzierung von Arbeitslöhnen letztlich zur Folge haben würde, dass der Mindestlohn den Tariflohn ersetze und der Staat an die Stelle der Koalitionen trete.[412] Auf diese Weise stünde grundsätzlich zu befürchten, dass die Tarifvertragsfreiheit durch zu hoch bemessene und ausdifferenzierte Mindestarbeitsentgelte bedenklich weit an den Rand gedrängt werden könnte.[413]

---

408 BVerfGE 94, 268, 287.

409 So Büdenbender, RdA 2000, 193, 204 im Anschluss an v.Mangoldt/Klein/Starck/Kemper, BK I, Art. 9 GG, Rn. 111; vgl. auch Bayreuther, Tarifautonomie als kollektiv ausgeübte Privatautonomie, S. 418ff., 420; im Ergebnis genauso Dreier/Bauer, GG I, Art. 9, Rn. 84; Däubler/Däubler, TVG, Einl., Rn. 137; AK I/Kittner, Art. 9 Abs. 3 GG, Rn. 62; Otto, in: FS Zeuner, S. 135; Säcker, ArbuR 1994, 1, 3ff.; vgl. auch Ulber, Tarifdispositives Gesetzesrecht, S. 296, der ein Aushöhlen der Tarifautonomie durch staatliche Schutznormen allerdings für unrealistisch hält.

410 Vgl. Dieterich, Tarifautonomie und Gesetzgebung, S. 20.

411 Vgl. dazu oben unter § 5 B. I. 2. e). Ebenso Bietmann, Mindestlohn, S: 174; Thüsing, ZfA 2008, 590, 610.

412 Bedenken in diese Richtung bei Bietmann, Mindestlohn, S. 87, 149, 171; Sodan/Zimmermann, ZfA 2008, 526, 549 ff.; dies., NJW 2009, 2001, 2003; Thüsing, ZfA 2008, 590, 610; Willemsen/Sagan, NZA 2008, 1216, 1217.

413 Bietmann, Mindestlohn, S. 151, 152 spricht in diesem Zusammenhang von einer „nahe liegenden Aushöhlung der Tariffreiheit“.

Verstärkt wird dies noch dadurch, dass das MiArbG keine Vorschriften enthält, aus denen ausdrücklich hervorgeht, dass die Mindestentgeltfestsetzung auf ein bestimmtes Niveau beschränkt sein soll. Auch die Auslegung der maßgeblichen Vorschriften hat gezeigt, dass eine Begrenzung auf eine konkrete Entgelthöhe etwa auf dem Level der Existenzsicherung nicht vorgesehen ist.[414] Grundsätzlich müsste deshalb befürchtet werden, dass aufgrund der unbeschränkten Festsetzungskompetenz des Verordnungsgebers im schlechtesten Fall der Freiraum für die tarifliche Lohnfestsetzung im betroffenen Wirtschaftszweig weitgehend aufgehoben werden könnte. Damit wäre nach den vorstehend genannten Grundsätzen ein unverhältnismäßiger Eingriff in die Tarifautonomie aufgrund der faktischen Wirkungen des MiArbG zu bejahen.

Allerdings lässt sich eine Obergrenze für die Entgeltfestsetzung indirekt bestimmen, wenn man in verfassungskonformer Auslegung des MiArbG nur die Verdrängung unangemessen niedriger Tariflöhne zulässt.[415] Zwar wird damit noch nicht gleichzeitig gesagt, welche Höhe der an die Stelle der verdrängten Tariflöhne zu setzende Mindestlohn haben darf. Dies ergibt sich aber aus folgender Überlegung: Wenn ausschließlich unangemessen niedrige tarifvertragliche Entgeltregelungen verdrängt werden dürfen, kann dies im Ergebnis nur bedeuten, dass der Verordnungsgeber lediglich ein Mindestentgelt festsetzen darf, das seinerseits an der untersten Schwelle der Angemessenheit liegt, mit den Worten *Bayreuthers* also ein „minimalgerechtes" Entgelt.[416] Würde nämlich ein weit höher liegendes Mindestniveau verordnet, hätte dies zur Folge, dass damit auch angemessene, aber in der Höhe unter dem Mindestniveau liegende, künftige Tarifregelungen verdrängt würden. Dies ist aber gerade nach der verfassungskonformen Auslegung des MiArbG nicht zulässig.[417] Folglich hält diese Reduktion des Anwendungsbereichs des MiArbG zugleich auch die Lösung für die Frage nach der maximal zulässigen Mindestentgelthöhe bereit: Das Mindestarbeitsentgelt darf weder selbst unangemessen niedrig sein, noch darf es so hoch sein, dass es angemessene Tarifentgelte für die Zukunft im Ergebnis ausschließt. Damit das MiArbG jedoch überhaupt anwendbar und zugleich ein Anreiz zur Aufnahme einer sozialversicherungspflichtigen Beschäftigung erhalten bleibt,

414 § 5 B. I. 2.
415 Hierzu § 5 B. II. 3. b) aa) (3).
416 Vgl. Bayreuther, NJW 2009, 2006, 2009; Thüsing/Bayreuther, AEntG-Komm., § 8 MiArbG, Rn. 51.
417 Vgl. § 7 B. II. 3. b) (3) (ii).

muss dem Verordnungsgeber zugestanden werden, einen gewissen – minimalen – Abstand zur Grenze der Unangemessenheit einzuhalten.[418]

(b) Geringe Betroffenheit der Koalitionen im Niedriglohnsektor

Die Verdrängung einzelner Koalitionen bzw. die Aushöhlung der Tarifautonomie wird zudem durch die Tarifbindungsschwelle des § 1 Abs. 2 MiArbG weitgehend ausgeschlossen. Danach findet das Gesetz nur Anwendung auf solche Wirtschaftszweige, in denen die Bindung an Tarifverträge unter 50 Prozent liegt, also lediglich eine Minderheit der Arbeitnehmer in den Genuss tarifvertraglicher Regelungen kommt.[419] Insoweit ist zu berücksichtigen, dass sich die wirtschaftlichen Gegebenheiten im Verlauf der Europäisierung und Globalisierung in Bezug auf den Arbeitsmarkt entscheidend verändert haben. Insbesondere in Branchen mit niedrigen Anforderungen an individuelle Fähigkeiten oder Ausbildung der Beschäftigten nimmt der Wettbewerb vor allem durch Arbeitnehmer aus osteuropäischen und asiatischen Ländern zu.[420] Letztlich entscheiden in diesen Bereichen allein die Lohnkosten über den Erfolg eines Unternehmens und damit zugleich über die Beschäftigungschancen der Arbeitnehmer. Gleichzeitig nimmt besonders in diesen Branchen die Tarifbindung stetig ab. 2007 lag sie in westdeutschen Bundesländern bei 52 Prozent, in Ostdeutschland nur bei 33 Prozent.[421]

In Wirtschaftsbereichen mit besonders niedriger Organisationsrate finden die Gewerkschaften kaum ausreichend Basis, um angemessene Arbeitsbedingungen per Tarifvertrag festsetzen zu können.[422] Die Durchsetzungsfähigkeit der Gewerkschaften ist in diesen Bereichen erheblich geschwächt. Um hier sozialen Missständen vorzubeugen und einen Lohndruck nach unten zu verhindern, erscheinen staatliche Mindestvorgaben mittlerweile als nahezu unerlässlich. Soweit also als Argument gegen die Festsetzung von Mindestlöhnen vorgebracht wird, damit werde die (potentielle) Tariffreiheit unzulässig beschränkt, muss beachtet werden, dass in den betroffenen Wirtschaftsbereichen der Organisati-

---

418 Peter, ArbuR 1999, 289, 296 fordert insoweit einen Mindestlohn, der die unteren Tarifgruppen übersteigt, um eine Verbesserung des Rechtsschutzes von Niedriglöhnern überhaupt erreichen zu können.

419 Näher dazu unter § 3 B. II.

420 Vgl. Rhein, NZA-Beil. 2009, 91, 92.

421 Rhein, NZA-Beil. 2009, 91, 92.

422 In diesen Bereichen werden teilweise Tarifverträge mit einem Stundenlohn von gerade einmal 5 – 6 € geschlossen, vgl. Rhein, NZA-Beil. 2009, 91, 92 Es muss allerdings zugestanden werden, das dies nicht zwangsläufig als unangemessen gesehen werden kann, solange dieses Entgelt marktangemessen ist und nicht lediglich einen „Hungerlohn" darstellt, vgl. oben unter § 5 B. I. 2. c) aa) (2) (c) und II. 3. 4. b) aa) (2).

onsgrad von vornherein so niedrig ist, dass in absehbarer Zukunft wohl ohnehin nicht mit einer umfassenden Regulierung durch die Tarifparteien zu rechnen wäre.

Weiter ist zu berücksichtigen, dass bisher keine Gewerkschaften bestehen, deren Tätigkeitsbereich allein auf Niedriglohnbereiche beschränkt ist und die deshalb von einer Mindestentgeltfestsetzung in diesen Wirtschaftszweigen besonders stark betroffen wären.[423] Die größeren Gewerkschaften hingegen sind in diesen Wirtschaftszweigen lediglich am Rande tätig und daher von einer staatlichen Entgeltfestsetzung allenfalls peripher betroffen. Dies gilt umso mehr, als Mindestvoraussetzung für den Erlass einer Verordnung nach § 3 Abs. 1 S. 1 MiArbG das Vorliegen sozialer Verwerfungen ist und deshalb der Verordnungsgeber nicht nach Belieben Wirtschaftszweige allein aufgrund geringer Tarifbindung auswählen kann.[424] Zudem ist mit der hier vertretenen Auslegung nach dem MiArbG ausschließlich die Verdrängung unangemessen niedriger Tariflöhne zulässig.[425] Auch für künftige Tarifverträge bedeutet dies, dass die tarifliche Vereinbarung von Entgelten zulässig bleibt, soweit für diese die Richtigkeitsvermutung nicht widerlegt wird. Der den Koalitionen durch Art. 9 Abs. 3 GG gewährte Freiraum zur Gestaltung angemessener Arbeitsbedingungen bleibt damit weitgehend erhalten. Von einer Aushöhlung auch im potentiellen Sinne kann daher nicht ausgegangen werden. Einen darüber hinaus gehenden Konkurrenzschutz gewährt Art. 9 Abs. 3 GG nicht.[426] Vielmehr muss erkannt werden, dass sich der Staat grundsätzlich der Regelung der Arbeits- und Wirtschaftsbedingungen entzogen und diese Aufgabe den Koalitionen übertragen hat. Dort, wo diese ihrer Aufgabe allerdings nicht nachkommen (können), muss es dem Gesetzgeber unbenommen bleiben, diese Aufgaben auf andere Einrichtungen zu übertragen und durch Mindestarbeitsbedingungen den Mindestschutz der Arbeitnehmer sicherzustellen und gegebenenfalls eine unterste Äquivalenzgrenze

---

423 Bayreuther NJW 2009, 2006, 2007 zählt insoweit die Spartengewerkschaften GdL, Marburger Bund, GdF, cockpit und Comba auf, deren Tätigkeitsgebiet jedoch nicht in den vom MiArbG fokussierten Wirtschaftszweigen liegen dürfte. Dies gilt umso mehr, als die Existenz einer Spartengewerkschaft maßgeblich von deren Durchsetzungsstärke abhängt und diese in Bereichen mit niedrigem Organisationsgrad regelmäßig nur gering ist, vgl. hierzu auch Deinert, NZA 2008, 1176, 1181, der insoweit von Berufsgewerkschaften - sog. „Funktionseliten“ - spricht.

424 Zur Voraussetzung des Vorliegens sozialer Verwerfungen vgl. § 3 B. III. 1. und § 5 B. I. 2. b).

425 § 5 B. II. 3. b) aa) (3).

426 Vgl. § 4 D.

einzuziehen.[427] Die hierfür bestehende Schranke der Aushöhlung hat der Gesetzgeber mit dem MiArbG jedenfalls nicht überschritten.

(c) Zwischenergebnis

Eine Aushöhlung der Tarifautonomie droht nur, soweit der Freiraum für die tarifliche Entgeltfestsetzung soweit verringert wird, dass sie im Ergebnis unmöglich wird. Das MiArbG enthält zwar keine Obergrenzen. Im Wege der verfassungskonformen Auslegung lässt sich aber erschließen, dass die Entgeltfestsetzung nur soweit gehen darf, dass dadurch der Freiraum für künftige angemessene Tarifregelungen nicht aufgehoben wird. Der Verordnungsgeber kann daher lediglich die unterste Schwelle der angemessenen Arbeitsentgelte festsetzen. Zudem findet das MiArbG nur in solchen Wirtschaftszweigen Anwendung, in denen die Koalitionen allenfalls rudimentär vertreten und tätig sind. Eine Beeinträchtigung des ihnen zustehenden Regelungsfreiraums steht daher kaum zu befürchten, soweit die Festsetzung von Mindestarbeitsentgelten auf Wirtschaftszweige im Niedriglohnbereich beschränkt bleibt. Im Ergebnis ist daher eine Aushöhlung der Tarifautonomie durch das MiArbG nicht zu erwarten.

(2) Relativierung durch Orientierung am tarifvertraglichen Lohnsetzungsverfahren

(a) Relevanz der Beteiligung von Koalitionen bei der staatlichen Festsetzung von Mindestarbeitsbedingungen

Ein weiterer wichtiger Aspekt für die Vereinbarkeit staatlicher Mindestarbeitsbedingungen mit der Tarifautonomie ist das Maß der Einbindung der Koalitionen ins Verfahren der Festsetzung und die Reichweite ihrer Einflussmöglichkeiten.[428] Zwar ist fraglich, ob aus Art. 9 Abs. 3 GG bereits ein Anspruch der Koalitionen auf Beteiligung an staatlicher Rechtsetzung auf dem Gebiet der Arbeits- und Wirtschaftsbedingungen abgeleitet werden kann.[429] Dass aber das Maß der

427 Vgl. § 5 B. II. 3. b) aa) (2).

428 Vgl. Bieback, RdA 2000, 207, 211ff.; Büdenbender, RdA 2000, 193, 195; Däubler, Das Grundrecht auf Mitbestimmung, S. 214; Kaiser, Die Parität der Sozialpartner, S. 60ff.; Kocher, NZA 2007, 600, 603; Stütze, Kontrolle der Entgelthöhe, S. 229.

429 So etwa Bieback, RdA 2000, 207, 212; Bieback/Kocher, in: Bieback/Dieterich/Hanau/Kocher/Schäfer, Tarifgestützte Mindestlöhne, S. 64; Büdenbender, RdA 2000, 193, 195; Däubler, Das Grundrecht auf Mitbestimmung, S. 214; Kocher, NZA 2007, 600, 603; in diese Richtung auch MüKo-BGB/Reuter, Bd. 1, 1. Hb., Juristische Personen, Vorbemerkung, Rn. 67; dagegen: Löwisch/Rieble, TVG, § 12, Rn. 2; Kempen/Zachert/Stein, TVG, § 12, Rn. 6. Offen gelassen von Wiedemann/Oetker, TVG, § 12, Rn. 7, der allerdings im Anschluss an Löwisch/Rieble auf das bei der Beteiligung zu beachtende Diskriminierungsverbot des Art. 9 Abs. 3 GG hinweist.

Mitwirkungsmöglichkeiten der Koalitionen bei der Festsetzung von Mindestarbeitsbedingungen erhebliche Relevanz insbesondere für die Verhältnismäßigkeitsprüfung hat, zeigt sich in der Rechtsprechung sowohl des Bundesverfassungsgerichts, als auch des Bundesverwaltungsgerichts.

Aufschlussreich ist in diesem Zusammenhang die Entscheidung des Bundesverfassungsgerichts zur Allgemeinverbindlicherklärung von Tarifverträgen. Zwar hatte es darin ausdrücklich offen gelassen, ob die Regelungen zur Allgemeinverbindlicherklärung auch mit stärkerem staatlichen Einfluss mit Art. 9 Abs. 3 GG vereinbar wären.[430] Wohl aber kann aus dieser Entscheidung abgeleitet werden, dass eine Mitwirkungsbefugnis der Koalitionen umso eher geboten sein wird, je mehr sich der Staat auf dem Gebiet der Arbeits- und Wirtschaftsbedingungen durch eigene Regelungen betätigt.[431]

Vergleichbare Rückschlüsse lassen sich auch aus der oben[432] bereits angeführten Entscheidung des Bundesverfassungsgerichts zu § 19 HAG ziehen.[433] Dieser ist zu entnehmen, dass es das Gericht für entscheidend für die Vereinbarkeit der Festsetzung von Mindestarbeitsentgelten hält, ob sich der Gesetzgeber bei der Übertragung der Lohngestaltung auf andere Institutionen als die Koalitionen am Vorbild der tarifvertraglichen Lohnfindung orientiert.[434] So erkannte das Gericht in dem durch das HAG gewährten Schutz einen

> „an das Tarifvertragsrecht möglichst eng angelehnten Ersatz".[435]

Bei Zusammensetzung und Verfahren des Heimarbeitsausschusses sei weitgehend „der Gedanke der Repräsentation sowohl der Auftraggeber als auch der Beschäftigten aufrechterhalten und verwirklicht".[436] Folglich wird durch die bindende Festsetzung nach dem HAG ein tarifvertragsähnlicher Schutz für die betroffenen Arbeitnehmer geschaffen.[437]

Auch aus der Rechtsprechung des Bundesverwaltungsgerichts zu § 1 Abs. 3a S. 2 AEntG a.F. wird die Bedeutung einer Beteiligung der Koalitionen deut-

---

430 BVerfGE 44, 322, 346: „Es kann offenbleiben, ob gerade die heute geltende Regelung verfassungsrechtlich geboten ist oder ob auch andere Lösungen mit stärkerem staatlichen Einfluß vor Art. 9 III GG noch Bestand haben könnten."

431 In diese Richtung auch Kocher, NZA 2007, 600, 603.

432 Siehe unter § 2 B. II. 1.

433 BVerfGE 34, 307ff.

434 BVerfGE 34, 307, 317ff.

435 BVerfGE 34, 307, 318ff.

436 BVerfGE 34, 307, 320. In den Heimarbeitsausschüssen säßen sich insoweit „'gleichsam unorganisierte Tarifparteien' gegenüber".

437 Ebenso Andelewski, Staatliche Mindestarbeitsbedingungen, S. 109.

lich.[438] Das BVerwG stellte fest, die Gewährung des Anhörungsrechts sei insbesondere deshalb entscheidend, weil sich die Geltungserstreckung „unmittelbar gestaltend auf die jeweiligen Arbeitsverhältnisse" auswirke.[439] Die Beteiligung solle gewährleisten, dass der Verordnungsgeber die Interessen aller Beteiligten in das Verordnungsverfahren einbeziehe, um in einem Abwägungsvorgang die widerstreitenden Interessen zu gewichten und zu werten.[440] Dabei war das Anhörungsrecht auch deshalb entscheidend, weil bis auf den Antrag auf Allgemeinverbindlicherklärung einer Tarifpartei § 1 Abs. 3a S. 2 AEntG a.F. keinerlei weitere materielle Voraussetzungen vorsah.[441] Zudem war nach AEntG a.F. auch die Beteiligung von Arbeitnehmern und Arbeitgebern in einem Tarifausschuss – wie etwa nach § 5 TVG – nicht vorgesehen.[442]

(b) Mitwirkung der Koalitionen im Festsetzungsverfahren nach dem MiArbG

Die vorstehende Zusammenschau der Rechtsprechung des Bundesverfassungsgerichts und des Bundesverwaltungsgerichts zeigt, dass es bei der staatlichen Festsetzung von Mindestarbeitsbedingungen maßgeblich darauf ankommt, wie weit dabei die Koalitionen und die betroffenen Arbeitnehmer und Arbeitgeber beteiligt werden. Das MiArbG sieht die Mitwirkung der Koalitionen gleich in mehrfacher Hinsicht vor.[443]

---

438 Vgl. BVerwG NZA 2010, 718ff.

439 BVerwG NZA 2010, 718, 723.

440 BVerwG NZA 2010, 718, 724.

441 Teile des Schrifttums sahen hingegen das Erreichen des 50 Prozent-Quorums sowie das Vorliegen eines öffentlichen Interesses in entsprechender Anwendung des § 5 Abs. 1 TVG als weitere Voraussetzungen für die Tariflohnerstreckung nach dem AEntG, vgl. Bieback, RdA 2000, 207, 214; Büdenbender, RdA 2000, 193, 196ff.; Hohenstatt/Schramm, NZA 2008, 433, 434; Sittard, NZA 2007, 1090, 1091ff.

442 BVerwG NZA 2010, 718, 724: „Dieser Verzicht auf die Abstimmung mit einem Ausschuss, der mit den jeweiligen Interessenvertretern besetzt ist, und der Verzicht auf inhaltliche Vorgaben für den Erlass einer erstreckenden Rechtsverordnung verleihen dem in § 1 IIIa 2 AEntG vorgesehenen Recht auf Stellungnahme – gleichsam als Ausgleich für die Reduzierung der formellen und materiellen Anforderungen – ein besonderes Gewicht." (Hervorhebung durch Verf.)

443 Insoweit ging der Gesetzgeber mit der Beteiligung der Sozialpartner einen ähnlichen Weg, wie ihn etwa Großbritannien, Belgien und Irland für die Festsetzung von Mindestlöhnen verfolgen, vgl. dazu Waltermann, NJW 2010, 801, 802. Stütze, Kontrolle der Entgelthöhe, S. 229 geht deshalb zutreffend davon aus, es handle sich bei der Festsetzung von Mindestarbeitsentgelten nach diesem Gesetz nicht um einen „völlig autonomen, staatlichen Gestaltungsakt".

(i) Beteiligung der Koalitionen im Hauptausschuss

Nach § 2 Abs. 3 MiArbG entsenden die Spitzenorganisationen der Arbeitnehmer und Arbeitgeber jeweils zwei Vertreter in den Hauptausschuss.[444] Dessen Aufgabe ist es, Wirtschaftszweige zu bestimmen, in denen Mindestarbeitsentgelte festgesetzt werden sollen. Bereits hier werden die Vertreter der Koalitionen maßgeblich beteiligt.[445] Zudem handelt es sich bei den übrigen Vertretern ausweislich des § 2 Abs. 2 S. 2 MiArbG um fachlich qualifizierte Sachverständige, sodass auch von diesen keine Auswahlentscheidungen zu erwarten sind, welche die Tarifautonomie über Gebühr strapazieren.[446]

Für die sich hier stellende Frage nach der Intensität des Eingriffs in die Tarifautonomie ist dies aber nur zweitrangig. Entscheidend ist vielmehr, inwieweit die Koalitionen unmittelbar auf die Mindestentgelthöhe Einfluss nehmen können. Denn daran entscheidet sich letztlich, wie viel Freiraum für die tarifliche Lohngestaltung nach der Festsetzung noch übrig bleibt. Über die Höhe des Mindestarbeitsentgelts entscheidet indes nicht der Haupt-, sondern der Fachausschuss.

(ii) Einflussnahmemöglichkeiten der Koalitionen im Fachausschuss

Gemäß § 5 Abs. 1 MiArbG besteht der Fachausschuss aus einem Vorsitzenden und je drei Beisitzern aus Kreisen der beteiligten Arbeitnehmer und Arbeitgeber.[447] Diese Beisitzer werden nach § 6 Abs. 1 S. 1 MiArbG auf Vorschlag der Gewerkschaften und Arbeitgebervereinigungen durch das BMAS berufen.[448] Der Vorsitzende wird allein durch das BMAS bestimmt, § 6 Abs. 1 S. 3 MiArbG. Der Beschluss des Fachausschusses über die Festsetzung eines Mindestarbeitsentgelts und dessen Höhe wird im Wege einfacher Stimmenmehrheit gefasst, notfalls unter Beteiligung des Vorsitzenden.[449] Der Fachausschuss ist die einzige Instanz im Festsetzungsverfahren, die Einfluss auf die Mindestentgelthöhe hat.[450] Die von ihm festgesetzten Entgelte unterliegen in ihrer Höhe nicht einmal der Disposition des BMAS oder die Bundesregierung.[451] Diesen kommt

---

444 Ausführlich zum Verfahren im Hauptausschuss bereits oben unter § 3 A. I.

445 Vgl. § 3 A. I.

446 Vgl. § 3 A. I. 2.

447 Zum Verfahren im Fachausschuss bereits oben unter § 3 A. II.

448 Es könnten insoweit zwar Bedenken erhoben werden, dass eine politisch gesteuerte Besetzung des Ausschusses ermöglicht werde. Allerdings ist wohl grundsätzlich davon auszugehen, dass der Staat die Befriedungsfunktion der Ausschüsse nutzen und so willkürliche Besetzungsentscheidungen vermeiden wird.

449 Vgl. § 3 A. II. 4.

450 § 3 A. II.

451 Vgl. hierzu § 3 A. III.

ein Entschließungsermessen lediglich in Hinsicht auf das „ob" der Mindestentgelte zu. Die Koalitionen bzw. die von ihnen entsandten Vertreter sind damit maßgeblich an der Festsetzung beteiligt.[452] Sie entscheiden also selbst darüber mit, welcher Raum für tarifliche Entgeltregelungen in Zukunft im Wirtschaftszweig verbleiben soll. Diese Beteiligung der Koalitionen schwächt den Eingriff in die Tarifautonomie erheblich ab, da die Grundrechtsträger nicht ohne eigene Beteiligung der staatlichen (Lohnfestsetzungs-) Gewalt ausgesetzt werden, sondern maßgeblich selbst an der Einschränkung ihres Regelungsfreiraums mitwirken können.[453]

(iii) Anhörungsrecht nach § 7 MiArbG

Neben der Ausschussbeteiligung der Vertreter von Arbeitnehmern und Arbeitgebern sieht § 7 MiArbG vor, dass vor der Festsetzung von Mindestarbeitsentgelten insbesondere den Arbeitnehmern und Arbeitgebern, die von der Regelung berührt würden, sowie den zuständigen Gewerkschaften und Vereinigungen von Arbeitgebern, soweit solche bestehen, Gelegenheit zu schriftlicher Stellungnahme sowie zur Äußerung in einer öffentlichen mündlichen Verhandlung vor dem Fachausschuss zu geben ist.[454] Auch hiermit wird im Ergebnis die Gefahr einer willkürlichen Festsetzung staatlicher Mindestarbeitsentgelte ohne Rücksicht auf die Belange der Koalitionen noch weiter verringert.

(iv) Zwischenergebnis

Die Letztentscheidung über die Festsetzung von Mindestarbeitsentgelten trifft nach dem MiArbG zwar die Bundesregierung. Einiges Gewicht im Festsetzungsverfahren hat zudem das BMAS. Andererseits wird den Koalitionen auf

---

452 Es könnte insoweit an der Legitimation der Beisitzer gezweifelt werden, als lediglich zwei Vertreter einer Seite stellvertretend für ihre Entsender Entscheidungen fällen. Diese Bedenken werden dadurch verstärkt, dass über § 6 Abs. 2 MiArbG auf die Beisitzer die für ehrenamtliche Arbeitsrichter geltenden Vorschriften Anwendung finden und diese deshalb weisungsfrei handeln, vgl. zu den insoweit gleichen Vorgaben des § 2 MiArbG: ErfK/Franzen, § 2 MiArbG, Rn. 2. Allerdings ist auch hier wiederum fraglich, ob diese Bedenken in der Praxis bestätigt werden.

453 Zwar ist zu bedenken, dass im Zweifelsfall grundsätzlich eine Entscheidung gegen eine Seite möglich ist, indem der staatlich bestimmte Vorsitzende das „Zünglein an der Waage" spielt. Hierin unterscheidet sich das MiArbG von der Allgemeinverbindlichkeit nach § 5 TVG, welcher insoweit ein „Einvernehmen" aller Seiten fordert, vgl. Löwisch/Rieble, TVG, § 5, Rn. 77. Entsprechend machen auch Sodan/Zimmerman, ZfA 2008, 526, 558 auf die Gefahr politisch opportuner Mindestlohnregelungen aufmerksam. Ob dies allerdings tatsächlich eintreten wird, ist derzeit rein spekulativ und kann wohl zumindest nicht als Regelfall anzunehmen sein.

454 Vgl. hierzu § 3 A. II. 6.

den entscheidenden Stufen hinsichtlich der konkreten Ausgestaltung des Mindestarbeitsentgelts erheblicher Einfluss auf die Festsetzung von Mindestarbeitsentgelten durch das MiArbG eingeräumt. Auch muss wohl davon ausgegangen werden, dass im Regelfall ein für Arbeitnehmer- und Arbeitgeberseite tragbarer Kompromiss gefunden werden kann. Zwingend erforderlich ist dies für die Festsetzung nach dem MiArbG zwar nicht. Allerdings ist eine willkürliche Entscheidung ebenfalls nahezu ausgeschlossen. Die wesentlichen Weichenstellungen für die Gestaltung des Mindestentgelts treffen mit Experten besetzte Gremien. Selbst wenn die Ausschüsse im Ergebnis ein Mindestentgelt beschließen sollten, welches die bestehenden Koalitionen übermäßig beschränken würde, kann dies von ihnen im Rahmen der Anhörung vor dem Fachausschuss vorgetragen werden. Wenngleich die Anhörung nicht als eine Art Vetorecht wirkt, können andererseits die geäußerten Belange auch nicht ohne Weiteres bei der Festsetzung des Mindestarbeitsentgelts übergangen werden. Im Ergebnis dürfte daher die mehrstufige Beteiligung der Koalitionen an der Mindestentgeltfestsetzung nach dem MiArbG erheblich zur Relativierung des Eingriffs in die Tarifautonomie beitragen.

(c) Anwendbarkeit der Vorschriften des TVG

In diesem Zusammenhang ist auch die Nähe des Festsetzungsverfahrens zur Gestaltung von Entgelten durch Tarifverträge zu beachten. Nach § 8 Abs. 1 S. 2 MiArbG gelten grundsätzlich die Vorschriften des TVG auch für die verordneten Mindestarbeitsentgelte. Dies gilt soweit, wie sich nicht aus dem Fehlen von Tarifvertragsparteien etwas anderes ergibt. Damit wird der Tatsache Rechnung getragen, dass das MiArbG auf solche Wirtschaftszweige ausgerichtet ist, in denen die koalitionäre Betätigung allenfalls am Rande erfolgt oder sogar gar keine Tarifvertragsparteien bestehen. Nach den vorstehenden Ausführungen wird dieses Fehlen jedoch durch eine weitgehende und mehrstufige Beteiligung der Koalitionen ausgeglichen, so dass sich auch im Verfahren nach dem MiArbG letztlich „rudimentäre Tarifvertragsparteien" gegenüberstehen.[455]

Der Verweis auf die Vorschriften des TVG hat vor allem folgende Wirkungen:[456] Zum einen wird damit zum Ausdruck gebracht, dass Mindestarbeitsentgelte ebenfalls zwingende und unmittelbare Wirkung haben, vgl. § 4 Abs. 1 TVG.[457] Zum anderen wird damit die Zulässigkeit günstigerer Vereinbarungen

---

455 Ähnlich die Formulierung in BVerfGE 34, 307, 318 für die Besetzung der Heimarbeitsausschüsse; krit. dazu Stütze, Kontrolle der Entgelthöhe, S. 238.

456 Vgl. ausführlich zum Folgenden: ErfK/Franzen, § 8 MiArbG, Rn. 1 sowie Thüsing/Thüsing, AEntG-Komm, § 8 MiArbG, Rn. 10ff.

457 ErfK/Franzen, § 8 MiArbG, Rn. 1; Thüsing/Thüsing, AEntG-Komm., § 8 MiArbG, Rn. 11.

noch einmal betont, vgl. § 4 Abs. 3, Alt. 2 TVG.[458] Ferner beinhaltet dieser Verweis die Aussage, dass grundsätzlich auch von einer Nachwirkung der Mindestarbeitsentgelte entsprechend § 4 Abs. 5 TVG ausgegangen werden muss.[459] Schließlich wird mit dem Verweis auf das TVG auch die Möglichkeit eröffnet, in die Mindestentgeltverordnung Öffnungsklauseln aufzunehmen, um diese an die jeweiligen Bedingungen des Wirtschaftszweiges anzupassen.[460] Die entsprechende Anwendbarkeit dieser Vorschriften des TVG hat - ebenso, wie die oben erläuterten Mitwirkungsmöglichkeiten der Koalitionen - zur Folge, dass die Festsetzung von Mindestarbeitsentgelten nach dem MiArbG in wesentlichen Punkten der tariflichen Lohngestaltung nachgebildet ist.[461] Es könnte insoweit von der Mindestentgeltverordnung als „Quasi-Tarifvertrag" gesprochen werden.[462] Nach der eingangs zitierten Rechtsprechung des Bundesverfassungsgerichts ist deshalb auch in dieser Hinsicht von einer deutlichen Abschwächung des Eingriffs in die Tarifautonomie auszugehen.

(3) Zwischenergebnis

Im Ergebnis bewirkt der Verweis des § 8 Abs. 1 S. 2 MiArbG auf die Regelungen des TVG, dass mit der Mindestentgeltverordnung ein in Wirkung und Ausgestaltung der tariflichen Lohngestaltung nachgeformtes Konstrukt geschaffen wird, welches nur dann zum Einsatz kommen soll, wenn die Koalitionen gerade nicht in der Lage sind, entsprechende Tarifverträge abzuschließen und auf diese Weise selbst für angemessene Arbeitsbedingungen zu sorgen. In der Zusammenschau mit der weitgehenden Beteiligung von Arbeitnehmer- und Arbeitgebervertretern auf jeder Stufe der Mindestentgeltfestsetzung ergibt sich so das Bild eines weitestgehend an der tariflichen Lohngestaltung orientierten Festsetzungsverfahrens, das sich im Wesentlichen hiervon nur dort unterscheidet, wo dies durch das Fehlen verhandlungsbereiter und durchsetzungsfähiger Koalitionen bedingt ist. Mit diesen Vorgaben wird zudem noch einmal untermauert, dass es

---

458 ErfK/Franzen, § 8 MiArbG, Rn. 1; Thüsing/Thüsing, AEntG-Komm., § 8 MiArbG, Rn. 12.

459 ErfK/Franzen, § 8 MiArbG, Rn. 1; Thüsing/Thüsing, AEntG-Komm., § 8 MiArbG, Rn. 16; Stütze, Kontrolle der Entgelthöhe, S. 230.

460 ErfK/Franzen, § 8 MiArbG, Rn. 1, 4; Thüsing/Thüsing, AEntG-Komm., § 8 MiArbG, Rn. 8.

461 Diese Parallelität wurde im Übrigen auch bereits zum MiArbG 1952 festgestellt, vgl. Andelewski, Staatliche Mindestarbeitsbedingungen, S. 129; Fitting, RdA 1952, 5; Nikisch, ArbR II, § 89, S. 520.

462 Haucap, spricht in seiner Stellungnahme zum MiArbG, Ausschussdrucks. 16(11)1117, S. 31 insoweit von einem dem Tarifvertrag analogen Lohngerüst bzw. von staatlichen „Quasi-Tarifverträgen".

dem Staat auch unbenommen sein muss, die unterste Stufe angemessener Arbeitsentgelte vorzugeben, soweit die Koalitionen hierzu allein nicht in der Lage sind. Dies gilt zumindest dann, wenn er durch Anlehnung an das Tarifvertragssystem eine weitgehende Beteiligung der betroffenen Arbeitnehmer und Arbeitgeber gewährleistet, zudem den Koalitionen ausreichend Mitwirkungsmöglichkeiten einräumt und schließlich gewährleistet, dass ein hinreichend großer Freiraum für die tarifliche Lohngestaltung verbleibt.

4. Zusammenfassung

Der Schaffung und Sicherung angemessener Arbeitsbedingungen kommt grundsätzlich über Art. 12 Abs. 1 GG Verfassungsrang zu. Das MiArbG ist zudem geeignet und erforderlich, angemessene Arbeitsbedingungen zu schaffen. Die verfassungskonforme Auslegung des Gesetzes ergibt, dass lediglich die Verdrängung unangemessen niedriger Tariflohnregelungen in Betracht kommt. Für diese ist die Richtigkeitsvermutung widerlegt, da die Normsetzungsprärogative der Koalitionen im Bereich unangemessener Tarifregelungen endet. Der Gesetzgeber muss sich zudem nicht auf Alternativen, wie die Normierung einer Sittenwidrigkeitsgrenze, die Einführung eines flächendeckenden Mindestlohns oder die tarifdispositive Ausgestaltung des MiArbG verweisen lassen. Diese Mittel sehen sich Zweifeln entweder hinsichtlich ihrer gleichen Eignung oder ihrer weniger grundrechtsbeschränkenden Wirkung ausgesetzt.

Als Ergebnis der Angemessenheitsprüfung ist festzuhalten, dass die gegen das MiArbG erhobenen Bedenken weitestgehend erheblich relativiert werden, berücksichtigt man die einschlägige Rechtsprechung des Bundesverfassungsgerichts und führt das Gesetz zudem einer verfassungskonformen, teleologischen Reduzierung im Wege der Auslegung zu. Durch die Beschränkung auf die Verdrängung unangemessen niedriger Tarifentgelte werden solche Tarifverträge verschont, für die die Angemessenheitsvermutung Gültigkeit hat. Insofern begründet auch die mit dem MiArbG ermöglichte staatliche Lohnsetzungskonkurrenz keinen unverhältnismäßigen Eingriff, da Art. 9 Abs. 3 GG die Tarifautonomie abstrakt nur vor ihrer Aushöhlung schützt. Das MiArbG kann allerdings ausschließlich auf die Festsetzung der untersten Schwelle angemessener Arbeitsentgelte beschränkt sein.

Zudem ist das Festsetzungsverfahren nach diesem Gesetz weitgehend dem tariflichen Lohnfindungsverfahren nachgebildet. Dies zeigt sich einerseits an der mehrfachen Beteiligung von Arbeitnehmer- und Arbeitgebervertretern, sowie der Koalitionen und andererseits an der entsprechenden Anwendbarkeit der Vorschriften des TVG. Durch die Anlehnung an die tarifliche Lohngestaltung wird der Eingriff in die Tarifautonomie soweit relativiert, dass im Ergebnis von der

Verhältnismäßigkeit der Eingriffe in die Tarifautonomie durch die Festsetzung von Mindestarbeitsentgelten nach dem MiArbG auszugehen ist.

C. Arbeitsmarktpolitische Zielsetzungen

I. Die arbeitsmarktpolitische Zielsetzung des MiArbG: Zwei Seiten einer Medaille

Neben dem im vorangegangenen Abschnitt erläuterten Gesetzesziel der Schaffung angemessener Arbeitsbedingungen soll das MiArbG ausweislich der Gesetzesbegründung auch dem Anliegen dienen, die „finanzielle Stabilität des Systems der sozialen Sicherung“ zu fördern.[463] Die Novellierung des MiArbG fußt insoweit auf dem in den letzten Jahren stetig lauter werdenden Ruf nach Mindestlöhnen, um dem vermehrten Lohndumping entgegenzutreten. Es herrscht mittlerweile ein breiter gesellschaftlicher Konsens darüber, dass es einer irgendwie gearteten gesetzlichen Untergrenze für Lohnvereinbarungen bedarf. Dabei geht es nicht allein darum, angemessene Arbeitsbedingungen zu schaffen. Es soll damit vielmehr auch Entwicklungen des Arbeitsmarktes entgegengewirkt werden, die im Zuge der Europäisierung und Globalisierung der Wirtschaft verstärkt für Missstände insbesondere im Niedriglohnsektor sorgen. Im Fokus stehen in erster Linie die Zunahme von Lohn- und Sozialdumping in Form von allein auf dem Faktor Lohnkosten beruhenden Verdrängungswettbewerben. Den Beginn des staatlichen Entgegenwirkens bildete das ursprünglich allein auf die Baubranche bezogene AEntG.[464] Mit diesem sollte vor allem dem Lohndumping im Bauwesen begegnet werden. Mittlerweile ist der Anwendungsbereich dieses Gesetzes auf andere Branchen ausgedehnt worden.[465] Das MiArbG nimmt im Zusammenhang mit dem AEntG eine komplementäre Rolle ein.[466] Ausweislich der Vorgaben in § 4 Abs. 4 S. 3 Nr. 2 und Nr. 3 MiArbG dient es neben dem Ziel der angemessenen Arbeitsbedingungen, ebenso dem Erhalt sozialversicherungspflichtiger Beschäftigung und der Gewährung fairer und funktionierender Wettbewerbsbedingungen. In der Gesetzesbegründung wird dies unter der Zielvorgabe der finanziellen Stabilität des Systems der sozialen Sicherheit zusammengefasst.[467]

---

463 BT-Drucks 16/10485, S. 11, Nr. 6, lit. c.

464 Vgl. dazu bereits oben unter § 2 B. II. 4.

465 § 2 B. II. 4.

466 Vgl. Willemsen/Sagan, NZA 2008, 1216, 1222.

467 BT-Drucks. 16/10485, S. 11, Nr. 6, lit. c.

1. Erhalt sozialversicherungspflichtiger Beschäftigung

§ 4 Abs. 4 S. 3 Nr. 3 MiArbG gibt dem Fachausschuss auf, bei der Bemessung des festzusetzenden Mindestentgelts zu beachten, dass dessen Höhe nicht das Maß an sozialversicherungspflichtiger Beschäftigung im jeweiligen Wirtschaftszweig vermindert. Der damit angestrebte Schutz des Beschäftigungsniveaus ist dabei in drei Richtungen zu verstehen: Zum einen soll durch ein ausreichendes Mindestarbeitsentgelt erreicht werden, dass eine Inanspruchnahme der staatlichen Sozialleistungen neben einem entsprechend niedrig bemessenen Arbeitsentgelt nicht erforderlich ist. Dies ist deshalb anzunehmen, weil auch bei Erhalt der Beschäftigung bisher teilweise die gezahlten Entgelte nicht ausreichen, um ohne staatliche Zuschüsse („Aufstockung") das Existenzminimum abzusichern.[468] Durch die Verbreitung solcher Arbeitsverhältnisse wird trotz Vollzeitbeschäftigung das Sozialleistungssystem zunehmend beansprucht.[469]

Weiterhin soll vermieden werden, dass aufgrund eines zu hoch bemessenen Mindestentgelts die in den Geltungsbereich der jeweiligen Verordnung fallenden Arbeitgeber in größerem Umfang Arbeitsplätze abbauen. Jedem Arbeitsplatzverlust steht potentiell die Einstandspflicht des Staates mit seinem sozialen Netz aus Arbeitslosengeld I und II, sowie der Sozialhilfe gegenüber. Um eine solche Belastung der Sozialversicherung zu vermeiden, gibt § 4 Abs. 4 S. 3 Nr. 3 MiArbG daher vor, dass die verordneten Mindestentgelte nicht so hoch sein dürfen, dass dadurch wirtschaftliche Anreize zum Stellenabbau geschaffen würden. Dabei wird allerdings ein größerer Maßstab anzulegen sein: Nicht jeder Verlust an sozialversicherungspflichtiger Beschäftigung wird schon dem genannten Gesetzesziel zuwider laufen, sondern wohl nur ein Stellenabbau in größeren Dimensionen. Es kann schließlich nie vollkommen ausgeschlossen werden, dass vereinzelt Arbeitgeber auch aufgrund niedrig bemessener Mindestentgelte ihre Produktivität gefährdet sehen und daher Stellen abbauen. Hierdurch wird die finanzielle Stabilität der Sozialsicherungssysteme allerdings noch nicht gefährdet.

Die dritte Schutzrichtung ergibt sich aus folgender Überlegung: Werden dauerhaft und in bedeutendem Ausmaß niedrige Löhne gezahlt, bewirkt dies letztlich ebenfalls eine Belastung des gesamten Sozialsystems.[470] Jeder beitragsfinanzierte Zweig der Sozialversicherung funktioniert nur, wenn ausreichend Mittel einfließen. Diese wiederum sind direkt an die Einkommensstruktur der Versicherten gebunden.[471] Je weniger die Versicherten verdienen, desto geringer

468 Vgl. zu den staatlichen Aufstockungsbeträgen, bzw. zum sog. „Kombilohn" Waltermann, NJW 2010, 801, 803ff., sowie bereits oben unter § 2 B. I. 6.

469 Vgl. dazu Waltermann, NJW 2010, 801, 803.

470 Ebendiese Bedenken äußert auch Waltermann, NZA-Beil. 2009, 110, 113.

471 Waltermann, NZA-Beil. 2009, 110, 113.

ist auch die Belastbarkeit der Sozialversicherungen. Hinzu kommt, dass ein niedrig entlohnter Arbeitnehmer nur wenig für seine eigene Versorgung und vor allem auch für die Vorsorge aufwenden kann.[472] Auch hier müssen dann letztlich die sozialen Sicherungssysteme die unzureichenden Mittel kompensieren.

Allerdings ergibt sich in diesem Zusammenhang für den Verordnungsgeber eine Zwickmühle: Einerseits dürfte grundsätzlich gelten, dass die Sozialsysteme umso stärker entlastet werden, je höher das Mindestarbeitsentgelt angesetzt wird. Andererseits dürfte ein Überspannen dieses Bogens mittelfristig zum Abbau von Arbeitsplätzen und damit letztlich zu einer verstärkten Belastung der sozialen Sicherungssysteme führen. Hierin liegt die Krux der Mindestentgeltgestaltung. Dem wird allerdings auch in den Abwägungskriterien des § 4 Abs. 4 S. 3 MiArbG ausdrücklich Rechnung getragen, sodass der Fachausschuss nicht in den freien Raum hinein agiert.

2. Gewährung fairer und funktionierender Wettbewerbsbedingungen

Nach § 4 Abs. 4 S. 3 Nr. 2 MiArbG soll ein nach diesem Gesetz festgesetztes Mindestarbeitsentgelt geeignet sein, faire und funktionierende Wettbewerbsbedingungen zu gewähren. Im Kern dürfte es hier darum gehen, einen Unterbietungswettkampf der Unternehmen auf dem Rücken der Arbeitnehmer zu verhindern.[473] Im Vordergrund des Wettbewerbs sollen nicht die Lohnkosten, sondern Kriterien wie Qualität, Leistung und Service stehen.[474] Ferner wird es in diesem Zusammenhang auch darauf ankommen, die Verdrängung deutscher Arbeitnehmer durch ausländische Niedriglohnkonkurrenz einzudämmen.[475] Insoweit geht es also um nichts anderes, als die Verhinderung von Lohndumping. Dies deckt sich weitgehend mit den Zielen des Erhalts sozialversicherungspflichtiger Beschäftigung bzw. der Bekämpfung von Arbeitslosigkeit.[476] Es handelt sich damit gewissermaßen um die zwei Seiten ein und derselben Medaille: Durch Unterbietungswettbewerb auf Basis der Lohnkosten werden „teurere“ Arbeitnehmer zugunsten der „billigeren“ vom Markt verdrängt. Kompensiert wird dieser Effekt bisher durch die sozialen Sicherungsnetze, die hinreichenden Schutz vor Armut sowohl in der Arbeitslosigkeit, als auch (im Wege der „Aufstockung“) in der Vollzeitbeschäftigung, gewähren.

---

472 Waltermann, NZA-Beil. 2009, 110, 113.

473 Vgl. Thüsing/Pelzner, AEntG-Komm., § 4 MiArbG, Rn. 41.

474 Vgl. zur parallelen Zielsetzung des AEntG: ErfK/Schlachter, § 1 AEntG, Rn. 1.

475 ErfK/Schlachter, § 1 AEntG, Rn. 1.

476 Ebenso Sodan/Zimmermann, ZfA 2008, 526, 559; dies., NJW 2009, 2001, 2004.

II. Einordnung als kollidierendes Verfassungsgut

Die vorstehend benannten einfachgesetzlich in § 4 Abs. 4 S. 3 Nr. 2 und 3 MiArbG normierten Anliegen fasst der Gesetzgeber in seiner Begründung unter der Zielsetzung der Stärkung der finanziellen Stabilität des Systems der sozialen Sicherung zusammen. Hierzu nimmt er Bezug auf zwei neuere Entscheidungen des Bundesverfassungsgerichts[477], in denen dieser Belang als verfassungsrechtlich geschützter Regelungszweck anerkannt wird.[478]

Allerdings muss in diesem Zusammenhang beachtet werden, dass es bei der Mehrzahl der vom Bundesverfassungsgericht entschiedenen Fälle bisher nur um die Frage ging, inwieweit die Stärkung der Sozialleistungssysteme als Legitimation herangezogen werden kann, um Eingriffe in die Berufsfreiheit in Form der Ausübungs- und der Wahlfreiheit zu rechtfertigen.[479] Es reichte daher jeweils schon die Qualifizierung als besonders wichtiger Gemeinwohlbelang. In diesem Zusammenhang ging es deshalb auch nicht darum, den konkreten Verfassungsrang dieses Ziels zu bestimmen. Dies gilt insbesondere auch für die von der Gesetzesbegründung zitierte Entscheidung des Gerichts aus dem Jahr 2007.[480] Darin wird zwar betont, die Stabilität sozialer Sicherungssysteme sei ein Gemeinwohlbelang von hoher Bedeutung.[481] Dass ihr gleichzeitig auch Verfassungsrang zukommen soll, wird von dem Gericht hingegen zumindest nicht ausdrücklich anerkannt.[482] Eine solche Qualifizierung nimmt es stattdessen nur für das Ziel der Bekämpfung der Arbeitslosigkeit an.[483] Hierzu führte das Gericht an anderer Stelle aus, die Möglichkeit, sich durch Arbeit in seiner Persönlichkeit zu entfalten und Selbstachtung zu erfahren, sei bereits von Art. 1 Abs. 1 und Art. 2 Abs. 1 GG getragen.[484] Das Ziel der Arbeitslosigkeitsbekämpfung genieße zudem als Ausfluss des Sozialstaatsprinzips Verfassungsrang.[485]

---

477 Beschluss des Bundesverfassungsgerichts vom 03.04.2001, BVerfGE 103, 293ff. und Beschluss vom 20.03.2007, NZA 2007, 609.

478 BT-Drucks. 16/10485, S. 11, Nr. 6, lit. c.

479 So in BVerfGE 70, 1; BVerfGE 77, 84; BVerfGE 82, 209 und in BVerfG NZA 2007, 609.

480 BVerfG NZA 2007, 609 ff.

481 BVerfG NZA 2007, 60611.

482 BVerfG NZA 2007, 609, 611; vgl. auch Burkiczak, Grundgesetz und Deregulierung des Tarifvertragsrechts, S. 275.

483 BVerfG NZA 2007, 609, 611.

484 BVerfGE 100, 271, 284; BVerfGE 103, 293, 307.

485 BVerfGE 100, 271, 284; BVerfGE 103, 293, 307; vgl. hierzu auch Steiner, NZA 2005, 657, 660.

Aus dieser Rechtsprechung muss gefolgert werden, dass neben der Bekämpfung bestehender, auch die Vermeidung künftiger Arbeitslosigkeit als verfassungsrechtlich geschütztes Interesse anzuerkennen sein wird.[486] Zudem bewertet das Gericht den Erhalt der finanziellen Stabilität der Sozialleistungssysteme in ständiger Rechtsprechung als Gemeinwohlaufgabe, welche der Gesetzgeber nicht nur verfolgen dürfe, sondern der er sich auch nicht entziehen könne.[487] Dieses Ziel sei dabei von so hoher Bedeutung, dass die zu dessen Verfolgung ergriffenen Maßnahmen auch dann gerechtfertigt seien, wenn damit fühlbare Beeinträchtigungen bei den Betroffenen einhergehen.[488]

Gemessen an den Entscheidungen des Bundesverfassungsgerichts muss daher also - trotz der vielfach vorgetragenen Kritik an der Unzulänglichkeit des Sozialstaatsprinzips als Eingriffslegitimation[489] - davon ausgegangen werden, dass sich der Gesetzgeber für das Ziel der Beschäftigungssicherung in Form der Arbeitslosigkeitsbekämpfung bzw. des Erhalts des Beschäftigungsstandes ebenso auf Art. 20 Abs. 1 GG in Verbindung mit Art. 1 Abs. 1 und 2 Abs. 1 GG berufen kann, wie auch für die Stärkung der finanziellen Stabilität der sozialen Sicherung.[490]

III. Verhältnismäßigkeitsprüfung

Allerdings fragt sich auch bei einer grundsätzlichen Anerkennung der finanziellen Stabilität der Systeme sozialer Sicherheit als kollidierendes Verfassungsgut, inwieweit die Regelungen des MiArbG diesem Ziel dienen und ob auch in dieser Hinsicht die Vorgaben des Verhältnismäßigkeitsgrundsatzes gewahrt sind.

---

486 Ebenso Söllner, NZA-Beil. 2000, 33, 36.

487 BVerfGE 68, 193, 219; vgl. auch die Entscheidung zu § 10 Abs. 1 S. 1 BUrlG a.F., BVerfGE 103, 293, 307.: „§ 10 I 1 BUrlG dient verfassungsrechtlich legitimierten Gemeinwohlbelangen. Die Vorschrift soll zu einem hohen Beschäftigungsstand und zur finanziellen Stabilität der Sozialversicherung beitragen" (Kursivstellung durch Verf.). Insoweit sei „die finanzielle Stabilität des Systems der sozialen Sicherung ein Gemeinwohlbelang von hoher Bedeutung."

488 BVerfGE 70, 1, 25ff.

489 Kritisch etwa Burkiczak, Grundgesetz und Deregulierung des Tarifvertragsrechts, S. 271 ff.; Oetker, ZG 1998, 155, 162; MüKo-BGB/Reuter, Bd. 1, 1. Hb., Juristische Personen, Vorbemerkung, Rn. 68; Sodan/Zimmermann, ZfA 2008, 526, 559; dies., NJW 2009, 2001, 2004.

490 Ebenso Dieterich, Tarifautonomie und Gesetzgebung, S. 15ff.; Sodan/Zimmermann, ZfA 2008, 526, 559; dies., NJW 2009, 2001, 2004; im Ergebnis ebenso für die eingriffslegitimierende Wirkung dieses Ziels: Bietmann, Mindestlohn, S. 172; Burkiczak, Grundgesetz und Deregulierung des Tarifvertragsrechts, S. 271 ff.; Hopfner, Gesetzgebung und Tarifautonomie, S. 313ff, 315.

1. Geeignetheit

Zunächst ist dafür erforderlich, dass die Verdrängung tariflicher Entgelte durch die Verordnung staatlicher Mindestentgeltsätze nach dem MiArbG überhaupt geeignet ist, das verfolgte Ziel zumindest zu fördern. Dies wäre indes nicht der Fall, wenn Mindestentgelte genau die gegenteilige Wirkung, nämlich den Abbau von Arbeitsplätzen und die damit einhergehende zunehmende Belastung der staatlichen Sozialsysteme zur Folge hätten.

a) Beschäftigungsbezogene Wirkung staatlicher Mindestarbeitsentgelte

Die Frage nach den Auswirkungen von Mindestarbeitsentgelten auf den Beschäftigungsstand wird im wirtschaftswissenschaftlichen Schrifttum nicht einheitlich beantwortet. Je nach dem zugrundegelegten ökonomischen Modell ergeben sich stattdessen voneinander abweichende oder sich überschneidende Annahmen.[491] Dabei darf wohl davon ausgegangen werden, dass die realen Arbeitsmärkte nicht annähernd so frei von äußeren Einflüssen sind, wie es die Theorien überwiegend voraussetzen. Insbesondere ist nicht klar erkennbar, mit welchem der dargestellten Ansätze der deutsche Arbeitsmarkt am ehesten über-

---

491 Unterschieden werden in diesem Zusammenhang vor allem drei Ansätze: Der sog. neoklassischen Theorie liegt die Annahme der Vollbeschäftigung und der Homogenität der Arbeitnehmer zugrunde. Die Festsetzung eines Mindestlohns bewirke den Wegfall dieser Flexibilität. Das freie Aushandeln der Entgelte werde verhindert. Der eigentlich vom Markt vorgegebene Lohn werde künstlich über das Marktniveau angehoben. In der Folge nähme die Arbeitsnachfrage ab, während die Beschäftigung sänke. Die ebenfalls vertretene Monopsontheorie geht davon aus, dass zwischen Angebots- und Nachfrageseite ein Ungleichgewicht in der Form besteht, dass ein einzelnes Unternehmen den Arbeitnehmern als einziger Arbeitsnachfrager gegenübertritt (sog. Monopson). In diesem Fall lägen Marktlohn und Arbeitsnachfrage unter dem Niveau des freien Marktes. In diesem Szenario begründeten Mindestlöhne oberhalb des Marktlohns einen Anstieg der Arbeitsnachfrage und wirkten damit beschäftigungsfördernd. Schließlich ist noch die sog. Effizienzlohntheorie zu nennen, wonach die Anhebung des Lohnniveaus zu einer Steigerung der Produktivität führe. Dem liegt der Gedanke zu Grunde, dass Arbeitnehmer bei niedrigen Löhnen wenig Anreiz hätten, ihre gesamte Leistung abzurufen und in Produktivität umzusetzen.491 Je höher der Lohn, desto größer sei auch die Bereitschaft, seine Arbeitskraft voll einzusetzen. Dies wiederum vermindere dann den Anreiz zum Beschäftigungsabbau und begünstige u.U. sogar Neueinstellungen. Der Zusammenschau der ökonomischen Theorien lässt sich nur eines mit Bestimmtheit entnehmen: Die beschäftigungsbezogene Wirkung von Mindestentgelten kann auch mit wirtschaftswissenschaftlichen Mitteln nicht abschließend vorausgesagt werden, vgl. näher dazu auch Bietmann, Mindestlohn, S. 32ff.; Henneberger/Haug, Die Auswirkungen von Mindestlöhnen auf das Gleichgewicht am Arbeitsmarkt, S. 7ff.; Rhein, NZA-Beil. 2009, 91ff.; Thüsing/Thüsing, AEntG-Komm., Einl. Rn. 62ff.

einstimmt. Da das Mindestarbeitsentgelt nach dem MiArbG wirtschaftszweigbezogen ist, hängt diese Beurteilung maßgeblich wohl auch davon ab, wie diese Teilbereiche des Arbeitsmarktes konkret bestimmt werden.

Auch die bisher veröffentlichten empirischen Untersuchungen zu diesem Thema zeichnen kein einheitliches Bild: Auf der Erfahrung mit der Wirkung von Mindestlöhnen im Ausland beruhen ebenfalls zahlreiche Studien.[492] Auch über den branchenbezogenen Mindestlohn im deutschen Baugewerbe ist mittlerweile eine Untersuchung veröffentlicht worden.[493] Allen diesen Studien ist indes gemeinsam, dass sie einerseits ebenfalls keine einheitliche Aussage über die Wirkung von Mindestlöhnen auf das Beschäftigungsniveau erlauben. Zum anderen sind sie zudem regelmäßig nicht unmittelbar auf die Verhältnisse des deutschen Arbeitsmarktes übertragbar. Auch hier muss im Ergebnis aber konstatiert werden, dass die Wirkung von Mindestlöhnen im Ausland durchaus in alle Richtungen geht. So wurden in den USA und Großbritannien ambivalente Ergebnisse zwischen Beschäftigungsförderung und deren Verringerung festgestellt.[494] Auch in Frankreich ließen sich zumindest eindeutig negative Auswirkungen nicht feststellen.[495] In Deutschland variierten die Befunde für den Bausektor zwischen Beschäftigungsförderung im Westen und Beschäftigungsförderung im Osten.[496] Dies legt nahe, dass nicht die Festsetzung von Mindestentgelten an sich, sondern vielmehr deren Zusammenwirken mit zusätzlichen äußeren Faktoren entscheidenden Einfluss auf die Beschäftigungswirkung hat. Im Ergebnis lassen sich also auch hier keine eindeutigen Aussagen über die Geeignetheit von Mindestentgelten für den Schutz bzw. das Anheben des Beschäftigungsniveaus im jeweiligen Wirtschaftszweig treffen.[497]

b) Zwischenergebnis

Nach dem Vorstehenden ist eine negative Wirkung von Mindestarbeitsentgelten auf das Beschäftigungsniveau nicht auszuschließen.[498] Gleichzeitig sind aber auch positive Effekte nicht unmöglich. Gerade aber diese Unsicherheiten machen es unzulässig, sich für das eine oder andere Ergebnis zu entscheiden und dies im Folgenden zur Grundlage der weiteren Prüfung zu bestimmen. Insbe-

---

492 Vgl. die Überblicke bei Bietmann, Mindestlohn, S. 35ff. und Rhein, NZA-Beil. 2009, 91ff.

493 König/Möller, ZAF, Jg. 41, H. 2/3, 327ff.

494 Rhein, NZA-Beil. 2009, 91, 93.

495 Rhein, NZA-Beil. 2009, 91, 93.

496 Rhein, NZA-Beil. 2009, 91, 93.

497 In diese Richtung auch Waltermann, NJW 2010, 801, 806.

498 Thüsing/Thüsing AEntG-Komm., Einl., Rn. 68 macht hier sogar eine „deutliche Tendenz“ in diese Richtung aus.

sondere bezüglich der Auswertung der empirischen Erhebungen ist zudem einige Skepsis angebracht, denn – wie *Waltermann* anmerkt – auch für Ökonomen sind Mindestlöhne ein „politisches Thema", welches aus dem Blickwinkel der jeweiligen wirtschaftspolitischen und ideologischen Position heraus unterschiedliche Argumentationen und Deutungsmöglichkeiten zulässt.[499] Auch wenn hier möglicherweise eine negative Tendenz auszumachen ist, kann dies noch nicht als gesicherte Annahme für die Prüfung der Verfassungsmäßigkeit des MiArbG herhalten.

c) Eignung zur Sicherung des Beschäftigungsniveaus durch Vermeidung sog. Lohndumpings

Angesichts der beschriebenen ökonomischen Untersuchungen zur Wirkung von Mindestlöhnen lässt sich festhalten, dass zumindest für flächendeckende Regelungen mit einheitlichen Sätzen tatsächlich eine eher negative Tendenz für das Beschäftigungsniveau auszumachen ist. Die wenigsten Erhebungen hatten indes die Einführung von wirtschaftszweigbezogenen Mindestentgelten mit individuell bestimmter Höhe zum Gegenstand. In dieser Hinsicht zeigen die theoretischen Ansätze allerdings, dass eine positive Beschäftigungswirkung umso eher zu erwarten ist, je enger umgrenzt der zu regelnde Ausschnitt aus dem Arbeitsmarkt ist. Darüber hinaus stellt sich aber die Frage, wann in jedem Fall eine beschäftigungssichernde Wirkung von Mindestlöhnen erzielt werden kann. Dabei weist folgender Gedankengang den Weg: Ein staatlich bestimmtes Mindestarbeitsentgelt kann nur dann vor Arbeitsplatzverlust schützen, wenn der Arbeitgeberseite damit jeder Anreiz genommen wird, auf billigere, d.h. niedriger entlohnte, Arbeitskräfte zurückzugreifen. In aktueller Zeit sind auf dem deutschen Arbeitsmarkt Tendenzen wahrzunehmen, wonach Unternehmen in größerem Umfang ihre Belegschaften gegen „billigere" Arbeitskräfte austauschen, bzw. selbst durch billigere Unternehmen verdrängt werden. Dieser Verdrängungswettbewerb wird gemeinhin als „Lohndumping" beschrieben.[500] Grundsätzlich liegt der Gedanke nahe, dass ein staatlich bestimmter Mindestlohn die Tendenz zum Lohndumping ausschließt: Zwingt das MiArbG den Arbeitgeber, einen bestimmten Lohn zu zahlen, besteht für ihn keine Möglichkeit, diesen durch niedrigere Entgelte zu unterlaufen. Es lohnt sich für ihn dann auch nicht, auf billigere, aber möglicherweise weniger produktive, Arbeitskräfte zurückzugreifen, wenn er für denselben „Preis" besser qualifizierte Kräfte bekommen kann.

---

499 Waltermann, NZA-Beil. 2009, 110, 119.

500 Krause, MHbArbR I, § 54, Rn. 25.

aa) Verdrängungswettbewerb durch inländische Arbeitskräfte

Was aber bedeutet dies für den Beschäftigungsstand? Zunächst ist schon anzumerken, dass zumindest die Verdrängung deutscher Arbeitnehmer durch niedriger bezahlte deutsche Arbeitnehmer nicht zwangsläufig zu einem Absinken des Beschäftigungsniveaus führen muss. Dies gilt insbesondere dann, wenn die neu eingestellten Arbeitnehmer bisher keiner Beschäftigung nachgegangen sind und die nunmehr ersetzten Arbeitskräfte in der Folge ihre Beschäftigung verlieren. Aus der Sicht des deutschen Arbeitsmarktes dürfte sich hier vielmehr kaum eine Veränderung ergeben, die Auswirkungen auf das Beschäftigungsniveau wären in diesem Fall als weitgehend neutral zu bezeichnen.

Allerdings ist auch dies nicht zwingend. Denkbar wäre beispielsweise ein Verdrängungswettbewerb von Ost nach West durch den Einsatz von, an günstigere Ortstarife gebundenen, Bauarbeitern auf westdeutschen Baustellen.[501] Auf diese Weise wäre auch durch innerdeutsches Lohndumping das Beschäftigungsniveau bedroht. Eine von *König* und *Möller* im Jahr 2008 veröffentlichte Studie zu den Auswirkungen der Aufnahme der Baubranche in das AEntG zeigt, dass zumindest für den durch innerdeutsches Lohndumping bedrohten westdeutschen Arbeitsmarkt in diesem Wirtschaftsbereich neutrale bis positive Beschäftigungsentwicklungen beobachtet werden konnten.[502] Es ist demnach grundsätzlich nicht ausgeschlossen, dass Mindestarbeitsentgelte auch innerdeutsches Lohndumping bekämpfen können und dadurch zum Schutz des Beschäftigungsstandes und zur Vermeidung von Arbeitslosigkeit beitragen können.

Andererseits kann aber aufgrund der oben dargestellten Untersuchungen ebenfalls nicht ausgeschlossen werden, dass ein Mindestarbeitsentgelt Anreize für Arbeitgeber schafft, Stellen abzubauen. Die Einführung verbindlicher höherer Löhne führt zwangsläufig zu einer Verteuerung des Faktors Arbeit und damit in der Regel zu einer Verringerung des erwirtschafteten Gewinns. Es liegt auf der Hand, dass jedes auf Gewinnmaximierung ausgerichtete Unternehmen versuchen wird, durch Rationalisierung die durch die höheren Löhne bedingten Verluste auszugleichen. Sofern die jeweilige Produktion bzw. Dienstleistung es zulässt, kann nicht ausgeschlossen werden, dass dies im Wege des nachhaltigen Abbaus von Arbeitsplätzen geschieht. Es besteht daher grundsätzlich die Gefahr

501 Vgl. Löwisch/Rieble, TVG, § 5, Rn. 151.

502 König/Möller, ZAF, Jg. 41, H. 2/3, 327, 344; allerdings wird die statistische Signifikanz dieser positiven Beschäftigungseffekte in der Studie als eher „schwach" bezeichnet. Zumindest aber seien Arbeitsplatzverluste in diesem Bereich nicht zu erwarten.

einer negativen Beschäftigungsentwicklung aufgrund staatlich bestimmter Mindestentgelte.[503]

Im Ergebnis lässt sich daher wohl festhalten, dass es für die Wirkung von Mindestarbeitsentgelten auf das Beschäftigungsniveau maßgeblich darauf ankommen dürfte, welche Bedingungen im jeweiligen Wirtschaftszweig vorherrschen, wie groß die Zahl der Betroffenen ist und schließlich darauf, in welcher Höhe die Festsetzung erfolgt. Zu beachten ist allerdings, dass auch der Gesetzgeber die genannten Gefahren offensichtlich gesehen hat. Er verpflichtet den Fachausschuss nach § 4 Abs. 4 S. Nr. 4 MiArbG daher, das Mindestentgelt so zu bemessen, dass nicht Beschäftigungsabbau die Folge ist. Der Fachausschuss wird sich daher vor der Festsetzung mit den soeben genannten Fragen beschäftigen und hierbei das verfügbare empirische Material einbeziehen müssen. Für die Geeignetheit des MiArbG zur Vermeidung von Arbeitslosigkeit bedeutet dies letztlich, dass positive Beschäftigungseffekte zwar nicht auszuschließen sind, die Gefahr negativer Effekte aber im Ergebnis wohl doch überwiegt.

bb) Verdrängungswettbewerb durch ausländische Arbeitskräfte

Anderes dürfte allerdings für den Wettbewerb deutscher Arbeitnehmer und Arbeitgeber mit solchen aus dem Ausland gelten.[504] In einigen Branchen ist zu beobachten, dass ausländische Arbeitnehmer auf den deutschen Arbeitsmarkt entsandt werden und dort infolge niedrigerer Lohnerwartungen Wettbewerb über den Faktor der Lohnkosten betreiben.[505] Es ergibt sich also besonders in dieser Situation die Gefahr eines Verdrängungswettbewerbes durch Lohnunterbietung. Stellt man allein den Schutz deutscher Arbeitnehmer und Arbeitgeber vor ausländischer Konkurrenz in den Regelungsfokus, so erscheint die Festsetzung eines bestimmten Mindestentgelts durchaus geeignet, diesen Verdrängungswettbewerb zu begrenzen.[506] Dies gilt umso mehr, als nach § 8 Abs. 1 MiArbG die verordneten Entgelte nicht nur für inländische, sondern gerade auch für ausländische Arbeitgeber gelten.

---

503 So zeigt sich bezogen auf das gesamtdeutsche Beschäftigungsniveau in der Studie von König/Möller, ZAF, Jg. 41, H. 2/3, 327, 344 auch ein ambivalentes Bild: Zumindest in Ostdeutschland führte die Einführung eines Mindestlohns – obwohl unter dem westdeutschen Niveau liegend – zu einem Beschäftigungsrückgang. Im Ergebnis bilanziert die Studie daher, dass bei einer hohen Zahl der von einem Mindestlohn Betroffenen tendenziell eher negative Beschäftigungswirkungen dominieren würden.

504 Eine Aussage über die Wirkungen von Mindestentgelten auf diese Form des Lohndumpings ist der Studie von König/Möller nicht zu entnehmen. Sie verweisen insoweit auf unzureichendes Datenmaterial, König/Möller, ZAF, Jg. 41, H. 2/3, 327, 344.

505 Vgl. hierzu Rhein, NZA-Beil. 2009, 91, 92ff.

506 So auch Sodan/Zimmermann, ZfA 2008, 526, 554; dies., NJW 2009, 2001, 2004.

d) *Legislativer Einschätzungs- und Beurteilungsspielraum*

Der dargestellte Querschnitt durch die theoretischen und empirischen Erkenntniswerte über die Effekte von Mindestlöhnen auf das Beschäftigungsniveau zeigt, dass es keine gesicherte Ausgangbasis gibt, auf deren Grundlage die ökonomischen und sozialen Auswirkungen des MiArbG in vollem Umfang abgeschätzt werden können. Dies allerdings hat nicht zugleich zur Folge, dass das Tatbestandsmerkmal der Geeignetheit abzulehnen und die Verfassungswidrigkeit des MiArbG festzustellen wäre. Vielmehr ist auch an dieser Stelle wieder der Einschätzungs- und Beurteilungsspielraum des Gesetzgebers ausreichend zu beachten.[507] Insbesondere aufgrund der uneinheitlichen wirtschaftswissenschaftlichen Befunde zur Einführung von Mindestlöhnen, muss nach den oben dargestellten Grundsätzen[508] der Einschätzung des Gesetzgebers zunächst vertraut werden. Zumindest zeichnet sich hier nicht das Bild einer offensichtlichen legislativen Fehleinschätzung.[509] Im Ergebnis ist deshalb davon auszugehen, dass sich der Gesetzgeber noch innerhalb des ihm gesteckten Rahmens bewegt und in zulässiger Weise von seinen Einschätzungs- und Beurteilungsspielraum Gebrauch gemacht hat.

e) *Zwischenergebnis*

Die Wirkung von Mindestarbeitsentgelten hängt von den konkreten Umständen des Einzelfalls ab. Es ist nicht pauschal feststellbar, dass staatliche Mindestentgelte ungeeignet sind, das Beschäftigungsniveau zu sichern, oder sogar positiv zu beeinflussen. Allerdings ist eine deutliche Tendenz in Richtung negativer Effekte für den Beschäftigungsstand zu erkennen. Aufgrund des weiten Gestaltungs- und Einschätzungsspielraums ist dennoch zunächst von der Richtigkeit der Annahmen des Gesetzgebers auszugehen. Angesichts der ungesicherten und komplexen Faktenlage wird dieser allerdings in regelmäßigen Abständen zu kontrollieren haben, ob die von ihm angestrebten Ziele mit dem MiArbG tatsächlich auch erreicht werden.[510]

2. Erforderlichkeit

Weiter ist danach zu fragen, ob nicht anstelle des Mindestentgelts nach dem MiArbG andere Mittel bestehen, die weniger stark in die Tarifautonomie eingreifen und dennoch gleich geeignet sind, die arbeitsmarktbezogenen Zielset-

507 Ausführlich dazu oben unter B. II. 3. a) bb).

508 B. II. 3. a) bb).

509 Ebenso Bietmann, Mindestlohn, S. 173.

510 Zumindest für die jeweils festgesetzten Mindestarbeitsentgelte ist eine solche Evaluation bereits in § 19 MiArbG vorgeschrieben.

zungen des MiArbG zu stützen. In Anbetracht der Untersuchungen in den vorangegangenen Abschnitten drängt sich insbesondere die Frage auf, ob nicht ein auf die Existenzsicherung beschränkter Mindestlohn die bessere Wahl wäre. Ohne Zweifel würde damit wesentlich weniger intensiv in die Tarifautonomie eingegriffen. Doch wäre ein solches Mindestentgelt auch gleich wirksam?

a) Erforderlichkeit in Bezug auf Unterstützung der sozialen Sicherungssysteme

Ein existenzsicherndes Mindestarbeitsentgelt hätte zur Folge, dass in den betroffenen Wirtschaftszweigen Löhne in ausreichender Höhe gezahlt würden. Die Arbeitnehmer wären nicht mehr auf staatliche Zuschüsse zum Lebensunterhalt angewiesen. Die Begrenzung auf existenzsichernde Mindestlöhne wäre damit durchaus bereits geeignet, die sozialen Sicherungssysteme zu stärken. Andererseits trägt jeder über diesem Niveau liegende Mindestlohn noch stärker zu diesem Ziel bei. Je mehr ein Arbeitnehmer verdient, desto mehr kann er auch dazu beitragen, die Sozialsysteme durch Beiträge oder indirekt über Steuereinnahmen zu stützen. Hierfür ist allerdings ein über dem Existenzsicherungsniveau liegender Mindestlohn nicht erforderlich. Es reichte aus, das Mindestentgelt so hoch zu bemessen, dass staatliche Zuschüsse nicht erforderlich wären. Dies wäre bereits bei einem lediglich existenzsichernden Mindestlohn der Fall. Darüber hinaus stellt ein derart begrenztes Mindestentgelt auch einen wesentlich geringeren Eingriff in die Tarifautonomie dar, als ein über diesem Niveau liegender Mindestlohn.

b) Erforderlichkeit in Bezug auf Verhinderung von Lohndumping

In Anbetracht der vorstehenden Erwägungen fragt es sich, ob ein auf Existenzsicherung begrenzter Mindestlohn auch ausreichen würde, um den Verdrängungswettbewerb durch Unterbietung auf Basis von Lohnkosten und das damit verbundene Sozial- und Lohndumping zu verhindern. Zu beachten ist dabei allerdings, dass auch auf dem Niveau existenzsichernder Löhne durchaus noch genug Raum für Lohndumping bestehen bliebe. Zwar wäre es dem Arbeitgeber nicht mehr möglich, Arbeitnehmer unterhalb des Existenzminimums zu beschäftigen. Da diese Schwelle jedoch relativ niedrig angesetzt wäre, verbliebe oberhalb dieser auch weiterhin Raum für Verdrängungswettbewerbe durch Lohnunterbietung. Je höher daher ein Mindestlohn angesetzt wird, desto besser ist er geeignet, Lohndumping zu bekämpfen. Die Erforderlichkeit der Mindestentgeltfestsetzung nach dem MiArbG kann hier deshalb angenommen werden. Zugleich verhindert die Unterbindung von Lohndumping die mit diesem einhergehenden Arbeitsplatzverluste und trägt so zum Erhalt sozialversicherungspflichtiger Beschäftigung bei. Letztlich wird auf diese Weise die Stabilität der Systeme der sozialen Sicherung verstärkt.

3. Angemessenheit

Auch an dieser Stelle ist wieder danach zu fragen, ob die Einschränkungen der Tarifautonomie durch das MiArbG in einem angemessenen Verhältnis zu den verfolgten Zielen stehen. Im Wesentlichen kann in diesem Zusammenhang auf die obigen Feststellungen zurückgegriffen werden.[511] Es ist daher auch hier grundsätzlich von der Verhältnismäßigkeit auszugehen. Allerdings ist anzumerken, dass dies nur dann gelten kann, wenn sich das nach dem MiArbG festgesetzte Mindestentgelt auf einem niedrigen Niveau hält. Im Grundsatz gilt: Je höher der verordnete Mindestlohn angesetzt wird, desto höher ist auch die Wahrscheinlichkeit, dass damit ein mehr oder minder starker Abbau von Arbeitsplätzen verbunden ist. Auf das hier in Rede stehende Ziel kann sich der Staat also vor allem dann berufen, wenn er Mindestlöhne festsetzt, die einerseits den Bedarf an staatlichen Zuzahlungen vermindern, aber andererseits nicht so hoch bemessen sind, dass sie die Arbeitslosigkeit fördern und damit dem angestrebten Ziel letztlich entgegenwirken. Je höher also ein Mindestarbeitsentgelt nach dem MiArbG festgesetzt wird, desto weniger kann sich der Staat auf das genannte Ziel stützen. Diesem Gedanken trägt dann letztlich auch § 4 Abs. 4 S. 3 Nr. 3 MiArbG Rechnung, worin vorgegeben wird, dass das Mindestentgelt nicht so hoch bemessen sein darf, dass sozialversicherungspflichtige Beschäftigung in der Folge zwangsläufig abgebaut würde. Zudem kann nach der hier vertretenen Auslegung des MiArbG letztlich ohnehin nur eine unterste Schwelle des angemessenen Arbeitsentgelts festgesetzt werden.[512] In Anbetracht all dieser Erwägungen dürfte sich das MiArbG daher im Ergebnis noch im Rahmen der eingangs benannten, legitimierenden arbeitsmarktpolitischen Zielsetzungen halten und einen angemessenen Ausgleich mit dem Interesse der Koalitionen an einer freien tariflichen Lohnfindung darstellen.

4. Zusammenfassung

Das MiArbG benennt in § 4 Abs. 4 S. 3 Nr. 2 und 3 MiArbG als Ziele den Erhalt sozialversicherungspflichtiger Beschäftigung und die Gewährung fairer und funktionierender Wettbewerbsbedingungen. Bei diesen handelt es sich um weitgehend kongruente, arbeitsmarkbezogene Anliegen des Gesetzgebers. Über Art. 1 Abs. 1, 2 Abs. 1 GG in Verbindung mit dem Sozialstaatsprinzip kommt ihnen zudem eingriffslegitimierender Verfassungsrang zu. Die Mindestlohnfestsetzung

---

511 Vgl. oben unter B. II. 3. c).

512 § 5 B. II. 3. b) aa) (3).

nach dem MiArbG ist grundsätzlich geeignet diese Ziele zu fördern. Gute Argumente sprechen zudem für die Erforderlichkeit dieses Gesetzes, insbesondere kann durch Festsetzung einer Lohnuntergrenze Sozial- und Lohdumping vorgebaut werden. Hinsichtlich der Angemessenheit des Gesetzes ist festzustellen, dass sich der Gesetzgeber umso eher auf die benannten Ziele berufen kann, je geringer das verordnete Mindestentgelt ausfällt und je weniger deshalb Anreize zum Stellenabbau geschaffen werden. Dabei kommt dem MiArbG zugute, dass dieses Gesetz ohnehin nur dazu bestimmt ist, ein unterstes Lohnniveau vorzugeben.

D. Schlussfolgerungen für die zulässige Mindestentgelthöhe

Die Untersuchungen des vorangegangenen Abschnitts zur Verfassungsmäßigkeit des MiArbG haben ergeben, dass es grundsätzlich dem Staat aufgrund seiner umfassenden Gesetzgebungskompetenzen möglich ist, zwingend Mindestarbeitsbedingungen vorzugeben. Dabei wurde weiter festgestellt, dass auch die Festsetzung angemessener Arbeitsentgelte kein Tabu für den Gesetzgeber darstellt. Entscheidend ist, dass daneben für die Koalitionen noch so viel Freiraum für eigene Tarifvereinbarungen bestehen bleibt, dass im Ergebnis die Tarifautonomie nicht ausgehöhlt wird. Diese bisher rein abstrakten Feststellungen lassen allerdings zunächst die Frage offen, in welchem konkreten Rahmen sich der Verordnungsgeber des MiArbG bewegen kann, um nicht Gefahr zu laufen, die Tarifautonomie über Gebühr zu beeinträchtigen. Zwar wird diesbezüglich wohl kein konkreter Betrag genannt werden können. Vielmehr wird es stets auf die konkreten Umstände des jeweiligen Wirtschaftszweiges ankommen. Dennoch lassen sich einige Eckpfeiler benennen, deren Zusammenstellung ein Koordinatensystem für die Höhe der Mindestentgeltfestsetzung aufzeigt.

I. Existenzminimum als Untergrenze

Absolute Untergrenze der Mindestentgeltfestsetzung ist das Existenzminimum. Dem Staat kann es aufgrund seines sozialstaatlichen Schutzauftrages nicht gestattet sein, noch wird es in seinem Interesse liegen, existenzgefährdende Mindestentgelte festzusetzen.[513] Um diese Untergrenze zu konkretisieren, kann auf die Regelsätze der staatlichen Sozialleistungen zurückgegriffen werden.[514] Dies findet sich gewissermaßen auch in der Bestimmung des § 4 Abs. 4 S. 3 Nr. 3

513 Thüsing/Pelzner, AEntG-Komm., § 4 MiArbG, Rn. 26.

514 Ebenso Thüsing/Pelzner, AEntG-Komm., § 4 MiArbG, Rn. 26; im Ergebnis auch Fischer, ZRP 2007, 20, 22; Sodan/Zimmermann, ZfA 2008, 526, 549; dies., NJW 2009, 2001, 2004.

MiArbG wieder: Sozialversicherungspflichtige Beschäftigung liegt dann nicht vor, wenn das monatliche Entgelt 400 € nicht übersteigt, es sich also um geringfügige Beschäftigung i.S.d. § 8 Abs. 1 Nr. 1 SGB II handelt.[515] Würde ein Mindestarbeitsentgelt unterhalb dieses Grenzwerts festgelegt, wäre damit ein Lohn bestimmt, der unterhalb der Schwelle zur Sozialversicherungspflicht läge. Damit würde gleichzeitig zum einen jeder Anreiz beseitigt, eine solche Beschäftigung anzunehmen. Andererseits dürfte sich der durchschnittliche Arbeitgeber hierdurch nicht veranlasst fühlen, höhere und damit sozialversicherungspflichtige Löhne zu zahlen.[516] Nicht zuletzt anhand dieser Überlegung liegt es daher nahe, dass nach dem Willen des Gesetzgebers die unterste Grenze der Entgelte nach dem MiArbG nicht nur oberhalb der Sittenwidrigkeitsgrenze, sondern vor allem auch über den Sätzen staatlicher Sozialleistungen liegen sollte. Zudem ist zu berücksichtigen, dass zwischen den staatlichen Sozialleistungen und einem Mindestentgelt stets ein gewisser Abstand liegen sollte, um Beschäftigungsanreize zu vermitteln.[517]

II. Begrenzung durch Kriterien des § 4 Abs. 4 S. 3 MiArbG

Weiter ist festzuhalten, dass die Mindestentgeltfestsetzung sich in ihrer Höhe ausschließlich in dem durch § 4 Abs. 4 S. 3 MiArbG gesteckten Rahmen bewegen darf. Das bedeutet, dass ein Entgelt nicht so bemessen sein darf, dass damit eine der drei Vorgaben völlig unterlaufen würde. Zwar wird hier ein Abwägen der einzelnen Ziele erforderlich sein, womit stets auch Abstriche einzelner Positionen verbunden sind. Im Ergebnis begrenzen aber die Vorgaben dieser Norm die Mindestentgeltfestsetzung gleichzeitig nach oben und nach unten. Der Verordnungsgeber darf nicht hinter diesen Vorgaben zurückbleiben, darf sie aber auch nicht überschreiten.

---

515 Eicher/Spellbrink/Spellbrink., SGB II, § 29, Rn. 15.

516 Löwisch, RdA 2009, 215, 218 weist zudem darauf hin, dass eine Festlegung von Mindestentgelten oberhalb der 400 €-Schwelle zugleich zur Folge haben könnte, dass sozialversicherungspflichtige Beschäftigung aufgrund steigender Kosten abgebaut und so eines der gesetzlichen Ziele gefährdet wird.

517 So schon Herschel, BArbBl. 1952, 36 und in Anlehnung daran Thüsing/Pelzner, AEntG-Komm., § 4 MiArbG, sowie Fischer, ZRP 2007, 20, 22; Sodan/Zimmermann, ZfA 2008, 526, 549; ebenso auch Caspers, Ausschussdrucks. 16(11)1117, S. 41.

III. Begrenzung durch Vermutung der Angemessenheit tariflicher Entgelte

Letztlich ergibt sich eine Beschränkung der Mindestentgelthöhe mittelbar auch aus der Angemessenheitsvermutung für frei ausgehandelte Tarifverträge. Oben wurde in diesem Zusammenhang festgestellt, dass aufgrund des eindeutigen Wortlauts des § 4 Abs. 4 S. 3 MiArbG und dessen systematischen Zusammenhangs mit § 8 Abs. 1 und 2 MiArbG lediglich solche Tariflöhne verdrängt werden können, für die die Angemessenheitsvermutung nicht greift.[518] Unter Rückgriff auf die Rechtsprechung des Bundesarbeitsgerichts war dann zu erkennen, dass ein Tarifvertrag zumindest dann nicht als angemessen anzusehen ist, wenn er lediglich einen „Hungerlohn“ vorgibt.[519] Folgerichtig ergibt sich damit für die Höhe des Mindestentgelts, dass auch dieses nicht lediglich einen derart niedrigen Lohn bestimmen darf. Gleichzeitig hat die Auslegung des MiArbG jedoch zur Folge, dass dem Verordnungsgeber grundsätzlich nicht die Befugnis zusteht, das Mindestentgelt so hoch festzulegen, dass damit in Zukunft angemessene Tariflohnregelungen ausgeschlossen würden.[520] Dies allerdings kann nicht bedeuten, dass ihm damit jede Form angemessener Mindestentgelte untersagt wäre, wodurch die Unanwendbarkeit des Gesetzes bewirkt würde. Stattdessen muss die Festsetzung von Mindestarbeitsentgelten einen Kompromiss zwischen der Tarifautonomie und dem gesetzgeberischen Ziel, angemessene Arbeitsbedingungen zu schaffen, darstellen. Im Ergebnis muss der Bundesregierung als Verordnungsgeberin daher zwar die Möglichkeit offenstehen, angemessene Entgelte zu bestimmen. Allerdings darf sie sich ausschließlich am untersten Rand der Angemessenheit bewegen, sodass die tarifliche Lohnfindung davon nicht unverhältnismäßig eingeschränkt wird. Zu beachten ist hierbei, dass der Verordnungsgeberin ein gewisser Ermessensrahmen zugebilligt werden muss. Da aber der Bundesregierung die Entscheidung über die Lohnhöhe nicht selbst überlassen wird, sondern stattdessen die Koalitionen neben sachverständigen Experten maßgeblichen Einfluss hierauf haben,[521] ist davon auszugehen, dass es nicht zu einer, die Tarifautonomie aushöhlenden, Entgeltfestsetzung kommen wird.

---

518 § 5 B. II. 3. b) aa).

519 § 5 B. II. 3. b) aa) (2).

520 Vgl. § 5 B. II. 3. c) cc).

521 Vgl. zur Beteiligung der Koalitionen im Festsetzungsverfahren § 3 A. I. und II., sowie § 5 B. II. 3. c) ff) (2).

Dritter Teil: Weitere verfassungsrechtliche und europarechtliche Einordnung des MiArbG

§ 6 Vereinbarkeit mit den übrigen Vorgaben des Grundgesetzes

A. Verstoß gegen das koalitionsrechtliche Diskriminierungsverbot aus Art. 9 Abs. 3 GG durch Besetzung des Hauptausschusses?

Wie oben dargestellt, ist es Aufgabe des Hauptausschusses, in einer Art Vorauswahl diejenigen Wirtschaftszweige zu bestimmen, in denen Mindestarbeitsentgelte festgesetzt werden sollen.[1] Bei der Besetzung des Hauptausschusses werden ausschließlich Vertreter der Spitzenorganisationen der Arbeitnehmer und Arbeitgeber berücksichtigt. Es wurde bereits festgestellt, dass es sich dabei nur um Organisationen im Sinne des § 12 TVG handeln kann, also um solche mit bundesweiter Bedeutung.[2] Die Berücksichtigung kleinerer Organisationen und Minderheitsverbände ist folglich nicht vorgesehen. Angesichts der grundlegenden Bedeutung der Beschlüsse des Hauptausschusses für die Festsetzung von Mindestarbeitsentgelten stellt sich daher die Frage, ob die fehlenden Einflussnahmemöglichkeiten von Minderheitsverbänden zu einer verfassungswidrigen Ungleichbehandlung führen.

I. Anspruch der Koalitionen auf Beteiligung an staatlicher Lohnfestsetzung aus Art. 9 Abs. 3 GG?

Zunächst fragt sich, ob aus Art. 9 Abs. 3 GG grundsätzlich ein Anspruch der Koalitionen auf Beteiligung bei der Festsetzung von Mindestarbeitsbedingungen folgt. Hier kann erneut auf die Wertungen der Entscheidung des Bundesverfassungsgerichts zum Heimarbeitsgesetz[3] zurückgegriffen werden: Nach Maßgabe der §§ 4, 5 HAG werden die betroffenen Koalitionen durch Beisitzer in den Heimarbeitsausschüssen beteiligt. Hierin sah das Bundesverfassungsgericht einen wesentlichen Faktor für die Vereinbarkeit dieses Gesetzes mit Art. 9 Abs. 3 GG.[4] Oben wurde dazu bereits festgehalten: Je stärker der Gesetzgeber die Koa-

---

1 Vgl. dazu oben unter § 3 A. I.

2 Oben unter § 3 A. I. 1.

3 BVerfGE 34, 307, 317ff.

4 BVerfGE 34, 307, 317ff.

litionen bei der Festsetzung staatlicher Mindestarbeitsbedingungen beteiligt und je näher er sich dabei am Verfahren des Tarifvertragssystems orientiert, desto eher ist das jeweilige Gesetz mit der Tarifautonomie vereinbar. Es macht selbstverständlich einen großen Unterschied, ob der Staat den Koalitionen zwingende Vorgaben macht, oder ob er ihnen die Möglichkeit gibt, bei dieser Festsetzung ihre Belange vorzutragen und gestaltend im Verfahren mitzuwirken. Entscheidend dürfte hierbei das Maß der Beteiligung bzw. der Einflussnahmemöglichkeiten der Koalitionen sein. Je mehr sie von ihrer ursprünglichen Lohnsetzungszuständigkeit behalten, desto eher wird der staatliche Eingriff verhältnismäßig und damit gerechtfertigt sein.

Ob umgekehrt hieraus aber in jedem Fall eine Pflicht zur Beteiligung folgt, ist fraglich. Zwar kommt in der Entscheidung des Bundesverfassungsgerichts „zum Ausdruck, dass die Einflussnahmemöglichkeiten der Koalitionen nicht mehr als erforderlich verkürzt“ werden dürften.[5] Grundsätzlich sind die Koalitionen daher insbesondere bei der Verdrängung tariflicher Regelungen durch Festsetzung staatlicher Mindestbedingungen ausreichend zu beteiligen.[6] Dies hat das Bundesverfassungsgericht auch in seiner Entscheidung zum Berliner Vergabegesetz angedeutet.[7]

Es erscheint andererseits aber durchaus denkbar, dass insbesondere eine Regelung von lediglich existenzsichernden Mindestbedingungen auch ohne die Beteiligung der Koalitionen verfassungsmäßig wäre, wenn dies zur Abwehr existenzieller Gefahren erforderlich erscheint. Da aber das MiArbG nicht auf existenzsichernde Mindestentgelte beschränkt ist, sondern darüber hinaus auch ein Mindestmaß an angemessenen Entgelten festgesetzt werden kann, ist ein solcher Ausnahmefall hier nicht gegeben. Zudem macht die Beteiligung der Koalitionen bei der staatlichen Lohnsetzung auch in praktischer Hinsicht Sinn: Die Koalitionen verfügen über eine ausgeprägte Expertise auf diesem Gebiet und können entsprechend sachnah Einfluss auf die Festsetzung nehmen. Zudem liegt es nahe, dass, je mehr der Staat die Koalitionen an der Lohnsetzung beteiligt, desto höher auch die Akzeptanz des so gefundenen Mindestlohns auf Seiten der Betroffenen sein wird. Im Ergebnis ist daher festzustellen, dass sich im Fall des

---

5 Vgl. Löwisch, Staatlicher Mindestlohn rechtlich gesehen, S. 23.

6 Ebenso Löwisch, Staatlicher Mindestlohn rechtlich gesehen, S. 23.

7 Danach könne die Notwendigkeit einer Beteiligung der Koalitionen daraus folgen, „dass die Erstreckung von Tarifverträgen auf Nicht-Organisierte dazu führen könnte, dass die Anreize für eine Koalitionsmitgliedschaft gemindert werden, weil Außenseiter trotz fehlender Mitgliedschaft in den Genuss tarifvertraglicher Regelungen gelangen“, BVerfGE 116, 202, 220. Im konkreten Fall sah das Gericht eine solche Konstellation jedoch nicht als gegeben und verneinte daher ein Beteiligungserfordernis.

MiArbG die Beteiligung der Koalitionen einerseits bereits aus praktischen Erwägungen anbietet, sich andererseits ein solcher Anspruch bei der Festsetzung von angemessenen Arbeitsentgelten aber auch regelmäßig aus dem Verhältnismäßigkeitsgrundsatz ergibt.

II. Keine verfassungswidrige Diskriminierung durch Beschränkung auf Spitzenorganisationen

Wenn aus Art. 9 Abs. 3 GG grundsätzlich ein Beteiligungsgebot bei der Festsetzung staatlicher Mindestentgelte folgt, fragt es sich, ob damit gleichzeitig ein Anspruch *aller* Koalitionen auf Beteiligung einhergeht. Grundsätzlich dürfte gelten: Wenn der Staat die Entscheidung zugunsten der Beteiligung von Koalitionsvertretern trifft, muss er dies – wie im Fall jeden staatlichen Handelns – unter Beachtung der verfassungsrechtlichen Vorgaben tun, insbesondere unter Beachtung des Diskriminierungsverbots. [8] Ob dieses allgemein auf den Gleichheitssatz aus Art. 3 Abs. 1 GG zurückgeführt[9], oder stattdessen bereits unmittelbar aus Art. 9 Abs. 3 GG gefolgert wird[10], ist im Ergebnis nicht bedeutsam. Entscheidend ist allein, dass der Staat nur dann größere Koalitionen bzw. die Spitzenverbände den kleinen Minderheitsverbänden vorziehen darf, wenn er für diese Differenzierung einen ausreichenden Sachgrund vorweisen kann. Im Übrigen ist er im Rahmen seiner Neutralitätspflicht gehalten, die bestehenden Koalitionen gleich zu behandeln.[11]

Ein solcher sachlicher Differenzierungsgrund liegt hinsichtlich der Besetzung des Hauptausschusses vor: Fasst man den Begriff der Spitzenorganisationen, wie oben[12] dargestellt, nach der Definition des § 12 TVG auf, sind im Hauptausschuss solche Organisationen nicht beteiligt, die keine wesentliche Bedeutung auf Bundesebene haben. Damit sind auch solche Organisationen betroffen, die zwar in einzelnen Bundesländern, oder zumindest regional wesentliche Bedeutung haben, denen auf Bundesebene aber der entsprechende Einfluss fehlt.[13] Im Regierungsentwurf zum MiArbG wird die Verlagerung der Vor-

---

8 Vgl. MHbArbR/Löwisch, § 244, Rn. 13; Löwisch/Rieble, TVG, § 12, Rn. 2; Däubler/Reinecke, TVG, § 12, Rn. 7.

9 So etwa Däubler/Reinecke, TVG, § 12, Rn. 7.

10 Vgl. Löwisch, MHbArbR, § 244, Rn. 13; Löwisch/Rieble, TVG, § 12, Rn. 2; in diese Richtung wohl auch Wiedemann/Oetker, TVG, § 12, Rn. 7.

11 Vgl. zur staatlichen Neutralitätspflicht als Ausfluss des Gleichheitssatzes: Klein, Minderheitsgewerkschaften, S. 146ff.

12 Siehe unter § 3 A. I. 3.

13 Denn nach der eindeutigen Formulierung des § 12 TVG können gerade regionale Organisationen nicht als Spitzenorganisationen angesehen werden, Löwisch/Rieble, TVG, § 12, Rn. 6.

schlagskompetenz von den einzelnen Gewerkschaften und Arbeitgeberorganisationen auf die Spitzenorganisationen mit der gleichzeitigen Reduzierung der Vertreterzahl beider Seiten im Hauptausschuss begründet.[14] Nach dem Verständnis des Gesetzgebers bringt die Stärkung der Spitzenorganisationen also einen Ausgleich für die reduzierte Zahl der im Ausschuss vertretenen Arbeitnehmer- und Arbeitgebervertreter. Dieser Gedanke, den Hauptausschuss vorrangig mit Vertretern der wichtigsten Verbände zu besetzen, ist zwar mittlerweile durch das MiArbG n.F. normiert. Völlig neu ist er allerdings nicht. Bereits in der Diskussion zur Urfassung des Gesetzes wurde vertreten, den großen Verbänden Vorrang bei der Besetzung des Hauptausschusses einzuräumen.[15] Dies wurde schon seinerzeit damit begründet, dass eine Beteiligung aller Verbände praktisch kaum möglich sei. Zudem genossen bereits zu damaliger Zeit die Spitzenverbände das Vertrauen, besonders repräsentativ und dadurch legitimiert für die Besetzung des Hauptausschusses zu sein.[16] Die Beschränkung auf Vertreter der Spitzenorganisationen ist daher allein praktischen Erwägungen geschuldet: Zunächst ist zu beachten, dass der Hauptausschuss nicht spezifisch für eine bestimmte Region oder Branche tätig wird, in der gerade regionale Kleinverbände besondere Bedeutung aufweisen könnten. Der Hauptausschuss ist eher ein branchenübergreifendes Gremium mit bundesweiter Ausrichtung.[17] Zudem dient die Besetzung mit Vertretern der Spitzenorganisationen und der damit einhergehende Ausschluss von nicht repräsentativen Kleinorganisationen vor allem der Gewährleistung der Funktionsfähigkeit des Ausschusses.[18] Im Ergebnis ist damit ein hinreichender sachlicher Grund für die ausschließliche Beteiligung der Spitzenorganisationen im Hauptausschuss gegeben.

B. Verstoß gegen Vorbehalt des Gesetzes?

Das MiArbG ermöglicht es der Bundesregierung per Rechtsverordnung für einzelne Wirtschaftszweige Mindestarbeitsentgelte festzusetzen. Jede Delegation von Rechtsetzungsbefugnissen von der Legislative auf die Exekutive kann nur

---

14 BT-Drucks. 16/10485, S. 9, Nr. 4 c: „Der neu gefasste Absatz 3 trägt der Reduzierung bei der Anzahl der Mitglieder durch eine Konzentration auf eine Beteiligung der Spitzenorganisationen Rechnung."

15 Fitting, RdA 1952, 5, 7.

16 Fitting, RdA 1952, 5, 7.

17 So auch schon zur früheren Fassung: Fitting, RdA 1952, 5, 7.

18 Insoweit ist die Situation mit der Besetzung des Tarifausschusses für die Allgemeinverbindlicherklärung nach § 5 Abs. 1 TVG vergleichbar. Vgl. dazu: Däubler, Tarifvertragsrecht, Rn. 58; Löwisch/Rieble, TVG, § 12, Rn. 4; Wiedemann/Oetker, TVG, § 12, Rn. 6, 7.

erfolgen, wenn dies in Form eines ermächtigenden Gesetzes geschieht.[19] Insoweit gilt der verfassungsrechtliche Vorbehalt des Gesetzes. In diesem Zusammenhang ist zu unterscheiden zwischen dem sog. parlamentsgesetzlichen und dem sog. materiellgesetzlichen Vorbehalt.[20] Der parlamentsgesetzliche Vorbehalt bezeichnet den Grundsatz, dass der Gesetzgeber die für die Grundrechtsausübung wesentlichen Fragen selbst entscheiden und per Gesetz vorgeben muss.[21] Der materiellgesetzliche Vorbehalt ist hingegen in Art. 80 Abs. 1 GG ausdrücklich normiert und fordert mit der dort verankerten Bestimmtheitstrias eine hinreichend bestimmte gesetzliche Ermächtigungsgrundlage für die Delegation auf die Exekutive. Hinsichtlich der Prüfung ist der Wesentlichkeitsgrundsatz dem Art. 80 Abs. 1 S. 2 GG vorgelagert.[22] Verstößt ein Gesetz bereits gegen ihn, besteht eine „Delegationssperre", sodass die Ermächtigung der Exekutive in dieser Form nicht erfolgen darf.[23]

I. Kein Verstoß gegen den Wesentlichkeitsgrundsatz

Nach der Rechtsprechung des Bundesverfassungsgerichts muss der parlamentarische Gesetzgeber die für die Grundrechtsverwirklichung maßgeblichen Regelungen im Wesentlichen selbst treffen und darf diese nicht dem Handeln und der Entscheidungsmacht der Exekutive überlassen.[24] Wie weit der Gesetzgeber die für den jeweiligen Lebensbereich erforderlichen Leitlinien selbst bestimmen muss, richtet sich maßgeblich nach dem Grundrechtsbezug des Gesetzes.[25] Insbesondere im Bereich vorbehaltlos garantierter Grundrechte besteht eine Pflicht, die Schranken der widerstreitenden Freiheitsgarantien jedenfalls so weit selbst zu bestimmen, wie sie für die Ausübung dieser Freiheiten wesentlich sind.[26] Dies ist vor allem dann der Fall, wenn eine Regelung, welche diesen Lebensbereich ordnen will, damit notwendigerweise die verfassungsimmanenten Schranken bestimmen und konkretisieren muss.[27] Wesentlich im Sinne dieser Grundsätze

---

19 Sachs/Lücke/Maus, GK, Art. 80, Rn. 5.

20 Sachs/Lücke/Maus, GK, Art. 80, Rn. 21.

21 Näher dazu: Maunz/Dürig/Grzeszick, GG, Art. 20, Rn. 105ff, 134ff; Sachs/Sachs, GK, Art. 20, Rn. 86ff.

22 Sachs/Lücke/Maus, GK, Art. 80, Rn. 22.

23 Sachs/Lücke/Maus, GK, Art. 80, Rn. 22.

24 BVerfGE 33, 125, 158; BVerfGE 34, 52, 60; BVerfGE 34, 165, 192 f.; BVerfGE 45, 400, 417; BVerfGE 47, 46, 78 f.; BVerfGE 49, 89, 127; BVerfGE 83, 130, 142.

25 BVerfGE 83, 130, 142.

26 BVerfGE 83, 130, 142.

27 BVerfGE 83, 130, 142.

soll nach dem Bundesverfassungsgericht alles das sein, was wesentlich für die Verwirklichung der Grundrechte ist.[28]

Bei der Verordnung staatlicher Mindestlöhne handelt sich um die Regulierung von für die Tarifautonomie so wesentlichen Fragen, dass der Gesetzgeber grundsätzlich geeignete Kriterien für dessen Bemessung selbst vorgeben muss.[29] Eine vollständige Delegation auf die Exekutive wäre nicht zulässig. Ob das MiArbG diesen Anforderungen genügt, wird in den Stellungnahmen zu diesem Gesetz teilweise bezweifelt.[30]

Wie oben dargestellt, hat das MiArbG einerseits die Schaffung angemessener Arbeitsbedingungen zum Ziel und andererseits die Stabilität der Systeme sozialer Sicherheit.[31] Um dies zu erreichen, wird die Bundesregierung ermächtigt, Mindestentgelte festzusetzen. Dabei agiert sie allerdings nicht im vollkommen freien Raum. Vielmehr kommt eine Festsetzung ausschließlich dann in Betracht, wenn es sich um einen Wirtschaftszweig mit einer Tarifbindung unter 50 Prozent handelt, in diesem soziale Verwerfungen bestehen und das zu verordnende Mindestentgelt zudem geeignet ist, angemessene Arbeitsbedingungen zu schaffen, faire Wettbewerbsbedingungen zu gewähren und sozialversicherungspflichtige Beschäftigung zu erhalten.[32] Damit sind dem Verordnungsgeber eine Reihe von Voraussetzungen vorgegeben, an die er sich halten muss, um auf der Grundlage dieses Gesetzes Mindestentgelte festsetzen zu dürfen. Zwar ist grundsätzlich zu bemängeln, dass diese Kriterien im Einzelnen recht unbestimmt daherkommen. Dies trifft insbesondere im Hinblick auf den schwammigen Begriff der sozialen Verwerfungen zu.[33] Allerdings hat sich gezeigt, dass jeder dieser Begriffe grundsätzlich einer Ausfüllung im Wege der Auslegung zugänglich ist.[34] Dies gilt vor allem für die Kriterien des § 4 Abs. 4 S. 3 MiArbG. Mit diesen wird dem Verordnungsgeber ein Rahmen gesteckt, innerhalb dessen die Festsetzung von Mindestentgelten überhaupt nur zulässig sein soll. Dabei hat

---

28 BVerfGE 47, 46, 79; krit. zum Merkmal der Wesentlichkeit aufgrund dessen Unbestimmtheit: vgl. etwa Kisker, NJW 1977, 1313, 1317; Kloepfer, JZ 1984, 685, 692; ders., NJW 1985, 2497, 2498ff.; Hoffmann-Riem/Schmidt-Aßmann/Voßkuhle/Reimer, Grundlagen des Verwaltungsrechts, I, § 9, Rn. 57; HBStR V/Ossenbühl, § 101, Rn. 56.

29 So in Hinsicht auf einen flächendeckenden Mindestlohn: Dieterich, RdA 2000, 207, 215; Ritgen NZA 2005, 673, 675; in Bezug auf das MiArbG: Sodan/Zimmermann, ZfA 2008, 526, 550ff; dies., NJW 2009, 2001, 2003.

30 Sodan/Zimmermann, ZfA 2008, 526, 550ff; dies., NJW 2009, 2001, 2003.

31 Vgl. ausführlich unter § 5 B. und C.

32 Vgl. zu den Anwendungs- und Erlassvoraussetzungen unter § 3 B., sowie zur näheren Auslegung der einzelnen Begriffe unter § 5 B. I. 2.

33 Siehe dazu oben unter § 5 B. I. 2. b).

34 Vgl. unter § 5 B. I. 2.

der Gesetzgeber darauf Wert gelegt, sich möglichst nah an der Rechtsprechung des Bundesverfassungsgerichts zur Beschränkbarkeit der Tarifautonomie zu halten. Dies ist, wie die obigen Ergebnisse zeigen, auch weitgehend gelungen.[35] Vor allem diese Vorgaben sind es dann auch, die den Vorwurf eines Verstoßes gegen den Wesentlichkeitsgrundsatz aufweichen. Dieser Grundsatz verpflichtet den Gesetzgeber nicht, bereits die konkrete Mindestentgelthöhe im Gesetz zu normieren. Darin müssen vielmehr nur die Vorgaben enthalten sein, die wesentlich für die Verwirklichung der Tarifautonomie der betroffenen Koalitionen sind. Vor diesem Hintergrund hat der Gesetzgeber die Vorgaben des Bundesverfassungsgerichts aufgegriffen und in § 4 Abs. 4 S. 3 MiArbG als Voraussetzungen für den Erlass eines Mindestarbeitsentgelts normiert. Auf diese Weise wird die Lohnsetzungsfreiheit der Koalitionen vor der Aushöhlung bewahrt.[36] Der hierdurch gesteckte Rahmen, dürfte in der Zusammenschau mit den übrigen Anwendungs- und Erlassvoraussetzungen ausreichend bestimmt sein, um dem Verordnungsgeber die Koordinaten zu liefern, damit sich die Mindestentgeltfestsetzung noch im Rahmen der Vorgaben des Wesentlichkeitsgrundsatzes des hält.[37]

II. Vereinbarkeit mit Art. 80 GG

1. Kein Verstoß gegen Bestimmtheitstrias

Nach Art. 80 Abs. 1 S. 2 GG kann die Delegation auf einen Verordnungsgeber nur dann erfolgen, wenn die sog. Bestimmtheitstrias eingehalten wird, also Inhalt, Zweck und Ausmaß der erteilten Ermächtigung hinreichend bestimmt sind.[38] Dabei kann jedoch nicht erwartet werden, dass der Gesetzgeber bereits alle Einzelheiten vorgibt. Dies würde letztlich dazu führen, dass die Delegation auf die Exekutive nicht zu der eigentlich angestrebten Entlastung der Legislative beitragen könnte. Vielmehr genügt es, wenn sich Inhalt, Zweck und Ausmaß der Ermächtigung aus dem Gesamtzusammenhang des Gesetzes und den damit verfolgten Zielen ergeben.[39] Der Gesetzgeber kann insoweit einen sehr weiten Spielraum für sich in Anspruch nehmen.[40] In erster Linie geht es darum, „Blan-

---

35 Vgl. insb. § 5 B. II. 3. c).

36 § 5 B. II. 3. c) ee) (1).

37 So im Ergebnis wohl auch Thüsing/Pelzner, AEntG-Komm., § 4 MiArbG, Rn. 35ff.

38 Vgl. Maunz/Dürig/Maunz, GG, Art. 80, Rn. 27.

39 BVerfGE 2, 334; BVerfGE 7, 272; BVerfGE 8, 307; BVerfGE 10, 51; BVerfGE 15, 160; BVerfGE 19, 30; BVerfGE 19, 362; BVerfGE 20, 304; BVerfGE 24, 15; BVerfGE 33, 365; BVerfGE 35, 183; BVerfGE 36, 228.

40 Bieback, RdA 2000, 207, 214.

koermächtigungen" zu vermeiden.[41] Entscheidend ist deshalb, ob sich die gesetzlichen Vorgaben im Wege der Auslegung der Ermächtigungsnorm erfassen lassen.[42] Dass dies in Bezug auf die Voraussetzungen des MiArbG für den Erlass einer Mindestentgeltverordnung grundsätzlich zutrifft, wurde bereits vorstehend erläutert und hat sich im Übrigen im Verlauf dieser Arbeit bestätigt.[43] Eine Verletzung des Art. 80 Abs. 1 S. 2 GG ist daher nicht zu erkennen.

2. Bedenken gegen Mitwirkung des Fachausschusses?

Bedenken könnten aber insoweit erhoben werden, als Art. 80 Abs. 1 S. 1 GG lediglich die Delegation auf die Bundesregierung, Bundesminister oder Landesregierungen vorsieht. Demgegenüber trifft nach dem MiArbG die maßgebliche Entscheidung über die Höhe des Mindestarbeitsentgelts nicht die Bundesregierung als Verordnungsgeberin, sondern nach den Vorgaben des § 4 Abs. 4 MiArbG allein der Fachausschuss.[44] Es fragt sich daher, ob es ausreichend sein kann, wenn die Bundesregierung allein über das „Ob" der Verordnung entscheidet[45], in Bezug auf deren Inhalt letztlich aber an die Vorgabe anderer Gremien gebunden ist.[46] Hierbei ist allerdings zu berücksichtigen, dass es maßgeblich auf die Letztentscheidungskompetenz angekommen dürfte. Solange diese bei einer der in Art. 80 Abs. 1 S. 1 GG aufgezählten Institutionen liegt, muss es im Ergebnis unerheblich sein, ob diese eigene Inhalte verordnet, oder aber auf die Expertise eigens dafür berufener Fachgremien zurückgreift.[47] Voraussetzung ist, dass von der Ermächtigung durch den Gesetzgeber bis zur Entscheidung über den Erlass der Rechtsverordnung eine ununterbrochene Kette demokratischer Legitimation besteht.[48] Zudem muss eine klare Trennung zwischen Ausarbei-

---

41 Bieback, RdA 2000, 207, 214; HBStR III/M. Brenner, § 44, Rn. 28ff.

42 Maunz/Dürig/Maunz, GG, Art. 80, Rn. 31.

43 Vgl. insb. § 3 B. und § 5 B. I. 2.

44 Vgl. zum Verfahren im Fachausschuss oben unter § 3 A. II.

45 Zur Beschränkung des Entscheidungsspielraums der Bundesregierung als Verordnungsgeberin oben unter § 3 A. III.

46 Zu der insoweit parallelen Problematik im Zusammenhang mit den Heimarbeitsausschüssen nach dem HAG hat das Bundesverfassungsgericht diese Frage ausdrücklich offen gelassen, vgl. BVerfGE 34, 307, 315ff.

47 So auch Maunz/Dürig/Maunz, GG, Art. 80, Rn. 42.

48 Vgl. BVerfGE 52, 95, 130; BVerfGE 68, 1, 88; BVerfGE 77, 1, 40; BVerfGE 83, 60, 72 f.; Maunz/Dürig/Grzeszick, GG, Art. 20, Rn. 121.

tung des Verordnungsinhalts und deren Erlass gewährleistet sein.[49] Nur hinsichtlich ersterer kommt eine Beteiligung anderer Gremien in Frage.[50]

Das MiArbG erfüllt diese Anforderungen sogar gleich in mehrfacher Hinsicht: Auf jeder Stufe der Festsetzung hat das BMAS einen nicht unerheblichen Einfluss.[51] Zudem sieht § 4 Abs. 3 S. 1 MiArbG ein eigenes Prüfungsrecht des BMAS und damit ein Ermessen hinsichtlich des „Ob“ der Festsetzung vor.[52] Nur wenn es sich dafür entscheidet, schlägt es der Bundesregierung den Erlass der Verordnung vor. Auch diese kann wiederum nach freiem Ermessen im Rahmen der ihr angetragenen Vorschläge über die Festsetzung entscheiden. Aufgrund dieser mehrstufigen Eingebundenheit staatlicher Stellen und der Letztentscheidungskompetenz der Bundesregierung kann es letztlich keinen Unterschied machen, ob diese den Inhalt der Verordnung selbst über eigene Fachabteilungen ausarbeitet, oder auf die Expertise des Haupt- und des Fachausschusses zurückgreift. Im Ergebnis kann daher auch eine Verletzung des Art. 80 Abs. 1 S. 2 GG nicht angenommen werden.

III. Zwischenergebnis

Das MiArbG genügt den Vorgaben des Vorbehalts des Gesetzes. Einerseits ist schon kein Verstoß gegen den Wesentlichkeitsgrundsatz festzustellen. Insbesondere die Vorgaben des § 4 Abs. 4 S. 3 MiArbG sorgen für eine unmittelbare Anbindung des Verordnungsgebers an die mit dem MiArbG verfolgten und vom Bundesverfassungsgericht anerkannten Regelungsziele. Zudem verstößt das MiArbG auch nicht gegen Art. 80 Abs. 1 GG. Die Vorschriften des MiArbG sind hinreichend der Auslegung zugänglich und erfüllen damit das Mindestmaß an Bestimmtheit. Schließlich bestehen auch keine Bedenken gegen die Beteiligung des Haupt- und Fachausschusses bei der Festsetzung von Mindestentgelten. Das BMAS ist auf allen Stufen beteiligt. Die Letztentscheidung über den Verordnungserlass trifft die Bundesregierung.

---

49 Vgl. BVerfGE 52, 95, 130; BVerfGE 68, 1, 88; BVerfGE 77, 1, 40; BVerfGE 83, 60, 72 f.; Maunz/Dürig/Grzeszick, GG, Art. 20, Rn. 121.

50 Maunz/Dürig/Maunz, GG, Art. 80, Rn. 42.

51 Das gilt sowohl für die Besetzung der beteiligten Ausschüsse, wie auch hinsichtlich der Stellungnahmemöglichkeiten des BMAS, vgl. dazu oben unter § 3 A. III.

52 Siehe oben unter § 3 A. III.

C. Vereinbarkeit des MiArbG mit Art. 12 Abs. 1 GG

Die autonome Gestaltung des Arbeitsentgelts spielt sich auf zwei Ebenen ab: Auf der kollektivrechtlichen einerseits und der individualvertraglichen andererseits.[53] In welchem Verhältnis die staatliche Lohnfestsetzung nach dem MiArbG zur grundsätzlich staatsfreien Lohngestaltung durch die Koalitionen steht, wurde ausführlich in den vorangehenden Kapiteln diskutiert. Die Festsetzung eines Mindestarbeitsentgelts wirkt sich aber nicht nur auf Tarifverträge aus, sondern über § 8 Abs. 1 MiArbG unmittelbar auch auf das einzelne Arbeitsverhältnis zwischen Arbeitnehmer und Arbeitgeber.[54] Nach dieser Norm sind Arbeitgeber verpflichtet, ihren Arbeitnehmern mindestens das festgesetzte Mindestentgelt zu zahlen. Abweichungen unter dieses Niveau in Form eines Verzichts des Arbeitnehmers sind nach § 8 Abs. 3 MiArbG allenfalls durch gerichtlichen Vergleich zulässig. Im Ergebnis gibt der Verordnungsgeber des MiArbG damit dem grundsätzlich freien Verhältnis von Arbeitnehmer und Arbeitgeber zwingend einen Mindeststandard vor, von welchem diese nicht nach unten abweichen können.[55] Es stellt sich in dieser Hinsicht die Frage der Vereinbarkeit des MiArbG mit den durch Art. 12 Abs. 1 GG geschützten Freiheiten.

I. Schutzbereich

Art. 12 Abs. 1 GG schützt als Beruf jede Tätigkeit, die auf gewisse Dauer angelegt ist und der Schaffung und Erhaltung einer Lebensgrundlage dient.[56] Die Berufsfreiheit schützt als einheitliches Grundrecht sowohl die Berufswahl, als auch die Berufsausübung.[57] Von diesem Schutz umfasst sind darüber hinaus die Arbeitsvertragsfreiheit - also das freie Aushandeln der Arbeitsbedingungen zwischen Arbeitnehmer und Arbeitgeber[58] -, sowie die Unternehmerstellung und die daraus folgende Unternehmerfreiheit.[59] Führt eine gesetzliche Regelung dazu, dass der Einzelne eine konkrete Beschäftigung nicht aufnehmen kann, handelt es

---

53 Vgl. § 2 A. I.

54 Vgl. § 3 C. I.

55 Vgl. § 3 C. I.

56 St. Rspr. d. Bundesverfassungsgerichts, vgl. nur BVerfGE 7, 377, 397; BVerfGE 54, 301, 313.

57 St. Rspr. d. Bundesverfassungsgerichts; grundlegend: BVerfGE 7, 377, 400.

58 BVerfGE 77, 84, 114; BVerfGE 77, 308, 322; BVerfGE 81, 242, 255; BVerfGE 116, 202, 226.

59 BVerfGE 50, 290, 362; vgl. hierzu auch Dieterich, ArbuR 2007, 65ff.; Dieterich/Schmidt., in ErfK, Art. 12 GG, Rn. 14; Jarass, NZA 1990, 505, 509.

sich um eine Regelung der Berufswahl.[60] Beeinflusst ein staatlicher Hoheitsakt die Modalitäten des Arbeitsverhältnisses, geht es um eine Berufsausübungsregelung.[61] Zudem betreffen allgemeine Maßnahmen der Arbeitsmarktpolitik nicht die Arbeitsplatzwahl, sondern die Berufsausübung.[62]

II. Eingriff

Das Grundrecht der Berufsfreiheit schützt sowohl vor Akten öffentlicher Gewalt, die sich unmittelbar und gezielt auf die Berufsfreiheit auswirken[63], wie auch vor faktischen Beeinträchtigungen, sofern diese wenigstens eine „berufsregelnde Tendenz" aufweisen.[64] Nach diesen Vorgaben stellt sich das MiArbG gleich in mehrfacher Hinsicht als Eingriff in den Schutzbereich der Berufsfreiheit dar.[65] Zunächst wird durch Festsetzung einer Entgeltuntergrenze die grundsätzlich freie Vereinbarung der Arbeitsbedingungen zwischen Arbeitnehmer und Arbeitgeber beschränkt[66] und auf diese Weise in die Arbeitsvertragsfreiheit eingegriffen.[67] Soweit durch die Festsetzung eines Mindestarbeitsentgelts mittelbar der Abbau von Arbeitsplätzen veranlasst wird, ist ebenfalls ein Eingriff in die Berufsfreiheit anzunehmen.[68] Spiegelbildlich könnte die Festsetzung einer Lohnuntergrenze auch den Markteintritt von „billigeren" Arbeitskräften behindern und damit deren freie Berufswahl beeinträchtigen.[69] Letztlich kann auch ein Eingriff in die Wettbewerbsfreiheit des Arbeitgebers nicht ausgeschlossen werden, da er durch § 8 Abs. 1 MiArbG gezwungen wird, das festgesetzte Mindestarbeitsentgelt zu zahlen.[70] Im Vergleich zu Unternehmern, die nicht unter den Geltungsbereich einer Mindestentgeltverordnung fallen, könnte so die Wettbe-

---

60 ErfK/Dieterich/Schmidt, Art. 12 GG, Rn. 10.

61 Vgl. nur Maunz/Dürig/Scholz, GG, Art. 12, Rn. 22ff., 24.

62 ErfK/Dieterich/Schmidt, Art. 12 GG, Rn. 11.

63 BVerfGE 13, 181, 185.

64 Vgl. BVerfGE 97, 228, 254; BVerfGE 105, 279, 303; BVerfGE 110, 177, 191; BVerfGE 113, 63, 67; BVerfGE 116, 202, 226.

65 So ohne weitere Differenzierung auch Sittard, Tarifnormerstreckung, S. 451.

66 Vgl. BVerfG AP AEntG § 3 Nr. 2; vgl. auch bereits § 3 C. I.

67 Ebenso Bietmann, Mindestlohn, S. 176, sowie allgemein für staatliche Mindestarbeitsbedingungen: Dieterich, in: Bieback/Dieterich/Hanau/Kocher/Schäfer, Tarifgestützte Mindestlöhne, S. 125; Bayreuther, NJW 2007, 2022, 2024; Sittard, NZA 2010, 1160, 1161; Stütze, Kontrolle der Entgelthöhe, S. 232.

68 Zu den beschäftigungsbezogenen Wirkungen der Mindestentgeltfestsetzung vgl. § 5 C. IV. 1. a).

69 Insoweit geht es um den Ausschluss sog. Billigkräfte und damit um die Auswirkungen des MiArbG auf das sog. Lohndumping, vgl. hierzu § 5 C. IV. 1. b).

70 Zum Schutz der Wettbewerbsfreiheit des Unternehmers durch Art. 12 GG als lex specialis zu Art. 2 Abs. 1 GG vgl. Sachs/Murswiek, GK, Art. 2, Rn. 54

werbsposition des Arbeitgebers verschlechtert werden.[71] Zudem wird damit sein Interesse an möglichst kostengünstigen Arbeitsbedingungen beeinträchtigt.[72]

III. Rechtfertigung

1. Schranke der Berufsfreiheit

Nach Art. 12 Abs. 1 S. 2 GG kann die Berufswahlfreiheit durch oder aufgrund eines Gesetzes beschränkt werden. Da Berufsausübung und Berufswahl als untrennbare Elemente desselben Grundrechts gesehen werden, ist allgemein anerkannt, dass die Schranke des Art. 12 Abs. 1 S. 2 ebenso für die Berufsausübung gilt.[73] Grundsätzlich kommt damit eine Beschränkung der Berufsfreiheit durch das und aufgrund des MiArbG in Betracht.

2. Verhältnismäßigkeit

a) Legitimer Zweck / Geeignetheit / Erforderlichkeit

Die dargestellten Beeinträchtigungen der Berufsfreiheit durch das MiArbG sind wiederum an den Vorgaben des Verhältnismäßigkeitsgrundsatzes zu messen. Als gesetzgeberische Ziele sind die oben bereits benannten anzuführen, also die Schaffung angemessener Arbeitsbedingungen, sowie die allgemeinen arbeitsmarktbezogenen Zielsetzungen, insbesondere die Stabilität der Systeme sozialer Sicherung.[74] Zudem kommt als Legitimation von Eingriffen in die Arbeitsvertragsfreiheit das Beheben von Funktionsstörungen im Vertragsmechanismus in Betracht.[75] Hinsichtlich der Voraussetzungen der Geeignetheit und Erforderlichkeit kann ebenfalls grundsätzlich auf obenstehende Ausführungen verwiesen werden.[76]

b) Angemessenheit

Ausführlicherer Erörterung bedarf an dieser Stelle erneut die Frage, ob der Grundrechtseingriff durch das MiArbG in einem angemessenen Verhältnis zu den verfolgten Zielen steht. Bei der Prüfung der Berufsfreiheit unterscheidet das

---

71 So auch Thüsing, ZfA 2008, 590, 615.

72 Zum Schutz dieses Belangs: BVerfG AP AEntG § 3 Nr. 2.

73 St. Rspr. d. BVerfG seit BVerfGE 7, 377, 399; zugleich h.L., vgl. statt aller: Maunz/Dürig/Scholz, GG, Art. 12, Rn. 312.

74 Ausführlich hierzu unter § 5 B. und C; vgl. dazu auch Preis/Greiner, ZfA 2009, 825, 829ff.

75 Bieback/Kocher, in: Bieback/Dieterich/Hanau/Kocher/Schäfer, Tarifgestützte Mindestlöhne, S. 77; Dieterich, in: Bieback/Dieterich/Hanau/Kocher/Schäfer, Tarifgestützte Mindestlöhne, S. 125; Stütze, Kontrolle der Entgelthöhe, S. 166ff., 232ff.; vgl. hierzu auch bereits unter § 5 B. II. 1.

76 Vgl. unter § 5 B. II. 3. a) und b), sowie § 5 C. IV. 1. und 2.

Bundesverfassungsgericht grundsätzlich zwischen Berufsausübungsregelungen, und subjektiven, sowie objektiven Berufswahlregelungen.[77] Im Zusammenhang mit dieser Differenzierung hat das Gericht die sog. Stufentheorie entwickelt, wonach mit der Intensität des Grundrechtseingriffs auch die Anforderungen an dessen Rechtfertigung steigen.[78] Diese Stufentheorie hält das Bundesverfassungsgericht in heutiger Zeit nicht mehr strikt ein. [79] Dies resultiert vor allem aus der Überlegung, dass eine einheitliche Einstufung von gesetzlichen Regelungen nicht immer möglich ist, da etwa auch Berufsausübungsregelungen faktisch wie Berufswahlschranken wirken können.[80] Als Grundgedanke der Prüfung der Berufsfreiheit hat aber dennoch die Richtlinie Gültigkeit, dass ein Eingriff umso intensiver wirkt, je weiter er sich von der Regelung der Berufsausübung entfernt und der Regelung der Berufswahl annähert.[81] Im Folgenden soll deshalb sowohl die berufsausübungsbezogene, wie auch die berufswahlbezogene Wirkung des MiArbG beleuchtet werden. Da es sich im Rahmen dieser Arbeit lediglich um eine abstrakte Prüfung handeln kann, sollen exemplarisch auch die Rechtfertigungsgrundsätze der Stufentheorie herangezogen werden, um die Argumentation zu verdeutlichen.

aa) Berufsausübungsbezogene Wirkung des MiArbG

Soweit das MiArbG ein Mindestniveau für die Modalitäten des Arbeitsvertrages vorgibt, schränkt dies die Arbeitsvertragsfreiheit der betroffenen Arbeitnehmer und Arbeitgeber ein. Insoweit handelt es sich um eine bloße Berufsausübungsregelung. Für deren Rechtfertigung genügen bereits vernünftige Erwägungen des Gemeinwohls, soweit sie die Regelung als zweckmäßig erscheinen lassen.[82] Als solche vernünftigen Gemeinwohlbelange dürften die genannten Gesetzesziele wohl ohne Weiteres zu sehen sein.[83] In arbeitsmarktbezogenen Zielsetzungen

77 Grundlegend BVerfGE 7, 377ff.

78 BVerfGE 7, 379ff.

79 ErfK/Dieterich/Schmidt, Art. 12 GG, Rn. 28; Maunz/Dürig/Scholz, GG, Art. 12, Rn. 335ff.

80 ErfK/Dieterich/Schmidt, Art. 12 GG, Rn. 28; näher dazu: Maunz/Dürig/Scholz, GG, Art. 12, Rn. 335ff.

81 ErfK/Dieterich/Schmidt, Art. 12 GG, Rn. 28; Sachs/Mann, GK, Art. 12, Rn. 125ff.; Dreier/Wieland, GG I, Art. 12, Rn. 107ff.

82 BVerfGE 7, 379ff.

83 Dies gilt insbesondere für die Stabilität der sozialen Sicherungssysteme, vgl. BVerfGE 116, 202, 223, sowie BVerfGE 70, 1, 25ff.; BVerfGE 77, 84, 107; BVerfGE 82, 209, 230; BVerfGE 103, 293, 307.

erkennt das Bundesverfassungsgericht sogar ein überragend wichtiges Gemeingut.[84]

bb) Berufswahlbezogene Wirkung des MiArbG

Eingangs wurde beschrieben, dass das MiArbG auch zu Einschränkungen der Berufswahl führen könnte.[85] Dies kann zum einen dadurch geschehen, dass Arbeitgeber aufgrund der Festsetzung eines Mindestentgelts zur Zahlung höherer Entgelte als bisher gezwungen werden und deshalb Stellen abbauen.[86] Eine weitere Wirkung des MiArbG auf die Berufswahl könnte sich zudem für solche Arbeitsuchenden ergeben, die aufgrund des verordneten Lohnniveaus an einem Markteintritt gehindert werden.[87] Mit den so beschriebenen Wirkungen wäre das MiArbG nach der Rechtsprechung des Bundesverfassungsgerichts wohl als objektive Berufswahlregelung einzuordnen. Als Rechtfertigungsgrund müsste das MiArbG am Maßstab der Stufentheorie für den Schutz besonders wichtiger Gemeinschaftsgüter zwingend erforderlich sein.[88] Sowohl die Stabilität der sozialen Sicherungssysteme als auch die Gewährung angemessener Arbeitsbedingungen sind nach der Rechtsprechung des Bundesverfassungsgerichts als besonders wichtige Gemeinschaftsgüter zu sehen.[89] Fraglich aber ist, ob das MiArbG zu deren Schutz zwingend erforderlich ist.[90] Im Allgemeinen kann hierzu auf die obigen Ausführungen hinsichtlich der Erforderlichkeit des MiArbG Bezug genommen werden.[91]

cc) Berücksichtigung tariflicher Entgeltregelungen im Zusammenhang mit Art. 12 Abs. 1 GG ?

Teilweise wird die Vereinbarkeit des MiArbG mit Art. 12 Abs. 1 GG mit der Begründung angezweifelt, der Eingriff in die Berufsfreiheit dürfe nicht weiter gehen, als der rechtfertigende Gemeinwohlbelang.[92] Soweit hierfür auf das Ziel

---

84 BVerfGE 100, 271, 288; BVerfGE 116, 202, 226ff.

85 § 6 C. II.

86 Vgl. § 5 C. IV. 1. a) und b).

87 Thüsing, ZfA 2008, 590, 616f.

88 BVerfGE 7, 378f.

89 Vgl. § 5 B. II. 1. und. C. I., II.

90 Das BVerfG hält insoweit an einer ausdrücklichen Prüfung anhand der Stufentheorie in neuerer Zeit nicht mehr fest, sondern lässt diese in eine allgemeine Abwägung einfließen, vgl. ErfK/Dieterich/Schmidt, Art. 12 GG, Rn. 28. Soweit aber vorliegend das MiArbG in diesem Zusammenhang als objektive Berufswahlregelung eingeordnet werden kann, soll dennoch anhand der für diese Stufe aufgestellten Kriterien geprüft werden.

91 Vgl. § 5 B. II. 3. b), sowie § 5 C. IV. 2.

92 Bietmann, Mindestlohn, S. 178ff.; Thüsing, ZfA 2008, 590, 616.

der Sicherung angemessener Arbeitsbedingungen abgestellt wird, überschreite das MiArbG dessen Rechtfertigungswirkung, indem es auch Tarifverträge verdränge, die selbst angemessene Arbeitsentgelte vorgeben.[93] Zudem sei das MiArbG nicht zwingend erforderlich, um die verfolgten Ziele zu erreichen.[94]

Diese Argumentation erscheint jedoch deshalb fragwürdig, weil sie zu einer Vermischung der Grundrechtsgehalte von Art. 9 Abs. 3 GG und Art. 12 Abs. 1 GG führt. Insbesondere erscheint es zweifelhaft, dass sich der Gesetzgeber im Zusammenhang mit Art. 12 Abs. 1 GG auf die tarifliche Normsetzung verweisen lassen soll. Im Rahmen des Art. 12 Abs. 1 GG geht es allein darum, ob die Beschränkung der Berufsfreiheit erforderlich ist, um die betroffenen Gemeinwohlgüter zu schützen. Das Kriterium der Erforderlichkeit ist daher im Zusammenhang mit der Intensität des Eingriffs in Art. 12 Abs. 1 GG zu sehen. Alleinige Frage ist dabei, ob ein Gemeinwohlbelang so schützenswert und schutzbedürftig ist, dass ein Eingriff in die Berufsfreiheit zwingend erforderlich ist. Entscheidender Maßstab muss allein der Schutz des Arbeitnehmers sein. Ob den Betroffenen durch einen Akt öffentlicher Gewalt ein Mindestmaß an angemessenen Arbeitsbedingungen gewährt wird, oder aber durch Tarifvertrag, ist im Zweifel für die unter den Schutz des Art. 12 Abs. 1 GG fallenden Arbeitnehmer nicht von Bedeutung. In diesem Zusammenhang statuiert Art. 12 Abs. 1 GG keine Präferenz dahingehend, dass dieser Schutz vorrangig durch Tarifverträge zu leisten sein soll. Diese Differenzierung ist vielmehr allein im Rahmen des Art. 9 Abs. 3 GG zu führen. Soweit durch die Festsetzung von Mindestarbeitsentgelten etwa die Betätigung der einzelnen Arbeitnehmer in einer Gewerkschaft behindert wird, ist dies eine Frage der Koalitionsfreiheit.

dd) Angemessenheit jedenfalls durch verfassungskonforme Auslegung des MiArbG

Selbst wenn man der vorstehenden Argumentation nicht folgte, lassen sich die Zweifel an der Verfassungsmäßigkeit des MiArbG letztlich auch hier mit der oben dargestellten verfassungskonformen Reduzierung des Anwendungsbereichs des MiArbG auf solche Wirtschaftsbereiche, in denen angemessene Arbeitsbedingungen nicht bereits durch Tarifverträge gewährleistet werden, ausräumen.[95] Wenn nämlich die Verdrängung angemessener Tariflohnbestimmungen von vornherein dem Geltungsbereich des MiArbG entzogen wird, verbleiben solche Wirtschaftszweige, in denen Arbeitnehmern weder durch staatliche, noch durch tarifliche Lohngestaltung angemessene Arbeitsbedingungen gewährt

---

93 Bietmann, Mindestlohn, S. 179; Thüsing, ZfA 2008, 590, 616.

94 Thüsing, ZfA 2008, 590, 617.

95 § 5 B. II. 3. b) aa) (3).

werden. Regelmäßig kommt hier das strukturelle Ungleichgewicht zwischen Arbeitnehmer und Arbeitgeber voll zur Geltung. Solange die im Arbeitsvertrag getroffene Entgeltabrede nicht an den gesetzlichen Lohnuntergrenzen scheitert[96], besteht keinerlei Schutz des Arbeitnehmers vor unangemessenen Arbeitsbedingungen. In solchen Wirtschaftszweigen, in denen angemessene Tarifregelungen nicht existieren, besteht bisher keine Möglichkeit, angemessene Arbeitsbedingungen zu schaffen. Ist ein Arbeitnehmer dieser Situation ausgesetzt, ist der Staat nicht nur berechtigt, sondern sogar verpflichtet, schützend tätig zu werden.[97] Diese Lücke füllt das MiArbG aus. In diesem Bereich ist es für die Erreichung dieses Zwecks auch erforderlich. Im Ergebnis kann damit auch hier die Angemessenheit bejaht werden.

3. Ergebnis

Das MiArbG schränkt sowohl die Berufswahl-, als auch die Berufsausübungsfreiheit der betroffenen Arbeitnehmer und Arbeitgeber ein. Die mit diesem Gesetz verfolgten Ziele, insbesondere das Anliegen, angemessene Arbeitsbedingungen zu schaffen, sind jedoch grundsätzlich ausreichend, um diesen Eingriff zu rechtfertigen. Zumindest wenn der Anwendungsbereich des MiArbG auf solche Wirtschaftszweige beschränkt wird, in denen angemessene tarifliche Entgeltregelungen nicht bestehen, sind die mit dem MiArbG verbundenen Grundrechtsbeschränkungen auch als angemessen anzusehen.

D. Vereinbarkeit mit dem Rückwirkungsverbot

I. Hintergrund der Übergangsregelung in § 8 Abs. 2 MiArbG

Nach der Übergangsregelung des § 8 Abs. 2 MiArbG gehen den Mindestarbeitsentgelten solche Tarifverträge vor, die vor dem 16. Juli 2008 geschlossen worden sind. Gleiches gilt nach dieser Vorschrift für Tarifverträge, die den bestehenden Tarifvertrag ablösen oder unmittelbar auf ihn folgen. In der Gesetzesbegründung heißt es hierzu, die Übergangsregelung schütze das Vertrauen der Tarifvertragsparteien auf den Bestand ihrer vor dem Stichtag abgeschlossenen Tarifverträge.[98] Offenkundig soll damit den Bedenken hinsichtlich der Vereinbar-

96 Vgl. zu diesen oben unter § 2. B.

97 Vgl. ErfK/Dieterich/Schmidt, Art. 12 GG, Rn. 21; eingehend dazu auch Stütze, Kontrolle der Entgelthöhe, S. 167ff.

98 BT-Drucks. 16/10485, S. 11 Nr. 10, lit. b.

keit mit dem Rückwirkungsverbot begegnet werden.[99] Fraglich ist aber, ob diese Übergangsregelung dafür auch ausreichend ist.

II. Verletzung des Rückwirkungsverbots?

1. Grundlagen

Das Grundgesetz enthält mit Art. 103 Abs. 2 GG ein ausdrückliches Verbot gesetzlicher Rückwirkung nur für Strafgesetze. Es entspricht allerdings allgemeiner Ansicht, dass aus dem Rechtsstaatsprinzip nach Art. 20 Abs. 3 GG auch ein genereller Grundsatz des Vertrauensschutzes folgt.[100] Dieser besagt im Wesentlichen, dass gesetzliche Regelungen unzulässig sind, wenn der Einzelne auf den Fortbestand einer bestimmten Rechtslage vertraut und dieses Vertrauen schutzwürdig ist.[101] Grundlegendes Merkmal des Rückwirkungsverbots ist dabei die Unterscheidung zwischen echter und unechter Rückwirkung.[102] Unter echter Rückwirkung ist der Fall zu verstehen, in dem ein Gesetz nachträglich auf in der Vergangenheit bereits abgeschlossene Sachverhalte Einfluss nimmt und sie neuen Bedingungen unterwirft.[103] Ein Fall unechter Rückwirkung liegt vor, wenn das betreffende Gesetz für in der Vergangenheit begonnene aber noch andauernde Tatbestände mit Wirkung für die Zukunft neue Rechtsfolgen vorgibt.[104]

2. Anwendung auf das MiArbG

Mit der Festsetzung von Mindestarbeitsentgelten werden sowohl künftige abweichende Entgeltregelungen ausgeschlossen, wie auch bereits bestehende verdrängt.[105] Dabei geht es in letzterem Fall allerdings immer um die Verdrängung noch gültiger Tarifnormen. Frühere Tarifverträge, deren Gültigkeit bereits erloschen ist, werden nicht nachträglich von der Mindestentgeltfestsetzung erfasst.

---

99 Vgl. etwa Löwisch, Staatlicher Mindestlohn rechtlich gesehen, 21ff., 30.

100 Blanke, Vertrauensschutz, S. 12ff.; Butzer, RdA 1994, 375, 385; Sachs/Sachs, GK, Art. 20, Rn. 131ff.; Schwarz, Vertrauensschutz als Verfassungsproblem, S. 145ff.

101 Blanke, Vertrauensschutz, S. 12ff.; Butzer, RdA 1994, 375, 385; Maunz/Dürig/Grzeszick, GG, Art. 20, Rn. 70; Sachs/Sachs, GK, Art. 20, Rn. 131ff.; Schwarz, Vertrauensschutz als Verfassungsproblem, S. 145ff.

102 Soweit im Detail die neueren Kategorien der Rückbewirkung von Rechtsfolgen und der tatbestandlichen Rückanknüpfung von den benannten abweichen, ist dies zumindest für die hiesige Darstellung nicht relevant. Im Übrigen dürften diese Unterscheidungen auch nur marginal sein, vgl. Sachs/Sachs, GK, Art. 20, Rn. 132.

103 Vgl. BVerfGE 11, 139, 145; BVerfGE 72, 175, 196; BVerfGE 88, 384, 403; BVerfGE 94, 241, 258; BVerfGE 114, 248, 300.

104 Vgl. Sachs/Sachs, GK, Art. 20, Rn. 136; BVerfGE 18, 135, 144; BVerfGE 103, 392, 403; BVerfGE 109, 96, 121.

105 Vgl. zu diesen Wirkungen der Mindestentgeltfestsetzung § 3 C., sowie § 4 A. und B.

Ein Fall unechter Rückwirkung liegt insbesondere dann vor, wenn es um den Einfluss von Gesetzesänderungen auf laufende Rechtsverhältnisse geht.[106] Als laufendes Rechtsverhältnis sind auch von den Tarifpartnern geschlossene Tarifverträge zu sehen. Mit der Verdrängung tarifvertraglicher Regelungen für die Vergangenheit geht deshalb stets das Gebot der ausreichenden Berücksichtigung des Vertrauensschutzes einher.[107]

Zwar wird mit der Festsetzung von Mindestarbeitsentgelten und der unmittelbaren Wirkung der Rechtsverordnung dem zuvor geschlossenen Tarifvertrag nicht ein neuer Gehalt aufgezwungen. Andererseits wird er aber teilweise in seinem Geltungsanspruch zumindest vorübergehend behindert.[108] Es handelt sich daher um einen Fall unechter Rückwirkung.[109]

a) Verdrängung angemessener tariflicher Entgeltregelungen

Gesetze mit unechter Rückwirkung sind nicht von vornherein unzulässig. Ein Verstoß gegen das Rückwirkungsverbot ist vielmehr nur dann anzunehmen, wenn ein schützenswertes Vertrauen unzureichend beachtet wird.[110] Nach der Rechtsprechung des Bundesverfassungsgerichts ist insoweit eine Verhältnismäßigkeitsabwägung vorzunehmen.[111] Entscheidend kommt es dabei auf die Abwägung der betroffenen Rechtsgüter, die Intensität der Beeinträchtigung und das Maß des berechtigten Vertrauens an.[112] Regelmäßig scheidet ein schutzwürdiges Vertrauen jedoch aus, soweit das Gesetz auf veränderten sozialstaatlichen Anforderungen beruht.[113] Für das MiArbG ist in dieser Hinsicht Folgendes zu sagen: Durch die Verdrängung bestehender Tarifregelungen greift der Gesetzgeber in den zwischen den Tarifparteien geschlossenen Kompromiss ein. Grundsätzlich genießen Tarifverträge das Vertrauen des Staates. Insoweit wird zu ihren Gunsten die Richtigkeit und Angemessenheit der Tarifregelungen vermutet.[114]

106 Sachs/Sachs, GK, Art. 20, Rn. 136.

107 Vgl. auch Zachert, NZA 1994, 529, 534.

108 Zur verdrängenden Wirkung: § 4 A.

109 Allgemein zur Qualifizierung einseitig zwingender Gesetze mit Wirkung auf bestehende Tarifverträge als unechte Rückwirkung: Butzer, RdA 1994, 375, 385.

110 Blanke, Vertrauensschutz, S. 12ff.; Butzer, RdA 1994, 375, 385; Sachs/Sachs, GK, Art. 20, Rn. 131ff.; Schwarz, Vertrauensschutz als Verfassungsproblem, S. 145ff.

111 BVerfGE 97, 271, 286; BVerfGE 97, 378, 389.

112 Vgl. BVerfGE 36, 73, 82; BVerfGE 40, 65, 75; BVerfGE 72, 175, 196; BVerfGE 79, 25, 45; BVerfGE 97, 271, 286; BVerfGE 97, 378, 389; Butzer, RdA 1994, 375, 385; Sachs/Sachs, GK, Art. 20, Rn. 137 m.w.N.

113 Butzer, RdA 1994, 375, 385.

114 Zur Richtigkeits- bzw. Angemessenheitsvermutung siehe bereits unter § 5 B. II. 3. b) aa) (1).

Die Koalitionen müssen deshalb grundsätzlich nicht fürchten, dass der Staat die von ihnen im Rahmen ihrer Aufgabenwahrnehmung gefundenen Verhandlungsergebnisse verdrängt und damit ihre Wirkung beeinträchtigt. Zwar soll mit dem MiArbG dem Interesse der Arbeitnehmer an angemessenen Arbeitsbedingungen und dem Interesse der Gemeinschaft an der Stabilität der sozialen Sicherungssysteme Rechnung getragen werden. Allerdings kann damit eine rückwirkende Verdrängung von Tarifverträgen nicht gerechtfertigt werden, soweit diese bereits selbst angemessene Arbeitsbedingungen vorgeben. In dieser Hinsicht stellt sich damit die Verdrängung bestehender, angemessener Tarifregelungen durch staatliche Mindestarbeitsentgelte grundsätzlich als unverhältnismäßig und damit als unzulässige Rückwirkung dar.[115]

b) Nur teilweise Abhilfe durch Übergangsregelung des § 8 Abs. 2 MiArbG

Grundsätzlich steht es dem Gesetzgeber frei, eine unzulässige Rückwirkung dadurch auszuschließen, dass er entsprechende Übergangsregelungen vorsieht.[116] Auf diese Weise kann die Verhältnismäßigkeit der Rückwirkung gewahrt werden.[117] Eine solche Übergangsregelung enthält auch § 8 Abs. 2 MiArbG. Danach behalten vor dem 16. Juli 2008 abgeschlossene Tarifverträge in vollem Umfang den Vorrang gegenüber den später festgesetzten Mindestarbeitsentgelten. Nicht erfasst von dieser Übergangsregelung sind hingegen alle Tarifverträge, die nach diesem Stichtag geschlossen wurden. Dies betrifft einmal solche Tarifverträge, die zwischen dem Stichtag und dem Inkrafttreten des Gesetzes geschlossen wurden und zum anderen solche Tarifverträge, die erst in Zukunft, aber noch vor der Festsetzung eines Mindestarbeitsentgelts geschlossen werden.

Es stellt sich hier die Frage, weshalb für diese Tarifverträge etwas anderes gelten soll, als für solche Tarifverträge, die vor dem 16. Juli 2008 geschlossen wurden. Insbesondere ist nicht ersichtlich, dass Tarifverträgen nach diesem Datum eine besondere Eigenschaft fehlte, welche vor diesem Stichtag geschlossene Verträge für sich in Anspruch nehmen können. Letztlich stellt dieses Datum nichts anderes dar, als den Tag, an dem der für das MiArbG entscheidende Kabinettsbeschluss stattgefunden hat.[118] Mit anderen Worten: Wenn im vorigen Abschnitt eine unzulässige Rückwirkung angenommen wurde, wenn bestehende Tarifregelungen durch Mindestarbeitsentgelte verdrängt werden, ändert sich an

---

115 Im Ergebnis genauso: Sodan/Zimmermann, NJW 2009, 2001, 2003.

116 BVerfGE 43, 242, 288; BVerfGE 76, 256, 259; Butzer, RdA 1994, 375, 385; Maunz/Dürig/Grzeszick, GG, Art. 20, Rn. 93.

117 Sachs/Sachs, GK, Art. 20, Rn. 137, 154.

118 Vgl. BT-Drucks. 16/10485, S. 11, Nr. 10, lit. b.

dieser Feststellung nichts, soweit es um nach dem 16. Juli 2008 geschlossene Tarifverträge geht. Sinnvoller wäre es gewesen - wie *Sittard* richtig feststellt -, den Stichtag auf den Tag des Inkrafttretens des MiArbG zu legen.[119] Bis zu diesem Zeitpunkt war für die Koalitionen nicht abschließend ersichtlich, ob das Gesetz in der beschlossenen Form auch in Kraft treten würde. Dagegen würde der Tag des Inkrafttretens einen rechtssicheren Zeitpunkt darstellen, ab welchem sich die Koalitionen beim Abschluss von Tarifverträgen nicht darauf verlassen konnten, nicht der Festsetzung von Mindestarbeitsbedingungen nach dem MiArbG zu unterfallen. Selbst wenn Zweifel daran bestehen, ob die Übergangsregelung des § 8 Abs. 2 MiArbG überhaupt je Anwendung finden wird[120], ist hinsichtlich der von dieser nicht erfassten Tarifverträge in Übereinstimmung mit den Erkenntnissen des vorigen Abschnitts weiterhin eine unverhältnismäßige und damit unzulässige Rückwirkung anzunehmen.[121]

c) Kein Vertrauensschutz für unangemessene Tarifregelungen

Zu einem anderen Ergebnis gelangt man allerdings, wenn man der oben vorgenommenen Reduzierung des Anwendungsbereichs des MiArbG auf solche Wirtschaftszweige folgt, in denen angemessene Arbeitsbedingungen nicht durch Tarifvertrag gewährleistet werden.[122] In diesem Fall kann die Verdrängung bestehender Tarifverträge ausschließlich stattfinden, soweit diese lediglich unangemessene Entgeltregelungen enthalten und deshalb die Richtigkeitsvermutung widerlegt ist. In diesem Fall muss der Staat nicht mit der Festsetzung von staatlichen Mindestarbeitsentgelten warten, bis der jeweilige Tarifvertrag und dessen Anschluss- und Folgetarifvertrag ausgelaufen sind. Zudem können sich die Tarifparteien in Hinblick auf unangemessene Tarifregelungen auch nicht auf ein schützenswertes Vertrauen berufen. An dieser Stelle endet der ihnen vom Staat eingeräumte Freiraum und damit die Vermutung der Richtigkeit und Angemessenheit. Infolgedessen können sie auch nicht darauf vertrauen, dass ihre Tarifvereinbarungen Bestand haben werden. Soweit es also um unangemessene tarifliche Entgeltregelungen geht, stellt sich deren Verdrängung durch die Festsetzung staatlicher Mindestarbeitsentgelte nicht als unverhältnismäßig und damit auch nicht als Verstoß gegen den Vertrauensschutzgrundsatz dar.

---

119 Ebenso Sittard, NZA 2009, 346, 351.

120 Vgl. Bayreuther, NJW 2009, 2006, 2007.

121 So im Ergebnis auch: Löwisch, Staatlicher Mindestlohn rechtlich gesehen, S. 30.

122 Vgl. § 5 B. II. 3. b) aa) (3).

E. Vereinbarkeit des MiArbG mit Art. 3 Abs. 1 GG

Die Festsetzung von Mindestarbeitsentgelten nach dem MiArbG begründet in mehrfacher Hinsicht Differenzierungen zwischen Sachverhalten und Personengruppen. Insoweit steht eine Verletzung des Gleichheitssatzes aus Art. 3 Abs. 1 GG zu befürchten. Insbesondere aufgrund der Betroffenheit der unter den Geltungsbereich der Mindestentgeltfestsetzung fallenden Personengruppen der Arbeitnehmer und Arbeitgeber ist diese Prüfung am Maßstab der sog. „neuen Formel" vorzunehmen.[123] Danach ist der Gleichheitssatz dann verletzt, „wenn eine Gruppe von Normadressaten im Vergleich zu anderen Normadressaten anders behandelt wird, obwohl zwischen beiden Gruppen keine Unterschiede von solcher Art und solchem Gewicht bestehen, dass sie die ungleiche Behandlung rechtfertigen könnten."[124] Abgesehen davon ist eine Verletzung von Art. 3 Abs. 1 GG aber immer auch bereits dann gegeben, wenn es schon an einem sachlichen Differenzierungsgrund fehlt.[125]

I. Vereinbarkeit der Übergangsregelung des § 8 Abs. 2 MiArbG mit Art. 3 Abs. 1 GG

Zweifel ergeben sich insoweit im Zusammenhang mit der Übergangsregelung des § 8 Abs. 2 MiArbG und der darin vorgesehenen Differenzierung zwischen Tarifverträgen allein aufgrund des Zeitpunkts ihres Inkrafttretens. Diese Unterscheidung wird noch dadurch verschärft, dass der Tarifvorrang nach § 8 Abs. 2 MiArbG auch für solche Tarifverträge gilt, die den vor dem Stichtag geschlossenen Tarifvertrag unmittelbar ablösen, oder auf diesen folgen.[126] Dies hat zur Folge, dass die unter die Übergangsregelung fallenden Koalitionen auch nach dem Stichtag noch Entgelte vereinbaren können, welche dem staatlichen Mindestarbeitsentgelt vorgehen. Zwar gilt dies nach dem Wortlaut der Vorschrift wohl nur für einen einmaligen Ablöse- oder Folgetarifvertrag.[127] Dies genügt aber bereits, um die Koalitionen gegenüber solchen zu bevorteilen, deren Tarifvertrag nach dem Stichtag geschlossen wurde und deshalb grundsätzlich der verdrängenden Wirkung des MiArbG unterfällt.[128]

---

123 Vgl. zur Anwendbarkeit der „neuen Formel" im Falle der Differenzierung von Personengruppen: Maunz/Dürig/Herzog, GG, Art. 3 Anhang, Rn. 9; Sachs/Osterloh, GK, Art. 3, Rn. 13.

124 BVerfGE 55, 72, 88.

125 Maunz/Dürig/Herzog, GG, Art. 3 Anhang, Rn. 10.

126 Vgl. auch Sittard, Tarifnormerstreckung , S. 455; ders. NZA 2009, 346, 351.

127 Sittard, Tarifnormerstreckung , S. 455; ders. NZA 2009, 346, 351; Stütze, Kontrolle der Entgelthöhe, S. 462.

128 Ebenso Sittard, Tarifnormerstreckung , S. 455; ders. NZA 2009, 346, 351.

Problematisch erscheint diese Differenzierung zunächst schon, soweit es ausschließlich um angemessene Entgeltregelungen der Tarifparteien geht.[129] § 8 Abs. 2 MiArbG nimmt keinerlei Rücksicht auf die konkrete Ausgestaltung des jeweiligen Tarifvertrages. Einziges Unterscheidungsmerkmal ist das Datum des Vertragsschlusses. Ein sachlicher Unterscheidungsgrund liegt insoweit nicht vor. Es liegt daher ein Verstoß gegen Art. 3 Abs. 1 GG nahe. Dies ließe sich allerdings wiederum ausschließen, begrenzte man den Anwendungsbereich des MiArbG auf die Verdrängung unangemessen niedriger tariflicher Entgeltbestimmungen.[130] In diesem Fall verbliebe die Verdrängung unangemessener Tarifregelungen. Eine Differenzierung zwischen angemessenen Tarifregelungen wäre damit ausgeschlossen: Sie müssten unterschiedslos unangetastet bleiben.

Selbst dann wäre jedoch zumindest in der Verdrängung einzelner unangemessener Tarifregelungen eine Ungleichbehandlung zu sehen, wenn gleichzeitig andere ebenso unangemessene Tarifregelungen nicht vom Geltungsbereich einer Mindestentgeltverordnung erfasst werden. Auf diese Weise wirkt sich auch in diesem Zusammenhang die Übergangsregelung des § 8 Abs. 2 MiArbG als Differenzierung von wesentlich Gleichem aus.[131] Es stellt sich daher ebenfalls die Frage, welche sachlichen Gründe es rechtfertigen, dass bestimmte Tarifregelungen verdrängt werden, während dies für andere nicht gilt.

Ein sachlicher Grund für eine solche Differenzierung ist indes nicht ersichtlich. Andererseits steht es dem Gesetzgeber grundsätzlich durchaus offen, Stichtagsregelungen in Gesetze aufzunehmen und so den Zeitpunkt ihrer erstmaligen Wirkung zu regeln.[132] Dass dabei stets Ungleichheiten zwangsläufig die Folge sind, ist von den Betroffenen auch grundsätzlich hinzunehmen.[133] Allerdings gilt dies nur dann, wenn die Stichtagsregelung auch einen ausreichenden Sachbezug zur gesetzlichen Regelung aufweist.[134] Ein solcher Bezug zwischen dem Datum des Kabinettsbeschlusses und der Festsetzung von Mindestarbeitsentgelten ist im Fall des MiArbG aber gerade nicht ersichtlich. Eine Verknüpfung zwischen diesem Datum und der verdrängenden Wirkung von Mindestentgelten erscheint vielmehr willkürlich. Im Ergebnis bestehen daher grundsätzliche Bedenken hin-

---

129 Vgl. Sodan/Zimmermann, NJW 2009, 2001, 2003.

130 Vgl. § 5 B. II. 3. b) aa) (3).

131 Sittard, Tarifnormerstreckung, S. 455.

132 Maunz/Dürig/Dürig, GG, Art. 3, Rn. 200ff.; v.Mangoldt/Klein/Starck/Starck, BK I, Art. 3 Abs. 1 GG, Rn. 26.

133 BVerfGE 3, 58, 148; BVerfGE 24, 220, 228; BVerfGE 36, 174, 192; BVerfGE 46, 299, 307; BVerfGE 49, 260, 275; BVerfGE 58, 81, 127; BVerfGE 75, 78, 106; BVerfGE 77, 308, 338; BVerfGE 80, 297, 311; BVerfGE 87, 1, 47.

134 BVerfGE 3, 288, 337; BVerfGE 13, 31, 38; BVerfGE 29, 283, 299; BVerfGE 44, 1, 21; BVerfGE 47, 85, 94; BVerfGE 79, 212, 219; BVerfGE 87, 1, 43ff.

sichtlich der Vereinbarkeit der Stichtagsregelung des § 8 Abs. 2 MiArbG mit Art. 3 Abs. 1 GG.[135]

II. Vereinbarkeit der Tarifbindungsschwelle mit Art. 3 Abs. 1 GG?

Ein weiteres Problem im Zusammenhang mit dem Gleichheitssatz kann darin gesehen werden, dass vom MiArbG lediglich solche Tarifregelungen erfasst sind, deren Geltungsbereich in einen Wirtschaftszweig mit einer Tarifbindung von unter 50 Prozent fällt.[136] Dadurch wird für die beteiligten Tarifpartner die Gefahr begründet, dass einzelne Tarifbestimmungen von einer staatlichen Entgeltfestsetzung nach diesem Gesetz verdrängt werden. Läge die Tarifbindung dagegen insgesamt über 50 Prozent, bestünde diese Möglichkeit nicht.[137] Es wäre stattdessen der Anwendungsbereich des AEntG eröffnet. Nach dem Willen des Gesetzgebers finden auch bei einer geringen Tarifbindung beide Gesetze nicht nebeneinander Anwendung.[138]

Zu berücksichtigen ist allerdings, dass auch im Bereich des AEntG die Gefahr besteht, dass der jeweilige Tarifvertrag durch einen für allgemeinverbindlich erklärten Tarifvertrag in seiner Geltung beeinträchtigt wird.[139] In dieser Hinsicht könnte schon bezweifelt werden, ob tatsächlich eine Ungleichbehandlung vorliegt, denn ob eine tarifliche Regelung durch ein originäres, staatlich verordnetes, Mindestentgelt verdrängt wird, oder durch ein von einem anderen Tarifvertrag abgeleitetes, macht für die betroffenen Tarifvertragsparteien im Ergebnis keinen Unterschied. Zweifel an der Annahme einer Ungleichbehandlung von wesentlich Gleichem lassen sich auch insoweit anführen, als eine Allgemeinverbindlicherklärung nur in Betracht kommen kann, wenn ein Tarifvertrag geeignet ist, als Maßstab für die gesamte Branche zu gelten. Ist er dies nicht, etwa weil er unangemessen niedrige Entgeltbestimmungen enthält, rechtfertigt dies zugleich auch die Möglichkeit, diese durch staatliche Mindestentgelte zu ersetzen.

Selbst wenn eine Ungleichbehandlung angenommen würde, geht der Gesetzgeber offensichtlich aber davon aus, dass bei einer Tarifbindung unter 50 Prozent zugleich kein Tarifvertrag bestehen kann, der so repräsentativ ist, dass er die Erstreckung auf den gesamten Wirtschaftszweig rechtfertigt. Hierin könnte ein ausreichender Differenzierungsgrund gesehen werden. Fraglich ist aller-

135 Ebenso im Ergebnis Sittard, Tarifnormerstreckung, S. 455.

136 Vgl. auch Bietmann, Mindestlohn, S. 180; Thüsing, ZfA 2008, 590, 618.

137 Siehe unter § 3 B. II. 5.

138 § 3 B. II. 5.

139 Vgl. hierzu bereits unter § 2 B. II. 4.

dings, ob dies in jedem Fall stimmen muss. Die Vermutung der Angemessenheit eines Tarifvertrages hängt letztlich nicht allein von der Zahl der an ihn gebundenen Arbeitnehmer und Arbeitgeber ab.[140] Hinzu kommt, dass auch ein Tarifvertrag, an den 49 Prozent der Arbeitnehmer gebunden sind, grundsätzlich ausreichend repräsentativ sein kann, um eine Allgemeinverbindlicherklärung zu rechtfertigen.

Andererseits dürfte es aber dem Einschätzungsspielraum des Gesetzgebers unterliegen, wo er die Grenze zwischen dem Anwendungsbereich des AEntG und dem des MiArbG zieht. Gerade auf dem Gebiet des Arbeits- und Sozialrechts stehen ihm weitreichende „Pauschalierungsbefugnisse“ zu, um flächendeckende Regulierungen zu ermöglichen.[141] Im Ergebnis muss deshalb festgestellt werden, dass es dem Gesetzgeber nicht unmöglich sein kann, zwischen Tarifverträgen anhand der Tarifbindung zu differenzieren. Allein, er darf dies nicht ohne sachlichen Grund tun. Sind aber an einen einzelnen Tarifvertrag mehr als 50 Prozent der Arbeitnehmer gebunden, kann dies durchaus als starkes Indiz für dessen Angemessenheit und Richtigkeit gewertet werden. Zwar ist nicht ausgeschlossen, dass dies im Einzelfall auch bei niedrigerer Tarifbindung zutreffen kann.[142] Je höher aber die Tarifbindung, desto eher wird auch die Richtigkeitsvermutung tatsächlich zutreffen.[143] Vor diesem Hintergrund scheint daher ein ausreichender Sachgrund für die Differenzierung der Anwendungsbereiche von AEntG und MiArbG anhand der Tarifbindungsschwelle vorzuliegen.[144]

III. Vereinbarkeit der Differenzierung zwischen Wirtschaftszweigen

Jede Festsetzung von Mindestarbeitsbedingungen hat auch immer eine Differenzierung zwischen dem betroffenen und solchen Wirtschaftszweigen zur Folge, in denen keine Mindestentgelte bestehen. Auch hier stellt sich die Frage, ob dies

---

140 Ebenso Bietmann, Mindestlohn, S. 181.

141 Vgl. Dreier/Heun,, GG I, Art. 3, Rn. 33; Maunz/Dürig/Herzog, GG, Art. 3 Anhang, Rn. 25f.; Sachs/Osterloh, GK, Art. 3, Rn. 104ff.; v.Mangoldt/Klein/Starck/Starck, BK I, Art. 3 Abs. 1 GG, Rn. 23ff.

142 Vgl. Bietmann, Mindestlohn, S. 180.

143 Anders Bietmann; Mindestlohn, S. 180, die die jeweilige Region und deren Lebensbedingungen für aussagekräftiger hält, als den Grad der Tarifbindung. Allerdings ist Grundlage der Richtigkeitsvermutung gerade die Annahme einer Gegengewichtsbildung aufgrund der Kollektivierung der Einzelinteressen der Arbeitnehmer. Es ist daher naheliegend, die Ausgleichsfunktion eines Tarifvertrages umso eher anzunehmen, je mehr Arbeitnehmer sich tatsächlich in den vertragsschließenden Vertretungen organisiert haben.

144 A.A. im Ergebnis: Bietmann, Mindestlohn, S. 181.

gerechtfertigt sein kann. So könnten insbesondere Arbeitgeber des betroffenen Wirtschaftszweiges einwenden, gegenüber solchen Arbeitgebern benachteiligt zu werden, die nicht in den Geltungsbereich einer Mindestentgeltverordnung fallen. Spiegelbildlich ergibt sich eine Benachteiligung für Arbeitnehmer außerhalb des betroffenen Wirtschaftszweigs.[145]

Letztlich wird sich allerdings immer die Frage stellen, inwieweit die zum Vergleich herangezogenen Wirtschaftszweige tatsächlich im Wesentlichen gleich sind. Insbesondere wird es darauf ankommen, ob die Voraussetzungen des MiArbG in beiden Fällen erfüllt sind. Dies gilt vor allem für das Vorliegen sozialer Verwerfungen nach § 3 Abs. 1 S. 1 MiArbG. Zudem sind auch die zu erwartenden Auswirkungen einer Entgeltfestsetzung anhand der in § 4 Abs. 4 S. 3 MiArbG genannten Vorgaben einzubeziehen. So wäre es etwa nicht ausgeschlossen, ein Mindestarbeitsentgelt nur in einem Wirtschaftszweig zu verordnen, wenn in einem anderen aufgrund der Festsetzung ein Beschäftigungsrückgang zu erwarten wäre. Zwar kann wohl nicht gefordert werden, dass zwischen den Bedingungen im Wirtschaftszweig Deckungsgleichheit herrscht, um eine Differenzierung von wesentlich Gleichem annehmen zu können. Dennoch sind die Vorgaben des MiArbG so unbestimmt, dass regelmäßig die Einschätzungsprärogative des Verordnungsgebers entscheidend sein dürfte.[146] *Waltermann* warnt insoweit nicht unzutreffend vor einem „Flickenteppich relativer Mindestlöhne“.[147]

Andererseits muss beachtet werden, dass es maßgeblicher Zweck des MiArbG ist, dort per Rechtsverordnung für angemessene Arbeitsentgelte zu sorgen, wo diese nicht durch autonome Entgeltfestsetzung gewährleistet werden.[148] Entscheidend für die Frage einer Diskriminierung dürfte daher vor allem sein, ob in den zu vergleichenden Wirtschaftszweigen angemessene Arbeitsbedingungen gegeben sind. Ist dies für beide zu verneinen, spricht dies jedenfalls für ihre Vergleichbarkeit im Sinne des Art. 3 Abs. 1 GG. Sobald lediglich unangemessene Arbeitsbedingungen in einem Wirtschaftszweig bestehen und die Festsetzung von Mindestarbeitsentgelten nicht den Vorgaben des § 4 Abs. 4 S. 3 MiArbG zuwider laufen würde, besteht kein sachlicher Grund, in diesem Wirtschafts-

145 Vgl. zu diesen Differenzierungswirkungen auch Waltermann, NJW 2010, 801.

146 Dies gilt insbesondere auch hinsichtlich der Tarifbindungsschwelle des § 1 Abs. 2 MiArbG. Insoweit weißt Zachert, NZA 2003, 132, 134 bereits zum 50-Prozent-Quroum des § 5 TVG auf die erheblichen Schwierigkeiten bei der Messung der Tarifbindung hin. Nichts anderes wird für das MiArbG anzunehmen sein.

147 Waltermann, NJW 2010, 801; ders., NZA-Beil. 2009, 110, 116.

148 Vgl. § 5 B. II. 3. b) aa) (3).

zweig von der Festsetzung abzusehen, während in einem anderen Mindestarbeitsentgelte verordnet werden.

Im Ergebnis muss aber festgehalten werden, dass das MiArbG dem Verordnungsgeber einen sehr weiten Einschätzungs- und Beurteilungsspielraum eröffnet. Der Gleichheitssatz bindet den Verordnungsgeber zwar an seine einmal getroffenen Entscheidungen in Hinsicht auf vergleichbare Sachverhalte.[149] Ist er bei der Festsetzung des einen Mindestarbeitsentgelts noch „Herr", macht ihn dies in vergleichbaren Konstellationen grundsätzlich zum „Knecht" des Anspruchstellers.[150] Weichen die Sachverhalte jedoch ausreichend stark voneinander ab – etwa in Hinblick auf die ökonomischen und sozialen Gegebenheiten des Wirtschaftszweiges – greift die Selbstbindung für diesen Fall nicht. Ebenfalls ist dann ein Verstoß gegen Art. 3 Abs. 1 GG ausgeschlossen, da insoweit ein hinreichender Differenzierungsgrund vorliegt. Letztlich bewirkt die Weite des vom MiArbG eingeräumten Ermessenspielraums also, dass der Nachweis einer Diskriminierung in der Praxis nur schwer gelingen dürfte. Zudem obliegt es den an der Festsetzung beteiligten Gremien – insbesondere der Bundesregierung als Verordnungsgeberin -, hier für eine gleichheitssatzkonforme Anwendung des Gesetzes Sorge zu tragen.

IV. Zusammenfassung

Im Zusammenhang mit dem MiArbG ergeben sich vordergründig Zweifel an dessen Vereinbarkeit mit Art. 3 Abs. 1 GG. Bei genauerer Betrachtung zeigen sich die vorgebrachten Bedenken jedoch als weniger einschneidend. Dies gilt zunächst für die Frage, ob ein Tarifvertrag dem Anwendungsbereich des MiArbG oder dem des AEntG unterfällt. Wenn sich der Gesetzgeber als Unterscheidungsmerkmal der Tarifbindungsschwelle bedient, bewegt er sich damit grundsätzlich noch im Rahmen seines Einschätzungsspielraums. Eine typisierende Regelung, wann ein Tarifvertrag als grundsätzlich erstreckungsfähig angesehen werden kann und wann nicht, ist nicht offensichtlich verfehlt.

Begründet sind dagegen die Bedenken, die gegen die Übergangsregelung des § 8 Abs. 2 MiArbG geltend gemacht werden. Die gewählte Stichtagsregelung ist nicht geeignet, um die damit einhergehende Differenzierung von Tarifverträgen sachlich zu begründen. Der Stichtag ist willkürlich gewählt und reicht nicht aus, die Ungleichbehandlung von Tarifverträgen aus der Zeit vor dem

149 BVerwGE 44, 70, 74ff.; BVerfGE 55, 349, 351ff.; dies gilt grundsätzlich auch in Hinsicht auf den Beurteilungsspielraum der Verwaltung, vgl. Maunz/Dürig/Dürig, GG, Art. 3 Abs. 1, Rn. 428ff., 436.

150 So bildhaft Epping/Hillgruber/Kischel, GG, Art. 3, Rn. 104.

Stichtag und der Zeit danach - insbesondere vor Erlass einer Mindestentgeltverordnung - zu rechtfertigen.

Schließlich wären auch Einwände zu erheben, sollte es aufgrund des MiArbG zu einer Differenzierung zwischen vergleichbaren Tarifverträgen in vergleichbaren Wirtschaftszweigen kommen.

§ 7 Europarechtliche Einordnung

Neben der Frage der Vereinbarkeit des MiArbG mit den Gewährleistungen des Grundgesetzes stellt sich weiterhin die Frage, ob dieses Gesetz den europarechtlichen Vorgaben genügt. Zu untersuchen sind dabei insbesondere die gemeinschaftsrechtliche Verankerung der Tarifautonomie, sowie die Grundsätze der Dienstleistungsfreiheit.

A. Europarechtliche Aspekte der Tarifautonomie

Art. 28 der Europäischen Grundrechtecharta garantiert Arbeitnehmern und Arbeitgebern sowie deren Organisationen das Recht, Tarifverträge zu schließen. Ebenso trägt auch Art. 155 des EU-Arbeitsweisenvertrages (AEUV) dem Interesse der Sozialpartner Rechnung, im Wege des vertraglichen Dialogs Vereinbarungen zu treffen.[1] Selbst wenn hierin nicht ausschließlich ein allgemeiner Schutz der Tarifautonomie gesehen, sondern darüber hinaus auch den Koalitionen als Adressaten dieser Freiheit entsprechender Schutz zugestanden würde[2], dürften hier die oben gefundenen Ergebnisse[3] parallel auch auf Art. 28 anzuwenden sein. Danach wird der mögliche Eingriff in die europarechtlich garantierte Tarifautonomie gerechtfertigt sein, wenn damit das Ziel der Schaffung angemessener Arbeitsentgelte erreicht und zugleich das nationale Sozialsystem gestützt werden soll.

B. Vereinbarkeit mit der Dienstleistungsfreiheit

I. Keine Bedenken hinsichtlich der Mindestentgeltfestsetzung

Art. 56 des EU-Arbeitsweisenvertrages (AEUV) beinhaltet - wortgleich mit Art. 49 EG a.F. – die Maßgabe der europarechtlichen Dienstleistungsfreiheit. Danach sind alle direkt oder indirekt diskriminierenden oder diese Freiheit beschränkenden Maßnahmen verboten.[4] Eine Schranke findet diese Vorschrift in Art. 57 S. 3 AEUV, wonach der Leistende zwecks Erbringung seiner Leistungen seine Tätigkeit vorübergehend in dem Mitgliedstaat ausüben kann, in dem die Leistung erbracht wird, und zwar unter den Voraussetzungen, welche dieser Mitgliedstaat

---

1 Vgl. dazu EuGH Slg. 1999, I-5863 – Albany; EuGH AP EG-Vertrag Art. 85 Nr. 2 – Brentjens.

2 So Löwisch, Staatlicher Mindestentlohn rechtlich gesehen, S. 27.

3 Vgl. §§ 4 und 5.

4 Grabitz/Hilf/Randelzhofer/Forsthoff, Das Recht der Europäischen Union, I, Art. 50 EGV, Rn. 67.

für seine eigenen Angehörigen vorschreibt. Hierin wird im Schrifttum bereits eine ausreichende Rechtfertigung für die Beeinträchtigung der Dienstleistungsfreiheit gesehen.[5] Entsprechend stellte auch der EuGH in seiner *Laval*-Entscheidung fest, dass staatliche Mindestentgelte nur dann mit dem Europarecht vereinbar sein können, wenn diese gleichermaßen für In- und Ausländer gelten.[6] Eine solche unterschiedslose Geltung von Mindestarbeitsentgelten wird allerdings durch § 8 Abs. 1 S. 1 MiArbG ausdrücklich gewährleistet. Insbesondere ist es den inländischen Arbeitgebern auch nicht möglich, durch spezielle Gestaltungen nach deutschem Recht, die Mindestentgelte zu unterbieten, während dies ausländischen Arbeitgebern, die auf dem deutschen Arbeitsmarkt agieren, verwehrt wäre.[7]

Wirkt eine Maßnahme nicht diskriminierend, sondern lediglich freiheitsbeschränkend, ist der sog. *Keck*-Entscheidung des EuGH[8] zu entnehmen, dass solche Beschränkungen nur dann verboten sein sollen, wenn sie Marktzugangshindernisse begründen.[9] Insoweit soll u.a. verhindert werden, dass nationale Arbeitsmärkte gezielt gegen ausländische Konkurrenz abgeschottet werden.[10] Es verbleibt daher zu prüfen, ob die Mindestentgeltfestsetzung eine Marktzugangsbeschränkung begründet.

Im Fall des MiArbG ist dies nicht nur nicht ausgeschlossen, sondern vielmehr sogar eine der Zielsetzungen des Gesetzes: Es geht (auch) um die Bekämpfung von Lohndumping durch aus dem Ausland entsandte „Billiglohnkräfte“.[11] Durch Festsetzung eines Mindestentgeltes wird ein Zugangshindernis zum deutschen Wirtschaftsbereich für solche ausländischen Arbeitgeber geschaffen, die

---

5 Bieback, RdA 2000, 207, 213; Bieback/Kocher, in: Bieback/Dieterich/Hanau/Kocher/Schäfer, Tarifgestützte Mindestlöhne, S. 80ff.; Däubler, EuZW 1997, 614, 615; Stütze, Kontrolle der Entgelthöhe, S. 234.

6 EuGH NZA 2008, 159 - Laval; so auch bereits EuGH NZA 2002, 207 - Portugaia Construções; vgl. auch Deinert, NZA 2009, 1176, 1178; Maier, NZA 2009, 351, 353.

7 Eine solche Ungleichbehandlung wird etwa angenommen, wenn es für inländische Arbeitgeber möglich bleibt, nach dem AEntG festgesetzte Mindestentgelte durch den Abschluss von Firmentarifverträgen zu unterlaufen, während ausländischen Arbeitgebern dies nicht möglich ist, vgl. hierzu Maier, NZA 2009, 351, 353ff. Diese Möglichkeit besteht dagegen im Bereich des MiArbG gerade nicht.

8 EuGH verb. Rs. C-267 und 268/91, Keck, Slg. 1993, I-6097.

9 Vgl. Grabitz/Hilf/Randelzhofer/Forsthoff, Das Recht der Europäischen Union, I, Art. 50 EGV, Rn. 67.

10 Gerken/Löwisch/Rieble, BB 1995, 2370ff; Koenigs, DB 1995, 1710, 1711.

11 Vgl. ausführlich zu diesem Gesetzesziel unter § 5 C. I.; so auch Bieback, RdA 2000, 207, 213 allgemein für staatliches zwingendes Arbeitsrecht und Bieback/Kocher, in: Bieback/Dieterich/Hanau/Kocher/Schäfer, Tarifgestützte Mindestlöhne, S. 82ff. für die Tarifnormerstreckung nach dem AEntG.

Arbeitnehmer ausschließlich für eine unter dem Mindestsatz liegende Vergütung ins Inland entsenden wollen.[12] Hierdurch wird im Ergebnis also für die betroffenen Arbeitgeber und Arbeitnehmer der Zugang zum deutschen Arbeitsmarkt erschwert und damit die Dienstleistungsfreiheit beschränkt.[13]

Diese gilt allerdings auch nicht unbeschränkbar. Vielmehr können nach allgemeiner Ansicht Beschränkungen durch zwingende Gründe des Allgemeininteresses gerechtfertigt werden.[14] Als Rechtfertigungsgründe kommen insbesondere das Ziel des Arbeitnehmerschutzes[15] und das der Vermeidung von Lohndumping in Betracht.[16] Dass das MiArbG angemessene Arbeitsbedingungen schaffen und damit dem Arbeitnehmerschutz dienen soll, wurde bereits ausführlich dargestellt.[17] Im Ergebnis wird dies ausreichen, um die mit dem MiArbG verbundenen Marktzugangshindernisse und die darin liegenden Eingriffe in die Dienstleistungsfreiheit zu rechtfertigen.

II. Zweifel an der Europarechtskonformität des § 8 Abs. 2 MiArbG

Problematisch erscheint allerdings die Übergangsregelung des § 8 Abs. 2 MiArbG, wonach vor dem Stichtag geschlossene Tarifverträge dem staatlichen Mindestentgelt vorgehen. Ausweislich des Wortlauts der Vorschrift gilt dies ausschließlich für nach dem deutschen TVG geschlossene Tarifverträge. Nicht ausdrücklich vorgesehen ist hingegen ein Bestandsschutz für ausländische Tarifverträge mit Inkrafttreten vor dem Stichtag. Grundsätzlich ist eine solche Dif-

---

12 So auch Gerken/Löwisch/Rieble, BB 1995, 2370ff; Koenigs, DB 1995, 1710, 1711.

13 Ebenso für die Allgemeinverbindlicherklärung von Tarifverträgen nach dem AEntG: Bieback/Kocher, in: Bieback/Dieterich/Hanau/Kocher/Schäfer, Tarifgestützte Mindestlöhne, S. 81ff.

14 EuGH, Rs. C-43/93, Van der Elst, Slg. 1994, I-3803 Rn. 16; Rs. C-272/94, Guiot, Slg. 1996, I-1905 Rn. 11; Rs. C-369/96, Arblade, EuZW 2000, 88 Rn. 34/35; Hunnekuhl/zu Dohna-Jaeger, NZA 2007, 954, 955; Calliess/Ruffert/Kluth, Das Verfassungsrecht der Europäischen Union, EGV, Art. 49, Rn. 79; Preis/Greiner, ZfA 2009, 825, 830; Grabitz/Hilf/Randelzhofer/Forsthoff, Das Recht der Europäischen Union, I, Art. 50 EGV, Rn. 175.

15 Vgl. EuGH, Rs. 279/80, Slg. 1981, 3305, Rn. 19; Rs. C-113/89, Slg. 1990, I-1417, Rn. 18; Rs. C-272/94, Slg. 1996, I-1905, Rn. 16.

16 EuGH 12.10.2004 (C-60/3, Wolff & Müller), AP Nr. 9 zu Art. 49 EG; Bieback/Kocher, in: Bieback/Dieterich/Hanau/Kocher/Schäfer, Tarifgestützte Mindestlöhne, S. 82; Stütze, Kontrolle der Entgelthöhe, S. 234.

17 § 5 B. II.

ferenzierung zwischen in- und ausländischen Tarifverträgen mit dem Europarecht, insbesondere der Dienstleistungsfreiheit, nicht zu vereinbaren.[18]

Allerdings kann diesen Bedenken mit einer europarechtskonformen Auslegung des MiArbG begegnet werden: Der Gesetzgeber muss nicht jeden ausländischen Tarifvertrag den nach dem TVG geschlossenen Tarifverträgen gleichstellen, sondern allenfalls solche, die den in diesem Gesetz aufgestellten Maßstäben genügen. Eine Gleichstellung ist damit dann nicht erforderlich, wenn der ausländische Tarifvertrag weit weniger geeignet ist, den Arbeitnehmerschutz zu gewährleisten, als der deutsche Tarifvertrag.[19] Maßgeblich ist wiederum die oben zitierte Rechtsprechung des EuGH, wonach Differenzierungen zumindest dann zulässig sind, wenn diesen als sachlicher Grund der Arbeitnehmerschutz zugrundeliegt.[20] In dieser Hinsicht ist zu beachten, dass die europaweiten Maßstäbe für Tarifverträge höchst unterschiedlich sind.[21] Es muss daher angenommen werden, dass insbesondere solche ausländischen Tarifverträge nicht unter § 8 Abs. 2 MiArbG fallen, die nicht geeignet sind, die mit dem MiArbG angestrebten angemessenen Arbeitsentgelte zu gewährleisten. In allen anderen Fällen muss § 8 Abs. 2 MiArbG europarechtskonform dahingehend ausgelegt werden, dass auch europäische Tarifverträge, die in ihren Voraussetzungen und in ihren (Schutz-) Wirkungen mit den nach dem TVG geschlossen Tarifverträgen vergleichbar sind, ebenfalls unter die Regelung des § 8 Abs. 2 MiArbG fallen.[22]

---

18 Vgl. auch Maier, NZA 2009, 351, 354; Sittard, Tarifnormerstreckung, S. 456.

19 Ebenso Sittard, Tarifnormerstreckung, S. 456; Thüsing ZfA 2008, 590, 624ff. und im Anschluss an diesen Bietmann, Mindestlohn, S. 93, 99ff.

20 Vgl. unter § 7 B. I.

21 Zu Unterschieden etwa in Hinsicht auf einklagbare Regelungen von Tarifverträgen vgl. Hanau, in: Bieback/Dieterich/Hanau/Kocher/Schäfer, Tarifgestützte Mindestlöhne, S. 137; vgl. auch Thüsing ZfA 2008, 590, 624ff., sowie ihm folgend: Bietmann, Mindestlohn, S. 93, 99ff.

22 Nicht weit genug geht daher die Ansicht Stützes, Kontrolle der Entgeltkontrolle, S. 462, der zwar auch nach europäischem Recht geschlossene Tarifverträge unter § 8 Abs. 2 MiArbG fallen lassen will, im Gegensatz zur hier vertretenen Ansicht aber keine Vergleichbarkeit mit deutschen Tarifverträgen im Hinblick auf den Arbeitnehmerschutz fordert.

Vierter Teil: Rechtliche Vorgehensmöglichkeiten der Betroffenen

§ 8 Rechtsschutz

In den vorangegangenen Kapiteln wurden die möglichen Friktionen des MiArbG mit den Vorgaben des Grundgesetzes aufgezeigt. Dabei war festzustellen, dass das Gesetz durchaus Potential für solche Mindestentgeltverordnungen bereithält, die in ihrer konkreten Ausgestaltung mit höherrangigem Recht, insbesondere mit der Tarifautonomie, nicht vereinbar wären. Dies gilt immer dann, wenn sich der Verordnungsgeber nicht in dem ihm durch die Vorgaben des MiArbG gesteckten Rahmen hält. Das Gesetz lässt dem Verordnungsgeber einen großen Freiraum, indem es entscheidende Aspekte der Lohnfestsetzung in unbestimmte Normierungen verpackt. Mit solcher Unbestimmtheit geht immer auch große Rechtsunsicherheit einher. Je ungenauer die Vorgaben eines Gesetzes sind, desto bedeutender ist für die Betroffenen die Frage des Rechtsschutzes. Dies gilt nicht nur in Hinsicht auf mögliche Abwehransprüche gegen Mindestentgeltverordnungen, sondern ebenso für die Geltendmachung von auf die Festsetzung von Mindestarbeitsentgelten gerichteten Ansprüchen. Diese Aspekte des Rechtsschutzes sollen im folgenden Kapitel erörtert werden.

A. Rechtsschutz gegen Mindestentgeltverordnungen

I. Rechtsschutz vor dem Bundesverfassungsgericht

1. Abstrakte Normenkontrolle

Vor dem Bundesverfassungsgericht könnte Rechtsschutz gegen eine Mindestentgeltverordnung nur im Wege der abstrakten Normenkontrolle nach Art. 93 Abs. 1 Nr. 2 GG erlangt werden.[1] Antragsberechtigt sind dafür ausschließlich Bundesregierung, Landesregierungen, sowie ein Drittel der Mitglieder des Bundestages, nicht hingegen die von der Festsetzung betroffenen Koalitionen oder einzelne Arbeitnehmer oder Arbeitgeber. Für die Adressaten einer Mindestentgeltverordnung ist dieser Weg daher versperrt.

---

1 Vgl. Löwisch, RdA 2009, 215, 223.

2. Verfassungsbeschwerde

Der Erhebung einer Verfassungsbeschwerde nach Art. 93 Abs. 1 Nr. 4a GG ist zunächst die Erschöpfung des Rechtsweges vorgelagert. Es kommt insoweit also maßgeblich darauf an, welche Rechtsschutzmöglichkeiten gegen Mindestentgeltverordnungen vor anderen Gerichten bestehen und ob der Beschwerdeführer diese bereits ausreichend genutzt hat.[2] Der Frage, welche Arten gerichtlichen Rechtsschutzes gegen Mindestlohnverordnungen bestehen, wird im Folgenden näher nachgegangen. Soweit aber alle Möglichkeiten ausgeschöpft sind und eine Verletzung der Grundrechte, insbesondere der Tarifautonomie, in Betracht kommt, wird am Ende des Weges das Bundesverfassungsgericht über die Verfassungswidrigkeit einer Mindestentgeltverordnung und inzident gegebenenfalls auch über das MiArbG als deren Grundlage zu entscheiden haben.[3]

II. Rechtsschutz vor den Verwaltungsgerichten

1. Verwaltungsgerichtliche Normenkontrolle, § 47 Abs. 1 VwGO

Nach § 47 Abs. 1 VwGO sind die Oberverwaltungsgerichte grundsätzlich auch für die Überprüfung von untergesetzlichen Normen, wie etwa Rechtsverordnungen, sachlich zuständig. Dies gilt nach dem eindeutigen Wortlaut allerdings ausschließlich für Landesrechtsverordnungen, nicht aber für Bundesrechtsverordnungen.[4] Die Mindestlohnverordnung nach dem MiArbG wird von der Bundesregierung erlassen. Eine Überprüfung nach § 47 Abs. 1 VwGO oder in Analogie zu diesem wird überwiegend abgelehnt und kommt daher nicht in Betracht.[5]

2. Verwaltungsgerichtliche Feststellungsklage, § 43 Abs. 1 VwGO

Soweit eine verwaltungsgerichtliche Normenkontrolle ausscheidet, bleibt dennoch der Weg über eine verwaltungsgerichtliche Feststellungsklage grundsätzlich eröffnet. § 47 VwGO entfaltet hier keine Sperrwirkung.[6] Die frühere Recht-

---

2 Thüsing/Pelzner, AEntG-Komm., § 4 MiArbG, Rn. 20 weist insoweit auf die Möglichkeit hin, zunächst den Weg zu den Arbeitsgerichten zu beschreiten. Hierzu und zu einem regelmäßig vorzugswürdigen Weg über die Verwaltungsgerichte siehe im Folgenden.

3 Vgl. ausführlich zur Subsidiarität der Verfassungsbeschwerde im Zusammenhang mit Bundesrechtsverordnungen: Rupp, NVwZ 2002, 268ff.

4 Vgl. Rupp, NVwZ 2002, 286.

5 Rupp, NVwZ 2002, 286, im Anschluss an Renck, BayVBl. 1994, 457, 459.

6 Vgl. dazu Fellenberg/Karpenstein, NVwZ 2006, 1133, 1135.

sprechung sah insoweit allerdings Probleme hinsichtlich der Annahme eines für die Feststellungsklage erforderlichen Rechtsverhältnisses, sowie deren Subsidiarität.

a) Grundsatz: Unzulässigkeit wegen fehlenden Rechtsverhältnisses

Für eine gegen den Verordnungsgeber gerichtete verwaltungsgerichtliche Klage nach § 43 VwGO auf Feststellung der Unwirksamkeit einer Mindestlohnverordnung bedarf es grundsätzlich eines feststellbaren Rechtsverhältnisses. Ein solches besteht regelmäßig nur zwischen Normanwender und Normadressat, nicht aber auch in Beziehung zum Normgeber.[7] Dies folgt daraus, dass letzterer nicht an der Umsetzung der Norm gegenüber dem Adressaten beteiligt ist.[8] Eine Mindestentgeltverordnung betrifft stattdessen das Verhältnis von Arbeitnehmer und Arbeitgeber als Normadressaten.[9] Auf das zwischen diesen bestehende (Arbeits) Rechtsverhältnis wirkt die Verordnung unmittelbar ein.[10] Insoweit besteht daher grundsätzlich auch nur die Möglichkeit innerhalb dieses Rechtsverhältnisses die Rechtmäßigkeit der Mindestlohnverordnung gerichtlich inzident überprüfen zu lassen.[11]

b) Ausnahme: Atypische Feststellungsklage

aa) Ausreichendes Rechtsverhältnis

Von vorstehendem Grundsatz lässt - insbesondere auch die neueste - verwaltungsgerichtliche Rechtsprechung jedoch Ausnahmen zu: Nach der Rechtsprechung des Bundesverwaltungsgerichts kommt eine Feststellungsklage gegen den Normgeber dann in Betracht,

> „wenn die Rechtsverordnung unmittelbar Rechte und Pflichten der Betroffenen begründet, ohne dass eine Konkretisierung oder Individualisierung durch Verwaltungsvollzug vorgesehen oder möglich ist.“[12]

Nicht ausreichend ist hingegen eine sog. „self-executing“-Norm, aus der zwar unmittelbar Rechte und Pflichten für den Normadressaten entstehen, der Ver-

---

7 BVerwG NVwZ 2007, 1311, 1313; BVerwG NZA 2010, 718, 720.

8 BVerwG NVwZ 2007, 1311, 1313; BVerwG NZA 2010, 718, 720.

9 OVG Berlin-Brandenburg, ZTR 2009, 207 und nachfolgend: BVerwG NZA 2010, 718, 720.

10 OVG Berlin-Brandenburg, ZTR 2009, 207; BVerwG NZA 2010, 718, 720.

11 Vgl. ErfK/Franzen, § 4 MiArbG, Rn. 5; Däubler/Lakies, TVG, § 5, Rn. 222; Löwisch, RdA 2009, 215, 223.

12 BVerwG NZA 2010, 718, 720; im Anschluss an BVerwGE 26, 251, 253; BVerwGE 111, 276, 279.

waltungsvollzug aber weiterhin möglich bleibt.[13] Wirkt die Verordnung, ohne dass weiterer Vollzug vorgesehen ist, entsteht bereits durch ihren Erlass und die unmittelbare Wirkung auf den Normadressaten ein Rechtsverhältnis zwischen diesem und dem Normgeber.[14] In diesem Fall ist die verwaltungsgerichtliche Feststellungsklage einschlägig. Das Verwaltungsgericht kann insoweit sogar die Nichtigkeit der Verordnung feststellen, da das Verwerfungsmonopol des Bundesverfassungsgerichts nur für formelle Gesetze, nicht aber für untergesetzliche Rechtsverordnungen gilt.[15]

Übertragen auf das MiArbG bedeutet dies: Durch Erlass einer Mindestentgeltverordnung nach dem MiArbG wird der Arbeitgeber unmittelbar verpflichtet, den vorgegebenen Mindestlohn an seine Arbeitnehmer zu zahlen, § 8 Abs. 1 MiArbG. Ein zusätzlicher Verwaltungsvollzug ist hierfür weder erforderlich, noch vorgesehen. Allein die weitere Kontrolle und Sanktionierung geschieht durch Verwaltungshandeln.[16] Im Ergebnis erfüllt die Verordnung von Mindestarbeitsentgelten nach dem MiArbG daher die genannten Kriterien der Verwaltungsrechtsprechung für die Zulässigkeit einer atypischen Feststellungsklage vor den Verwaltungsgerichten.

Dies stimmt im Übrigen auch mit der Rechtsprechung des Bundesverwaltungsgerichts hinsichtlich Mindestlohnverordnungen nach dem AEntG überein. In einer noch jungen Entscheidung des Gerichts über die Postmindestlohnverordnung führte es aus:

> „Aus der Erstreckung tarifvertraglicher Regelungen durch § 1 BriefArbbV[17] ergeben sich unmittelbar Pflichten der von ihrem Anwendungsbereich erfassten Arbeitgeber. Eine Konkretisierung oder Individualisierung durch Maßnahmen des Verwaltungsvollzugs ist nicht vorgesehen.“[18]

Für die Annahme eines streitigen Rechtsverhältnisses genüge es,

> „dass die Möglichkeit der Verdrängung einer anderweitigen Tarifbindung (…) durch eine unmittelbare Gestaltungswirkung der Rechtsverordnung besteht.“[19]

---

13 BVerwG NZA 2010, 718, 720; BVerwGE 129, 199, 205.

14 BVerwG NZA 2010, 718, 720.

15 Kilian, NVwZ 1998, 142; Rupp, NVwZ 2002, 286, 287.

16 Vgl. zur insoweit parallelen Rechtslage im Zusammenhang mit dem AEntG ebenfalls: BVerwG NZA 2010, 718, 721.

17 Verordnung über zwingende Arbeitsbedingungen für die Branche Briefdienstleistungen vom 28. Dezember 2007.

18 BVerwG NZA 2010, 718, 720.

19 BVerwG NZA 2010, 718, 721.

Das Bundesverwaltungsgericht sah deshalb die Erhebung einer Feststellungsklage als zulässig an.[20] Aufgrund der parallelen Wirkweise der Festsetzung von Mindestarbeitsentgelten nach dem MiArbG, wird im Ergebnis auch hier der Rechtsprechung des Bundesverwaltungsgerichts zu folgen sein, sodass für die Überprüfung entsprechender Verordnungen ein ausreichendes feststellungsfähiges Rechtsverhältnis angenommen werden muss.

bb) Keine vorrangigen Rechtsschutzmöglichkeiten

Grundsätzlich ist die Feststellungsklage subsidiär gegenüber allen anderen Rechtsbehelfen, die dem Kläger schneller oder besser zu seinem Ziel verhelfen. In der - auch jüngeren - Vergangenheit wurde hieraus gefolgert, eine verwaltungsgerichtliche Überprüfung von Mindestlohnverordnungen sei grundsätzlich unzulässig, da es insbesondere dem Arbeitgeber zumutbar und möglich sei, die Rechtmäßigkeit der Verordnung inzident im Rahmen einer Klage vor den Zivilgerichten überprüfen zu lassen.[21] Nach dem oben zitierten Urteil des Bundesverwaltungsgerichts ist nunmehr klar, dass sich der Arbeitgeber nicht erst auf Zahlung durch den Arbeitnehmer verklagen lassen, oder die Verhängung eines Bußgeldes gegen ihn abwarten muss, um die Wirksamkeit der Mindestlohnverordnung gerichtlich klären lassen zu können.[22] Dies wäre angesichts des Gebots des effektiven Rechtsschutzes aus Art. 19 Abs. 4 GG auch äußert bedenklich.

Soweit bisher im Schrifttum überhaupt die Zulässigkeit einer atypischen Feststellungsklage angenommen wurde, galt dies nur, wenn eine Mindestentgeltverordnung zu einer Beschränkung der koalitionsrechtlichen Betätigungsfreiheit führen würde.[23] Nach dem Urteil des Bundesverwaltungsgerichts ist nunmehr aber klargestellt, dass nicht ausschließlich die Verbände verwaltungsgerichtlichen Rechtsschutz in Anspruch nehmen können, sondern auch der einzelne Arbeitgeber hierzu berechtigt ist, weil er durch die Verordnung unmittelbar verpflichtet wird, den vorgegebenen Lohn zu zahlen und anderweitiger Rechtsschutz für ihn nicht besteht.[24]

---

20 BVerwG NZA 2010, 718, 720.

21 Vgl. ErfK/Franzen, § 4 MiArbG, Rn. 5; Däubler/Lakies, TVG, § 5, Rn. 222; Löwisch, RdA 2009, 215, 223.

22 BVerwG NZA 2010, 718, 721ff.

23 In diesem Fall sei etwa einem Arbeitgeberverband der verwaltungsgerichtliche Klageweg eröffnet, vgl. Thüsing/Pelzner, AEntG-Komm., § 4 MiArbG, Rn. 19. Gleiches dürfte zudem für Arbeitnehmerorganisationen gelten, soweit diese in ihrer Tarifautonomie betroffen sind.

24 Vgl. BVerwG NZA 2010, 718, 721ff.

Zu beachten ist aber, dass für den einzelnen Arbeitnehmer dagegen die Feststellungsklage weiterhin als subsidiär hinter der inzidenten Überprüfung der Verordnung im Rahmen einer Lohnzahlungsklage zurücktreten dürfte, da es ihm regelmäßig nicht allein um Feststellung seiner Ansprüche, sondern vielmehr um ein gegen seinen Arbeitgeber vollstreckbares Urteil gehen wird.

III. Inzidentkontrolle vor den Arbeitsgerichten

Neben der Feststellungsklage vor den Verwaltungsgerichten besteht nach wie vor die soeben bereits angesprochene Möglichkeit, im Rahmen einer Lohnzahlungsklage inzident die Verpflichtung des Arbeitgeber und damit die Wirksamkeit der zugrundeliegenden Mindestlohnverordnung überprüfen zu lassen. Insbesondere für den Arbeitnehmer dürfte dies aus den genannten Gründen die vorzugswürdige Rechtsschutzmöglichkeit darstellen: Im Rahmen einer verwaltungsgerichtlichen Feststellungsklage würde für seine Ziele nicht viel gewonnen, außer der Prüfung der Wirksamkeit der Mindestlohnverordnung. Im Wege einer Zahlungsklage kann der Arbeitnehmer dagegen zunächst inzident die Wirksamkeit der Verordnung überprüfen lassen und sodann einen vollstreckbaren Titel gegen den Arbeitgeber auf Zahlung des entsprechenden Arbeitsentgelts erlangen.[25]

B. Anspruch auf Erlass einer Mindestentgeltverordnung

Die Festsetzung eines Mindestarbeitsentgelts kommt nur in Betracht, wenn die im MiArbG genannten Voraussetzungen erfüllt sind, insbesondere die Tarifbindung im Wirtschaftszweig nicht über 50 Prozent liegt. Daneben ist nach der im Rahmen dieser Arbeit gefundenen Auslegung das Vorliegen sozialer Verwerfungen erforderlich. Schließlich kommt eine Mindestentgeltfestsetzung nur in Betracht, soweit nicht bereits angemessene Arbeitsentgelte durch Tarifvertrag gewährt werden. Sind alle diese Bedingungen erfüllt, resultiert hieraus ein entsprechendes Ermessen des Verordnungsgebers über die Festsetzung des Mindestarbeitsentgelts. Wird er allerdings nicht tätig und bleibt deshalb die Festsetzung aus, stellt sich die Frage, ob die betreffenden Arbeitnehmer gerichtlich ei-

---

25 Zwar steht es auch dem Arbeitgeber weiterhin frei, sich zunächst von seinem Arbeitnehmer auf Zahlung verklagen zu lassen, um so die Rechtmäßigkeit der Verordnung feststellen zu lassen. Dies wäre jedoch wenig sinnvoll, zumal er in dieser Variante regelmäßig zunächst in Zahlungsverzug geraten wird und dann die damit verbundenen zivilrechtlichen Auswirkungen auf das Arbeitsverhältnis tragen muss.

nen Anspruch auf Erlass einer solchen Verordnung durchsetzen können. Damit ist der Fragenkomplex der Normenerlassklage angesprochen.

I. Umstritten: Statthafte Klageart

Eine auf den Erlass einer untergesetzlichen Norm gerichtete Klage wird von Rechtsprechung und Schrifttum grundsätzlich in engen Grenzen anerkannt.[26] Dies gilt zumindest soweit, wie es sich nicht um parlamentarische Gesetzgebung handelt.[27] Umstritten ist dagegen, ob hierfür die Leistungs- oder die Feststellungsklage statthaft sein soll.[28] Überwiegend wird in der Rechtsprechung allerdings die Feststellungsklage für vorzugswürdig gehalten, da mit dieser den Anforderungen des Gewaltenteilungsgrundsatzes besser Genüge getan werde.[29] Zudem bestehe für auf hoheitliches Handeln gerichtete Klagen eine Ausnahme von der grundsätzlichen Subsidiarität der Feststellungsklage gegenüber der Leistungsklage.[30]

II. Anspruch auf Normerlass

Unabhängig von der statthaften Klageart fragt es sich jedenfalls, in welchen Fällen eine Normerlassklage überhaupt in Betracht kommt. Regelmäßig kann der Verordnungsgeber einen weiten Spielraum für sich in Anspruch nehmen, soweit ihm Ermessen eingeräumt wird. Dies gilt auch im Fall des MiArbG.[31] Zwar kann die Bundesregierung den vom Fachausschuss ausgearbeiteten und vom BMAS unterbreiteten Vorschlag nur unverändert übernehmen. Sie kann ihn aber auch ablehnen und die Verordnung unterlassen. Zudem steht ihr zwar kein Ermessen hinsichtlich der Höhe des Mindestentgelts zu, wohl aber bezüglich dessen zeitlichem, sachlichem und personellem Geltungsbereich.[32] Dieses einge-

---

26 Str., vgl. BVerwGE 80, 355ff.; BVerwG NVwZ 2002, 1505ff.; NVwZ 2008, 423; vgl. auch v.Barby, NJW 1989, 80ff.; Hufen, Verwaltungsprozessrecht, S. 362ff.; Mäßen/Maurer, NZA 1996, 121, 122; Maunz/Dürig/Schmidt-Aßmann, GG, Art. 19 Abs.4, Rn. 76; Westbomke, Der Anspruch auf Erlass von Rechtsverordnungen und Satzungen, S. 196.

27 Mäßen/Maurer, NZA 1996, 121, 122.

28 Vgl. zum Streitstand: Hufen, Verwaltungsprozessrecht, S. 364ff..; Kopp/Schenke, VwGO, § 43, Rn. 8j; Schoch/Schmidt-Aßmann/Pietzner/Pietzcker, VwGO, § 42 Abs. 1, Rn. 160.

29 Vgl. etwa BVerwGE 80, 355ff.; BVerwG NVwZ 2002, 1505ff.; BVerwG NVwZ 2008, 423; a.A. etwa Duken, NVwZ 1993, 546, 547ff.

30 Vgl. hierzu BVerwGE 36, 179, 182; BVerwGE 114, 61, 63.

31 Vgl. BT-Drucks. 16/10485, S. 11, Nr. 6, lit. c; vgl. auch ErfK/Franzen, § 4 MiArbG, Rn. 4. Siehe hierzu auch bereits oben unter § 3 A. III.

32 Vgl. Löwisch, RdA 2009, 215, 223, sowie oben unter § 3 A. III.

räumte Ermessen hat der Verordnungsgeber aufgrund seiner Bindung an die Verfassung nach Art. 20 Abs. 3 GG so auszuüben, dass dabei die Vorgaben des MiArbG ausreichend beachtet werden und insbesondere die aus Art. 9 Abs. 3 GG folgenden Rechte der Koalitionen nicht verletzt werden.[33] Ausnahmsweise kann dieses Ermessen aber soweit reduziert werden, dass als einzig rechtmäßige Entscheidung der Erlass der Verordnung verbleibt.[34] Ein solcher Anspruch setzt voraus, dass dem Anspruchsteller ein entsprechendes subjektives öffentliches Recht zusteht.[35] Solche Rechte folgen vor allem aus den Grundrechten und dabei in erster Linie aus dem Gleichbehandlungsanspruch und den verfassungsrechtlichen Schutzpflichten des Staates.[36]

1. Anspruch auf gleichheitssatzkonforme Mindestentgeltfestsetzung

Denkbar ist zunächst eine Pflicht zur Mindestentgeltfestsetzung über den Gleichheitssatz nach Art. 3 Abs. 1 GG. Als Teil der Staatsgewalt ist auch die Verwaltung über Art. 1 Abs. 3, sowie Art. 20 Abs. 3 GG an die Vorgaben des Gleichheitssatzes gebunden. Sie ist daher verpflichtet, wesentlich Gleiches nicht ohne sachlichen Grund ungleich zu behandeln.[37] Auf Grundlage des Art. 3 Abs. 1 GG könnten daher Arbeitnehmer eines Wirtschaftszweiges die Festsetzung eines Mindestarbeitsentgelts verlangen, wenn in einem wesentlich vergleichbaren Wirtschaftszweig ebenfalls ein solches verordnet wurde.[38]

Allerdings wurde dazu bereits oben festgestellt, dass es schwerfallen dürfte, zu belegen, ob die Gegebenheiten in beiden Wirtschaftszweigen tatsächlich so vergleichbar sind, dass eine ausbleibende Festsetzung zwingend einen Verstoß gegen den Gleichheitssatz bedingen würde.[39] Der Gesetzgeber hat mit dem Erfordernis sozialer Verwerfungen aus § 3 Abs. 2 S. 1 MiArbG und den Vorgaben des § 4 Abs. 4 S. 3 MiArbG Kriterien vorgegeben, anhand derer eine Differenzierung zwischen Wirtschaftszweigen erfolgen darf. Von solchen, durch Gesetz bestimmten, Differenzierungskriterien darf die Exekutive nicht abweichen.[40] Es

---

33 Vgl. Löwisch, RdA 2009, 215, 223.

34 Vgl. BVerwGE 11, 95, 97; BVerwGE 16, 214, 218; Hufen, § 26, Rn. 20.

35 Sodan, NVwZ 2000, 601, 602.

36 Schoch/Schmidt-Aßmann/Pietzner/Pietzcker, VwGO, § 42 Abs. 1, Rn. 160; Sodan, NVwZ 2000, 601, 602.

37 Schoch/Schmidt-Aßmann/Pietzner/Gerhardt, VwGO, § 113, Rn. 24.

38 § 6 E. III.

39 § 6 E. III.

40 Dazu grundlegend Gusy, NJW 1988, 2505, 2509ff., sowie bereits unter § 6 E.

steht ihr insoweit „keine eigene Auswahlfreiheit“ zu.[41] Damit kommt ein Anspruch auf Erlass einer Verordnung nach dem MiArbG nur dann in Betracht, wenn in den vergleichend herangezogenen Wirtschaftszweigen die vom MiArbG bestimmen Anwendungs- und Erlassvoraussetzungen gegeben sind. Allerdings sind die dem Verordnungsgeber vorgegebenen Kriterien des MiArbG so unbestimmt, dass damit ein weiter Spielraum eröffnet wird. Nur bei Vorliegen aller Voraussetzungen, insbesondere einer positiven Prognose für die in § 4 Abs. 4 S. 3 MiArbG genannten Ziele, kommt ein Anspruch auf Festsetzung in Frage. Für die Begründung dieses Anspruchs müsste der Anspruchsteller daher nachweisen, dass diese Voraussetzungen erfüllt sind und auch ansonsten keine Gründe bestehen, zwischen den betreffenden Wirtschaftszweigen zu differenzieren. In der Praxis dürfte damit der Nachweis wesentlich gleicher Bedingungen in verschiedenen Wirtschaftszweigen regelmäßig nur schwer zu führen sein.[42]

2. Anspruch aufgrund sozialstaatlicher Schutzpflicht

Anspruchsbegründend wirken ferner grundrechtliche Schutzpflichten des Staates.[43] Im Zusammenhang mit den Zielsetzungen des MiArbG liegt hier vor allem ein Anspruch aufgrund sozialstaatlicher Schutzpflichten nahe. Das Sozialstaatsprinzip gehört zu den in Art. 20 GG verankerten Staatsgrundsätzen.[44] Diese geben dem Staat allgemein und abstrakt ein Maximalziel vor und wirken dementsprechend als „Optimierungsgebote“.[45] Als ein solches ist vor allem auch das Sozialstaatsprinzip der Konkretisierung durch den Gesetzgeber zugängig.[46]

---

41 Gusy, NJW 1988, 2505, 2509.

42 Vgl. § 6 E. III.

43 Bieback, RdA 2000, 207, 209; Sodan, NVwZ 2000, 601, 603; vgl. hierzu ausführlich bereits § 5 B. I. 1.

44 Im Schrifttum haben sich unterschiedlichste Umschreibungen dieses Begriffs herausgebildet. Im Einzelnen haben unterschiedliche Definitionsversuche auch zu - im Detail voneinander abweichenden - Inhalten der sich aus Art. 20 GG ergebenden Grundsätze geführt. Einen Überblick zu dieser Problematik bietet Dreier/Dreier, GG II, Art. 20 GG (Einführung), Rn. 5 ff. In Übereinstimmung mit Dreier lässt sich jedenfalls festhalten, dass aufgrund der hohen Abstraktheit des Sozialstaatsprinzips dieses am ehesten als sog. „Staatsziel“ zu umschreiben ist und damit einen Gestaltungsauftrag an den Gesetzgeber enthält.

45 So grundlegend Alexy, Theorie der Grundrechte, S. 75 ff., sowie diesen Begriff übernehmend: v.Münch/Kunig/Schnapp, GK II, Art. 20 GG, Rn. 6; Dreier/Dreier, GG II, Art. 20 GG (Sozialstaat), Rn. 31.

46 Das Bundesverfassungsgericht, BVerfGE 5, 85, 189 spricht insoweit von einem „der konkreten Ausgestaltung in hohem Maße fähigen und bedürftigen Prinzip“.

Zugleich verpflichten die Grundrechte den Staat, sich „schützend und fördernd" vor sie zu stellen.[47] Insbesondere aus der in Art. 1 Abs. 1 GG verankerten Menschenwürde kann sich zudem die Pflicht ergeben, rechtliche Regelungen zu erlassen und so auszugestalten, dass die Gefahr einer Grundrechtsverletzung ausgeschlossen wird.[48]

Grundsätzlich kann der Staat hinsichtlich der beschriebenen Schutzrechte einen weiten Ermessensspielraum für sich in Anspruch nehmen. Dies gilt in besonderem Maße für den Gesetzgeber, im Rahmen des ermächtigenden Gesetzes aber ebenso für die Exekutive.[49] Ein Anspruch auf Normerlass kommt dabei nur in Frage, wenn dieses Ermessen soweit reduziert ist, dass ein Unterlassen unweigerlich zu einer Verletzung grundrechtlich geschützter Interessen führte. Für die Beurteilung, ob eine solche Ermessensreduzierung vorliegt, kommt es auf Sinn und Zweck der Ermächtigungsgrundlage an.[50] Im Falle des MiArbG sind dies die in § 4 Abs. 4 S. 3 genannten Ziele, insbesondere die Gewährleistung angemessener Arbeitsbedingungen. Dabei geht es vorrangig um den Schutz der Arbeitnehmer vor unangemessen niedrigen Arbeitsentgelten. Dieser Schutzgedanke hat jedoch nicht sogleich zur Folge, dass jedes niedrige Entgelt einen Anspruch auf Festsetzung staatlicher Mindestarbeitsentgelte auslöst. Für eine Ermessensreduzierung ist nur Raum, wenn ohne die Festsetzung grundrechtliche Schutzgüter verletzt würden. Dies ist vor allem dann anzunehmen, wenn das im Wirtschaftszweig gezahlte Entgelt nicht existenzsichernd ist. In einem solchen Fall werden regelmäßig sowohl soziale Verwerfungen i.S.d. § 3 Abs. 1 S. 1 MiArbG vorliegen, wie auch die Voraussetzungen des § 4 Abs. 4 S. 3 MiArbG erfüllt sein. Insoweit aktualisiert sich die sozialstaatliche Schutzpflicht des Staates aus Art. 1 Abs. 1 GG in Verbindung mit dem Sozialstaatsprinzip und verdichtet das Ermessen auf die Pflicht zum Normerlass.[51]

Neben dieser Schutz*pflicht* kommt darüber hinaus nach den obigen Feststellungen grundsätzlich auch ein *Recht* des Staates zur Festsetzung angemessener Mindestarbeitsentgelte in Betracht, soweit er dabei die Tarifautonomie nicht

47 Insoweit nimmt das BVerfG eine Schutzpflicht für die in Art. 2 Abs. 2 GG genannten Güter an, vgl. BVerfGE 56, 54, 73; BVerfGE 56, 54, 73; BVerfGE 39, 1, 41; BVerfGE 46, 160, 164; BVerfGE 49, 89,142; BVerfGE 53, 30, 57; BVerfGE 77, 1 70, 214f.; BVerfGE 77, 381, 402f.; BVerfGE 79, 174, 201f.; BVerfGE 88, 203, 251.

48 Vgl. BVerfGE 49, 89, 142; Sodan, NVwZ 2000, 601, 603.

49 Sodan, NVwZ 2000, 601, 603.

50 Ritgen, NZA 2005, 673, 674.

51 Vgl. im Hinblick auf das Parallelproblem einer Reduzierung des gesetzgeberischen Ermessens: Bieback, RdA 2000, 207, 209ff.

über Gebühr einschränkt.[52] Dabei kann er sich auf Art. 12 Abs. 1 GG, Art. 2 Abs. 1 GG in Verbindung mit dem Sozialstaatsprinzip stützen.[53] Ob aus diesem Recht aber ebenfalls im Einzelfall eine Pflicht zur Verordnung eines Mindestentgelts erwachsen kann, ist zweifelhalft. In diesem Zusammenhang dürfte eine Ermessensreduzierung weitaus schwieriger zu begründen sein. Es kommt dabei maßgeblich darauf an, ob die Voraussetzungen des MiArbG erfüllt sind, insbesondere also angemessene Arbeitsbedingungen nicht bestehen und deshalb das grundrechtlich geschützte Interesse der Arbeitnehmer bei Nichterlass verletzt würde. Wann aber Arbeitsentgelte als nicht angemessen zu sehen sind, ist nur schwer zu bestimmen. Im Regelfall wird dies umso eher anzunehmen sein, je mehr sie sich der Existenzsicherungsgrenze annähern. In diesem Fall greift aber bereits die oben genannte sozialstaatliche Schutzpflicht. Entsprechend wird auch für Ansprüche auf Erlass einer Verordnung nach § 7 AEntG vorgebracht, sie könnten allenfalls bestehen, soweit die Verordnung erforderlich ist, um „soziale Notlagen" oder „schwerwiegende Verwerfungen" zu beheben.[54] „Der bloße Wunsch" eines Mindestlohns genügt indes nicht.[55] Es muss vielmehr hinreichend substantiiert vorgetragen werden, dass ohne die begehrte Verordnung soziale Verwerfungen die Folge wären. Einschätzungen hierüber werden dem einzelnen Arbeitnehmer aber regelmäßig schwer fallen, während sich etwa der Hauptausschuss für seine Beurteilung auf ausführliches Datenmaterial stützen kann. Selbst im Falle des Bestehens sozialer Verwerfungen bleibt es dem Fachausschuss aber regelmäßig vorbehalten zu prüfen, ob eine Mindestlohnfestsetzung im Einzelfall geeignet wäre, den in § 4 Abs. 4 S. 3 MiArbG genannten Vorgaben zu dienen. Nur wenn dies der Fall ist, kommt die Festsetzung überhaupt in Betracht. Ein Anspruch auf Erlass einer Mindestentgeltverordnung müsste daher auch dies zwingend berücksichtigen. Angesichts all dieser in die Entscheidung über die Mindestlohnfestsetzung einzubeziehenden Faktoren, erscheint eine Reduzierung des Festsetzungsermessens lediglich dann nachweisbar, wenn das gezahlte Arbeitsentgelt nicht für die Existenzsicherung ausreicht. In allen anderen Fällen dürfe der Nachweis schwer fallen, dass der Erlass einer entsprechenden Verordnung die einzig rechtmäßige Entscheidung des Verordnungsgebers darstellt, um grundrechtlich geschützte, akut bedrohte Interessen der Betroffenen zu wahren.

---

52 Ausführlich unter § 5 B. II.

53 § 5 B. II. 1.

54 ErfK/Schlachter, § 7 AEntG, Rn. 4.

55 ErfK/Schlachter, § 7 AEntG, Rn. 4.

III. Zusammenfassung

Grundsätzlich besteht Einigkeit darüber, dass Art. 19 Abs. 4 GG die Möglichkeit fordert, auf dem Klageweg Ansprüche auf Erlass einer untergesetzlichen Norm durchzusetzen. Statthaft ist insoweit die Feststellungsklage in Gestalt einer Normerlassklage. Ein Anspruch auf Normerlass kommt aber nur im Ausnahmefall in Betracht, nämlich ausschließlich dann, wenn die Voraussetzungen der Ermächtigungsgrundlage erfüllt sind und ohne die Norm verfassungsrechtliche Interessen zwingend bedroht wären. Die Voraussetzungen für einen Anspruch auf Erlass einer Mindestlohnverordnung nach dem MiArbG werden regelmäßig nur selten erfüllt sein. Die als unbestimmte Rechtsbegriffe im Gesetz enthaltenen Anwendungs- und Erlassvoraussetzungen schließen aufgrund ihrer Weitläufigkeit eine Reduzierung des Entschließungsermessens der Bundesregierung weitgehend aus.

C. Anspruch auf Aufhebung einer Mindestlohnverordnung

Die Festsetzung eines Mindestarbeitsentgelts führt zu Beeinträchtigungen sowohl von Arbeitgeberinteressen, wie auch der Tariffreiheit der betroffenen Koalitionen.[56] Insbesondere für diese wird es daher von Bedeutung sein, ob sie gegen ein einmal festgesetztes Mindestentgelt vorgehen können, ihnen also Ansprüche auf Aufhebung der zugrundeliegenden Verordnung zustehen. Dies dürfte immer dann anzunehmen sein, wenn die Anwendungs- und Erlassvoraussetzungen des MiArbG nachträglich wegfallen. Die konkreteste dieser Vorgaben ist dabei noch die Anwendungsvoraussetzung des Unterschreitens der Tarifbindungsschwelle nach § 1 Abs. 2 MiArbG. Sobald die Tarifbindung unter 50 Prozent liegt, kommt eine Mindestentgeltfestsetzung grundsätzlich in Betracht.[57] In diesem Zusammenhang stellt sich die Frage, was mit der einmal erlassenen Verordnung geschieht, wenn im Zeitpunkt ihres Erlasses die Tarifbindungsschwelle noch unterschritten wurde, während der Dauer ihrer Geltung aber die Tarifbindung im Wirtschaftszweig ansteigt und letztlich zu einem Überschreiten der Tarifbindungsschwelle führt. Sobald die Schwelle überschritten wird, wäre zumindest der erstmalige Erlass nach dem MiArbG nicht zulässig. Es erscheint daher nur konsequent, wenn daher auch die einmal erlassene Rechtsverordnung aufgehoben werden muss, sobald die zugrundeliegenden Voraussetzungen nicht mehr vorliegen. Dies gilt zum einen für das vorstehend benannte Überschreiten der

56 Vgl. § 4 und § 6 C.

57 Näher dazu bereits unter § 3 B. II.

Tarifbindungsschwelle, zum anderen aber auch hinsichtlich der übrigen Voraussetzungen des MiArbG, insbesondere dem Vorliegen sozialer Verwerfungen.[58]

Das MiArbG gibt in § 9 insoweit lediglich vor, dass für Änderung und Aufhebung der Verordnung die §§ 4 bis 7 entsprechend gelten. Letztlich bedeutet dies, dass auch die Aufhebung das mehrstufige Verfahren von Hauptausschuss, Fachausschuss und BMAS durchlaufen muss, bis am Ende die Bundesregierung hierüber befindet.[59] Wird dabei festgestellt, dass tatsächlich die Voraussetzungen weggefallen sind und auch nach Aufhebung der Verordnung nicht erneut entstehen würden, ist damit das materielle Substrat für die Verordnung weggefallen. Das Ermessen des Verordnungsgebers ist dann soweit reduziert, dass jedes Festhalten an der Verordnung als rechtswidrig anzusehen wäre.[60]

Fraglich ist allerdings, was dies für die gerichtliche Geltendmachung eines auf Aufhebung der Rechtsverordnung gerichteten Anspruchs bedeutet. Steigt die Tarifbindung über 50 Prozent, bedeutet das Fortbestehen des Mindestarbeitsentgelts erhebliche Beeinträchtigungen der Tariffreiheit für die in erster Linie für die Lohnsetzung zuständigen Koalitionen. Die damit drohende Verletzung der Tarifautonomie kann dann ausreichen, das Ermessen der Bundesregierung auf die Aufhebung der Verordnung zu reduzieren. Wenn aber nach § 9 MiArbG hierfür zunächst die Feststellungen des Hauptausschusses und des Fachausschusses erforderlich sein sollen, fragt es sich, ob es der Bundesregierung überhaupt möglich ist, den Mindestlohn aufzuheben, ohne zuvor dieses Verfahren durchlaufen zu haben. Insoweit könnte erwogen werden, dass der Anspruch auf Aufhebung der Verordnung die Bundesregierung lediglich dazu verpflichtet, ihr Vorschlagsrecht nach § 3 Abs. 2 MiArbG wahrzunehmen, wonach sie berechtigt ist, dem Hauptausschuss Vorschläge auch zur Aufhebung von Mindestarbeitsentgelten zu unterbreiten und auf diese Weise das weitere Verfahren einzuleiten. Damit würde allerdings der Rechtsschutz der Verordnungsadressaten in bedenklicher Weise verkürzt: Steht fest, dass beispielsweise die Tarifbindung in einem Wirtschaftszweig zwischenzeitlich die 50 Prozent-Schwelle überschritten hat, muss dies bereits ausreichen, um eine Pflicht zur unverzüglichen Aufhebung der Verordnung durch die die Bundesregierung zu begründen.[61] Dem Normadressa-

58 Vgl. zum insoweit parallelen Problem der Aufhebung einer nach dem AEntG erlassenen Rechtsverordnung: Ritgen, NZA 2005, 673, 675; Schlachter, in ErfK, § 7 AEntG, Rn. 5.

59 ErfK/Franzen, § 9 MiArbG, Rn. 1; Thüsing/Thüsing, AEntG-Komm., § 9 MiArbG, Rn. 35.

60 Vgl. zum AEntG: ErfK/Schlachter, § 7 AEntG, Rn. 4.

61 Ebenso Ritgen, NZA 2005, 673, 675 im Hinblick auf das nachträgliche Wegfallen des einer Mindestlohnverordnung nach dem AEntG zugrundeliegenden Tarifvertrages.

ten wäre es nicht zumutbar, zunächst den Verlauf des gesamten Aufhebungsverfahrens abzuwarten, wenn bereits zweifelsfrei feststeht, dass die Anwendungsvoraussetzungen des MiArbG nicht mehr bestehen.[62]

D. Zusammenfassung

Regelmäßig werden Ansprüche auf Erlass einer Mindestentgeltverordnung nach dem MiArbG nicht bestehen. Die Voraussetzungen dieses Gesetzes dürften nur selten so eindeutig erfüllt sein, dass als einzig rechtmäßige Entscheidung die zur Festsetzung eines Mindestarbeitsentgelts verbleibt. Für eine solche Annahme werden die Erlassvoraussetzungen regelmäßig zu weitläufig sein. Dagegen kommt ein Anspruch auf Aufhebung eines einmal erlassenen Mindestentgelts stets dann in Betracht, sobald die Voraussetzungen des MiArbG nicht mehr vorliegen, vor allem also, wenn die Tarifbindung im Wirtschaftszweig über 50 Prozent steigt. Ist dies zweifelsfrei festgestellt, ist es den Normunterworfenen nicht zumutbar, den Ablauf des im MiArbG vorgeschriebenen Verfahrens abzuwarten. Allerdings ist zu berücksichtigen, dass die Bestimmung der Tarifbindung erheblichen statistischen Aufwands bedarf und deshalb ebenfalls nur schwer nachzuweisen sein wird.

---

62 Allerdings werden sich auch hier erhebliche Beweisschwierigkeiten insoweit ergeben, als selbst das Maß der Tarifbindung ohne erheblichen statistischen Aufwand nur schwer festzustellen sein dürfte.

§ 9 Zusammenfassung

1. Die Festsetzung von Mindestarbeitsentgelten nach dem MiArbG steht im Spannungsfeld zwischen privat- und tarifautonomer Gestaltung der Entgelte und der staatlichen Gesetzgebungskompetenz aus Art. 74 Abs. 1 Nr. 12 GG.
2. Neben dem MiArbG bestehen verschiedene einfachgesetzliche Grenzen für die autonome Entgeltfestsetzung. Je nachdem, ob der Staat direkt konkrete Lohnhöhen vorgibt, oder diese vom Normanwender anhand von offenen Tatbeständen zu ermitteln sind, lassen sich mittelbare und unmittelbare Entgeltuntergrenzen unterscheiden. Die Festsetzung von bestimmten Mindestarbeitsentgelten nach dem MiArbG ist zu den unmittelbaren Lohnuntergrenzen zu zählen.
3. Bei der Anwendung des MiArbG ist zwischen Anwendungs- und Erlassvoraussetzungen zu differenzieren. Der Anwendungsbereich ist eröffnet, sobald in einem Wirtschaftszweig die Tarifbindung unter 50 Prozent liegt. Über die praktische Relevanz des MiArbG wird vor allem die konkrete Auslegung des Begriffs des Wirtschaftszweiges entscheiden. Ein zu enges Verständnis verringert den Anwendungsbereich des Gesetzes, während eine weite Auslegung den Konflikt mit den Regelungsbefugnissen der Koalitionen verschärft.
4. Die Abgrenzung von AEntG und MiArbG anhand der Tarifbindungsschwelle überzeugt nicht, ist aber vom Gesetzgeber ausdrücklich gewollt. Eine parallele Anwendung des AEntG im Geltungsbereich des MiArbG kommt deshalb auch dann nicht in Frage, wenn ein grundsätzlich für die Tarifnormerstreckung geeigneter Tarifvertrag besteht, soweit nicht mindestens eine Tarifbindung von 50 Prozent gegeben ist. Im Ergebnis werden damit Lücken im Mindestlohnsystem in Kauf genommen.
5. Von den Anwendungsvoraussetzungen sind die Voraussetzungen für den Erlass einer Mindestentgeltverordnung zu trennen. Dazu zählen das Vorliegen sozialer Verwerfungen, sowie die Geeignetheit des festzusetzenden Mindestarbeitsentgelts zur Erfüllung der Vorgaben aus § 4 Abs. 4 S. 3 MiArbG. Mindestentgelte können danach nur festgesetzt werden, wenn sie geeignet sind, angemessene Arbeitsbedingungen zu schaffen, faire und funktionierende Wettbewerbsbedingungen zu gewährleisten und sozialversicherungspflichtige Beschäftigung zu erhalten. Zudem folgt aus § 4 Abs. 4 S. 1 MiArbG, dass lediglich das für die Erreichung dieser Ziele mindestens erforderliche Entgelt festgesetzt werden darf.
6. Die Festsetzung von Mindestarbeitsentgelten wirkt unmittelbar auf das Arbeitsverhältnis und verdrängt sowohl bestehende, als auch künftige niedriger dotierte Tarifvertragsregelungen, soweit diese nicht unter den Geltungsbe-

reich der Übergangsregelung des § 8 Abs. 2 MiArbG fallen. Die übrigen tarifvertraglichen Regelungen ohne Entgeltbezug bleiben entsprechend dem Sinn und Zweck des MiArbG von der verdrängenden Wirkung unberührt. Nach der Aufhebung der Rechtsverordnung leben die verdrängten Tarifvertragsregelungen wieder auf.

7. Die Entgeltfestsetzung nach dem MiArbG greift in mehrfacher Hinsicht in die Tarifautonomie ein. Als verfassungsrechtlicher Eingriff ist die Verdrängung bestehender und künftiger Tarifvertragsregelungen zu nennen. Zudem tritt der Staat mit dem MiArbG in Konkurrenz zu den Koalitionen. Auch hierin ist ein Eingriff in Art. 9 Abs. 3 GG zu sehen. Es handelt sich auch nicht lediglich um die Ausgestaltung des Art. 9 Abs. 3 GG. Ziel des MiArbG ist nicht die Modifizierung des Tarifvertragssystems, sondern die Gewährung angemessener Arbeitsentgelte zum Schutz der betroffenen Arbeitnehmer. Die damit eintretende Konkurrenz zwischen staatlicher und tarifvertraglicher Regulierung der Arbeitsbedingungen gestaltet den Freiheitsraum der Koalitionen nicht aus, sondern beschränkt ihn.
8. Auch die einseitig zwingende Gestaltung des MiArbG spricht nicht gegen die Annahme eines Eingriffs in die Tarifautonomie. Art. 9 Abs. 3 GG wirkt nicht lediglich als Arbeitnehmerschutzrecht, sondern schützt das Zusammenspiel der Sozialpartner. Auch die Arbeitgeberseite kann sich daher auf das Grundrecht der kollektiven Koalitionsfreiheit berufen. Zudem hat die Festsetzung von Mindestarbeitsbedingungen nicht zwingend stets vorteilhafte Auswirkungen für die betroffenen Arbeitnehmer, insbesondere wenn damit negative Auswirkungen auf den Beschäftigungsstand verbunden sind.
9. Die Annahme eines Schutzes der Tarifautonomie in Form einer Institutsgarantie sieht sich erheblichen Bedenken ausgesetzt und ist im Ergebnis abzulehnen. Insbesondere ist bei Anwendung der Wesensgehaltsgarantie des Art. 19 Abs. 2 GG auf Art. 9 Abs. 3 GG ein ausreichender Schutz vor Aushöhlung gewährleistet. Für einen darüber hinausgehenden institutionellen Schutz bestehen insbesondere nach Aufgabe der Kernbereichsrechtsprechung keine überzeugenden Gründe.
10. Die Festsetzung von Mindestarbeitsentgelten kann negative Auswirkungen auf das Verhandlungsgleichgewicht der Tarifvertragsparteien haben. Denkbar sind Ungleichgewichte zu beiden Seiten. Die Begründung einer einseitigen Übermachtstellung ist kaum zu befürchten, da oberhalb der Mindestentgelte ausreichend Raum für abweichende Vereinbarungen verbleibt. Die Beeinträchtigung des Verhandlungsgleichgewichts wirkt nicht wie ein rechtliches Verbot von Tarifverträgen und erreicht damit nicht die für die Annahme eines faktischen Grundrechtseingriffs erforderliche Intensität.

11. Es ist nicht auszuschließen, dass durch die Vorgabe von Mindestarbeitsentgelten die Attraktivität eines Beitritts in bestehende Koalitionen verringert wird. Auch hier wird jedoch ein ausreichendes Maß für die Annahme eines faktischen Eingriffs nicht erreicht. Zudem ist die Bereitschaft zur Mitgliedschaft in den Interessenvertretungen auf Seiten der Arbeitgeber und Arbeitnehmer im potenziellen Anwendungsbereich des MiArbG auch ohne die Festsetzung von Mindestarbeitsbedingungen nur gering. In Bereichen mit hoher Tarifbindung scheidet dagegen eine Entgeltfestsetzung ohnehin aus.
12. Als Rechtfertigung für die Beeinträchtigungen der Tarifautonomie kommen Grundrechte, sowie jegliche Interessen Dritter mit Verfassungsrang in Betracht. Das MiArbG dient der Schaffung angemessener Arbeitsbedingungen und der finanziellen Stabilität des Systems der sozialen Sicherung.
Im Zusammenhang mit der Schaffung angemessener Arbeitsbedingungen ist zwischen existenzsichernden und angemessenen Mindestentgelten zu unterscheiden. Die Gestaltung angemessener Arbeitsentgelte ist grundsätzlich Aufgabe der Koalitionen und nicht die des Staates. Die Befugnis des Gesetzgebers zur Festsetzung existenzsichernder Mindestentgelte ist dagegen weitgehend anerkannt.
Die umfassende Auslegung der einzelnen Regelungen des MiArbG ergibt keine Begrenzung auf die Festsetzung lediglich existenzsichernder Mindestarbeitsentgelte. Vielmehr ist auch die Vorgabe eines Mindestmaßes an angemessenen Entgelten nicht ausgeschlossen. Hierfür sprechen insbesondere die Formulierung des § 4 Abs. 4 S. 3 Nr. 1 MiArbG („angemessene Arbeitsbedingungen zu schaffen") und die Möglichkeit, bei der Festsetzung nach den Kriterien des § 4 Abs. 4 S. 2 MiArbG zu differenzieren. Auf diese Weise kann die Mindestentgelthöhe von der jeweiligen Beschäftigung abhängig gemacht werden.
Nach der Rechtsprechung des Bundesverfassungsgerichts ist auch die Schaffung angemessener Arbeitsbedingungen als Legitimation für Eingriffe in die Tarifautonomie grundsätzlich geeignet. Vor allem die Entwicklungen im Niedriglohnsektor zeigen zudem, dass das Verhandlungsungleichgewicht zwischen Arbeitnehmer und Arbeitgeber nicht überall durch Tarifverträge ausgeglichen wird. Eine zeitoffene Interpretation der Tarifautonomie erlaubt zumindest in Bereichen mit nachhaltig verfestigter Funktionsstörung der Tarifautonomie die staatliche Vorgabe angemessener Arbeitsbedingungen.
13. Trotz bestehender Bedenken hinsichtlich der ökonomischen Auswirkungen von Mindestentgelten ist den Einschätzungen des Gesetzgebers über die Geeignetheit der Mindestarbeitsentgelte nach dem MiArbG zur Schaffung an-

gemessener Arbeitsbedingungen aufgrund des legislativen Einschätzungs- und Entscheidungsvorrangs zu folgen.
Angemessene Mindestarbeitsentgelte wären dagegen nicht erforderlich und würden einen unverhältnismäßigen Eingriff in die Tarifautonomie begründen, wenn die Normsetzungsprärogative der Koalitionen nicht beachtet würde. Entscheidendes Gewicht erhält dabei die grundsätzliche Vermutung der Richtigkeit und Angemessenheit tarifvertraglicher Regelungen. Diese ist jedoch zumindest dann widerlegt, wenn der Tarifvertrag lediglich „Hungerlöhne" vorgibt. Die Erforderlichkeit des MiArbG lässt sich begründen, indem es im Wege einer verfassungskonformen Auslegung auf die Festsetzung von Mindestentgelten in solchen Wirtschaftszweigen beschränkt wird, in denen Tarifverträge entweder gar nicht vorhanden sind, oder bestehende Tarifverträge nur derart niedrige Entgelte vorgeben, dass im Ergebnis die Vermutung der Angemessenheit widerlegt ist.

14. Alternative Mittel zur Schaffung angemessener Arbeitsentgelte wie die Konkretisierung der Sittenwidrigkeitsgrenze, die Einführung flächendeckender Mindestlöhne, die tarifdispositive Ausgestaltung des MiArbG oder eine Regulierungspflicht der Koalitionen stellen entweder keinen milderen Eingriff in Art. 9 Abs. 3 GG dar, oder sind weniger gut geeignet, die mit dem MiArbG verfolgten Ziele zu fördern. Im Übrigen ist auch hier die Einschätzungsprärogative des Gesetzgebers zu beachten.
15. Die mit dem MiArbG verbundenen Eingriffe in die Tarifautonomie stellen einen angemessenen Ausgleich der betroffenen Interessen dar. Zwar bedeuten staatliche Entgeltregelungen grundsätzlich eine besonders intensive Beschränkung des Art. 9 Abs. 3 GG. Insbesondere die Orientierung des Festsetzungsverfahrens am tarifvertraglichen Einigungsverfahren, die Beteiligung der Koalitionen auf jeder Verfahrensstufe und die teilweise entsprechende Anwendbarkeit des TVG kompensieren aber die gestörte Funktionalität der koalitionären Kompromissfindung in verhältnismäßiger Art und Weise. Durch die Begrenzung auf Wirtschaftszweige ohne angemessene Tarifvertragsregelungen und die Beschränkung auf ein Mindestmaß angemessener Mindestentgelte wird zudem die Aushöhlung der Tarifautonomie verhindert.
16. Die Festsetzung staatlicher Mindestentgelte dient auch der Vermeidung von Lohn- und Sozialdumping. Sie trägt auf diese Weise in mehrfacher Hinsicht zur Entlastung der sozialen Sicherungssysteme bei. Auch hierin ist eine Rechtfertigung der Eingriffe in Art. 9 Abs. 3 GG zu sehen.
17. Für die nach dem MiArbG zulässige Mindestentgelthöhe sind mit dem Existenzminimum als Untergrenze, sowie den Kriterien des § 4 Abs. 4 S. 3 MiArbG und der Vermutung der Angemessenheit tariflicher Entgelte ausrei-

chende Koordinaten vorgegeben, um den Rahmen der Festsetzung zu bestimmen.

18. Der Ausschluss von Minderheitsverbänden bei der Besetzung des Hauptausschusses verletzt nicht das aus Art. 9 Abs. 3 GG folgende Diskriminierungsverbot. Die Beschränkung auf Vertreter der Spitzenorganisationen dient der Funktionsfähigkeit des Gremiums. Dies genügt als Differenzierungsgrund.
19. Das MiArbG verstößt nicht gegen den Vorbehalt des Gesetzes. Die verwendeten unbestimmten Rechtsbegriffe sind hinreichend der Auslegung zugänglich. Auch die Beteiligung der Fachausschüsse im Festsetzungsverfahren ist unbedenklich, da die Letztentscheidungskompetenz allein bei der Bundesregierung als Verordnungsgeberin liegt.
20. Die Entgeltfestsetzung nach dem MiArbG greift in mehrfacher Hinsicht in den Schutzbereich des Art. 12 Abs. 1 GG ein. Die mit dem Gesetz verfolgten Ziele taugen aber als Eingriffslegitimation. Zudem sind die Eingriffe zumindest dann verhältnismäßig, wenn das MiArbG ausschließlich in verfassungskonformer Weise angewendet wird, also lediglich ein unterstes Maß an angemessenen Arbeitsentgelten in Wirtschaftszweigen ohne angemessene Tariflöhne festgesetzt wird.
21. Die Verdrängung bestehender Entgeltregelungen in Tarifverträgen stellt grundsätzlich eine unzulässige unechte Rückwirkung dar. Die Übergangsregelung des § 8 Abs. 2 MiArbG hilft dem nur teilweise ab, da hiervon Tarifverträge nicht erfasst werden, die nach Inkrafttreten des Gesetzes, aber noch vor Erlass einer einschlägigen Mindestentgeltverordnung geschlossen werden. In diesem Zusammenhang ist ein Fall unzulässiger Rückwirkung anzunehmen. Ein Verstoß gegen das Rückwirkungsverbot ist dagegen zumindest für Tarifverträge mit unangemessen niedrigen Entgeltregelungen ausgeschlossen. Für diese ist die Richtigkeitsvermutung widerlegt, sodass kein schützenswertes Vertrauen in ihren Bestand entstehen kann.
22. Bedenklich erscheint die Regelung des § 8 Abs. 2 MiArbG auch vor dem Hintergrund des Art. 3 Abs. 1 GG. Allein das Datum des Kabinettsbeschlusses stellt keinen ausreichenden Differenzierungsgrund zwischen den von der Übergangsregelung erfassten und den nicht darunter fallenden Tarifverträgen dar. Es fehlt insoweit an einem unmittelbaren Sachbezug der gesetzlichen Regelung.
    Auch die differenzierende Wirkung der Tarifbindungsschwelle als Anwendungsvoraussetzung des MiArbG wirft Zweifel auf. Da aber die Tarifbindung ein starkes Indiz für die Richtigkeit eines Tarifvertrages sein kann, hält sich der Gesetzgeber mit der Normierung der Tarifbindungsschwelle als Grenze

zwischen AEntG und MiArbG noch im Rahmen seines Einschätzungsspielraums.
Die Festsetzung von Mindestarbeitsentgelten bewirkt eine Differenzierung zwischen dem erfassten Wirtschaftszweig und den übrigen Wirtschaftszweigen außerhalb des Geltungsbereichs der entsprechenden Verordnung. Abhängig von der Perspektive begründet dies eine Begünstigung bzw. Belastung der betroffen Arbeitnehmer und Arbeitgeber gegenüber vergleichbaren Gruppen im jeweils anderen Wirtschaftszweig. Der Gleichheitssatz zwingt allerdings dazu, bei der Anwendung des MiArbG vergleichbare Wirtschaftszweige mit vergleichbaren Mindestentgelten zu versehen. Aufgrund der unbestimmten Vorgaben des Gesetzgebers wird der Nachweis einer wesentlichen Gleichheit von Wirtschaftszweigen und Betroffenengruppen tatsächlich jedoch nur schwer zu führen sein. Unabhängig davon hat es der Verordnungsgeber in der Hand, verfassungskonforme Auswahlentscheidungen zu treffen.

25. Die Festsetzung von Mindestarbeitsentgelten nach dem MiArbG verstößt nicht gegen das Europarecht. Insbesondere ist ein Verstoß gegen die Dienstleistungsfreiheit gerechtfertigt, da Mindestentgelte unterschiedslos für in- und ausländische Arbeitgeber wirken und etwaige Marktzutrittsbeschränkungen durch die mit dem MiArbG verfolgten Ziele legitimiert werden. Problematisch ist dagegen die Übergangsregelung des § 8 Abs. 2 MiArbG, die deutsche Tarifvertragsparteien gegenüber ausländischen bevorteilt. Die Begünstigung von nach dem TVG geschlossenen Tarifverträgen muss daher europarechtskonform ausgelegt werden, sodass auch solche ausländischen Tarifverträge erfasst werden, die in ihrer Schutzwirkung deutschen Tarifverträgen entsprechen.
26. Das MiArbG bietet aufgrund der vielfachen Verwendung unbestimmter Rechtsbegriffe ein erhebliches Potential für Rechtsverletzungen. Betroffene Arbeitgeber erhalten nach neuerer Rechtsprechung des Bundesverwaltungsgerichts Rechtsschutz im Wege der verwaltungsgerichtlichen (atypischen) Feststellungsklage nach § 43 Abs. 1 VwGO. Daneben können sie - genauso wie betroffene Arbeitnehmer - vor den Arbeitsgerichten inzident die Rechtmäßigkeit der beanstandeten Mindestentgeltverordnung überprüfen lassen. Für Arbeitnehmer scheidet die Feststellungsklage aus, da die arbeitsgerichtliche Klage auf Zahlung des Mindestentgelts dem Rechtsschutzbedürfnis besser Rechnung trägt.
27. Ansprüche auf Erlass einer Mindestentgeltverordnung werden nur schwer durchsetzbar sein, da das MiArbG dem Verordnungsgeber Ermessen hinsichtlich des „Ob“ der Festsetzung einräumt. Die für einen Anspruch erfor-

derliche Ermessensreduzierung wird aufgrund der Unbestimmtheit der Voraussetzungen nur selten vorliegen und zudem schwer nachzuweisen sein.

28. Entfallen die Voraussetzungen für den Erlass einer Mindestentgeltverordnung nachträglich, begründet dies einen Anspruch der Betroffenen auf Aufhebung der Verordnung. Mit der Rechtsschutzgarantie wäre es aber nicht zu vereinbaren, wenn für die Aufhebung zunächst das im MiArbG vorgesehene Verfahren erneut durchlaufen werden müsste. Steht fest, dass die Voraussetzungen weggefallen sind, ist die Verordnung ohne Weiteres aufzuheben, um vor allem die ansonsten drohenden Beeinträchtigungen der Tarifautonomie zu vermeiden. Auch hier sind in der Praxis jedoch Beweisschwierigkeiten zu erwarten.

Literaturverzeichnis

Adomeit, Klaus, Das Günstigkeitsprinzip – neu verstanden, NJW 1984, S. 26 – 27

ders., Rechtsquellenfragen im Arbeitsrecht, München 1969

Alexy, Robert, Theorie der Grundrechte, 2. Auflage, Frankfurt a.M. 1994 (zit. *Alexy*, Theorie der Grundrechte)

Andelewski, Utz Aeneas, Staatliche Mindestlohnregelungen, DStR 2008, S. 2114 – 2120

ders., Staatliche Mindestarbeitsbedingungen: die Möglichkeit des Staates zur Setzung von Mindestarbeitsbedingungen unter besonderer Berücksichtigung des Falles der partiellen Machtlosigkeit von Arbeitnehmerkoalitionen, Berlin 2001, zugl. Diss. Berlin 2000 (zit. *Andelewski*, Staatliche Mindestarbeitsbedingungen)

Badura, Peter, Arbeitsgesetzbuch, Koalitionsfreiheit und Tarifautonomie, RdA 1974, S. 129 - 138

Barby, Hanno von, Der Anspruch auf Erlaß einer Rechtsverordnung, NJW 1989, S. 80 – 81

Bartlog, Julia V.C., Das Verhältnis von Gesetz und Tarifvertrag, Frankfurt a.M. 2006, zugl. Diss. Bielefeld 2005

Battis, Ulrich / Gusy, Christoph, Einführung in das Staatsrecht, 4. Auflage, Heidelberg 1999 (zit. *Battis/Gusy*, Staatsrecht)

Bauer, Jobst-Hubertus / Klebe, Thomas / Schunder, Achim, Das Arbeitsrecht in der neuen Legislaturperiode, NZA 2009, S. 1190 - 1192

Bauer, Jobst-Hubertus / Krets, Jerome, Gesetze für moderne Dienstleistungen am Arbeitsmarkt, NJW 2003, S. 537 - 545

Bayreuther, Frank, Ist die Lohnwucherrechtsprechung international-privatrechtlich zwingend?, NZA 2010, S. 1158 - 1160

ders., Einige Anmerkungen zur Verfassungsmäßigkeit des Arbeitnehmer-Entsendegesetzes und des Mindestarbeitsbedingungengesetzes 2009, NJW 2009, S. 2006 – 2011

ders., Gesetzlicher Mindestlohn und sittenwidrige Arbeitsbedingungen, NJW 2007, S. 2022 - 2025

ders., Tarifautonomie als kollektiv ausgeübte Privatautonomie – Tarifrecht im Spannungsfeld von Arbeits-, Privat- und Wirtschaftsrecht, München 2005 (zit. *Bayreuther*, Tarifautonomie als kollektiv ausgeübte Privatautonomie)

ders., Tarifpolitik im Spiegel der verfassungsrechtlichen Rechtsprechung – Zum „equal-pay"-Beschluss des BVerfG, NZA 2005, S. 341 – 343

Belling, Detlev W., Das Günstigkeitsprinzip im Arbeitsrecht, Berlin 1984, zugl. Diss. Münster 1983 (zit. *Belling*, Günstigkeitsprinzip)
Benda, Ernst, Handbuch des Verfassungsrechts der Bundesrepublik Deutschland, 2. Auflage, Berlin 1994 (zit. Benda/*Verfasser*, HBVerfR)
ders., Die Soziallstaatsklausel in der Rechtsprechung des Bundesarbeitsgerichts und des Bundesverfassungsgerichts, RdA 1979, S. 2 – 7
Bethge, Herbert, Grundrechtsverwirklichung und Grundrechtssicherung durch Organisation und Verfahren, NJW 1982, S. 1 – 7
Bettermann, Karl August, Die verfassungskonforme Auslegung: Grenzen und Gefahren, Heidelberg 1986 (zit. *Bettermann*, Verfassungskonforme Auslegung)
Bleckmann, Albert, Staatsrecht, Band 2: Die Grundrechte, 4. Auflage, Köln 1997 (zit. *Bleckmann*, Staatsrecht II)
Bieback, Karl-Jürgen, Rechtliche Probleme von Mindestlöhnen, insbesondere nach dem Arbeitnehmer-Entsendegesetz, RdA 2000, S. 207 – 216
Bieback, Karl-Jürgen / Dieterich, Thomas / Hanau, Peter / Kocher, Eva / Schäfer, Claus, Tarifgestützte Mindestlöhne, Baden-Baden 2007
Biedenkopf, Kurt Hans, Grenzen der Tarifautonomie, Karlsruhe 1964
Bietmann, Julia, Gesetzliche Wege zu einem systemkonformen Mindestlohn, Frankfurt a.M. 2010, zugl. Diss. Bonn 2010 (zit. *Bietmann*, Mindestlohn)
Blanke, Hermann-Josef, Vertrauensschutz im deutschen und europäischen Verwaltungsrecht, Tübingen 2000 (zit. *Blanke*, Vertrauensschutz)
Bock, Sandra, Tarifdispositives Arbeitnehmerschutzrecht und Tarifautonomie, Diss. Berlin 2005 (zit. *Bock*, Tarifdispositives Arbeitnehmerschutzrecht)
Boemke, Burkhard / Lembke, Mark, Arbeitnehmerüberlassungsgesetz, 2. Auflage, Frankfurt a.M. 2005
Böhm, Wolfgang, Zeitenwende bei der Zeitarbeit – Start mit Irritationen, NZA 2003, S. 828 - 832
Bötticher, Eduard, Gestaltungsrecht und Unterwerfung im Privatrecht, Berlin 1964 (zit. *Bötticher*, Gestaltungsrecht)
Buchner, Herbert, Entgeltfortzahlung im Spannungsfeld zwischen Gesetzgebung und Tarifautonomie, NZA 1996, S. 1177 – 1186
ders., Verbandsmitgliedschaft ohne Tarifgebundenheit, NZA 1995, S. 761 – 808
Büdenbender, Ulrich, Die Erklärung der Allgemeinverbindlichkeit von Tarifverträgen nach dem Arbeitnehmer-Entsendegesetz, RdA 2000, S. 193 -207
Burkiczak, Christian, Grundrechtsbindung der Tarifvertragsparteien oder Relevanz grundrechtlicher Schutzpflichten – Erfurter Allerlei?, RdA 2007, S. 17 - 22

ders., Grundgesetz und Deregulierung des Tarifvertragsrechts, Berlin 2006, zugl. Diss. Köln 2005

Butzer, Hermann, Verfassungsrechtliche Grundlagen zum Verhältnis zwischen Gesetzgebungshoheit und Tarifautonomie, RdA 1994, S. 375 – 385

Calliess, Christian / Ruffert, Matthias, Das Verfassungsrecht der Europäischen Union mit Europäischer Grundrechtecharta, 3. Auflage, München 2007 (zit. Callies/Ruffert/*Verfasser*, Das Verfassungsrecht der Europäischen Union)

Caspar, Richard, Die gesetzliche und verfassungsrechtliche Stellung der Gewerkschaften im Betrieb, Köln (u.a.) 1980, zugl. Diss. Erlangen (zit. *Caspar*, Die Stellung der Gewerkschaften im Betrieb)

Coester, Michael, Vorrangprinzip des Tarifvertrages, Heidelberg 1974, zugl. Diss. Freiburg i. Br. 1973 (zit. *Coester*, Vorrangprinzip)

Cornils, Matthias, Die Ausgestaltung der Grundrechte, Untersuchung zur Grundrechtsbindung des Ausgestaltungsgesetzgebers, Tübingen 2005 (zit. *Cornils*, Die Ausgestaltung der Grundrechte)

Däubler, Wolfgang, Tarifvertragsrecht, 3. Auflage, Baden-Baden 1993

ders., Die Entsende-Richtlinie und ihre Umsetzung in das deutsche Recht, EuZW 1997, S. 613 - 623

ders., Das Grundrecht auf Mitbestimmung und seine Realisierung durch tarifvertragliche Begründung von Beteiligungsrechten, Frankfurt am Main 1973 (zit. *Däubler*, Das Grundrecht auf Mitbestimmung)

ders., Individuum und Kollektiv im Arbeitsrecht, NZA 1988, S. 857 – 866

ders., Tarifvertragsgesetz, 2. Auflage, Baden-Baden 2006

Deinert, Olaf, Arbeitsrechtliche Herausforderungen einer veränderten Gewerkschaftslandschaft, NZA 2009, S. 1176 - 1184

Dellmann, Hansjörg, Die Allgemeinverbindlicherklärung von Tarifverträgen, Diss. Stuttgart 1966

Dieterich, Thomas, Flexibilisiertes Arbeitsrecht und Grundgesetz, RdA 2002, S. 1 - 8

ders., Zukunft der Tarifautonomie, in: Bispinck, Reinhard / Schulten, Thorsten, Zukunft der Tarifautonomie – 60 Jahre Tarifvertragsgesetz: Bilanz und Ausblick, Hamburg 2010

ders., Die Grundrechtsbindung von Tarifverträgen, in: Tarifautonomie für ein neues Jahrhundert, Festschrift für Günter Schaub zum 65. Geburtstag, München 1998, S. 117 – 134 (zit. *Dieterich*, in: FS Schaub)

ders., Rechtliche Probleme von Mindestlöhnen, insbesondere nach dem Arbeitnehmer-Entsendegesetz, RdA 2000, S. 207 – 216

ders., Tarifautonomie und Gesetzgebung, Frankfurt am Main 2003

ders., Unternehmerfreiheit und Arbeitsrecht im Sozialstaat, ArbuR 2007, S. 65 - 70
ders., Tarifautonomie und Bundesverfassungsgericht, ArbuR 2001 (Festheft für Michael Kittner zum 60. Geburtstag), S. 390 – 393
ders., Neue Strukturen der Koalitionsfreiheit?, ArbuR 2000, S. 201 – 204
ders., Grundgesetz und Privatautonomie im Arbeitsrecht, RdA 1995, S. 129 - 136
Dieterich, Thomas / Hanau, Peter / Henssler, Martin / Oetker, Hartmut / Wank, Rolf / Wiedemann, Herbert, Empfehlungen zur Entwicklung des Tarifvertragsrechts, RdA 2004, S. 65 – 78
Dieterich, Thomas / Müller-Glöge, Rudi / Preis, Ulrich / Schaub, Günter, Erfurter Kommentar zum Arbeitsrecht, 11. Auflage, München 2011 (zit. ErfK/*Verfasser*)
Dreier, Horst, Grundgesetz-Kommentar, Band 1: Präambel, Art. 1 – 19, 2. Auflage, Tübingen 2004 (zit. Dreier/*Verfasser*, GG I)
ders., Grundgesetz-Kommentar, Band 2: Art. 20 – 82, 2. Auflage, Tübingen 2006 (zit. Dreier/*Verfasser*, GG II)
Dörner, Hans-Jürgen, Die Anrechnungsbestimmungen des § 4a I EFZG und des § 10 I BUrlG und die Tarifautonomie, NZA 1998, S. 561 - 567
Döttger, Doreen, Der Schutz tariflicher Normsetzung, Berlin 2003, zugl. Diss. Jena 2002
Duken, Hajo, Normerlaßklage und fortgesetzte Normerlaßklage, NVwZ 1993, S. 546 - 548
Duvernell, Helmut, Koalitionsfreiheit und Tarifautonomie als Probleme der modernen Demokratie, Berlin 1968 (zit. Duvernell//*Verfasser*, Koalitionsfreiheit und Tarifautonomie)
Eicher, Wolfgang / Spellbrink, Wolfgang, SGB II – Grundsicherung für Arbeitsuchende, 2. Auflage, München 2008 (zit. Eicher/Spellbrink//*Verfasser*, SGB II)
Engels, Andreas, Verfassungsrechtliche Determinanten staatlicher Lohnpolitik, JZ 2008, S. 490 – 498
Epping, Volker / Hillgruber, Christian, Grundgesetz: Kommentar, München 2009 (zit. Epping/Hillgruber/*Verfasser*, GG)
Eylert, Mario / Gotthardt, Michael, Liberalisierung des Welthandels und Arbeitsrecht, RdA 2007, S. 91 - 99
Fechner, Erich, Sozialer Rechtsstaat und Arbeitsrecht, RdA 1955, S. 161 - 168
Fellenberg, Frank / Karpenstein, Ulrich, Feststellungsklagen gegen den Normgeber, NVwZ 2006, S. 1133 - 1135

Fischer, Mattias G., Gesetzlicher Mindestlohn – Verstoß gegen die Koalitionsfreiheit?, ZRP 2007, S. 20 - 22

ders., Gesetzlicher Mindestlohn, sozialrechtlich garantiertes Mindesteinkommen und Grundgesetz, ZG 2008, S. 31 - 41

Fitting, Karl, Das Gesetz über die Festsetzung von Mindestarbeitsbedingungen, RdA 1952, S. 5 – 9

Flechsig, Norbert P., Gesamtvertrag versus Koalitionsfreiheit, ZRP 2000, S. 529 - 533

Franzen, Martin, Betriebsvereinbarung: Alternative zu Tarifvertrag und Arbeitsvertrag?, NZA-Beilage 2006, S. 107 – 115

Fratzky, Dietrich-Eckart, Die Gesetzgebungskompetenz des Bundes auf dem Gebiet des Arbeitsrechts, Diss. Würzburg 1972 (zit. *Fratzky*, Gesetzgebungskompetenz)

Friese, Birgit, Kollektive Koalitionsfreiheit und Betriebsverfassung, Berlin 2000, zugl. Diss. Jena 1999/2000 (zit. *Friese*, Kollektive Koalitionsfreiheit)

Friauf, Karl Heinrich, Die verfassungsrechtlichen Vorgaben einer gesetzlichen und tarifvertraglichen Arbeitskampfordnung, RdA 1987, S. 188 - 196

Galperin, Hans, Die autonome Rechtsetzung im Arbeitsrecht, in: Festschrift für Erich Molitor zum 75. Geburtstag, München 1962, S. 143 - 160

Gamillscheg, Franz, Kollektives Arbeitsrecht, Band 1: Grundlagen/Koalitionsfreiheit/Tarifvertrag/Arbeitskampf und Schlichtung, München 1977 (zit. *Gamillscheg*, Kollektives Arbeitsrecht, I)

ders., Die Grundrechte im Arbeitsrecht, Berlin 1989

Gellermann, Martin, Grundrechte im einfachgesetzlichen Gewande – Eine Untersuchung zur normativen Ausgestaltung der Freiheitsrechte, Tübingen 2000 (zit. *Gellermann*, Grundrechte im einfachgesetzlichen Gewande)

Gerken, Lüder / Löwisch, Manfred / Rieble, Volker, Der Entwurf eines Arbeitnehmer-Entsendegestzes in ökonomischer und rechtlicher Sicht, BB 1995, S. 2370 - 2375

Giesen, Richard, Staatsneutralität bei der Verbindlicherklärung von Tarifverträgen, ZfA 2008, S. 355 – 382

Grabitz, Eberhard / Hilf, Meinhard, Das Recht der Europäischen Union, Band 1: EUR/EGV, Stand: Oktober 2009, München (zit. Grabitz/Hilf/*Verfasser*, Das Recht der Europäischen Union, I)

Greiner, Stefan, „Tarifsozialplan“ bei Betriebsübergang?, NZA 2008, S. 1274 - 1281

Gröbling, Karl, Das Koalitionsrecht in der Krise, ArbuR 1986, S. 297 - 302

Groeben, Hans von der/ Schwarze, Jürgen, Kommentar zum Vertrag über die Europäische Union und zur Gründung der Europäischen Gemeinschaft, 6. Auflage, Baden-Baden 2003 (zit. v.d.Groeben/Schwarze/*Verfasser*, EU/EG-Vertrag)

Gusy, Christoph, Der Gleichheitssatz, NJW 1988, S. 2505 - 2512

Hanau, Peter, Kurzkommentar zu BAG v. 23.5.2991 – 5 AZR 527/99, EWiR 2002, S. 419 - 420

Heinze, Meinhard, Tarifautonomie und sogenanntes Günstigkeitsprinzip, NZA 1991, S. 329 – 336

Hesse, Konrad, Grundzüge des Verfassungsrechts der Bundesrepublik Deutschland, 20. Auflage, Heidelberg 1995 (zit. *Hesse*, Verfassungsrecht)

Heise, Daniela, Die Zulässigkeit zweiseitig zwingender Normen im Arbeitsrecht, Frankfurt a.M. 2001, zugl. Diss. Bonn 2000

Henneberger, Fred / Haug, Lara, Die Auswirkungen von Mindestlöhnen auf das Gleichgewicht am Arbeitsmarkt: Eine theoretische Analyse anhand der beiden Marktformen des Polypols und des Monopsons, Nr. 121 der Diskussionspapiere des Forschungsinstituts für Arbeit und Arbeitsrecht an der Universität St. Gallen, St. Gallen 2010 (zit. *Henneberger/Haug*, Die Auswirkungen von Mindestlöhnen auf das Gleichgewicht am Arbeitsmarkt)

Henssler, Martin, Tarifautonomie und Gesetzgebung, ZfA 1998, S. 1 - 40

Henssler, Martin / Preis, Ulrich, Diskussionsentwurf eines Arbeitsvertragsgesetzes, NZA-Beilage 2006, S. 6 - 31

Henssler, Martin / Sittard, Ulrich, Flexibler Mindestlohn durch Konkretisierung des Sittenwidrigkeitstatbestandes – Zugl. Besprechung zum Urteil des BAG v. 26.4.2006 – 5 AZR 549/05, RdA 2007, S. 159 - 165

Herschel, Wilhelm, Kernbereichslehre und Kodifikationsprinzip in der Tarifautonomie, ArbuR 1981, S. 265 - 269

ders., Der Rechtscharakter der Tarifverträge und der Allgemeinverbindlicherklärung, ArbuR 1976, S. 117

Ders, Zur Entstehung des Tarifvertragsgesetzes, ZfA 1973, S. 183 – 200

ders., Festsetzung von Mindestarbeitsbedingungen, Bundesarbeitsblatt 1952, S. 36 - 39

Hesse, Konrad, Grundzüge des Verfassungsrechts der Bundesrepublik Deutschland, 20. Auflage, Heidelberg 1999 (zit. *Hesse*, Verfassungsrecht)

Hirsch, Joachim, Die öffentlichen Funktionen der Gewerkschaften. Eine Untersuchung zur Autonomie sozialer Verbände in der modernen Verfassungsordnung, Stuttgart 1966 (zit. *Hirsch*, Die öffentlichen Funktionen der Gewerkschaften)

Hirschmann, Marc, Die Begrenzung tarifvertraglicher Normsetzungsbefugnisse durch die Grundrechte unter besonderer Berücksichtigung des Art. 12 GG, Frankfurt a.M. 2002, zugl. Diss. Potsdam 2001/2002 (zit. *Hirschmann*, Die Begrenzung tarifvertraglicher Normsetzungsbefugnisse)

Hofmann, Christian, Der Beitrag der neueren Rechtsprechung des BVerfG zur Dogmatik des Beurteilungsspielraums, NVwZ 1995, S. 740 - 745

Hoffmann-Riem, Wolfgang / Schmidt-Aßmann, Eberhard / Voßkuhle, Andreas (Hrsg.), Grundlagen des Verwaltungsrechts, Band 1, München 2006 (zit. Hoffmann-Riem/Schmidt-Aßmann/Voßkuhle/*Verfasser*, Grundlagen des Verwaltungsrechts, I)

Höfling, Wolfram, Vertragsfreiheit – Eine grundrechtsdogmatische Studie, Heidelberg 1991 (zit. *Höfling*, Vertragsfreiheit)

Höfling, Wolfram / Burkiczak, Christian, Das Günstigkeitsprinzip – ein grundrechtsdogmatischer Zwischenruf, NJW 2005, S. 469 - 473

Hohenstatt, Klaus-Stefan / Schramm, Nils, Tarifliche Mindestlöhne: Ihre Wirkungsweise und ihre Vermeidung am Beispiel des Tarifvertrags zum Post-Mindestlohn, NZA 2008, S. 433 – 438

Hopfner, Ingrid, Gesetzgebung und Tarifautonomie, zugl. Diss. Saarbrücken 2009

Hoyningen-Huene, Gerrick von / Wagner, Susanne, Das untertarifliche Arbeitsentgelt, NZA 1995, S. 969 - 974

Hromadka, Wolfgang, Gesetzliche Tariföffnungsklauseln – Unzulässige Einschränkung der Koalitionsfreiheit oder Funktionsbedingung der Berufsfreiheit?, NJW 2003, S. 1273 – 1277

ders., Tarifdispositives Recht und Tarifautonomie. „KAPOVAZ“ per Tarifvertrag?, in: Arbeitsrecht in der Bewährung, Festschrift für Otto Rudolf Kissel zum 65. Geburtstag, München 1994, S. 417 – 431 (zit. *Hromadka*, in: FS Kissel)

Huber, Ernst Rudolf, Wirtschaftsverwaltungsrecht, Band 2, 2. Auflage, Tübingen 1954 (zit. *Huber*, Wirtschaftsverwaltungsrecht II)

Hueck, Alfred/Nipperdey, Hans Carl, Lehrbuch des Arbeitsrechts, Band 1, 7. Auflage, Berlin 1963 (zit. *Hueck/Nipperdey*, Arbeitsrecht I)

Hueck, Alfred/Nipperdey, Hans Carl, Lehrbuch des Arbeitsrechts, Band 2 Kollektives Arbeitsrecht, 1. Halbband, 7. Auflage, Berlin 1967 (zit. *Hueck/Nipperdey*, Arbeitsrecht II, Hbd. 1)

Hufen, Friedhelm, Verwaltungsprozessrecht, 7. Auflage, München 2008

Hümmerich, Klaus / Holthausen, Joachim / Weislau, Dietmar, Arbeitsrechtliches im Ersten Gesetz für moderne Dienstleistungen am Arbeitsmarkt, NZA 2003, S. 7 -14

Hunnekuhl, Peter / zu Dohna-Jaeger, Verena, Ausweitung des Arbeitnehmer-Entsendegesetzes auf die Zeitarbeitsbranche – Im Einklang mit der Verfassung?, NZA 2007, S. 954 - 957

Isensee, Josef, Subsidiaritätsprinzip und Verfassungsrecht, 2. Auflage, Diss. Berlin 2001

ders., Die verfassungsrechtliche Verankerung der Tarifautonomie, in: Zukunft der sozialen Partnerschaft, 23. Kolloquium der Walter-Raymond-Stiftung, 1986, S. 159 – 193

Isensee, Josef / Kirchhof, Paul, Handbuch des Staatsrechts, Band 3: Demokratie, Bundesorgane, 3. Auflage 2005 (zit. HBStR III/*Verfasser*)

dies., Handbuch des Staatsrechts, Band 4: Aufgaben des Staates, 3. Auflage 2006 (zit. HBStR IV/*Verfasser*)

dies., Handbuch des Staatsrechts, Band 5: Rechtsquellen, Organisation, Finanzen, 3. Auflage 2007 (zit. HBStR V/*Verfasser*)

Jacobi, Erwin, Grundlehren des Arbeitsrecht, Leipzig 1927 (zit. *Jacobi*, Grundlehren)

Jacobs, Matthias, Entgeltfindung zwischen Markt und Staat – Bemerkungen zur aktuellen Diskussion um einen gesetzlichen Mindestlohn, in: Zwischen Markt und Staat, Gedächtnisschrift für W. Rainer Walz, Köln, München 2007, S. 289 – 306 (zit. *Jakobs*, in: GS Walz)

Jacobs, Matthias / Krause, Rüdiger / Oetker, Hartmut, Tarifvertragsrecht, München 2007

Jarass, Hans D., Grundrechte als Wertentscheidungen bzw. objektivrechtliche Prinzipien in der Rechtsprechung des Bundesverfassungsgerichts, AöR 110 (1985), S. 363 - 397

ders., Tarifverträge und Verfassungsrecht – Grundlagenfragen, dargestellt am Beispiel des Streits um den Ladenschluss, NZA 1990, S. 505 - 510

Jarass, Hans D. / Pieroth, Bodo, Grundgesetz für die Bundesrepublik Deutschland, 11. Auflage, München 2011

Junker, Abbo, Individualwille, Kollektivgewalt und Staatsintervention im Arbeitsrecht, NZA 1997, S. 1305 - 1319

Kahn-Freund, Otto / Ramm, Thilo, Arbeitsrecht und Rechtssoziologie: gesammelte Aufsätze und Reden, Band 2, Frankfurt 1976 (zit. *Verfasser*, in: Kahn-Freund/Ramm, Arbeitsrecht und Rechtssoziologie II)

Kaiser, Joseph H., Die Parität der Sozialpartner, Karlsruhe 1973

Kamanabrou, Sudabeh, Die Auslegung tarifvertraglicher Entgeltfortzahlungsklauseln – zugl. ein Beitrag zum Verhältnis der Tarifautonomie zu zwingenden Gesetzen, RdA 1997, S. 22 – 34

Kämmerer, Jörn Axel / Thüsing, Gregor, Leiharbeit und Verfassungsrecht, Zum Gleichbehandlungsgebot von Stammbelegschaft und Leiharbeitnehmern sowie zur Errichtung von Personal-Service-Agenturen durch das Erste Gesetz für moderne Dienstleistungen am Arbeitsmarkt, Berlin 2005

Käppler, Renate, Tarifvertragliche Regelungsmacht, NZA 1991, S. 745 - 754

Kempen, Otto Ernst / Zachert, Ulrich (Hrsg.), Tarifvertragsgesetz, 4. Auflage, Frankfurt a.M. 2006

ders., Kollektivautonomie contra Privatautonomie: Arbeitsvertrag und Tarifvertrag, NZA-Beilage 2000, S. 7 - 14

ders., Der verfassungsrechtliche Vorrang der Tarifautonomie im arbeitsrechtlichen Regelungsgefüge, ArbuR 1996, S. 336 - 344

Kemper, Michael, Die Bestimmung des Schutzbereichs der Koalitionsfreiheit (Art. 9 Abs. 3 GG): zugleich ein Beitrag zur Lehre von den Einrichtungsgarantien, Heidelberg 1990, zugl. Diss. Köln 1988

Kilian, Wolfgang, Rechtsschutz gegen Bundes-Rechtsverordnungen, NVwZ 1998, S. 142

Kissel, Otto, Kollektive Arbeitsbedingungen im Spannungsfeld zwischen Tarif- und Betriebsautonomie, NZA 1995, S. 1 – 5

Kisker, Gunter, Neue Aspekte im Streit um den Vorbehalt des Gesetzes, NJW 1977, S. 1313 – 1320

Klebeck, Ulf, Die Gleichstellung der Leiharbeitnehmer als Verfassungsverstoß, Diss. Baden-Baden 2004 (zit. *Klebeck*, Gleichstellung)

Klebeck, Ulf, Grenzen staatlicher Mindestlohntariferstreckung, NZA 2008, S. 446 -451

Klein, Jens, Die Stellung der Minderheitsgewerkschaften in der Betriebsverfassung, Berlin 2007, zugl. Diss. Freiburg 2006 (zit. Minderheitsgewerkschaften)

Kloepfer, Michael, Der Vorbehalt des Gesetzes im Wandel, JZ 1984, S. 685 – 695

ders., Arbeitsgesetzgebung und Wesentlichkeitstheorie – Zur Verfassungspflicht einer Gesetzgebung insbesondere im Arbeitsrecht, NJW 1985, S. 2479 - 2505

Knipper, Ulrike, Konkurrenz staatlicher und tarifautonomer Regelungsbefugnisse im Arbeitsrecht, Aachen 2005, zugl. Diss. Osnabrück 2004 (zit. *Knipper*, Konkurrenz)

Koberski, Wolfgang, / Sahl, Karl-Heinz / Hold, Dieter, Arbeitnehmerentsendegesetz, München 1997

Kocher, Eva, Mindestlöhne und Tarifautonomie – Festlegung allgemeiner Mindestentgelte durch Verbindlicherklärung nach AEntG?, NZA 2007, S. 600 – 604
Koenigs, Folkmar, Lohngleichheit am Bau? – Zu einem Arbeitnehmer-Entsendegesetz, DB 1995, S. 1710 – 1711
Konzen, Horst, Die Tarifautonomie zwischen Akzeptanz und Kritik, NZA 1995, S. 913 - 920
ders., Vom „Neuen Kurs“ zur sozialen Marktwirtschafts, ZfA 1991, S. 379 - 400
Kopp, Ferdinand / Schenke, Wolf-Rüdiger, Verwaltungsgerichtsordnung, 16. Auflage, München 2009
Kreiling, Simone, Tariflohn kraft staatlicher Anordnung, NZA 2001, S. 1118-1125
Kühling, Jürgen, Arbeitsrecht in der Rechtsprechung des Bundesverfassungsgerichts, ArbuR 1994, S. 126 - 132
Küchenhoff, Günther, Das Prinzip der staatlichen Subsidiarität im Arbeitsrecht, RdA 1959, S. 201 - 206
Lakies, Thomas, Inhaltskontrolle von Vergütungsvereinbarungen im Arbeitsrecht, NZA-RR 2002, S. 337 - 344
Landmann, Robert von / Rohmer, Gustav, Gewerbeordnung, Stand: 55. EL 2010, München (zit. Landmann/Rohmer/*Verfasser*, GewO)
Lautenschläger, Silke, „Mehr Arbeit, mehr Geld“, ZRP 2003, S. 461 - 464
Lembke, Mark, Die „Hartz-Reformen“ des Arbeitnehmerüberlassungsgesetzes, BB 2003, S. 98 - 104
ders. BB-Kommentar zum Beschluss des Bundesverfassungsgerichts vom 29.12.2004, Az.: 1 BvR 2283/03, 1 BvR 2504/03 und 1 BvR 2582/03, BB 2005, S. 498 - 499
Lerche, Peter, Übermaß und Verfassungsrecht, Köln/Berlin/München/Bonn 1961 (zit. *Lerche*, Übermaß)
Lieb, Manfred, Kritische Gedanken zum tarifdispositiven Richterrecht, RdA 1972, S. 129 - 143
Lotmar, Philip, Der Arbeitsvertrag nach dem Privatrecht des Deutschen Reiches, Band 1, Leipzig 1902 (zit. *Lotmar*, Arbeitsvertrag I)
Löwisch, Manfred, Die neue Mindestlohngesetzgebung, RdA 2009, S. 215 - 224
ders., Staatlicher Mindestlohn rechtlich gesehen – Zu den gesetzgeberischen Anstrengungen in Sachen Mindestlohn, Freiburger Diskussionspapiere zur Ordnungsökonomik, Walter-Eucken-Institut (Hrsg.), Heft 08/4, S. 13 - 34 (zit. *Löwisch*, Staatlicher Mindestlohn rechtlich gesehen)
Löwisch, Manfred / Rieble, Volker, Tarifvertragsgesetz, 2. Auflage, München 2004 (zit. *Löwisch/Rieble*, TVG)

Lübbe-Wolff, Gertrude, Zur verfassungskonformen Interpretation des § 823 BGB im Zusammenhang mit aktive produktionsbehindernden Arbeitskampfmaßnahmen, DB 1988, Beilage Nr. 9, S. 2 - 8

Ludwig, Pascal M. / Rein, Michael, Starr, flexibel, Mindestlohn? Aktuelle Gestaltungs- und Rechtsfragen des Arbeitsentgelts, NZA 2010, S. 865 - 867

Maier, Arne, Unterbietung des Mindestlohns durch Tarifverträge, NZA 2009, S. 351 - 354

ders., Verletzt die Tariferstreckung kraft Rechtsverordnung (§ 1 IIIa 1 AEntG) die positive Koalitionsfreiheit (Art. 9 III GG) anderweitig Tarifgebundener?, NVwZ 2008, S. 746 - 750

Mäßen, Christian/Maurer, Reinhold, Allgemeinverbindlicherklärung von Tarifverträgen und verwaltungsgerichtlicher Rechtsschutz, NZA 1996, S. 121 – 126

Mayer, Udo R., ABM und tarifliche Entlohnung in den neuen Bundesländern, ArbuR 1993, S. 309 - 316

Mayer-Maly, Theo, Zur Frage der Prüfung von Tarifverträgen im Rahmen des § 138 BGB, zugl. Anmerkung zu BAG AP Nr. 42 zu §§ 22, 23 BAT 1975

Maunz, Theodor /Dürig, Günter, Grundgesetz Kommentar, Stand: 58. EL 2010, München (zit. Maunz/Dürig/*Verfasser*, GG I)

Maunz, Theodor / Schmidt-Bleibtreu, Bruno / Klein, Franz / Bethge, Herbert, Bundesverfassungsgerichtsgesetz, Stand: 32. EL März 2010, München (zit. *Verfasser*, in Maunz/Schmidt-Bleibtreu/Klein/Bethge, BVerfGG)

Maurer, Hartmut, Allgemeines Verwaltungsrecht, 17. Auflage, München 2009

Maschmann, Frank, Tarifautonomie im Zugriff des Gesetzgebers, München 2007 (zit. *Maschmann*, Tarifautonomie)

Meik, Frank Andreas, Der Kernbereich der Tarifautonomie: dargestellt am Funktionszusammenhang von Unternehmens-, Betriebs- und Tarifautonomie, Berlin 1987, zugl. Diss. Marburg 1986 / 1987 (zit. *Meik*, Kernbereich der Tarifautonomie)

Meisen, Olaf, Koalitionsfreiheit, Tarifvorrang und Tarifvorbehalt: Zum Direktionsgehalt des Art. 9 Abs. 3 GG für eine Deregulierung, Frankfurt a.M. 2007, zugl. Diss. Köln 2006 / 2007 (zit. *Meisen*, Koalitionsfreiheit)

Mangoldt, Hermann von / Klein, Friedrich / Starck, Christian, Bonner Grundgesetz Kommentar, Band 1: Präambel, Artikel 1 bis 19, 6. Auflage, München 2010 (zit. *v.*Mangoldt/Klein/Starck/*Verfasser*, BK I)

Möller, Joachim / König, Marion, Mindestlohneffekte des Entsendegesetzes? Eine Mikrodatenanalyse für die deutsche Bauwirtschaft, Zeitschrift für Arbeitsmarktforschung, Jg. 41, H. 2/3, S. 327 – 346

Müller, Gerhard, Die Tarifautonomie in der Bundesrepublik Deutschland – Rechtliche und ethische Grundlagen, Berlin 1990

Münch, Ingo von / Kunig, Philip, Grundgesetz-Kommentar, Band 2: Art. 20 bis Art. 69, 4./5. Auflage, München 2001 (zit. *v.*Münch/Kunig/*Verfasser*, GK II)

Nagel, Bernhard, Wann darf der Staat in Tarifverträge eingreifen?, RdA 1997, S. 351 - 355

Neumann, Volker, Legislative Einschätzungsprärogative und gerichtliche Kontrolldichte bei Eingriffen in die Tarifautonomie, RdA 2007, S. 71 – 76

Ney, Rudolf, Das Verhältnis der Tarifautonomie zur arbeitsrechtlichen Bundesgesetzgebung, Diss. Frankfurt 1966

Nikisch, Arthur, Arbeitsrecht, Band 2: Koalitionsrecht, Arbeitskampfrecht und Tarifvertragsrecht, 2. Auflage, Tübingen 1959 (zit. *Nikisch*, ArbR II)

Obermeyer, Klaus, Der Sozialstaat als Herausforderung zur Menschlichkeit, RdA 1979, S. 8 - 16

Oetker, Hartmut, Tarifkonkurrenz und Tarifpluralität bei Tarifverträgen über Gemeinsame Einrichtungen, NZA-Beilage 2010, S. 13 – 32

ders., Arbeitsrechtlicher Kündigungsschutz und Tarifautonomie, ZfA 2001, S. 287 – 340

ders., Gesetz und Tarifvertrag als komplementäre Instrumente zur Regulierung des Arbeitsrechts, ZG 1998, S. 155 - 174

Oppermann, Angelika, Die Kontrolle von Tarifvertragsregelungen in ihrer Anwendung auf den Einzelfall, Baden-Baden 2007, zugl. Diss. Frankfurt a.M. 1996 (zit. *Oppermann*, Die Kontrolle von Tarifvertragsregelungen)

Oppolzer, Alfred / Zachert, Ulrich, Gesetzliche Karenztage und Tarifautonomie, BB 1993, S. 1353 - 1359

Otto, Hansjörg, Tarifautonomie unter Gesetzes- oder Verfassungsvorbehalt - Gedanken zur Funktionsgarantie des Art. 9 Abs. 3 GG, in: Festschrift für Albrecht Zeuner zum 70. Geburtstag, Tübingen 1994, S. 121 – 145 (zit. *Otto*, in: FS Zeuner)

Peter, Gabriele, Rechtsschutz für „Niedriglöhner“ durch Mindestlohn, ArbuR 1999, S. 289 - 296

dies., Gesetzlicher Mindestlohn: eine Maßnahme gegen Niedriglöhne von Frauen, Baden-Baden 1995, zugl. Diss. Bremen 1994 (zit. *Peter*, Gesetzlicher Mindestlohn)

Picker, Eduard, Tarifautonomie – Betriebsautonomie – Privatautonomie, NZA 2002, S. 761 - 770

Pieroth, Bodo / Schlink, Bernhard, Grundrechte, Staatsrecht II, 25. Auflage, Heidelberg 2009

Plander, Harro, Der Staat als Hoheitsträger und Tarifvertragspartei im Rollenkonflikt, ArbuR 1986, S. 65 - 78

Preis, Bernd, Tarifdispositives Richterrecht – Ein Beitrag zur Funktion und zum Rangverhältnis von Tarifrecht und staatlichem Recht, ZfA 1972, S. 271 – 204 (zit. *B. Preis*, ZfA 1972, 271)

Preis, Ulrich / Greiner, Stefan, Die staatliche Geltungserstreckung nach dem alten und neu gefassten AEntG, insbesondere bei Vorliegen konkurrierender Tarifverträge, ZfA 2009, S. 825 - 859

Ramm, Thilo, Die Rechtsnatur des Tarifvertrages, JZ 1962, S. 78 - 83

Renck, Ludwig, Zur Dogmatik des Rechtsschutzes unmittelbar gegen Normen, BayVBl. 1994, S. 457 - 459

Reuter, Dieter, Der praktische Nutzen der Rechtsgeschichte für das kollektive Arbeitsrecht, in: Der praktische Nutzen der Rechtsgeschichte, Hans Hattenhauer zum 8. September 2001, Heidelberg 2003, S. 409 – 424 (zit. *Reuter*, in: FS Hattenhauer)

Rhein, Thomas, Mindestlohn, Mindestsicherung und Mindesteinkommen in wirtschaftswissenschaftlicher Perspektive, NZA-Beilage 2009, S. 91 - 96

Richardi, Reinhard, Kollektivgewalt und Individualwille bei der Gestaltung des Arbeitsverhältnisses, München 1968 (zit. *Richardi*, Kollektivgewalt und Individualwille)

ders., Koalitionsgewalt und individuelle Koalitionsfreiheit, AöR 93 (1968), S. 243 – 269

Richardi, Reinhard / Wlotzke, Otfried / Wißmann, Hellmut / Oetker, Hartmut, Münchener Handbuch zum Arbeitsrecht, Band 1: Individualarbeitsrecht, 3. Auflage, München 2009, (zit. MHbArbR I/*Verfasser*)

dies., Münchener Handbuch zum Arbeitsrecht, Band 2: Kollektivarbeitsrecht, Sonderformen, 3. Auflage, München 2009 (zit. MHbArbR II/*Verfasser*)

Ricken, Oliver, Autonomie und tarifliche Rechtsetzung, München 2006

Rieble, Volker / Klebeck, Ulf, Lohngleichheit für Leiharbeit, NZA 2003, S. 23 - 29

dies., Gesetzlicher Mindestlohn?, ZIP 2006, S. 829 - 837

Ritgen, Klaus, Entschließungs- und Inhaltsfreiheit des Verordnungsgebers bei Rechtsverordnungen nach § 1 IIIa AEntG, NZA 2005, S. 673 - 676

Ruck, Silke, Zur Unterscheidung von Ausgestaltungs- und Schrankensetzung im Bereich der Rundfunkfreiheit, AöR 117 (1992), S. 543 – 566

Ruffert, Mathias, Vorrang der Verfassung und Eigenständigkeit des Privatrechts. Eine verfassungsrechtliche Untersuchung zur Privatrechtsentwicklung des Grundgesetzes, Tübingen 2001 (zit. *Ruffert*, Vorrang der Verfassung)

Rüfner, Wolfgang, Verantwortung des Staates für die Parität der Sozialpartner?, RdA 1997, S. 130 – 134

Rüthers, Bernd, Arbeitskampf in einer veränderten WIrtschafts- und Arbeitswelt, NZA 2010, S. 6 - 13

Rupp, Hans Heinrich, Fluglärm: Rechtsschutz gegen die Festlegung von An- und Abflugwegen von und zu Flughäfen durch das Luftfahrt-Bundesamt - Zugl. ein Beitrag zur verwaltungsgerichtlichen Klage gegen Rechtsverordnungen des Bundes, NVwZ 2002, S. 286 - 290

Sachs, Michael (Hrsg.), Grundgesetz Kommentar, 5. Auflage, München 2009 (zit. Sachs/*Verfasser*, GK)

ders., Grundrechtsbegrenzungen außerhalb von Gesetzesvorbehalten, JuS 1995, S. 984 - 989

Säcker, Franz Jürgen, Grundprobleme der kollektiven Koalitionsfreiheit, Düsseldorf 1969 (zit. *Säcker*, Grundprobleme)

Ders, Kollektivgewalt und Individualwille bei der Gestaltung des Arbeitsverhältnisses, RdA 1969, S. 291 – 302

ders., Das neue Entgeltfortzahlungsgesetz und die individuelle und kollektive Vertragsfreiheit, ArbuR 1994, S. 1 - 12

Säcker, Franz Jürgen / Oetker, Hartmut, Grundlagen und Grenzen der Tarifautonomie: erläutert anhand aktueller tarifpolitischer Fragen, München 1992

Schaub, Günther, Arbeitsrechtshandbuch: Systematische Darstellung und Nachschlagewerk für die Praxis, 13. Auflage, München 2009 (zit. Schaub/*Verfasser*, Arbeitsrechtshandbuch)

Schlaich, Klaus / Korioth, Stefan, Das Bundesverfassungsgericht – Stellung, Verfahren, Entscheidungen, 8. Auflage, München 2010

Schlegel, Rainer, Wen soll das Sozialrecht schützen? – Zur Zukunft des Arbeitnehmer- und Beschäftigtenbegriffs im Sozialrecht, NZS 2000, S. 421 – 429

Schmidt, Karsten, Münchener Kommentar zum Handelsgesetzbuch, Band 1: Erstes Buch. Handelsstand, §§ 1 - 104, München 2005 (zit. MüKo-HGB/*Verfasser*)

Schmidt-Bleibtreu, Bruno, Kommentar zum Grundgesetz, 11. Auflage, Köln 2008 (Zit. Schmidt-Bleibtreu/*Verfasser*, GG)

Schnorr, Gerhard, Bundesverfassungsgericht und kollektives Arbeitsrecht, RdA 1955, S. 3 - 9

Schnorr von Carolsfeld, Ludwig, Arbeitsrecht, 2. Auflage, Göttingen 1954 (zit. *Schnorr von Carolsfeld*, ArbR)

Schoch, Friedrich / Schmidt-Aßmann, Eberhard / Pietzner, Rainer, Verwaltungsgerichtsordnung, Stand: Mai 2010, München (zit. Schoch/Schmidt-Aßmann/Pietzner/*Verfasser*, VwGO)

Scholz, Rupert, Koalitionsfreiheit als Verfassungsproblem, München 1971 (zit. *Scholz*, Koalitionsfreiheit)

ders., Die Berufsfreiheit als Grundlage und Grenze arbeitsvertraglicher Regelungssysteme, ZfA 1981, S. 265 – 301

Schubert, Claudia, „Ist der Außenseiter vor der Normsetzung durch die Tarifvertragsparteien geschützt?" – Zugl. ein Beitrag zum sachlichen Schutzbereich der negativen Koalitionsfreiheit, RdA 2001, S. 199 – 207

Schubert, Jens M., Das Normalarbeitsverhältnis in der arbeits- und sozialrechtlichen Wirklichkeit, NJW 2010, S. 2613 - 2618

Schulze-Fielitz; Helmuth, Neue Kriterien für die verwaltungsgerichtliche Kontrolldichte bei der Anwendung unbestimmter Rechtsbegriffe, JZ 1993, S. 772 - 781

Schüren, Peter, Arbeitnehmerüberlassungsgesetz, 3. Auflage, München 2007

ders., Die Verfassungsmäßigkeit der Reform des Arbeitsnehmerüberlassungsgesetzes – ein Rückblick mit Ausblicken, RdA 2006, S. 303 – 307

Schwab, Brent, Das neue Arbeitnehmer-Entsendegesetz, NZA-RR 2010, S. 225 - 231

Schwarz, Kyrill-A., Vertrauensschutz als Verfassungsprinzip: eine Analyse des nationalen Rechts, des Gemeinschaftsrechts und der Beziehungen zwischen beiden Rechtskreisen, Baden-Baden 2002 (zit. *Schwarz*, Vertrauensschutz als Verfassungsproblem)

Schwarze, Roland, Die verfassungsrechtliche Garantie des Arbeitskampfes – BverfGE 84, 212, JuS 1994, S. 635 - 659

Schmidt-Bleibtreu, Bruno / Klein, Franz, Hofmann, Hans / Hopfauf, Axel, GG Kommentar zum Grundgesetz, 11. Auflage, München 2008 (zit. Schmidt-Bleibtreu/*Verfasser*, GG)

Scholz, Rupert, Vergabe öffentlicher Aufträge nur bei Tarifvertragstreue?, RdA 2001, S. 193 – 199

Sels, Benedikt, Zwingende gesetzliche Eingriffe in bestehende Tarifverträge und das gesetzliche Verbot zukünftiger tarifvertraglicher Regelungen, Diss. Köln 2001 (zit. *Sels*, Gesetzliche Eingriffe)

Sittard, Ulrich, Voraussetzungen und Wirkung der Tarifnormerstreckung nach § 5 TVG und dem AEntG: zugl. ein Beitrag zur Debatte um staatliche Mindestlöhne, München 2010, zugl. Diss. Köln 2009 (zit. *Sittard*, Tarifnormerstreckung)

ders., Verfassungs- und europarechtliche Fragen zu den Mindestlohnbeschlüssen des Deutschen Juristentages, NZA 2010, S. 1160 - 1162
ders., Neue Mindestlohngesetze in Deutschland, NZA 2009, S. 346 - 354
ders., Deutscher Mindestlohn: Zur Ausdehnung des Arbeitnehmer-Entsendegesetzes und zur Fluchtmöglichkeit für Arbeitgeber , ZIP 2007, S. 1444 – 1449
ders., Staatliche Außenseiterbindung zum Konkurrenzschutz? – Zur Rechtmäßigkeit der geplanten Tarifnormerstreckung in der Postbranche, NZA 2007, S. 1090 - 1093
Sodan, Helge, Verfassungsrechtliche Grenzen der Tarifautonomie, Ein Beitrag zur Auslegung des Art. 9 Abs. 3 GG, JZ 1998, 421 – 472
ders., Der Anspruch auf Rechtsetzung und seine prozessuale Durchsetzbarkeit, NVwZ 2000, S. 601 - 609
Sodan, Helge / Zimmermann, Markus, Die Beseitigung des Tarifvorrangs gegenüber staatlich festgelegten Mindestarbeitsentgelten auf dem Prüfstand der Koalitionsfreiheit, ZfA 2008, S. 526-589
dies., Tarifvorrangige Mindestlöhne versus Koalitionsfreiheit, Die Neufassungen des Mindestarbeitsbedingungengesetzes und des Arbeitnehmer-Entsendegesetzes, NJW 2009, S. 2001 - 2006
Söllner, Alfred, Tarifmacht – Grenzen und Grenzverschiebungen, NZA-Beilage 2000, S. 33 – 41
ders., Grenzen des Tarifvertrages, NZA 1996, S. 897 - 906
ders., Zu Sinn und Grenzen der Vereinbarungsbefugnis der Tarifvertragsparteien, ArbuR 1966, S. 257 – 264
Spanner, Hans, Die verfassungskonforme Auslegung in der Rechtsprechung des Bundesverfassungsgerichts, AöR 91 (1966), S. 503 - 536
Statistisches Bundesamt (Hrsg.), Klassifikation der Wirtschaftszweige, Wiesbaden 2008
Stein, Die Konkurrenz von Gesetz und Tarifvertrag, ArbuR 1998, S. 1 – 14
Steiner, Udo, Beschäftigung und Beschäftigungsförderung aus grundgesetzlicher Sicht, NZA 205, S. 657 – 662
ders., Zum verfassungsrechtlichen Stellenwert der Tarifautonomie, in: Festschrift für Peter Schwerdtner zum 65. Geburtstag, München 2003, S. 355 – 366 (zit. *Steiner*, in: FS Schwerdtner)
Stern, Klaus, Das Staatsrecht der Bundesrepublik Deutschland, Band 2: Staatsorgane, Staatsfunktionen, Finanz- und Haushaltsverfassung, Notstandsverfassung, München 1980 (zit. Stern/*Verfasser*, Staatsrecht II)

Stern, Klaus, Das Staatsrecht der Bundesrepublik Deutschland, Band 3, Halbband 1: Allgemeine Lehren der Grundrechte, München 1988 (zit. Stern/*Verfasser*, Staatsrecht III/1)

Stütze, Sebastian, Die Kontrolle der Entgelthöhe im Arbeitsrecht. Zugleich ein Beitrag zu den Grundlagen und Grenzen der Vertragsfreiheit und Tarifautonomie, Baden-Baden 2010, zugl. Diss. Göttingen 2010 (zit. *Stütze*, Kontrolle der Entgelthöhe)

Tettinger, Peter J. / Wank, Rolf, Gewerbeordnung, 7. Auflage, München 2004

Thüsing, Gregor, Equal pay bei der Leiharbeit, DB 2003, S. 446 - 451

ders., Mindestlohn im Spannungsverhältnis staatlicher und privatautonomer Regelung, ZfA 2008, S. 590-640

ders. (Hrsg.), Arbeitnehmer-Entsendegesetz (AEntG): und Erläuterungen Mindestarbeitsbedingungengesetz, München 2010 (zit. Thüsing/*Verfasser*, AEntG-Komm.)

ders., Arbeitnehmerüberlassungsgesetz, 2. Auflage, München 2008 (zit. Thüsing/*Verfasser*, AÜG)

ders., Mindestlohn – Ein Kompromiss zulasten aller, BB 2009, M1

Ulber, Daniel, Tarifdispositives Gesetzesrecht im Spannungsfeld von Tarifautonomie und grundrechtlichen Schutzpflichten, Berlin 2010, zugl. Diss. Köln 2009

Waltermann, Raimund, Mindestlohn, Mindesteinkommen, Mindestsicherung – Eine Bewertung aus der Sicht des deutschen Arbeits- und Sozialrechts, NZA-Beil. 2009, S. 110 – 119

ders., Mindestlohn oder Mindesteinkommen?, NJW 2010, S. 801 - 807

Wank, Rolf, Anmerkung zu BVerfG vom 10.01.1995, AP Nr. 76 zu Art. 9

Wassermann, Rudolf, Kommentar zum Grundgesetz für die Bundesrepublik Deutschland: Alternativkommentar, Band 2: Art. 1 – 37, 2. Auflage, Neuwied 1989 (zit. AK I/*Verfasser*)

Weber, Werner, Koalitionsfreiheit und Tarifautonomie als Verfassungsproblem, Berlin 1965 (zit. *Weber*, Koalitionsfreiheit)

Weiss, Manfred / Schmidt, Marlene, Einkommenserhöhungen per Gesetz?, NZA 2008, S. 18 – 23

Westbomke, Konrad, Der Anspruch auf Erlass von Rechtsverordnungen und Satzungen, Berlin 1976, zugl. Diss. Tübingen 1975

Wiedemann, Anton, Die Bindung der Tarifnormen an die Grundrechte, insbesondere an Art. 12 GG, Heidelberg 1994, zugl. Diss. Regensburg 1993 (zit. *A. Wiedemann*, Die Bindung der Tarifnormen)

Wiedemann, Herbert, Tarifvertragsgesetz, 7. Auflage, München 2007 (zit. Wiedemann/*Verfasser*, TVG) ders., Tarifautonomie und staatliches Gesetz, in: Arbeitsgesetzgebung und Arbeitsrechtsprechung, Festschrift zum 70. Geburtstag von Eugen Stahlhacke, Neuwied 1995, S. 675 – 692 (zit. *Wiedemann*, in: FS Stahlhacke)

Wiedemann, Herbert / Thüsing, Gregor, Die Tariffähigkeit der Spitzenorganisationen und der Verhandlungsanspruch der Tarifvertragsparteien, RdA 1995, S. 280 - 287

Willemsen, Heinz Josef / Sagan, Adam, Mindestlohn und Grundgesetz – Staatliche Lohnfestsetzung versus Tarifautonomie, NZA 2008, S. 1216 – 1222

Wlotzke, Otfried, Entwicklungstendenzen im Arbeitsrecht, RdA 1963, S. 44 - 51

Wolf, Manfred, Tarifautonomie, Kampfparität und gerechte Tarifgestaltung, ZfA 1971, S. 151 – 179

Wonneberger, Wolfgang, Die Funktionen der Allgemeinverbindlicherklärung von Tarifverträgen, Heidelberg 1992, zugl. Diss. Köln 1991 (zit. *Wonneberger*, Die Funktionen der Allgemeinverbindlicherklärung)

Zachert, Ulrich, Neue Kleider für die Allgemeinverbindlicherklärung?, NZA 2003, S. 132 - 140

ders., Grenzen für eine gesetzliche Absenkung tariflicher Schutzstandards, NZA 1994, S. 529-534

Zechlin, Lothar, Die Beeinträchtigungen der Koalitionsfreiheit durch Subventionsauflagen, NJW 1985, S. 585 - 592

Zöllner, Wolfgang, Der Arbeitsvertrag: Restposten oder Dokument der Selbstbestimmung? Zum Stellenwert der Arbeitsvertragsfreiheit, NZA-Beilage 2000, S. 1 – 7

ders., RdA 1962, Tarifmacht und Außenseiter, S. 453 - 459

Zuck, Rüdiger, Das Recht der Verfassungsbeschwerde, 3. Auflage, München 2006 (zit. *Zuck*, Verfassungsbeschwerde)

Zuleger, Thomas, Karenztage im Arbeitsrecht, Fragen statt Antworten, ArbuR 1992, S. 231 – 235

FSC
www.fsc.org
MIX
Papier | Fördert
gute Waldnutzung
FSC® C083411

Kolibri 360 GmbH
Ferdinand-Jühlke-Straße 7
99095 Erfurt, Deutschland
produktsicherheit@kolibri360.de